JN159877

魚山余響略註

江戸時代後期、西本願寺の声明事情を読む

藤波蓮凰

法藏館

魚山余響略註——江戸時代後期、西本願寺の声明事情を読む——◎目次

第一部　『魚山余響』について

一　著者知影とその周辺

先ず、「魚山《ぎょざん》」ということについて、少しく書き記しておきたい。魚山とは、京都市左京区大原の比叡山西北側山麓に位置する、天台宗の寺院群を総称する山号である。つぶさには魚山大原寺《だいげんじ》と称し、その名は中国山東省に所在する「魚山」に由来する。魏の武帝（曹操）の第三王子・陳思《ちんし》王曹植《おうそうち》（一九二―二三二）が王位継承に絡む争いに敗れ、東阿王に封じられた。この地に魚山と称する風光明媚な小高い山があり、曹植はここに親しく遊んだという。そして曹植は魚山で、空中に梵天の妙なる音曲を感得して「梵唄」を作ったと伝える。「大原」という地名もまた、中国の太原《たいげん》に由来し、洛北大原の地形が太原に似ていることから、「大原」と名付けられたと伝えられる。

魚山大原寺は、来迎院（上之坊〈上院〉本堂）と勝林院（下之坊〈下院〉本堂）を中心に形成されている。来迎院は、聖応大師良忍（一〇七二または一〇七三―一一三二）による草創と考えられるが、唐土より声明を伝えた慈覚大師円仁（第三代天台座主、七九四―八六四）を開基に擬せられている。そして円仁より九代目の弟子、寂源（九六八または九六九―一〇二四）が勝林院を開いた。両院開創以来、魚山は天台宗における声明研鑽の聖地とされたのである。この地で研鑽されてきた声明を、魚山声明あるいは大原流声明と呼ばれる。従って、『魚山余《ぎょざんよ》響《こう》』の表題に冠される「魚山」とは、地名と声明そのものとを意味するといわれる。

さて、『魚山余響』は江戸時代後期、西本願寺（浄土真宗本願寺派本山・龍谷山本願寺）の御堂衆を務めた光隆寺第七世・知影（一七六三―一八二五）によって著された。これは知影自身が、魚山声明を学んできた足跡の備忘録である。知影が生きた時代は、西本願寺の歴代では第十七世・法如（一七〇七―八九）、第十八世・文如（一七四四

—九九）、第十九世・本如（一七七八—一八二七）の治山期に相当する。

知影が住持した光隆寺は、西六条寺内の西側に位置し（京都市下京区大宮通花屋町下ル）、西本願寺の僧侶教育機関である学林の第二代能化・知空（一六三四—一七一八）が開いた寺である。知影は讃岐国の出身とも伝えられるが、ならばいつ頃、光隆寺に入ったかはつまびらかではない。ただ、知影自身が第一条の冒頭にも「余少より梵唄を好む」と記すように、早くから声明に親しんでいたと思われる。知影は初め、同じく御堂衆である西光寺賢従から声明の手ほどきを受けた。賢従もまた、西本願寺に在って魚山と交流を持つ声明の達者なのだった（第十三条）。そして知影は、法印に叙せられて、権大僧都に任じられている。

知影は「独鶴」とも号し、漢詩をよくした文人でもあった。『魚山余響』にも、自ら詠んだ漢詩を第七十六条に書き記している。この詩は、本如の命によって書写した声明帖『唄策』（第七十一条）を完成させた後、改めて広如新門に講式諷誦の習熟を期して知影自ら『六道講式』を書写して献上するに当たって詠んだものである。そんな知影は、『独寉詩抄』と題する漢詩集も遺している。もっとも同書には、第七十六条に記された漢詩は見当たらない。今のところ、自筆本も確認できていない。「文政甲申冬至　友人岡崎元軌　書」と記された序文を有する写本が、福井大学図書館に所蔵されるのを知るのみである。「文政甲申」とは文政七（一八二四）年のことで、知影が亡くなる前年である。また同書は『独鶴詩集』と題して、書写本と同一内容による上下二巻の刊本も存在する。この刊本は書写本と同じ序文から始まるも、奥書は「京師　光隆寺竺知影著　文政七年甲申十二月」とあるのみで、版元などは刻されていない。福井大学本は、あるいは刊本を書写したものとも考えられようが、表題が異なることは一応の注意を払うべきであろう。

知影は寛政元（一七八九）年、二十七歳にして、後に魚山宝泉院を住持することとなる知観（一七五三—一八一六。

「理覚院恵観和尚」、第一条。院室号「観心院」、第二条）から魚山声明を学ぶこととなった。以後、知観が亡くなるまで二十七年間の長きにわたって師事したのである。そして、魚山声明相伝の系譜である『魚山声曲相承血脈譜』に知影の名が知観の下に入記され、魚山法師（魚山衆）の列に加えられている。伝え聞くところによれば、知影は西本願寺の僧籍とともに、天台宗の僧籍にも在ったといわれる。ならば恐らくは、知観を戒師に魚山で得度したものとも考えられよう。また、近代における魚山声明の大家として名高い多紀道忍（一八九〇―一九四九）によれば、知影は天台僧にも声明を指南したとも伝えられている。(1)

知影の師匠である知観は、越後国に所在する西本願寺末・瑞泉寺（新潟県上越市高田）の寺中出身と伝え、西本願寺とは因縁のある人だった。幼少にして魚山に入り、天台僧として歩んだ。長じて、宮中で厳修された「御懺法講」などの諸仏事に多く出仕して、導師（「御懺法講」における調声）も務める達者であった。また、「御籠の御法事」を修する、所謂、宮中の護持僧も務めたとされる（以上、第三十二条）。そして亡くなる前年（文化十二年）には、魚山法師としては数少ないとされた大僧正に任じられている（第七十八条）。

二　『魚山余響』の位置と内容

『魚山余響』は、全八十五条から成る。早くからその存在が知られていたとはいえ、さほど注目されることがなかったといっても、あながち過言ではない。現在、龍谷大学大宮図書館には知影自筆本とともに、澤円諦（一八五六―一九三九）によって明治二十七（一八九四）年に書写された写本（禿氏文庫）が所蔵される。

知影の在世中、いつ頃から書き始められたのかは定かではない。師匠・知観の葬儀を以て筆が擱かれていることから（第八十五条）、知観の没後間もない頃に書き始められたとも考えられようが、「今年文化五」（第十七条）「ことし文化十年」（第六十九条）といった記述もあるので、知観に師事していた当時から書き留めていた事柄も盛り込まれている。前項でも記したように、これは備忘録であり、他見を想定して書かれたものではない（特に第三十七条は、極秘事項と理解できる内容である）。しかし内容によっては、後世に伝えておきたいという意思も垣間見える。あるいは、明らかに他見を想定しているように考えられる表現も見られる（第十九条）。そして声明を学ぶに当たり、最も基本的なことも記されている（第三条〜第七条）。また、魚山声明の源流を探った思索の跡も大いにうかがえる（第四十一条〜第五十条）。

本願寺名誉知堂・松下忠文師（一九〇八—七九）が著した『本願寺派声明考』（祐西寺圓音会　一九七七年）の巻末には、『魚山余響』が翻刻されている。『魚山余響』全文を翻刻したものとしては、唯一無二の存在である。よって筆者も、『魚山余響』を読み込むに当たって、本書から多大な恩恵を受けたのはいうまでもない。そして『本願寺派声明考』は、長年にわたり西本願寺の式務職として本山の法要儀式に専従した松下師が、変遷する西本願寺声明の唱えぶりを憂慮し、自身が学んだ魚山由来の唱法を後学に示そうとした名著である。その意味において、巻末に『魚山余響』が翻刻掲載されたことは、松下師が知影と思いを一つにしていたことがうかがえるし、まことにその意義は大きい。しかしながら、『本願寺派声明考』は私家版であるため、あまり広く流布した著書ではなかったのは残念である。

『魚山余響』に関する先行研究は、天納傳中[2]、岩田宗一[3]、小野功龍[4]、木村昭玄[5]、武田英昭[6]、経谷芳隆[7]、播磨照宏[8]らの各氏によって、断片的に研究が発表されている。そうした中で天納傳中師は、『魚山余響』に見える宮中「御懺法講」の習礼に関する記述に注目し、詳しく論じておられる。しかしながらこれら諸研究は、『魚山余響』の内容を全体的に論じられたものではない。また、『魚山余響』の位置付けとして、知影の師匠である知観を顕彰するために書かれたとする評価もあるようだ。確かに多くの紙数を費やして知観のことが書き記されているし、知観の顕彰なくして本書が成立し得ないのは論を俟たない。あるいは知観の遷化とその葬儀の様子を書き記して、『魚山余響』は書き終えられている。しかし全文を通読してみる時、決して知観への顕彰だけが際立つものでもない。

『魚山余響』に記された内容は、①師匠知観に関するもの、②「御懺法講」に関するもの、③知影在世当時の西本願寺声明の状況に関するもの、④魚山声明に関するもの、⑤魚山の状況に関するもの、⑥他宗派の声明に関するもの、⑦自身の西本願寺での業績に関するもの、概ね以上の七項目に分類することができよう。そして、こと③に関しては、①とともに、知影が特に書き記しておきたかった事項だったのは明白である。それは本書を読む時、声明を学んだ者であるならば、ひしひしと体感として伝わってくる事柄でもある。筆者がまさに今、『魚山余響』の存在意義を改めて世に問うべく、愚筆を進める所以でもある。即ち、現代はいうにおよばず、知影が生きた時代も例外ではなく、西本願寺の声明は常に変遷のただ中に在ったともいえよう。本願寺の東西分離以来、東本願寺（真宗大谷派）における法儀の変遷は、比較的緩やかだったといえる。附論に後述することとも重なるが、それに対して西本願寺は、魚山法師・幸雄（一六二五―一七〇二）によって本格的に伝えられた魚山声明だったが、時の流れとともに音曲やその唱法が変遷していた。知影の憂慮も、そこに尽きるといっても過言ではなかろう。

加えて、西本願寺に現在まで伝えられている音曲のいくつかや、どのような経緯によって作成されたのかが、本書によってその事情の一端も知ることができる。一例を挙げるならば、西本願寺で用いられる現行法儀に、『阿弥陀経作法』がある。これは、切音《きりごえ》『例時作法』を改作した法儀である。本書には、『例時作法』のことがたびたび登場する。ここに記される『例時作法』とは、法儀中の各音曲はいうにおよばず、経段全文にも旋律を付けて唱える『声明例時』のことを指すといえよう。知影によれば、彼が言うところの正統な『例時作法』が西本願寺で勤められるようになったのは、文化七（一八一〇）年からだという（第十一条）。というのも、『例時作法』は既に西本願寺第十四世・寂如（一六五一―一七二五）の時代に幸雄（第十条註（2））によって伝えられていたが、知影の時代にはその法儀の次第も含めて、魚山のそれとはかなり変化を遂げて伝わっていたようだ。

また、同じく現行法儀にある『観無量寿経作法』は、『阿弥陀懺法』をルーツとする。『阿弥陀懺法』も寂如の時代から依用されていた法儀であるが、こちらは切音で唱える略用（早懺法《はや》）が伝えられていたようである。第十九世・本如（一七七八―一八二六）の要請によって、知観が経段（『観経』真身観）に『声明懺法』（『法華懺法』の厳儀に依拠した博士《はかせ》を付けることとなった（第十四条～第十六条）。切音の博士が付けられた『阿弥陀懺法』に、経段のみ件の博士が付けられている法儀は、真宗興正派『円頓山声明集』（明治四十五（一九一二）年初版）など、幕末から明治にかけての刊本や書写本に見ることができる。まさにそれが知観の章譜に成る経段である、「光明摂取章」であることに他ならない。このことは、第十六条の記述に符合する。そして同一の博士が付けられた音曲が、安政四（一八五七）年に刊行された、博士付きの本山蔵版声明本としては初の版本である四冊本『声明品集』（以下、「安政本」と記す）巻一に、「光明摂取章」と題して収められている。

あるいは「教化」（和語讃の一種）の博士が付けられた「恩徳讃」をめぐっても、音曲本来の伝や、その音曲が持つ味が異なってしまうプロセスも、知影は書き留めている。知影はそうした事情を憂慮し、後世に混同が生じないことを期するために覚書としても本書を書き記したのである（第十九条）。こうして特定の法儀や音曲が始修された年代を、ある程度具体的に把握できることも『魚山余響』の特徴の一つといえよう。

そして、当時の西本願寺で流布していた音曲のありようにも、極めて批判的に記している。時あたかも、魚山から伝えられていた「四智讃梵語」（第五十条註（16））が、現在も依用されている「五眼讃」（第六十二条註（1））に改められて、さほど間もない頃であった。慶証寺玄智（一七三四―九四）が著した『考信録』には、「就中、宗祖五百年忌ノ御法事以来ハ四智讃、仏讃、法讃等ノ聖道家ノ声明ヲ停廃シテ新ニ正依経籍ノ文ニ依テ諸智讃、五眼讃、仏吼讃、勧帰讃等ノ声明ヲ製シテ真宗ノ所用トセラレタリ、卓越ト云ツベシ」（『祖門旧事紀』にも同一の記述がある）とある。魚山所伝の音曲が、西本願寺において浄土真宗の正依とする経論に基づいて変更されたのは、玄智が師事した僧樸（一七一九―六二）のアドバイスによるともいわれている。即ち、天明二（一七八二）年に発刊された『大谷梵唄品彙』所収の音曲がそれである。これに先行して宝暦六（一七五六）年に発刊された『真宗声明品』が、魚山（天台宗）由来のままの音曲を多く載せていたのに対し、『大谷梵唄品彙』は『考信録』の記述に見られる音曲を収めている（第十六条）。

このことに対して、知影の言説は対照的である。「何人の作と云ことをしらず　いづれ面白からぬものなり」（第六十二条）と、非常に辛辣であったりする。恐らく知影は同じ宗門人として、こうした事業に携わった人々が誰であったか存知していたであろうことはいうまでもないが、知影が敢えてそうした人々の名を書き記さなかったことに、ある種の恣意的なものを想起せずにはおれない。その他にも、当時の西本願寺で行われていた法儀や声明を正そうとする意思による記述が見られる。

それから第七十一条には、知影が文化十一（一八一四）年に本如の命により改写して献上した、本山および大谷本廟・西山別院・山科別院で依用する声明曲の集成である、『唄策』と命名された声明帖の目録を記す。この声明改写の作業は、一世一代の偉業であったことはいうまでもない。知影にとって、これまでの魚山での学びが宗門内で結実した瞬間でもあったであろう。本如からも多大な褒賞を受けたことを、第七十七条に書き記している。この目録を見るに、玄智撰『祖門旧事紀』巻二にある、「御本山両御堂年中行事」に見える恒例法要の次第とは変更がなされていることが分かる。即ち、用いられる声明曲の入れ換えが随所に見られるのである。これは、改写した知影の提案が受け容れられた結果と考えられる。そして、この目録に記された声明曲のほとんどが、「安政本」に収められているので、各音曲の内実を確認することがほぼ可能である。もっとも、知影が修めた魚山声明の音曲と、浄土真宗の教義との関連性に言及するような記述は見当たらない。

三　『魚山余響』から見える側面

一方、文言が浄土真宗所依の経論に変更されずに残された音曲もあったことはいうまでもない。「始段唄（如来唄に同じ）」（第四条註（2）、第五十条註（2））「諸天讃」（第五十条註（31））、「三十二相」（第七十一条註（67））、「我今勧請」（第六十一条註（3））、「大懺悔」（第五十条註（7））、「六種回向」（第七十一条註（40））などをはじめ、これらはほぼ魚山由来のまま唱えられていた。そもそも、第十三世・良如（一六一二―六二）の時代に「四智讃梵語」（魚山南之坊・憲真〈?―一六八三〉によって伝えられたと考えられる）が初めて用いられた。次代の寂如は魚山から幸雄を招聘して、本格的に魚山声明を採り入れた。爾来、浄土真宗の教義にとらわれずに魚山由来の音曲が用いられていたことを考える時、当時の西本願寺は、かなりおおらかに法儀声明を見ていたのではなかろうか。それはある意味において、宗祖親鸞が生きた中世以来の感覚が生き続けていて、知影以降の時代もしばらく受け継がれ、昭和の法式改正まで地下水脈のように存在していたのかも知れない。

以て、第二十一世・明如（大谷光尊、一八五〇―一九〇三）は、明治初頭に吹き荒れた廃仏毀釈の嵐を体験した中で、いにしえから伝承されてきた仏教儀礼を、西本願寺こそが伝持保存せねばならないとの思いを強くしたであろうことは、全く想像に難くない。それは、上記の魚山由来の音曲もさることながら、魚山宝泉院・園部覚秀を招じて『龍谷唄策』乾坤（明治二十一〈一八八八〉年刊）を編纂させしめ、それ以外にも『例時作法』『阿弥陀懺法』を改めて発刊していることからも明らかであろう。そして明如没後に発刊された、明如の自著『仏会紀要』四巻をひもとく時、如何に宗派感情を超えたところで仏教儀礼を見ていたかが理解できる。また明如は、自らも『魚山声曲相承血脈譜』にその名が入記された、魚山声明の達者でもあった。

ところで『魚山余響』を読んでいると、いくつか思い当たることがある。知影がここに取り上げている音曲以外にも、魚山由来の声明が多々存在するのはいうまでもない。そんな中で、西本願寺に伝えられていた魚山由来の法儀ながら、一切触れられていないものがある。即ち、『如法念仏』と『五会念仏略法事讃』である。この二つの法儀は、『例時作法』『阿弥陀懺法』とともに、西本願寺に伝えられた法儀としては、定められた音曲の配列を以て、一連の「作法」として確立されているものである。

言い換えれば当時の西本願寺において、魚山由来の音曲や、またそれを基にして作られた多くの音曲は、確定した「作法」を構成する音曲としてではなく、さまざまな音曲同士を組み合わせてランダムに依用されていたのだった（第七十一条）。そうした状況下にあって、『例時作法』『阿弥陀懺法』、そして『如法念仏』は、作法名を冠して定められた音曲による確定的な法儀であるのが、むしろ特殊であったといえる。いうまでもなく『五会念仏略法事讃』も、これら諸法儀と同様である。

現行法儀『浄土法事讃作法』の元となった『如法念仏』も、『例時作法』などと同じく寂如の時代に伝えられた法儀であり、伝来当初から遠忌法要や御正忌報恩講などで依用されていた。『如法念仏』は勝林院など魚山に写本

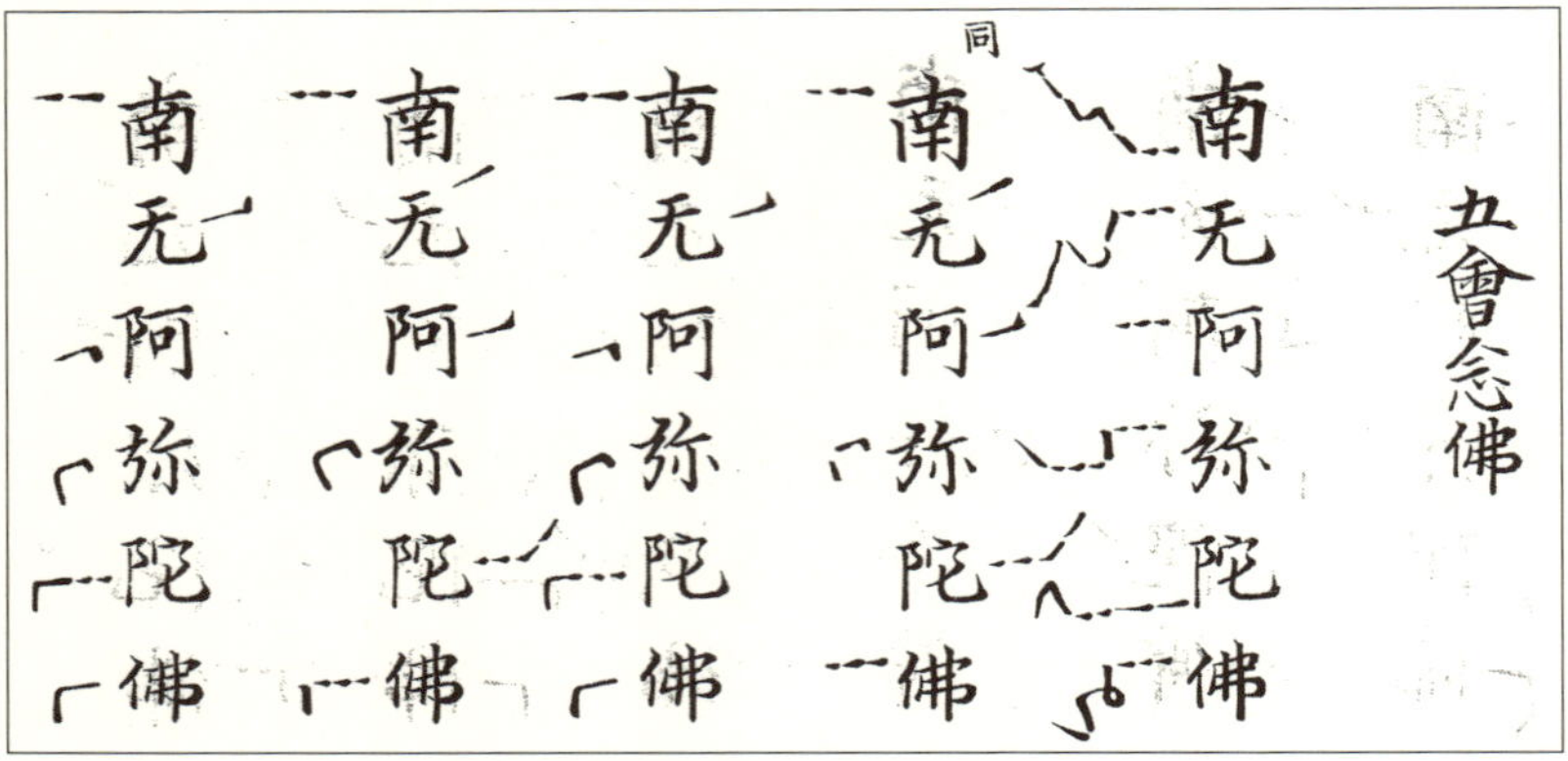

「五会念仏」（安政本『声明品集』巻四）

が所蔵されていて、水原夢江師（一九二六―二〇一九）によって往時の法儀が復元されている[9]。

ところが、『五会念仏略法事讃』に関しては不可解な事柄がある。「安政本」にこの法儀を構成する各音曲が掲載されているが、今のところ、それ以前の法要に用いられた形跡が見当たらないのである。一説には寂如の時代に伝えられたといわれるも、『阿弥陀懺法』『例時作法』『如法念仏』は遠忌など主たる法要に依用されているのは記録に見えるが、『五会念仏略法事讃』は確認できない。

現在見る『五会念仏作法』は、園部覚秀の監修によって編纂され、『龍谷唄策』坤巻所収の『五会念仏略法事讃』をルーツとする。覚秀は『如法念仏』に付けられた博士を転用して、新たに『五会念仏略法事讃』を編んだのだった。もっとも、覚秀編纂の法儀中にある「極楽荘厳讃」のみは、覚秀編纂以前の音曲をベースにしていることが見て取れる。

「安政本」に見える、『五会念仏略法事讃』を構成する各音曲を法儀の次第順に並べるならば、「出愛河讃（巻三）」「云何偈（巻四）」「讃請文（全六句から成る音曲であるが、第一句のみ掲載。巻四）」「極楽荘厳讃（巻二）」「五会念仏（巻四）」「普願回向（巻四）」の六曲である。そしてこれらの音曲を一つの法儀としてまとめた、『五会念仏略法事讃』という表題を有する癸卯歳（天保十四〈一八四三〉年）の奥書を持つ写本が興正寺（真宗興正派本山）に伝来する。また筆者は、文久元（一八六一）年に洛中の浄宗寺祐信が書写したとの奥書を持つ、興正寺所蔵本と同一内容の写本も実見した。従って、覚秀編よりも古儀の『五会念仏略法事讃』という法儀が存在していたのは紛れもないことである。文久元年写本は、『例時作法（声明例時）』『阿弥陀懺法・五会念仏略法事讃』『如法念仏』を同じ装幀で三冊の粘葉本に仕立てられている。『阿弥陀懺法』は先述の如く切音の博士が付けられるも、経段のみは『声明懺法』経段の博士が付けられている。特に『如法念仏』には、「右如法念仏略抄近代台宗四箇院所依用也嵯峨二尊院聞其行事次第以写之」と奥書に記されている。余談ながら『如法念仏』に関しては、書写年代より遡る宝暦十一（一七六一）年に厳修された宗祖親鸞の五百回大遠忌において、「二尊院僧正」が西本願寺へ出向して『如法念仏』の稽古を行ったことが『祖門旧事紀』に記され、西本願寺における『如法念仏』は、二尊院と並々ならぬ関連性があったのであろう。

　興正寺蔵本や浄宗寺祐信書写本の書写年代のみで判断することは難しいが、『五会念仏略法事讃』は、知影の時代には西本願寺へ伝来していたのであろうが、汎用には至っていなかったとも考えられまいか。もっとも第七十一条に記されてある、本如に献上した『唄策』の目録中には、唯一、「極楽荘厳讃」の名が見えるのみである。

「安政本」に至って法儀としての『五会念仏略法事讃』にある各音曲が初出し、同じく『五会念仏略法事讃』の写本が存在することと、「安政本」に収められる大半の音曲がランダムに依用されていたことを考え合わせる時、一説にいわれる「極楽荘厳讃」が西本願寺で成立した独自の音曲であるとは、言い難いと考えられる。果たして『五会念仏略法事讃』のみは、具体的にどのような法要で用いられたのか、『魚山余響』から離れて目を向けても不明な部分が多い。

附論　西本願寺における法儀声明の変遷

本願寺の東西分離後、西本願寺もしばらくは東本願寺と同様に、「浄土三部経」「正信偈和讃」「報恩講式」読誦を中心とした法要儀式で推移していた（『法流故実条々秘録』）。しかし良如の時代になって、魚山より「四智讃梵語」と「善導画讃」（第五十六条註（1））が伝えられるに至り、寛永十三（一六三六）年に厳修された御影堂落慶法要において、「四智讃梵語」が初めて依用されたのだった。「善導画讃」は、親鸞の四百回大遠忌法要に用いるために伝えられたとも考えられていて、[10] 西本願寺には憲真による書写本が蔵されている。もっとも「善導画讃」は、知影在世時代には唱えられなくなっていたという（第五十六条）。そして「四智讃梵語」は、本願寺旧来の声明とともに、御正忌報恩講など重要な法要儀式で唱えられていた。取り分けて御正忌の結願日中では、『坂東曲《ばんどうぶし》』に先立って「四智讃梵語」が唱えられていたことは興味深い。

魚山声明が本格的に導入されたのは次代の寂如からであるが、延宝五（一六七七）年、経蔵落慶法要に際し、初めて「六種回向」（第七十一条註（40））が依用されたという。その後、元禄元（一六八八）年の御正忌報恩講を以て、本願寺所伝の『坂東曲』などを停廃し、翌年の御正忌からは『坂東曲』に替わって魚山より伝えられた「八句念仏」（第七十一条註（54））、幸雄作譜による「式間和讃」（第十条註（6））、伽陀も魚山の伽陀節《ぶし》、（第三十五条註（6））に改められたのだった。

西本願寺には、元禄七（一六九四）年の奥書がある、幸雄が書写した『声明　呂律』が所蔵されている（第十条）。宗門内ではこれを底本として転写され、主たる末寺などに長らく流布していたと考えられる。あるいは、知影も第五十四条に記すように、幸雄直筆の書写本が西六条寺内の御堂衆寺院や、近隣地方の由緒寺院などに複数存在していたことからも、それらが転写の底本となっていたと考えられよう。以て興正寺には、西六条寺内の延寿寺に伝来した幸雄書写本（「延寿寺本」）が所蔵されている。もっとも幸雄以来、その弟子筋（宝泉院歴代）によって、西本願寺への声明伝授は継続されていたが（第四十四条註（3）、第五十三条補説）、知影が第十三条や第六十六条で言及するように、その唱えようは「二伝三伝」していたのだった。

西本願寺において現在も盛んに依用される『往生礼讃偈』も、寂如治山時代から依用されるようになった。これは浄土宗西山深草派の龍空瑞山（一六二六―一七〇七）が延宝九（一六八一）年に編んだ、『蓮門課誦』（通西慈空・筆受、専意一向・墨譜）を底本としている。正徳元（一七一一）年に厳修された親鸞の四百五十回大遠忌に際して、蓮如以来廃絶していた『往生礼讃偈』を復活すべく伝えられたのは周知の如くである（第十条補説、第七十一条註（26））。もっとも余談ではあるが、西本願寺には『蓮門課誦』成立よりも遡ること、応永八（一四〇一）年に書写された『文讃』（第六十四条註（1））とともに、『礼讃文』と称する『往生礼讃偈』の写本を蔵する。この『往生礼讃偈』は、博士が付けられた礼讃本としては現存最古のものである。あるいは、「黒谷本」との相違も欄外に註記されていて、当時は門流を問わず同じ礼讃本が依用されていたことがうかがい知れる。そしてこの礼讃本には、本文各文字の両側に甲様と乙様の博士が書き分けられていて、同じ音曲に二種類の唱法があるのが特徴的である。軽々に即断はできないが、勝林院に所蔵される円珠房喜淵（一二五四―一三一九、第四条註（1）、第五十条註（37）、第五十六条註（1））が著した『声明書目録』には、魚山に『往生礼讃偈』が三種類存在したことが記されている。それには「六時礼讃　祖師御博士也」「六時礼讃甲　喜淵博士」「六時礼讃乙　喜淵博士」とあり、喜淵の章譜になる礼讃本は西本願寺所蔵本と同様に、甲乙二様あったことがうかがわれる。『声明書目録』に記される礼讃本が、西本願寺所蔵本に相当すると想定することも可能ではなかろうか。また、西本願寺所蔵本にほぼ対応する博士を持つ礼讃本（内題『往生礼讃』）が、浄土宗法林寺（京都市左京区）に所蔵されているのは周知の通りである。

宝暦六（一七五六）年には、魚山由来の原曲というべき声明曲をほぼそのまま掲載した『真宗声明品』、天明二（一七八二）年には魚山由来の音曲を浄土真宗所依の経論の文言に改めた『大谷梵唄品彙』二巻が発刊された（これらの刊本は、文化元年に三冊本『声明品　前集』『声明後集　梵唄品彙』乾坤として再版されている。第十六条補説参照。尚、本編の註および補説に際して、「安政本」より古い刊本を示す場合、文化元年刊三冊本で示す）。西本願寺宗門内において宗定声明本の発刊は、『正信偈・三帖和讃』や『御文章』以外ではこれが初めてのことなのだった。

しかしながらこれら声明本は、詞章しか印刷されていなかった。博士は依然として声明に通じた達者から伝授を受けて、詞章の傍らに設けられた余白に書き込まねばならなかった。こうした状況下において、博士の表記法や実唱に起因する唱法に、受者側の齟齬が生じるのはやむを得なかったとも考えられる。あるいは、これら声明本が発刊されたとはいえ、宗門内で広く刊本が流布したとも考えにくい。むしろ底本（刊本）を基にした書写を伴う口訣が主流であり、こうした声明伝授の方法は、明治二十一年に刊行された『龍谷唄策』所収の法儀を書写した稽古本も多く現存することから、少なくとも近代半ばまで続いたと考えられる。

また、宝暦・天明年間に相次いで宗定声明本が発刊された後、さらに文化元年にも表題を部分的に改めて同一内容のものが再刊されていたことをして、「四智讃梵語」などの魚山由来の音曲も完全に停廃された訳ではなく、並行して旧来のまま汎用されていたと推察できる。このことは現在も北陸や播州の一部地域において、昭和八（一九三三）年の法式改正で停廃された「対揚」や「四奉請」などが用いられていると伝聞することとも重なるのである。

そして安政四年に至って、「安政本」四巻が本山蔵版として発刊される。「安政本」は幸雄が魚山声明を伝えて以来、西本願寺で依用されてきた音曲の集大成ともいえる存在であり、かつ、詞章と博士が一緒に印刷された、最初の声明本であるのは注意すべきことである。

　幕末から明治維新にかけての激動期に門主を務めた明如は、先にも述べたことと通ずるが、西本願寺歴代の中でも特に法儀と声明に対して造詣が深かった門主といえる。明如のそうした思いを結実させたのが、覚秀監修による『龍谷唄策』である。『龍谷唄策』がそれまでの宗定声明本と決定的に異なるのは、音曲の全てが作法ごとに編集され、その順序に沿って配列されていることである。そして各曲には、調子と出音の音階も明記されている。この編集方法は、現行の『声明集』（昭和八〈一九三三〉年初版）まで引き継がれているのはいうまでもない。『龍谷唄策』乾巻に収められる『修正会』や『四箇法用』はいうにおよばず、それら諸法儀の中でも『光明唱礼』や『三宝唱礼』（以上、乾巻所収）は、浄土真宗の教義に適した文言に改められた音曲ながらも、その次第は鎌倉時代に書写された魚山最古の声明写本『声明集（二巻抄）』に見える、『唱礼』と題された法儀と相通ずる遵式として編まれていることが見て取れる。明如治山時代の声明は、「安政本」からすれば音曲の内容や曲数もかなり整理され、かつ、上代の法儀を意識したものであり、寂如以来魚山から伝えられた西本願寺声明の精華といっても、あながち過言ではなかろう。

　『龍谷唄策』に続き、明治末期には次代の第二十二世・鏡如（大谷光瑞、一八七六―一九四八）の意向によって編纂された、二種類の『梵唄集』（柱本瑞雲・九条賢春編および澤円諦編、表題は双方とも『梵唄集』）が相次いで発刊された。『梵唄集』は、新たに制定された『無量寿経作法』（第五十五条註（3））を筆頭に、『阿弥陀懺法』『例時作法』を加えて、『龍谷唄策』所収の主たる法儀を抄出して編纂し、部分的に音曲を簡略化して、より汎用を促す内容となっている。これら『梵唄集』には、双方にいくつか相違点が存在する。一例を挙げておくならば、柱本・九条編には「式間和讃」が収録されているが、澤編にはない。『如法念仏作法』にある「広懺悔」も、柱本・九条編は『龍谷唄策』坤巻所収の同作法を踏襲して博士が付けられていないが、澤編には『往生礼讃偈』の「広懺悔」に準じた博士が新たに付けられている。『読経作法』も柱本・九条編は一座の法儀としてしか掲載されていないのに対し、澤編は『読経開闢作法』『読経中間作法』『読経結願作法』に分けてこれを載せる（第十七条補説参照）。『読経作法』には「始段唄」を伴うが、柱本・九条編には「不受唄伝者猥不許唱之依今略之」と記されるも、澤編には『読経開闢作法』に呂曲「始段唄」を、『読経結願作法』には律曲「始段唄」を載せている。特に柱本・九条編が厳格に魚山下之坊流の博士を堅持しているのに対して、澤編は唱えやすさを期してか、博士が若干書き改められている箇所が見られる。

その後、『龍谷唄策』『梵唄集』をベースとして、第二十三世・勝如門主（大谷光照、一九一一―二〇〇二）の法統継承を機に行われた昭和八年の法式改正によって、法儀の内容や音曲をさらに簡素化して編まれたのが、現行『声明集』（近藤亮成編）である。

以上のように俯瞰する時、本願寺が東西に分離した近世初頭以降、西本願寺で依用された法儀と声明は、比較的短いスパンで変遷していたことが分かる。もっとも現代に在っては、西洋音楽である「音楽法要」や「テクノ法要」の類が時代の寵児の如く出現するのも、今はそのことの是非を論ずる気はないが、西本願寺法式の変遷史からすれば、それが却って、「伝統」の一部となってしまっているのかも知れない。(11)

【註】

（1）多紀道忍『天台声明の梗概』東方書院　一九三四年。

（2）天納傳中「魚山声明と真宗声明」「『魚山余響』に残された御懺法講記録」『天台声明――天納傳中著作集』法藏館　二〇〇〇年。『天台声明概説』叡山学院　一九八八年。

（3）岩田宗一「真宗声明史における蓮如」『声明の研究』法藏館　一九九九年。

（4）小野功龍「「天台声明」と「西本願寺声明」との比較研究――四智梵語讃と五眼讃について」『仏教と雅楽』法藏館　二〇一三年。

（5）木村昭玄「「善導和尚画讃」について」『浄土宗学研究』第十四号　知恩院浄土宗学研究所　一九八一年。

（6）武田英昭『本願寺派勤式の源流――宗祖より現代まで』本願寺出版部　一九八二年。

（7）経谷芳隆「本願寺の声明とその伝来」『本願寺風物誌』永田文昌堂　一九五七年。

（8）播磨照宏「浄土真宗における天台声明の受容――『魚山余響』を中心に」『印度学仏教学研究』第二十六号　日本印度学仏教学会　一九七七年。

（9）水原夢江『如法念仏』私家版　二〇〇四年。本書は水原夢江師が魚山所伝の「澄融本」を基に、「宗淵本」「深達本」などの諸本を校合して書写した声明本である。

（10）経谷芳隆　前掲論文。

（11）拙稿「法義と法儀――我が経験を通じてその現実を見る」『伝道』第五十五号　本願寺出版社　二〇〇一年

第二部　『魚山余響』本文・註および解説

凡例

一、龍谷大学大宮図書館蔵・知影自筆本（原本）『魚山余響』を底本とし、適宜、同館蔵・澤円諦書写本および、松下忠文著『本願寺派声明考』所収の翻刻を参考にした。

一、各条文に、通し番号を付した。

一、原文は片仮名で記されてあるが、これを平仮名に改め、濁音も表記した。

一、文中に適宜、読みやすさに資するため、「 」〈 〉を加えた。

一、漢字は原則的に新字に改めたが、特に「聲」「餘」「貳」「后」など入り混じる漢字や「辨」「畧」など特殊な漢字に関しては、必要に応じてそのままにしてある。

一、随意で漢字にはルビを付し、原文に当初から付けられてあるルビは、区別するために片仮名表記とした。

一、註には読者の便に供するため、見出しを付けた。

一、各条に見える声明曲に対する註には、主として西本願寺へ伝えられた音曲は、可能な限り原曲の文言も記しておいた。

一、第四十八条および第四十九条に引用されている『声明口伝集』の校異は、『続天台宗全書　法儀1　声明表白類聚』所収の勝林院蔵本翻刻に依った。

魚山余響

法印権大僧都　知影録

第一条

一、余少より梵唄を好む、寛政元年己酉春(1)はじめて魚山(2)に入り理覚院(3)恵観和尚(4)を師とし事《つか》ふ、余時に年廿七なり、先六冊(5)を覚へ、次に例時作法、法華懺法等(6)を学ぶ、

【註】

（1）**寛政元年己酉**　一七八九年。

（2）**魚山**　京都市左京区大原、比叡山の西北側山麓に展開する、上之坊（上院）の本堂・来迎院（第四十一条註（10）参照）、下之坊（下院）の本堂・勝林院（第四十一条註（5）参照）を中心にした諸寺を魚山大原寺と総称する。その名は中国山東省に所在する、「魚山」に由来する。「大原」という地名もまた、中国太原に由来し、洛北大原の地形が太原に似ていることから、「大原」と名付けられたと伝えられる。

（3）**理覚院**　第四十一条註（2）、第八十一条註（10）、第八十五条註（3）参照。
魚山勝林院を本堂に頂く、下之坊に所在した僧坊の一つである。寛正年中（一四六〇―六六）の開基と伝える。あるいは、勝楽坊とも号した。正徳六（一七一六）年、理覚院と改号している（文政十三〈一八三〇〉年に編まれた『両院僧坊歴代記』中、「理覚坊」の項による）。明治維新後、廃絶した。今、実光院が在る場所の西側に所在したと伝える。

（4）**恵観和尚**　第二条註（3）（4）（7）（11）、第四十五条註（3）、第七十八条註（1）参照。
一七五三―一八一六。知影の師匠・知観のことである。初め、「恵観」と称した。後に「知観」と改める。仙恵（？

一七八九）の弟子。後の観心院知観、仮名号・明静房。『両院僧坊歴代記』には、「理覚坊」「北之坊（蓮成院）」「宝泉坊」のそれぞれの項に、知観の履歴が記録されている。天明元（一七八一）年に権大僧都、天明五年、法印に叙され、同年大僧都、寛政七（一七九五）年に「出世御預号」として大縁院と号し、享和三（一八〇三）年、「院室御預号」として観心院の院室号を受けた。同年権僧正、文化四（一八〇七）年に僧正、文化十二（一八一五）年に大僧正へ昇進した。安永九（一七八〇）年、下之坊・理覚院の住職に就任した後、寛政九（一七九七）に上之坊・蓮成院へ転住、さらに享和元（一八〇一）年に下之坊・宝泉院へ転住した。また、大原と静原を結ぶ江文峠に所在する、江文社の別当職も兼務（寛政十三年から文化十三年まで）した。『魚山声曲相承血脈譜』には、「理覚院大僧正」と註記され、理覚坊仙恵の下に「宝泉院大僧正智観」と入記されている。第三十二条には、知観が宮中の法要や仏事に出仕した回数は三十回におよんだと記している。『両院僧坊歴代記』によれば、知観が出仕した天皇および皇族の年回法要「御懺法講」は十三回を数える。また、第七十八条には、文化十二年に知観が大僧正に任じられた時のエピソードが記されている。本条より以後、本書の各条に知観にまつわることが多く記される。そもそも『魚山余響』は、知観を顕彰するために著されたものという見解もある所以である。

（5）**六冊**　魚山声明の主要な音曲を集大成した『六巻帖』のこと。つぶさには、『魚山顕密声明集略本』という。江戸時代初期に憲真（?―一六八三、第五十六条補説参照）によって出版された「憲真版」と、文化十三（一八一六）年に宗淵（一七八六―一八五九、第八十一条註（8）参照）によって出版された「宗淵版」が存在する。ここに記される「六冊」とは、憲真版『六巻帖』を指しているのであろう。憲真版は、魚山声明の主要な音曲を集成したものとしては、初めての公刊本である。

一方、宗淵版は、憲真版にはなかった調子や五音七声、魚山目録なども印刷され、より実用に適した内容となった。宗淵版は平成元（一九八九）年、魚山実光院前住職・天納傳中師（一九二五―二〇〇二）によって、同院所蔵の石室静洞（一八五八―一九二一）手沢本に脚註を加えて『魚山六巻帖』と題して復刊されている。

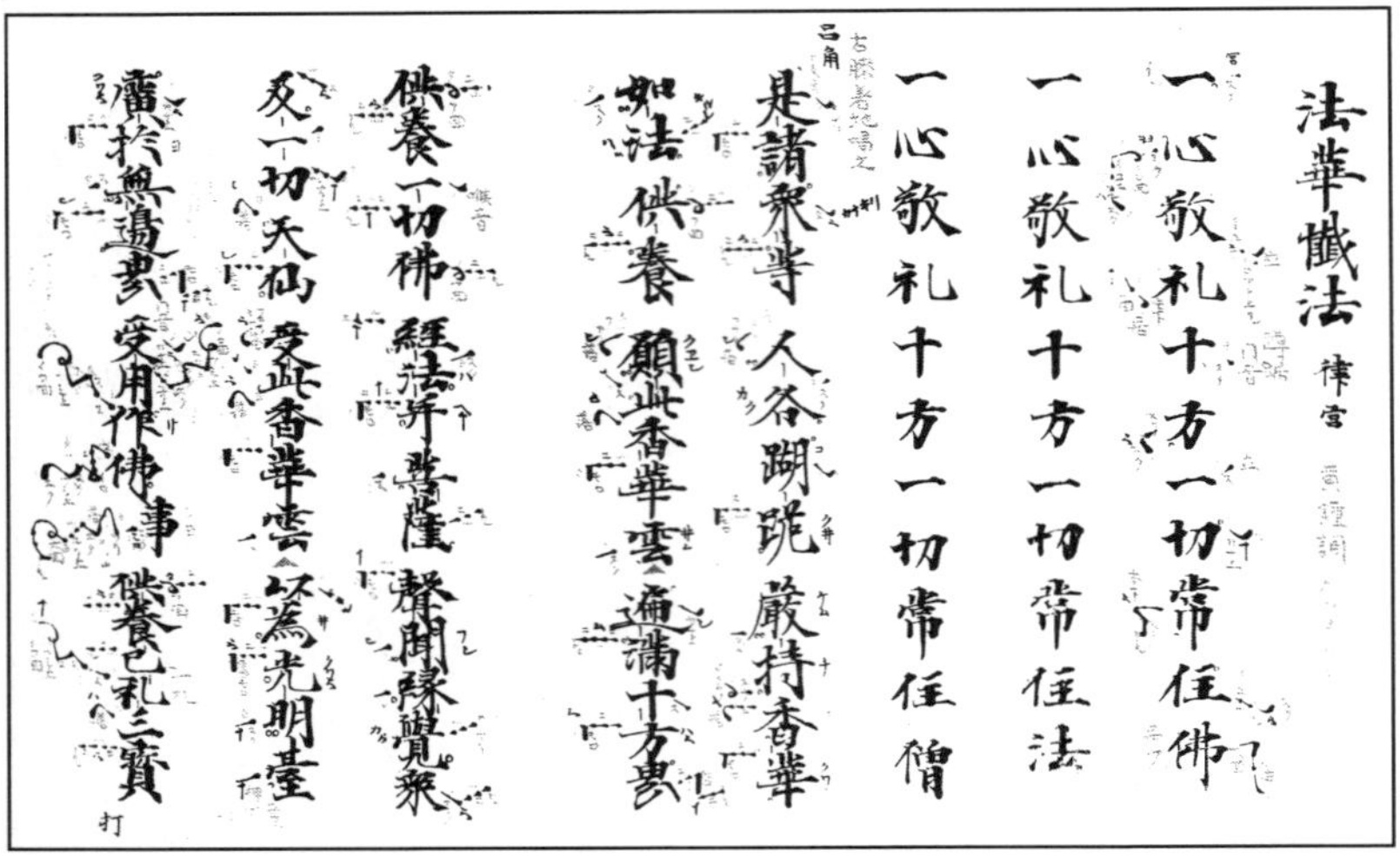

『声明懺法　律』（『御懺法講』）

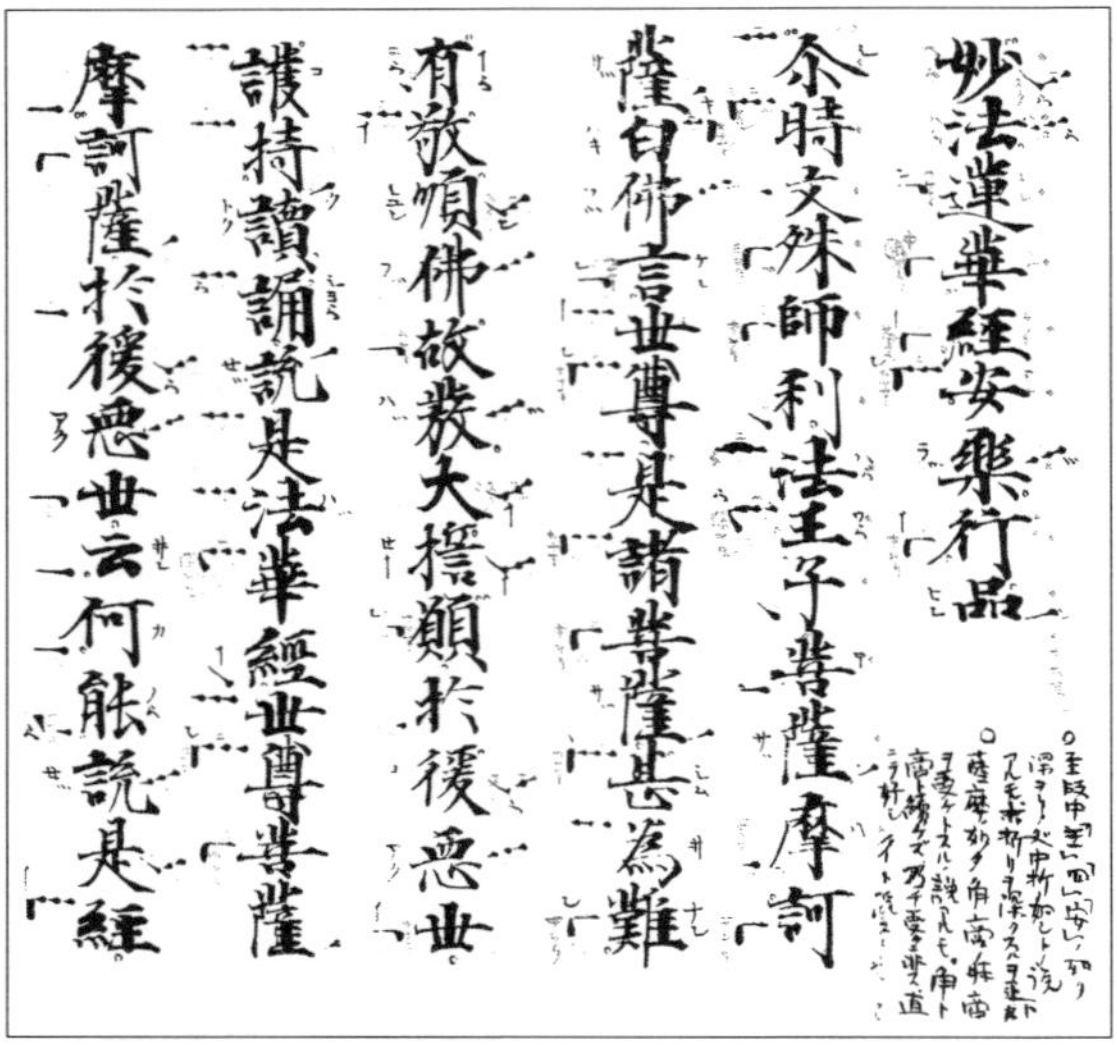

『声明懺法　律』　経段（同）

（6）例時作法、法華懺法等　第十一条註（1）、第四十六条註（12）、第五十条註（39）、第八十条補説参照。

天台宗では「朝法華、夕例時（あるいは朝題目、夕念仏とも）」といわれるように、晨朝勤行は『法華経』「安楽行品」を中心に編まれた『法華懺法』、日没勤行は『阿弥陀経』を中心に編まれた『例時作法』が勤められる。「例時」とは、〈いつもの〉といった意味合いの言葉である。ここにいう『例時作法』『法華懺法』とは、後述する厳儀である『声明例時』『声明懺法』も含んでの総称であろう。第十一条以下に記される『例時作法』は、『声明例時』を意味していると考えられる。『法華懺法』は普賢菩薩を本尊として、化他の法儀として編まれたもので（次第は第八十条補説に付記）、年回法要などで修される。即ち第二十条以下に記される、宮中で厳修されていた「御懺法講」がそれである。『法華懺法』『例時作法』は、ともに天台宗以外の宗派へも流布している。この二つの法儀には、厳儀として『声明懺法』『声明例時』がある。通常は切音《きりごえ》という略用の旋律であるが、『声明懺法』は呂様と律様の二種が存在する。『声明例時』も経段をはじめ、法儀中の各音曲には豊かな旋律が付けられている。これらは宮中で勤められていた、歴代天皇皇后などの年回法要「御懺法講」において依用された。「御懺法講」は現在、毎年五月三十日に宮内庁より勅使を迎えて、三千院門跡・宸殿で厳修されている。また、毎年五月十七日に延暦寺大講堂で勤められている、桓武天皇国忌（正式な聖諱は三月十七日）である「天皇講」でも用いられる。

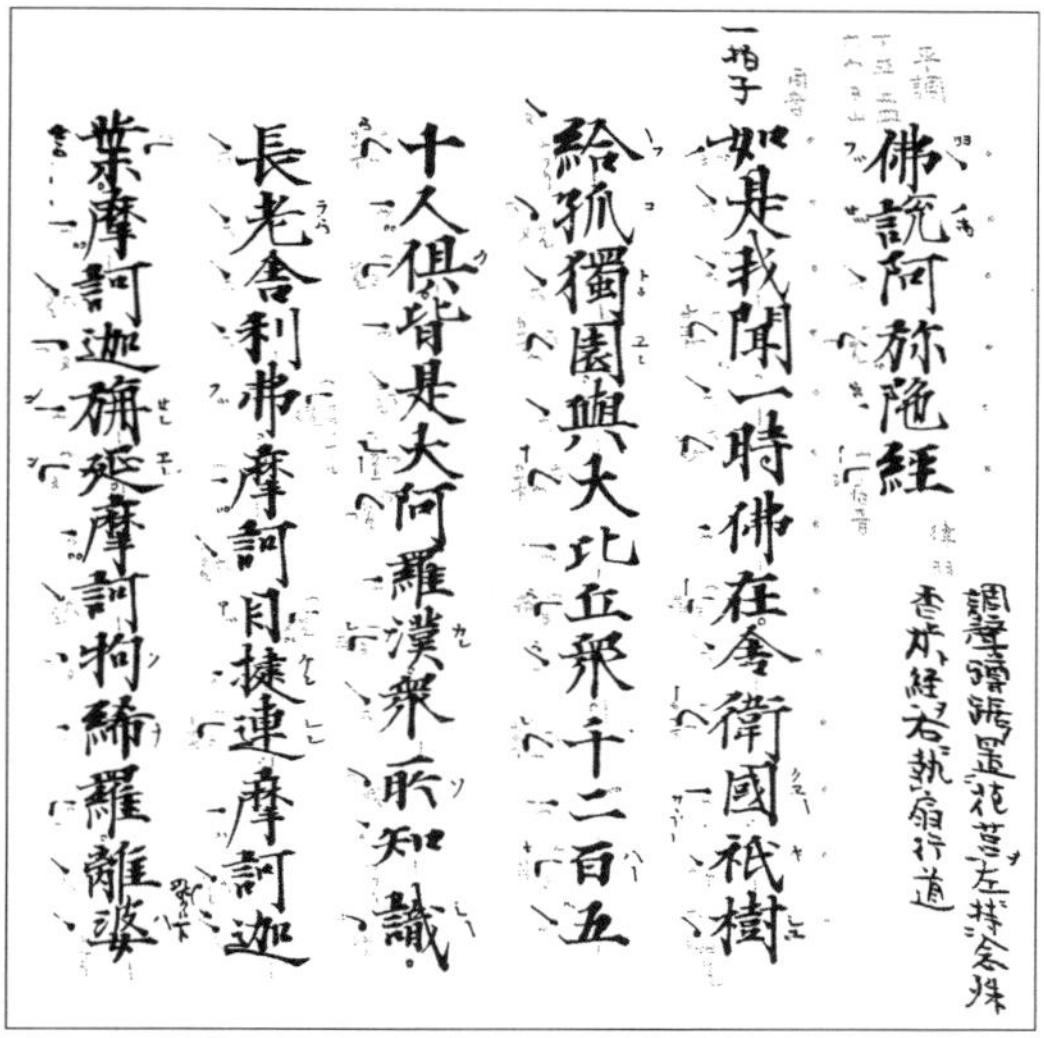

『声明例時』経段（同）

こと『例時作法』は、第四十六条に記される『引声阿弥陀経（引声念仏）』の略儀と位置付けることができよう。浄土宗西山・鎮西の各派、浄土真宗各派にも伝えられた。真宗佛光寺派では、『例時作法』の別称でもある『常行三昧』と通称される。浄土真宗本願寺派でも、昭和八（一九三三）年の法式改正まで『例時作法（あるいは常行三昧）』と称していたが、改正時の大幅な変更によって『阿弥陀経作法』と改称された。『法華懺法』もそうであるように、特徴の一つが漢音で発音することである。通常の勤行で読誦する『阿弥陀経』は呉音で発音するので、『例時作法』は特殊といえる。加えて、浄土真宗（本願寺派・大谷派・佛光寺派・木辺派）には、漢音の系統に属する「百済読《くだらよみ》」と呼ばれる唱法も伝承されている。即ち『阿弥陀経』には、呉音・例時読・百済読の三様がある。例時読とは異なり、経題調声の後、序分にも調声箇所があるのと、所々の字を略しながら、一字二拍で読む箇所が多いのが特徴である。大谷派・佛光寺派・木辺派における漢音読は、「百済読」に相当する。特に佛光寺派のそれは、同派の『常行三昧』において、経段部分が百済読に差し替えられて読誦されている。加えて興味深いのは、昭和六（一九三一）年に発刊された『真宗佛光寺派勤行宝典』所収の『常行三昧』を見ると、経段の最初と最後の部分に例時読における切音の博士が付けられていて、いうなれば「百済読」と「例時読」の混成となっている（現行は切音の博士は付いていない）。ちなみに「百済読」とは、本願寺では第五世・綽如（一三五〇―九三）の頃から用いられていた唱法と伝えられ、本願寺第八世・蓮如（一四一五―九九）の第十男・実悟（一四九二―一五八四）撰『本願寺作法之次第（『実悟記』）』には、「本堂の阿弥陀経ハ、嵯峨本とて弥陀経のすり本候、漢音を付たる本にて候、綽如上人あそばされたる弥陀経本、披見申候つるにも、嵯峨本のごとく御付候て、如此嵯峨本のごとく毎朝すべし、奥書ニあそばしをかれ候き、此本ハ、漢音バかりにあらず、呉音も少しまじり、唐音もあり、くだらよみとて、聖徳太子の百済国より取りよせられたるよみにて候間、くだらよみと申にて候、」と記されている。聖徳太子が朝鮮半島百済から取り寄せたものと言い伝えられていて、「嵯峨本」という呼び名に関しては、京都嵯峨野臨川寺で印刷刊行された「刷り本」であるといわれる。また、安永四（一七七五）年に刊行された『浄土真宗礼讃偈』の巻末にも、漢音『阿弥陀経』が掲載されている。例時読・百済読のどちらにも属さない漢音のルビが付けられていて、これは延宝九（一六八一）年刊の『蓮門課誦』中、「日没」に見える同経のルビを踏襲したものと考えられる。以て現在、真宗興正派で依用されている漢音『阿弥陀経』は、恐らくは『蓮門課誦』由来の唱法なのであろう。

【補説】

下京西六条寺内、大宮通花屋町下ルの光隆寺を住持した知影（宝暦十三・一七六三―文政八・一八二五、光隆寺第七世）は、幼少の頃より梵唄声明の響きに魅せられていたようだ。あるいは子守歌のように、音曲の旋律が自然と耳に入っていたのかも知れない。

美しい妙《みょう》音声《おんじょう》で唱えられる音曲を耳の奥底に覚えておれば、実際に譜面と接した時、その想像力はいよいよリアリティを増す。師匠が唱えられる声の揺らぎを記憶にとどめおくことが、声明を学ぶ第一歩と心得る。声明の伝習は、面授口訣（口伝、第五条参照）に尽きるといわれる所以である。

そんな知影が初めて魚山理覚院の門を叩いたのは、数え年二十七歳の時だった。寛政元（一七八九）年春のことである。その当時、理覚院を住持していた恵観こと後の知観から、先ず『六巻帖』の手ほどきを受けた。それから『例時作法』と『法華懺法』等を学んだというが、『六巻帖』にある音曲の数々を最初に習得するというのは、まことに至難なことである。しかしその時代は、それが当たり前であったであろうことは想像に難くない。

第二条

一、理覚院恵観和尚は越後高田の人なり(1)、少して魚山に入る、余 登門の時は和尚は法印権大僧都(2)なり、後に大縁院(3)の号を兼帯し(4)、夫《それ》より蓮城院(5)《ママ》に移住し、又宝泉院(6)に転住、ついに観心院(7)の室を預り、享和二年癸亥(8)九月二十六日任権僧正又僧正に転ず、文化四年丁卯(9)十月朔夜任、近頃東宮恵仁(10)の御諱を避て名を知観と改む(11)、

【註】

（1）**越後高田の人**　恵観こと知観は、越後国瑞泉寺（新潟県上越市高田に所在する、浄土真宗本願寺派の寺院）の寺中《じちゅう》出身という。「寺中」とは、他宗派でいう塔頭に同義である。ところで瑞泉寺は、元の寺号を勝願寺といい、親鸞の弟子・善性が承久三（一二二一）年に開いたと伝える。延宝元（一六七三）年、越中井波瑞泉寺（富山県南砺市、真宗大谷派井波別院）と土山《どやま》勝興寺（同県高岡市）との間に勢力争いが生じた。瑞泉寺は本山の裁定を不服とし、西本願寺から離脱して東本願寺末に転派した。西本願寺第十二世・准如（一五七七―一六三〇）は、これに対して第百十一代・後西天皇（在位一六五四―六三）より勅許を得て、勝願寺に「後小松天皇勅願所井波園瑞泉寺」の名跡を継承させた。

（2）**法印権大僧都**　知観は、天明元（一七八一）年十月十九日に権大僧都、同五年十月十二日法印に叙せられ、同年同月二十五日大僧都に任じられた（『両院僧坊歴代記』中、「理覚坊」の項による）。

（3）**大縁院**　第一条註（4）、第四十五条註（6）参照。

寛政七（一七九五）年月日不詳（一説に九月一日）、「出世御預号ニ大縁院ニ」（『両院僧坊歴代記』中、「理覚坊」の項）とある。「出世」とは、「院家」「坊官」などとともに門跡に仕えた者のことで、原意は延暦寺の持仏堂で法事を勤める役を意味したという。門跡を教学の方面から支えて、いうなれば「出世」させる立場にあったとされる。

（4）**兼帯**　第一条註（4）、第四十五条註（2）参照。

本義には、一人で二つの官を持つことを指す言葉とされる。第四十五条に記される「院室を兼帯」とは、特に門跡寺院配下の山外寺院が名跡を継承することを意味する。以て魚山は、梶井門跡支配による山外寺院といえよう。ここでは、梶井門跡配下の魚山大原寺の住侶たる知観が、「大縁院」という名跡（出世号）を継承していたと理解できよう。

（5）**蓮城院**《ママ》　第四十一条註（8）、第八十一条註（9）参照。

蓮成院の誤記。魚山上之坊の本堂・来迎院の向かい側に所在する僧坊。もとは北之坊といい、応永年中（一三九四―一四二八）までには存在していたと伝える。元禄十七（一七〇四）年、法音院と号し、享保五（一七二〇）年に蓮成院と改号した（『両院僧坊歴代記』「北之坊」の項による）。

（6）**宝泉院**　第四十一条註（1）、第八十五条註（14）参照。

魚山下之坊本堂・勝林院の西側に所在する僧坊。正徳六（一七一六）年、坊号を宝泉院と改号された。

草創年月は不詳とされるも、『両院僧坊歴代記』中、「宝泉坊」の項には、嘉禎（一二三五―三八）年中、蓮入房湛智（第四十八条註（3）参照）の弟子・讃岐法印宗快（第四十八条註（9）参照）を「開基初代」と記す押紙が付されている。宗快の師匠である湛智は、同門の蓮界房浄心（第四十八条註（6）参照）と声明の正統性や楽理に関して、激しく対立した。湛智が雅楽理論に基づく旋法や拍子の楽理を立てて新流と呼ばれたのに対して、浄心は古風な唱法を厳守したことから古流と呼ばれている。魚山の中でしばしば競合していたが、浄心の古流は衰退した。また、知観の孫弟子に連なる園部覚秀（一八一七―八三、知観―秀雄〈第八十一条註（10）、第八十五条註（3）参照〉―覚秀と相伝）が止住した。園部覚秀は西本願寺第二十一世・明如（大谷光尊、一八五〇―一九〇三）の招聘を受けて、西本願寺に改めて魚山声明を伝えた魚山法師である。明如はしばしば、宝泉院へ夏の避暑に来訪していたと伝えられる。そして明如もまた、魚山声明相伝の系譜である『魚山声曲相承血脈譜』に入記されている。

明治以降の西本願寺声明は、園部覚秀によって再整備されたものをルーツとする。園部覚秀の没後に刊行された『龍谷唄策』は、作法ごとに音曲が編集されていた。当初から作法立ての法儀として確立していた、『例時作法』『阿弥陀懺法』および、『如法念仏』『五会念仏略法事讃』以外の西本願寺の声明本としては、初めて各音曲が作法ごとに編纂された声明集である。ところで『五会念仏略法事讃』は、『如法念仏』の音曲を転用する形で新たに編纂し、『龍谷唄策』坤巻に収められている。

（7）**観心院**　第一条註（4）、本条註（4）、第三十二条註（1）、第四十五条註（3）参照。

享和三（一八〇三）年七月、「院室御預号二観心院一」（『両院歴代僧坊記』「宝泉坊」の項による）。梶井門跡院家の号であるが、本義には、門跡寺院に付属して補佐する寺院をいう。

（8）**享和二年癸亥**　第二十一条註（5）、第二十七条註（5）、第三十三条註（1）参照。

享和二（一八〇二）年は壬戌歳であり、本条には「癸亥」と記されているので、翌享和三年の誤記である。『両院歴代僧坊記』中、「宝泉坊」の項によれば、知観は享和三年に権僧正、続いて文化四年十月一日に僧正へ昇進している。知観、時に五十五歳だったという。

（9）**文化四年丁卯**　一八〇七年。

（10）**東宮恵仁**　第百二十代・仁孝天皇。諱は恵仁《あやひと》。一八〇〇―四六、在位一八一七―四六。本条が記された当時は光格天皇（第二十一条註（2）参照）の治世で、まだ皇太子だった。

（11）**名を知観と改む**　第一条註（4）参照。

恵観は、自身の法名が皇太子（後の仁孝天皇）の諱と同じ漢字を用いていたことから、文化四年以降のことであろう、皇太子に遠慮すべく「知観」と改名した。

ここでは、師匠知観の略歴を書き留めている。四半世紀以上にわたる師弟関係は、深い絆で結ばれていたことは想像に難くない。

【補説】

知影は二十七歳で知観の門に入り、以後、知観が六十三歳で遷化するまでの間、二十七年間にわたって師事するのである。

知観は西本願寺に与する越後国・瑞泉寺の寺中出身であるという。そして幼少にして、越後から遠く離れた洛北魚山に入り天台僧となった。そして晩年には、大僧正に任ぜられるほどの魚山声明の大家として成し得た人物なのだった。

明治維新まで僧階は朝廷が任ずるものであり、ことに魚山法師は専ら声明業の研鑽に専念し、梶井門跡を通じて朝廷からの庇護を受けるのが常であった。その中でも知観は、本書第三十二条にも後述されるように、朝廷からの信任が厚かったことがうかがえる。

本条を改めて読み返してみると、知影は師匠のことをただ、「越後高田の人なり」とだけ記している。詳しい出自を記していない。

ところで本条冒頭にある理覚院は、普賢院とともに大正時代に至り、実光院に統合される形で廃寺となった。現在、実光院が所在する寺地が、旧普賢院の寺地であるという。魚山下之坊の本堂たる勝林院は、宝泉院と実光院の二ヶ寺によって護持されている。

第三条

一、梵唄(1)の曲折に秘事あることなし、然るに秘事ある事のやうに云は名利に走るがいたすところなり、梵唄は仏法を歌嘆するのみ、あに秘して伝るのことばかりあらんや、高僧伝(2)、法苑珠林等(3)にて其説をきかず、余案ずるに事を秘するは本朝の弊風(4)なり、和歌者流の如き比々として是なり、夫梵唄は仏製に出づ、何ぞ俗間の歌曲に類せんや、よくよく思べし、

【註】

(1) **梵唄** 声明のことを、またの名を梵唄という。ここでは声明の旋律、その唱えようの在り方のことを言っている。そもそも声明とは、サンスクリット語 śabda-vidyā を漢訳した言葉である。śabda は音声や言語、調子を意味する。vidyā は、知識・学問のことである。古代インドのバラモン教社会において、バラモン（司祭者階級）が修めなければならない五つの学問があり、それを「五明」と称した。この学問の習慣が、仏教の出家者にも採り入れられたのである。即ち、①声明（音韻学・文法学・言語学・文学）、②因明（〈因〉とは原因・理由の意味。論理学）、③内明（形而上学を指す言葉だが、教義学の意味に転じた）、④医方明（広義に医学を指す。薬学・呪術）、⑤工巧明（建築・工芸・数学・暦学）のことである。仏教東漸に伴い、その伝統は日本まで伝えられた。仏教が中央アジアを経て中国へ伝わった頃、仏教儀礼音楽たる声明は「梵唄」と漢訳された。果たして「声明」は、音韻学的領域を指す言葉から派生して、日本では

特に仏教儀礼において仏・菩薩や祖師等への、音曲を伴って礼拝供養する宗教音楽を意味するようになった。声明の音曲は、サンスクリット語に由来する「梵語讃」、漢文による「漢語讃」、和語による「和語讃（和讃）」に大別することができる。「和語讃」（第五十条註（53）参照）は「教化」（第十八条註（4）、第十九条註（5）参照）として、魚山声明に多数の音曲が存在する。親鸞が著した『三帖和讃』は、いうまでもなく「和語讃」である。平安末期から鎌倉時代にかけて、多くの和語讃（「教化」）が制作されたが、親鸞の『三帖和讃』もそうした背景によるものかも知れない。そして世間によく知られている「御詠歌」もまた、「和語讃」の一種である。こうした「和語讃」は、各宗派に存在する。加えて、語り物の声明として、「講式」（第三十七条、第三十八条、第三十九条、第四十条参照）も忘れてはならない。

（2）**高僧伝**　五一九年に成立した、慧皎（四九七―五五四）撰『梁高僧伝』など。『梁高僧伝』は全十四巻から成る、後漢の明帝・永平十（六七）年から梁の天監十八（五一九）年までに至る四百五十三年間におよぶ、後漢・三国・東晋・宋・斉・梁の時代に活躍した高僧の伝記集である。初期中国仏教史の基本的資料である。本書・巻第十三には「経師篇」として、経典の諷誦や梵唄に長けた僧侶たちのことが記され、中国における梵唄の事情、あるいは仏教が正しく伝わる上において如何に梵唄が必要不可欠であるかなどが記される。『梁高僧伝』に続いて、『続高僧伝（唐高僧伝）』『宋高僧伝（宋伝）』『海東高僧伝（高麗で成立した朝鮮半島における高僧伝）』が成立している。

（3）**法苑珠林**　唐の総章元（六六八）年に完成した道世（？―六八三）の撰述による、全百巻から成る仏教百科全書である。道世は「釈門の領袖」とも称された、博学にして律義にも精通していた。本書は、仏教の世界観をはじめ。あらゆる思想・習俗・伝記に至るまで網羅され、その内容は広範囲におよぶ。

（4）**弊風**　悪い風習のこと。

【補説】

殊更に梵唄声明を、〈秘事〉として扱うことを牽制した内容である。学びの姿勢として、至極頷ける。そして古代の仏教歴史書を挙げて、仏教には〈秘事〉を重要視する風潮など存在しないと言及する。

知影は、梵唄とは曲節を付けて仏法を讃歎することに終始するのであり、秘め事のように伝えるものではないと言う。そして秘め事のように伝える在り方は、我が国の悪しき習慣であると考えていたようだ。こうしたことは、和歌など俗世のものにそれを見ることができるという。仏の言葉から出た梵唄声明は、それらとは一線を画するものと断ずるのである。

西本願寺に伝えられた声明は、魚山下之坊流（下院）の博士を用いている。第十四世・寂如（第十条註（1）参照）の要請によって、下之坊・宝泉院の幸雄（第十条註（2）参照）が伝えて以来、西本願寺の声明は下之坊流といえよう。果たして、知影の師僧である知観は、下之坊で一生の大半を過ごした魚山法師である。このことからしても、西本願寺の声明を深く検討するならば、下之坊伝来の譜面とその唱法を突き合わせねばならない。

ところで天納傳中師の研究によれば、寛文五（一六六五）年、梶井門跡から下之坊・勝林院に対して、「四箇条の擽」という定文が出されている。その四箇条とは、①勝林院寺中の住侶は、声明の稽古を怠ってはならない、その他の学問も研鑽すべきこと、②御門跡（梶井門跡のこと）へ五節供等に伺い出る時は、素絹・五条袈裟を着用すべきこと、③寺中の住職が声明相承の弟子を取る時はその俗姓を考慮し、ただちに逐一御門跡に訴え出るよう、④声明の指南や法事について、他宗の者に教授する時は、御門跡に申し上げなければならないとある。そしてこの定文は、勝林院だけに出されていて、上之坊・来迎院には出された形跡が見当たらないという。

ただ、近世初期において浄土宗へ魚山声明を伝えた恵隆（第三十五条補説参照）なる人物は、上之坊に属する向之坊の住職である。『両院僧坊歴代記』の「向之坊」にその名を載せるも、あまり経歴は詳しく記されていない。また、下之坊へ転住した記録も見当たらない。もっとも、恵隆が知恩院に声明を伝えたのは、「四箇条の擽」が出される以前のことではある。

第四条

一、長音（1）は魚山の極秘、同学の人へも伝へず、唄匿《ばいのく》（2）も秘曲として叨《みだり》に伝へず、是れ其曲折の事について秘事とするに非ず、其品を秘するなり、しかりと云へども余を以てこれを見れば上古は恐くは不レ尓、中世已来人をして聲道（3）を貴ばしめんが為の作《シワザ》なるべし、

【註】

（1）**長音**　魚山声明において、「ちょういん」と読む場合は、切音に対する概念とされ、「じょうおん」と読む場合は、短音に対する概念とされる。本条に記される「長音」は、文脈から察するに、広義には慈覚大師円仁（第四十六条註（1）参照）が唐より持ち帰った、「五箇大曲《ごかのたいきょく》（深秘曲）」のことであろう。あるいは「五箇大曲」中、特に『長音九条錫杖』『長音供養文《ちょういんくようもん》』を指しているとも考えられる。「五箇大曲」とは、長大な旋律が付けられた五種の声明曲のことである。「五箇大曲」は魚山声明の中でも秘曲中の秘曲とされ、優れた弟子にしか伝授がなされなかったともいわれる。即ち、①『長音九条錫杖』、②『独行懺法』、③『羅漢勧請』、④『長音供養文』、⑤『梵網戒品《ぼんもうかいほん》』の五曲である。これらは、「魚山法師専受の法門」と位置付けられている。円仁に始まる魚山声明を伝承した、魚山法師の系譜である『魚山声曲相承血脈譜』を見ると、円仁は七名の弟子を指名して、『長音九条錫杖』『独行懺法』『引声念仏』（第四十六条註（12）参照）『長音供養文』『梵網戒品』の五曲を一曲ずつ伝授したことが分かる（第四十七条補説参照）。

①第五十条註（5）（52）参照。『錫杖』という音曲には、『四箇法要』に用いる「三条錫杖」、密教法要『光明供』な

どに用いる「切音九条錫杖」、そして『長音九条錫杖』がある。「九条錫杖」における「切音」とは、長大な旋律が付けられた「長音」に対する用語であって、「早懺法」などでいう「切音」とはニュアンスが異なるので注意すべきである。

②『声明懺法（法華懺法）』中、「六根段」に別なる旋律が付けて独唱される音曲。「悲歎声」とも称される。

③『羅漢供式』とも呼ばれる。後述するように、円仁が唐より請来した他の音曲とは、伝来の系統を異にするとされる。従って、『魚山声曲相承血脈譜』に相伝の記述が見えない。「阿羅漢讃」「文殊合殺」「文殊讃」などで構成されている法儀である。「阿羅漢讃」は六十八行におよぶ長行の音曲で、その中心をなす。

④第五十条註（21）参照。「供養文」に、長い旋律が付けられた音曲で、甲様と乙様がある。特に乙様は、一人にしか伝授されないとされるので、本条にいう「極秘」を指すのであろう。

⑤第五十一条註（7）参照。布薩の厳儀（「広布薩」）に用いられたと考えられる。『梵網経盧舎那仏説菩薩心地戒品第十』のことである。またの名を、『菩薩戒本』『梵網菩薩戒経』ともいう。

以上「五箇大曲」中、『魚山声曲相承血脈譜』には、『羅漢勧請』の相伝は記されずに、『引声念仏』（第四十六条註（11）（12）参照）の相伝が記されている。『羅漢勧請』については、水原夢江師（一九二六―二〇一九、魚山声明伝承者・本願寺派宝林寺長臈）の研究によれば、大和国多武峰（第七十八条註（9）参照）の住僧・日円とともに入唐した快円が伝えた音曲で、以後、多武峰に伝承され、堯雲房頼澄（第六条註（1）参照）へと相承されたという。このことは、円珠房喜淵（一二五四―一三一九。第五十条註（37）、第五十六条註（1）参照）撰『音曲相承次第』中、「文殊讃」にも記されている。従って、円仁が伝えた音曲とは伝承の系統を異にするのである。頼澄は『魚山声曲相承血脈譜』においては、「多武峰住僧　堯雲房」と註記され、聖応大師良忍（第四十七条註（2）参照）の弟子として入記されている。水原夢江師は、頼澄以降、信濃法橋玄澄から澄恵へと相伝され、魚山声明に組み込まれたのであろうと考究されている。

「五箇大曲」とともに、「中秘曲」の一つとして挙げられるのが『引声念仏』（第四十六条註（12）参照）である。「中秘曲」とは、「云何唄《いんかばい》」「始段唄《しだんばい》」「異説唄」『引声念仏』「普賢讃」（第五十条註（26）参照）「千手教化」「散華」（第五十条註（3）参照）「驚覚真言」「三十二相」（第七十一条註（67）参照）『例時作法（声明例時）』『法華懺法（声明懺法）』をいう。これらは『例時作法』『法華懺法』を「例懺」と一括りにした上で、「十箇の中秘曲」と総称される。

（2）**唄匿**　第五十条註（18）（38）（47）（48）（49）、第五十四条註（18）、第七十一条註（76）参照。

単に、「唄《ばい》」とも呼ばれる。「唄」という漢訳語は、pāṭhaka（暗誦者）またはbhāṣā（言葉）の音写語ともいわれる。一字ごとに、長大な旋律が付けられた音曲で、魚山声明では中秘曲に位置付けられる。唄を唱えることを、「唄を引く」と表現される。唄師が唄を引くに当たって、唄師の前には経机が設えられ、香炉と如意が置かれる。唄師は結跏趺坐の姿勢で薫香して如意を執持し、これを唱えることを本義とする。現行の天台宗において「唄」は、法要に際して式衆上臈（首座に着座）の唄師が独唱する。往古、唄師は式衆の列には加わらず、道場の一角で唄屛風を立てて独唱するのが本義とされた。唄屛風を立てることの由来は諸説あるが、魚山声明の伝説的創始者とされる魏の武帝の第三王子・陳思王曹植は、足が不自由であったことから、座する姿を人目に憚り屛風を立てたという故事にちなむという。あるいは、唄が秘曲たる「唄匿」なるが故に、譜面を衆目に触れさせないためであるともいわれている。「唄」を唱えるには、魚山法師より「唄伝授」を受けなければこれを許されない。また「唄」の伝授師は、天台宗の中でも魚山法師のみに限られている。伝授された者は法要で唱えることは許されるが、これを他の者に教授することは許されないとされる。

顕教立法要の『四箇法要（法用）』（第五十条註（2）（3）（4）（52）四参照）などで用いられる「始段唄」（「ン如来妙色身　世」・『勝鬘経』文。「止断唄」の字をあてる説もある。冒頭の「ン」に関して、魚山実光院所蔵の石室静洞手沢本・宗淵版『六巻帖』には、「勝林院永縁上人　ン　本家ニハ无シ　師説有也」と註記されている。本家とは永縁を指し、師説とは良忍の説を意味する）、密教法要の『曼荼羅供』などで用いられる「云何唄」（「云何於此経　究竟到彼岸」「願仏開微密　広為衆生説」）、「長寿唄（祝《しゅく》禱唄《とうばい》）」（「云何得長寿　金剛不壊身」「復以何因縁　得大堅固力」・以上『涅槃経』文）が知られる。顕密両様ともに、唄師が独唱中に「散華」と称する音曲が式衆によって唱えられるので、

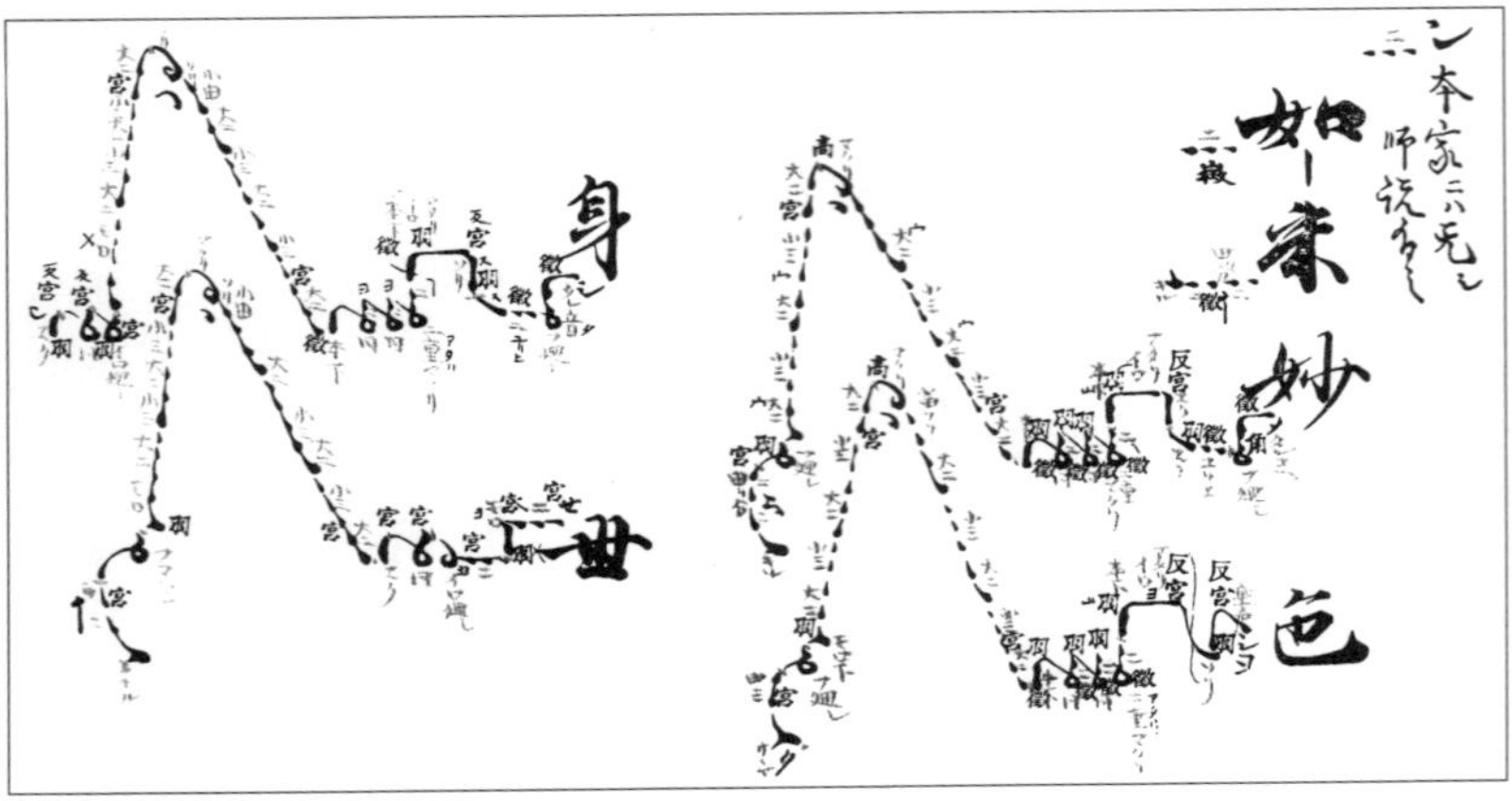

「始段唄」(『魚山六巻帖』宗淵版)

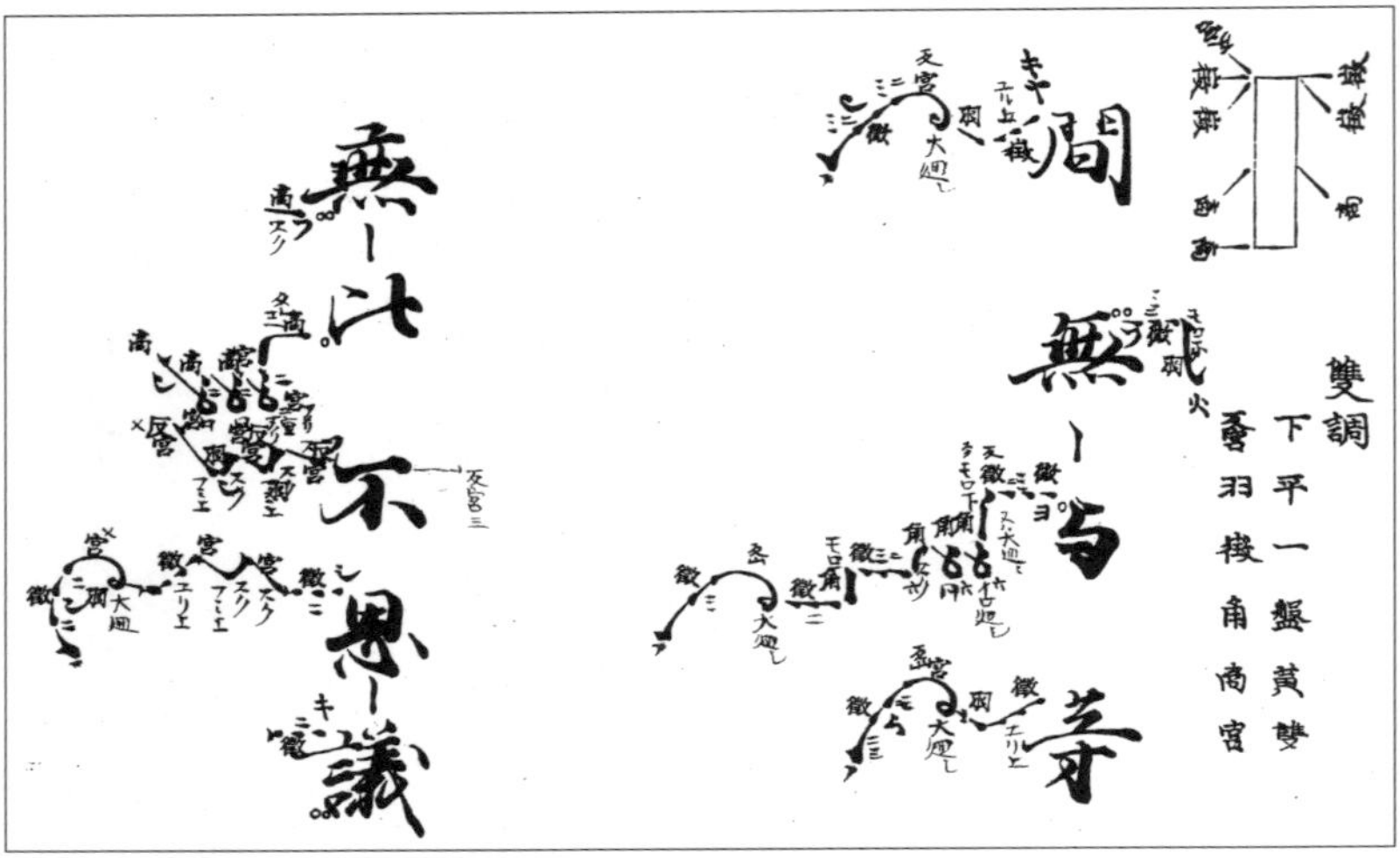

「中唄」(『魚山六巻帖』宗淵版)

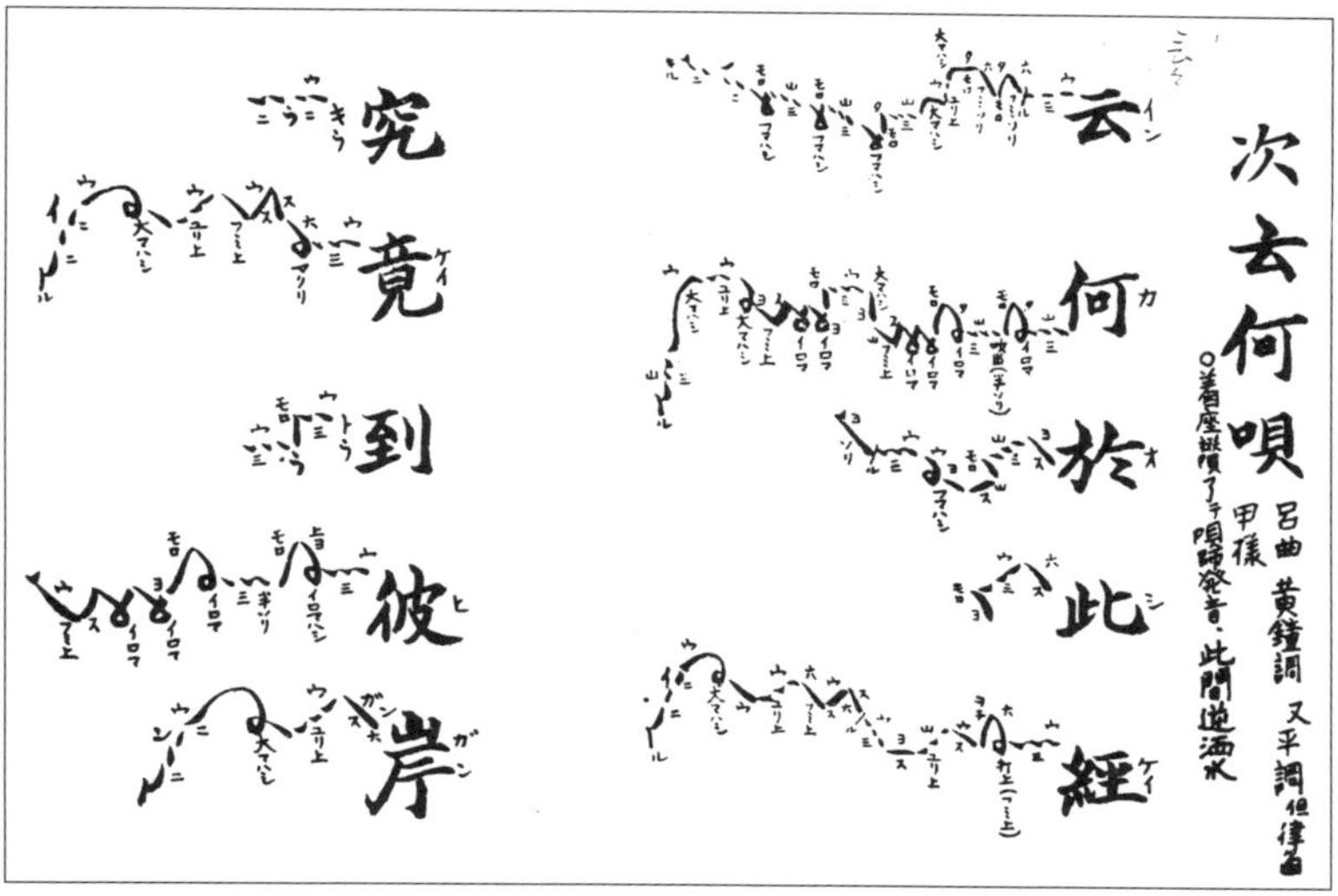

「云何唄」（『曼荼羅供音用』）

「唄」の音色は聞こえにくくなる。「唄匿」とも呼ばれる所以であろう。

　さらに「始段唄」に引き続いて唱えられた「中唄《ちゅうばい》」（「間無与等　無比不思議　是故今敬礼」、「始段唄」に続く文言）、「行《あん》香唄《きゃんばい》〈ぎょうこうばい〉とも読む）」（「如来色無尽　智慧亦復然　一切法常住　是故我帰依」、同じく中唄に引き続く『勝鬘経』文）、得度式で用いられる「毀《き》形唄《ぎょうばい》」（第五十条註（38）参照「毀形守支節　割愛無所親　棄家弘聖道　願度一切人」、『諸徳福田経』の文言であるが、同経には「支」は「志」、「棄家」は「出家」となっている）などがある。ちなみに「中唄」独唱に際して、「散華」唱和の邪魔にならぬよう唱えるべし、との口伝がある。「始段唄」を唱え終わった後、「中唄」が唱え始められてから「散華」を唱和するのが本義とされる。

　その他、布薩会などで用いられた、優婆離尊者を讃歎する「優婆離唄《うばりばい》」、『声明懺法』中にある「懺法唄」（始段唄と同じ文言）、同じく『法華懺法』『例時作法』の終結部で唱えられる「後唄《ごばい》」（『超日月三昧経』文、第五十条註（49）参照）」などがある。「後唄」は、その他さまざまな法儀で汎用されている。また、魚山勝林院に所蔵される、鎌倉時代の書写本

『声明集（二巻抄、第四十八条註（1）参照）』には上記「懺法唄」とともに、『修正唱礼音用』の項目中に「始段唄」と同じ文言の「梵唄」という表題の「唄」を載せる。『二巻抄』は、古博士（第六条註（1）参照）が付けられた音曲の集成で、魚山における声明集成としては現存最古の文献とされる。そして件の「梵唄」は、『龍谷唄策』乾巻所収の『三宝唱礼』に見える「唄匿」に付けられた博士に対応すると考えられる。恐らくは『龍谷唄策』を編纂した園部覚秀が、この「梵唄」を復元させる形で『三宝唱礼』に編んだのであろう。なお、この「梵唄」は、融通念仏宗総本山・大念仏寺（大阪市平野区）に所蔵される、園部覚秀（第二条註（6）参照）が書写した、二本ある『略布薩次第』の一本にも見ることができる。次第を通覧するに、布薩の体裁を採りながらも、「供養文」や「唱礼」があるなど、西本願寺の同法儀の次第と近似している。また、大念仏寺本にある「梵唄」では、「如来妙色身」の「妙」より行道の指示がなされている。

（3）　**聲道**　声明を専門的に学ぶことを、声道あるいは声明道とも称する。

【補説】

「長音」とは、魚山声明において短声《たんぜい》や切音《きりごえ》といった、短い旋律に対する用語である。以て、ここにいう「長音」とは、狭義には「五箇大曲《ごかのたいきょく》」の一つに挙げられる、特に『長音供養文』をいい、あるいは『長音九条錫杖』のことも含むのであろうか。『魚山声曲相承血脈譜』を見ると、「五箇大曲」は魚山声明を唐から持ち帰った円仁が、特に七名の弟子を指名して伝えたという、長大な旋律が付けられた音曲のことである。ただ、これらの大曲の中で、『羅漢勧請』のみは円仁の伝とは異にしている。『魚山声曲相承血脈譜』には、『羅漢勧請』ではなく『引声念仏（引声阿弥陀経）』（第四十六条註（12）参照）の相伝が記されている。

「唄匿」とは「始段唄」や「云何唄」などの、長い旋律が付された音曲のことである。天台宗では『四箇法要』などにおいては、上臈の式衆が唄師を務める。本来は法要の席上、唄師は道場に設けられた別なる区画で独り唱えていた。時代が下がるにつれ、式衆の中に加わり首座に着座して唱えることとなったようだ。

本条に記されるところの「長音」は、極秘の音曲であるといい、魚山声明を学ぶ者であってもみだりに伝えることを憚るというのだ。「唄」もまた、それに準ずるもので、他人へ教授してはならないと誡める。

「五箇大曲」のどれもが譜面こそ伝承されているとはいえ、それらが現在の法要で用いられていることは聞かない。『魚山声曲相承血脈譜』に相伝が記される秘曲の中で、『引声念仏』のみは、現在も真如堂などに伝承されている音曲である。

知影は旋律の唱法など技術的な事柄を秘するのではなく、その音曲自体を表に出すことを憚ると言っている。そのことは注意せねばなるまい。知影によれば、往古は秘匿されてはいなかったが中世（彼らが言う概念の中世）以来、声明道を尊ぶがために成立したことと見ているようである。

ところで「唄」を唱えるには、魚山法師より「唄伝授」を受けなければならない。西本願寺では昭和初期まで、御堂衆の知堂一臈は魚山に上り、「唄伝授」を受けるのが習慣となっていたという。浄土真宗とはいえ、天台宗の伝法儀礼を受け容れて守っていたのだった。しかるに昭和八（一九三三）年の法式改正によって、魚山由来の多くの音曲が廃止され、「唄」も唱えられることはなくなった。従って、「唄伝授」の伝統も廃絶したのである。

第五条

一、梵唄は口授を要とす、（1）筆硯を以て伝へがたし、故に師資の相承たしかならざれば中正（2）を得がたし、魚山旧住の耆老《ぎろう》と（3）雖《いえど》も口授を失へるの品類はこれをいかんともし難かるべし、

【註】

（1）**口授を要とす**　声明を学ぶ上で最も肝要なのは、然るべき師匠に師事し、その師匠から面授口訣によって学び受け継ぐことである。声明にとって、口伝が如何に重要であるかを示している。『弾偽《たんぎ》褒真抄《ほっしんしょう》』（第四十八条註（4）参照）には、「オホヨソ声塵ハ耳根所対ノ境。博士ハコレ色塵眼根所対ノ境也。声塵ヲ目ニミルベキヤウノナレレバ。面授口決ノノチ廃忘ニソナヘンタメニ。声ノアガリサガリノ。絵ニカキアラハシタルヲ博士トハ云也。」とある所以である。

（2）**中正**　特定の考えや立場に偏らず、公正であること。中庸。

（3）**耆老**　還暦あるいは古稀を過ぎた老人。ここでは老僧を意味する。

【補説】

梵唄声明伝習の肝要は、然るべき師匠からの口伝によって授けられるべきであり、筆録だけでは伝わりにくいと、知影は指摘する。魚山で深く学んでいた知影にとっては、実感そのものなのであろう。

このことは後に知影が触れる事柄でもあるのだが、音曲は伝承されてきた道筋から離れてしまうと変貌を遂げる。師匠か

ら弟子へと間違いのない口伝がなされてこそ、声明の音曲は偏りのない公正な存在たらしめる。

知影が学んでいた時代にあっても、既に廃絶した音曲が多数存在していたのはいうまでもない。たとえ魚山に止住する老僧であっても、ひとたび口伝を失してしまっていたのでは無意味なのであり、本来どのように唱えられていたかを明らかにすることは至難だと知影は言う。そのように思う時、古儀の音曲の復元研究というのは、とてつもなく至難極まりない道のりといわねばならない。しかし、いにしえの旋律への憧憬は、尽きることはないのである。

第六条

一、聲明の曲節は古製にしくはなし、古人の墨譜（1）を製せるは神妙なり、言語の及ぶ所に非ず、いよ〱学でいよ〱其妙を覚え、近世の名手古製によりて墨譜を施せる類ありと雖《いえど》もこれ止ことを得ざるなり、もし聲道にこころざし有らば古製を学にしかず、

【註】

（1）**墨譜**　声明曲の譜面のことを、「博士《はかせ》」あるいは「墨譜《ぼくふ》」と称する。水原夢江師によれば、古代中国においては、楽譜のことを「博士」と呼んでいたという。所謂、学位として用いられる用語の「博士」は「はくし」と読むべきで、厳然たる区別が存在するとされる。ところで、西本願寺の御堂衆である西光寺祐俊（西六条寺内・九条西光寺第十二世、一五九七―一六八二、第十二条註（5）参照）撰『法流故実条々秘録』第十九条「正信偈、節墨譜《フシハカセ》ニ品々ノ名」には、以下のような記述がある。「一、世ノ博士トハモノシリヲ云、」「一、墨譜《ハカセ》、声明等ノフシハカセニ書之也」とあり、声明においては「博士」と「墨譜」は全くの同義語である。ちなみに第十二条などに記される、知影が若き日に師事した西光寺賢従は、祐俊の後裔である。第十三条には、賢従は声明に大層秀でていたことが記され、そして賢従もまた、魚山で修学したことをうかがわせる記述がある。

水原夢江師の研究によれば、博士には往古より以下に列挙する如く、種類と変遷があるといわれる。

①「船歌《ふなうた》」。滋賀県大津市坂本の日吉大社に所蔵される、慈恵大師良源（第四十七条註（6）参照）が書いたと伝え

られる譜面のことである。これが声明の譜面を表記する博士としては、最古のものといわれる。

②「五音《ごいん》博士」。古くは天台宗でも用いていた博士であるが、現在は真言宗各派で汎用されている。音の高さを、正確に示すことに努めている博士である。しかしながら、魚山声明の古写本等に見られる五音博士と、現在の真言宗各派で用いられるものとは印象が異なる。

③「藤流《ふじりゅう》 博士」。藤原公任（四条大納言、九六六―一〇四一）によって考案された。公任は詩歌管絃に秀でた人物であったという。

④「異体古博士《いたいこはかせ》」。良忍（第四十七条註（２）参照）が考案した博士。⑨の「古博士」に対して、良忍の「古博士」をそう呼ぶ。良忍以前はさまざまな譜面の表記があったようで、これらを「古流の博士」という。そして良忍がこれらを整理統一して、「古博士」と称した。

⑤「目安《めやす》博士」。同じく良忍が考案した博士で、今日見る博士の原形であろう。

⑥「笛穴《てっけつ》博士」。良忍の弟子、乗楽房家寛（第四十八条註（１）参照）が考案した博士。家寛は、後白河法皇の声明師範も務めた人物である。良忍―家寛―慈心房智俊―蓮入房湛智と法脈が続き、以後、魚山声明の主流となっていく。

⑦「琴譜《きんぷ》博士」。良忍の弟子、頼澄（第四条註（１）参照）が考案した博士。頼澄は南都仏教の声明と魚山声明との交流が考えられる、最初期の声明家である。『魚山声曲相承血脈譜』には、頼澄の弟子・信濃法橋玄澄の名が記されている所の傍らに、「南都声明。従是相伝歟」と註記されている。

⑧「妙音院流古博士」。妙音院藤原師長（一一三八―九二、第九条註（２）参照）が考案した博士。師長は平安末期の公卿であるが、雅楽史において特筆される音楽家として知られている。箏や琵琶の名手として、その名を馳せた。声明、朗詠、神楽、今様、催馬楽など、当代の音楽に精通していたと伝えられている。師長は『魚山声曲相承血脈譜』にも、玄澄の弟子として澄恵とともに「師長公」と入記され、「妙音院太政大臣」と註記されている。また、東大寺の凝然（一二四〇―一三二一）撰『声明源流記』によれば、家寛・玄澄・叡泉房源運・俊玄らに声明を師事し、そこから学

んだことを取捨選択して「妙音院流」という一流派を立てるに至ったという。この流派は南都に末流が弘まり、興福寺に伝承者が多かったと伝える。

⑨「古博士」（第二十七条註（2）、第三十五条註（4）参照）。蓮入房湛智（第四十八条註（1）、同（3）参照）によって考案された博士。「只博士」を単純にしたような筆致で表記される。江戸時代まで「只博士」と併用されるも、むしろ「古博士」が主流をなしていたと考えられる。宮中で行われた「御懺法講」では、天皇もまた僧侶・公卿とともに法要に出仕して、散華行道したことで知られる（第二十一条参照）。そして、法要ごとに依用される声明本を筆写して天皇に献上する習わしがあり、その声明本は「古博士」で表記されていた。

⑩「只博士《ただ》」。同じく湛智によって考案されたもので、「目安博士」に相通ずる博士である。憲真版『六巻帖』並びに宗淵版『六巻帖』の公刊を以て「只博士」が流布し、これが現在まで汎用されている。

【補説】

墨譜《ぼくふ》とは、声明曲の文字の横に付されてある、旋律のありようを表現する楽譜のことである。本条註（1）にも記したように、西光寺祐俊が著した『法流故実条々秘録』には、「墨譜」に「ハカセ」とルビが付けられている。声明曲の楽譜のことを「博士《はかせ》」と呼び、むしろこの呼び名の方が汎用されている。東本願寺などでは、「節譜《せっぷ》」とも呼称されている。博士は毛筆で書かれた譜面であるが、その筆運びやハネなど、全て音曲の旋律の姿を表現したものであり、決して適当に筆記されているものではないという。

良忍は魚山声明の音曲とその博士を整備統一した、魚山声明中興の祖である。良忍が考案したのが「目安博士」である。良忍はそれ以前に存在したさまざまな博士を、「古流の博士」として整理したという。その後、良忍より四代の弟子・蓮入房湛智が大成したのが、現在も用いられている「只博士」である。

知影は魚山声明をして、いにしえの音曲ほど素晴らしいものはなく、それを書き記した博士の筆致もまた見事で美しいと称讃している。声明を修得するには、いにしえに書き記された博士を凝視して覚えなければならない。声明の道を分け入るのであれば、先ずは「古製」を学べと知影は主張するのである。

ところで湛智が著した『声明口伝集』（第四十八条註（11）参照）の冒頭に、「凡声明ハ先博士に功労ヲイタシテ、イカ程モ稽古ヲ尽テ博士ノ面ヲ其スガタヲ落居シテ、音律ノ沙汰アルベキ也」とある。いわずもがな、知影もこの一文を読んでいたに違いない。

それにしても魚山声明の古い版本や写本の譜面を眺めていると、まことにその筆致の美しさに、時の流れを忘却するものである。そして造形的にも美しく、芸術性にも富んでいる。

第七条

一、六冊[1]、法華懺法[2]、例時作法[3]、阿弥陀悔過[4]等いづれも古代の製なり、よく〳〵熟練すべきなり、

【註】

（1）**六冊**　第一条註（5）参照。

（2）**法華懺法**　第一条註（6）、第八十条補説参照。

（3）**例時作法**　第一条註（6）、第十一条註（1）、第五十条註（39）参照。

（4）**阿弥陀悔過**　第十七条註（1）（2）参照。

『阿弥陀悔過』の名は、第十七条にも出てくる。後述される『阿弥陀懺法』もまた、悔過の法儀といえるが、『阿弥陀悔過』は『阿弥陀懺法』とは別なる法儀である。『阿弥陀悔過』は、毎年一月三日に厳修される、魚山勝林院の修正会のみに用いられる法儀である。往古は夜儀で、日が暮れる頃から始められていたという。『阿弥陀悔過』は、その名が示す通り、阿弥陀仏を本尊に仰いで勤める悔過法要である。「供養文」「散華」「大懺悔《おおいさんげ》」（第五十条註（7）参照）など、他の法儀でも唱えられる音曲に加えて、『阿弥陀悔過』のみに用いられる「至心奏上」「南無四十八願」などが唱えられる。また、この法要中の特殊な儀礼として、「南無四十八願」が唱え終わると同時に、地元・大原勝林院町の宮座若衆が内陣に入ってきて、尊前で車座になって激しく回りながら「三十三度」を踊る。そして「発願」を唱えた後、式衆によって本尊の周りを歩く加持牛玉《ごおう》行道が三匝行われる。この間、式衆は行道一匝目で本尊左辺に至って、右手に保持し

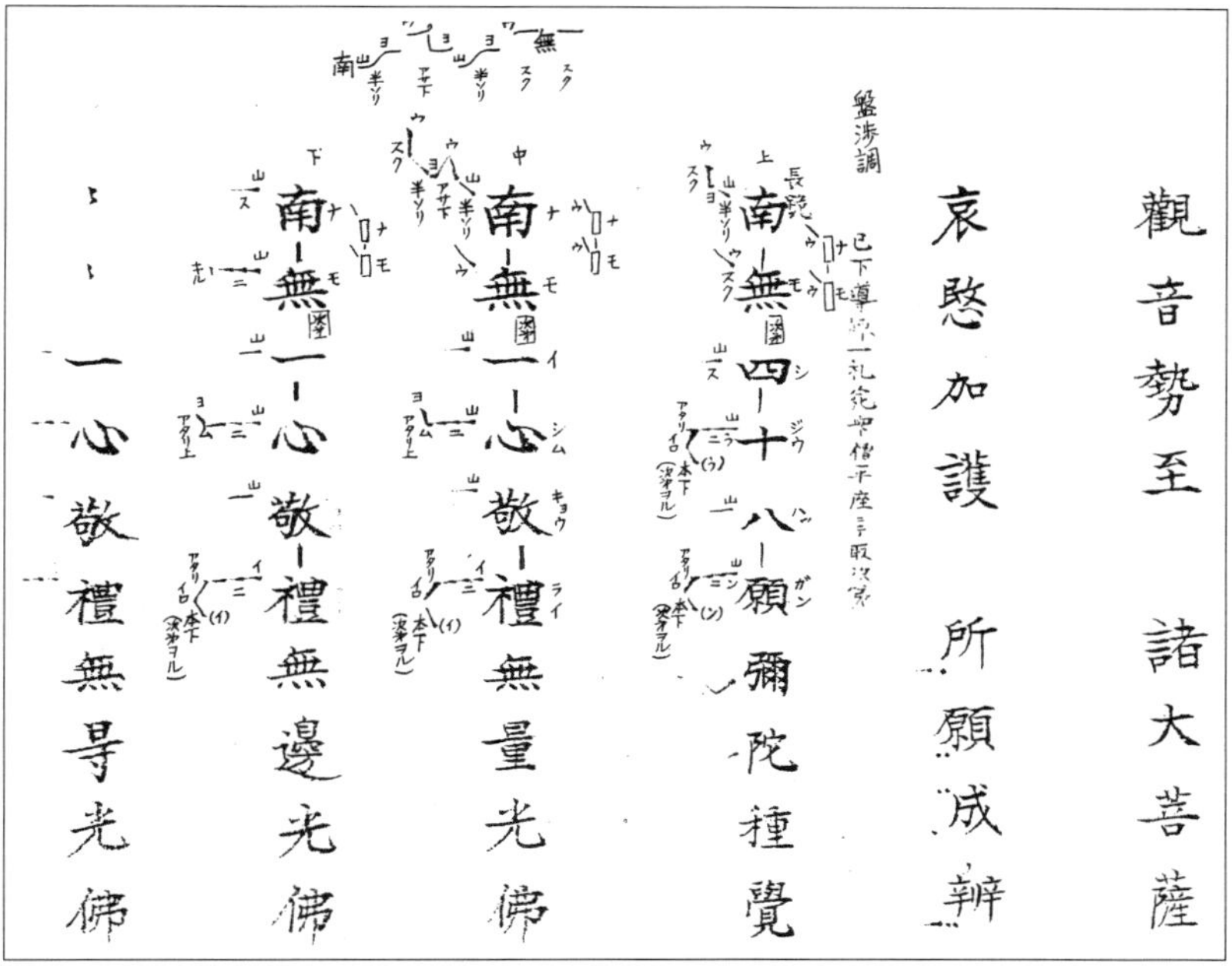

『阿弥陀悔過』（多紀道忍写本）

ている中啓（扇）を、須弥壇に置かれた牛玉宝印が捺された護符を挟んだ木片に持ち替えて行道する。

　そもそも悔過とは、修正会や東大寺二月堂の修二会（「十一面観音悔過」）などで勤められる法要において、それら法要の性格そのものを表すものである。即ち、前年に犯した罪業を一心に懺悔滅罪し、鎮護国家・玉体安穏を祈願する春迎えの法会なのである。悔過法要の起源は古く、奈良朝以前に遡るとされる。そして、勝林院の修正会・『阿弥陀悔過』にも見られるように、国家的性格の法要に民俗行事（「三十三度」）を包摂しているところに特徴がある。「三十三度」と同様に、延暦寺の修正会で行われる「鬼追い式」、東大寺の修二会に見られる「お松明」や、あるいは「達陀《だったん》」などもよく知られるところである。これが今日まで、悔過法要が永続されてきた要因であるとの指摘もなされている。

【補説】

我々が現在知る『阿弥陀悔過』は、魚山勝林院で毎年正月三日に厳修される修正会のみに用いられる法儀である。去る平成二十五（二〇一三）年十月、「魚山大原寺　勝林院開創一千年紀慶讃法要」の結願において、特別に勤められたのは記憶に新しい。筆者はこの法要に、式衆の一人として末席を汚させていただいた。

筆者は法要に先立ち、『阿弥陀悔過』の複写本を頂戴した。勝林院でしか勤められない法儀なので版本はない。この複写本の奥書によると、原本は上之坊・浄蓮華院に所蔵されるもので、近代における魚山声明の大家として名高い、多紀道忍が十七歳の時に書写したものであるという。多紀道忍は天台宗内のみならず、広く他宗派へも出向して声明を指南した近代屈指の声明家である。いただいた『阿弥陀悔過』の複写本は、高校生くらいの少年が筆写したものであるが、筆致は驚くほど端正である。その筆跡をして、精神性の高さを思わずにはおれない。

知影は『法華懺法』『例時作法』、そして『阿弥陀悔過』の諸法儀を列挙して、いずれもいにしえから魚山に伝承されてきた音曲であり、特に習熟せねばならないと書き留めている。

第八条

一、法要に聲明は大原千本とて両流あり、当家の聲明は大原流(1)なりとあり、しかるに千本流(2)といふは今はたへてなし、又千本流といふことをきゝ伝へたる人もなし、諸山ともに魚山を以て聲明のもとゝするなり、

【註】

（1）**大原流**　第十三条註（1）参照。

魚山声明のこと。実悟撰『本願寺作法之次第（実悟記）』に記される「小原流」のことである。

（2）**千本流**　京都西陣、千本周辺（京都市上京区千本）の諸寺で用いられていたと考えられる、真言系声明の一流派といわれる。早くに廃絶した声明の流派であるが、本願寺で用いられた声明との関係が考えられる。『吉崎時代以前に於ける「正信偈」・三帖和讃諷誦の研究』（赤松美秀、『大谷学報』第二十四巻第六号　大谷大学大谷学会刊、一九四四）によれば、本願寺門徒であった江州堅田本福寺（滋賀県大津市本堅田、第五十四条註（15）参照）・第六世明誓が著した『声明聞書』には、「大谷殿様御つとめは、北野の釈迦念仏をかたどりたまふとかや」とある。「大谷殿様」とは山科本願寺以前の、東山知恩院に隣接して所在した大谷本願寺のことである。あるいは、実悟撰『山科御坊事并其時代事』には、「一、和讃を念仏にくはへ申事の次第は口伝あり、九重にこれをさたむと也、当時ハ、やう〳〵品は三重ハかりにて候、口伝等次第、心得られ度事にて候、」という記述が見える。ここにある「九重」とは真言系声明における、初

重・二重・三重と順に音階が高くなるも、四重で初重の高さに戻り、五重・六重と同じ高さを繰り返すことをいう。これは真言系声明に見える特徴で、本願寺で用いられていた声明が、真言系声明の影響を受けている傍証であるという。また、現在も東本願寺や佛光寺に存在する古来の唱法である、「舌々《ぜぜ》」などといった用語も、真言系声明に起源があるようにも考えられまいか（「舌々」という呼称の唱法は、浄土真宗では佛光寺派に伝わる御家流《おいえりゅう》声明にも古くから存在する）。こうした記述を手がかりに、岩田宗一氏は、千本釈迦堂・大報恩寺に見られる「釈迦念仏」に本願寺声明の源流を見出そうとしている。しかし、本願寺第八世・蓮如あるいはその先代存如の時代に千本釈迦堂で行われていた声明は、明らかに天台系の声明であると考えられるのである。ならば「釈迦念仏」もまた、天台系の声明であったと考えるのが自然である。何故ならば、大谷本願寺時代の千本釈迦堂は天台宗に属していて、真言宗に帰属するのは近世初頭のことである。ただ、千本釈迦堂そのものの伝承として、吉田兼好著『徒然草』第二百二十八段に「千本の釈迦念仏は、文永の比《ころ》、如輪上人、これを始められけり。」とあるように、古くからこの寺で「釈迦念仏」が行われていたのは疑うべくもない。如輪（？―一二七九）は、千本釈迦堂の第二世となった人物である。法然門下・長西（一一八四―一二六六、九品寺流派祖）に師事し、浄土門九品寺流を汲んでいる。『声明聞書』に見える「北野の釈迦念仏」という記述も、千本釈迦堂のそれを自然に想起させるものはある。しかしながら「北野の釈迦念仏」が、千本釈迦堂のみで行われていたものとも即断し難い。そして現在、千本釈迦堂の涅槃会で依用される「釈迦念仏」は、寺伝では魚山由来の声明であると説明する。以て、千本釈迦堂が属する真言宗智山派の声明の中でも、この「釈迦念仏」ばかりは、かなり特殊な旋律を有しているといわれている。そうした事情を重ね合わせた時、千本釈迦堂の「釈迦念仏」は、魚山由来の声明が真言声明化したという遍歴を持つのであろうか。果たして千本釈迦堂とは別の、同じく千本地域に所在する、上古から真言宗に属していたであろう、上品蓮台寺あるいは千本ゑんま堂・引接寺などでも、「釈迦念仏」が行われていたのかも知れない。また『声明聞書』にいう、「北野」と「千本」との詳細な位置関係も気になるところである。むしろ「千本流」声明は、そうした真言宗寺院で勤められていた声明ではないかと考えられる。

【補説】

声明の一流派に、「千本流」というのが存在した。「千本流」は、本願寺第八世・蓮如以前の本願寺声明にも影響があったと思われる。『本願寺作法之次第（実悟記）』第三条（第十三条註（1）参照）には、以下のように記されている。本条は、これを読んでのことであろう。

一　当流の声明ハ小《(大)》原流也、惣而諸宗共に声明ハ小《(大)》原・千本両流を本とする也、然は円如の仰事にハ、下間名字の幼少の人を一人、小《(大)》原の声明師の弟子になして置、よく稽古の功ゆき候ハ、、こなたへ取てをきて、声明の譜をよくならはせ置て、当流によく可覚悟事也、と仰候き、

ここにいう「小原流」とは、「大原流」のことである。即ち、魚山声明のことをいう。『実悟記』が著された当時、京都では「魚山流」と「千本流」が声明の二大潮流をなしていたと考えられる。

大正十二（一九二三）年に龍谷大学出版部から発刊された、『真宗の法式及び其故実』と題する、当時の浄土真宗本願寺派における法式規範書にも、本願寺の声明に「千本流」の流入があると記されている。即ち、『五会念仏作法』や『如法念仏作法』がそれであるとしている。しかし、この二つの法儀が「千本流」由来とするのは誤りである。いずれも、魚山由来の法儀であることは紛れもない。もっとも、『真宗の法式及び其故実』の本文を執筆したのは本願寺派勧学・西光義遵（一八八七―一九四五）であるが、「千本流」由来とした根拠が明らかになれば、また別なる意味で「千本流」の真相に迫ることができるのかも知れない。

ちなみに、『龍谷唄策』坤巻に収録されている『五会念仏略法事讃（五会念仏作法）』は、知影在世時代のものとは異なる。即ち、『龍谷唄策』の原稿作成時において、園部覚秀が『如法念仏作法』の各音曲の博士を転用して作譜し直したと考えられるからである。魚山実光院前住・天納傳中師は、園部覚秀が原稿を作成した『五会念仏略法事讃』中にある「五会念仏」

は、「八句念仏」から博士を転用した音曲であると指摘する。そして同じく「誦讃偈」に付された博士も、『如法念仏作法』の「誦讃偈」と同様のものである。唯一、「極楽荘厳讃」は、『龍谷唄策』以前の譜面をある程度踏襲したものと考えられる。以て、『龍谷唄策』以前の『五会念仏作法』は、『龍谷唄策』所収の同作法にはない音曲などがあり、順序や次第もかなり異なっている（本書第一部「『魚山余響』について 三『魚山余響』から見える側面」参照）。

「千本流」はその名が示す如く、京都西陣の外れ、千本釈迦堂が所在する辺りで伝えられた声明である。平安京においてこの辺りは洛外に位置し、蓮台野と呼ばれていた。蓮台野という地名は現在も残っていて、京都では古来「東の鳥部野、西の蓮台野」などといわれる葬送の地であった。「千本」という名称も、死者を供養する卒塔婆が千本以上林立していたということからその名がある。

この地で伝承されていた声明が、「千本流」である。「千本流」は真言系の声明といわれ、天台系とは流れを異にすると考えられる。

京都市北区と上京区にまたがる、千本通北大路南の蓮台野には、現在も上品蓮台寺（真言宗智山派）と千本ゑんま堂・引接寺（高野山真言宗、近年智山派より転派）という真言宗の寺院がある。恐らくはこれらの寺院に伝えられていた声明が、「千本流」であると考えられまいか。千本釈迦堂こと大報恩寺は、現在は真言宗智山派に属しているが創建当時は天台宗であった。引接寺も上品蓮台寺も、ともに蓮台野へ葬られた死者を供養する過程で発展した寺院と考えられる。いささか想像を膨らませてみると、「千本流」は鎮魂のための声明であったのかも知れない。

知影が「千本流」を取り上げているのは、実際の音曲は廃絶しているにも関わらず、名称のみはずっと伝わっていたからである。本願寺の法式史上、「千本流」と本願寺の交流が、蓮如の父である本願寺第七世・存如（一三九六―一四五七）の頃にはあったのであろう。

恐らく西本願寺御堂衆としての知影が持つ知識の中に、「千本流」というキーワードが存在するも、文献も存在せず伝承も途絶えていた。「千本流」が廃絶したのは相当早い時期で、応仁の乱前後だと考えられる。

第九条

一、三井寺（1）に長聲職（2）とて聲道を掌《つかさど》れる家あり、これも今は名のみにて梵唄にくはしきこへもなし、

【註】

（1）**三井寺**　第四十七条註（3）、第七十条註（10）、第七十二条註（4）参照。

滋賀県大津市園城寺町に所在する、天台寺門宗総本山・長等山園城寺。この地域の古代豪族・大友氏の氏寺として、七世紀に草創された古代寺院が起源とされる。寺伝によれば、第三十八代・天智天皇（在位六六八―七一）が崩御した翌年に起きた、壬申の乱によって敗れた大友皇子（第三十九代・弘文天皇、在位六七一―七二）の子・大友与多王は、父帝の菩提を弔うために一宇を建立したという。壬申の乱の勝者でもあった第四十代・天武天皇（在位六七三―八六）は、「田園城邑」を寄進したとして、「園城」という勅額を贈ったと伝える。第五代天台座主・智証大師円珍が比叡山を下りて、天台別院として中興した。

（2）**長聲職**　三井寺では、特に声明に長けた特定の僧侶にのみ、「長声」の音曲が相伝されたという。そうした僧侶のことを、「長声頭職」「長声職」と称する。

園城寺こと三井寺の声明は、比叡山の「魚山流」に対して「寺流《じりゅう》」と呼ぶ。あるいは、「三井流」ともいう。寺流声明の歴史をたどれば、円仁にそのルーツがあるのはいうまでもない。そして、比叡山を下りて三井寺に入った円珍（第四十七条註（3）参照）もまた、『魚山声曲相承血脈譜』にその名を連ねる。しかし円珍以後、その門下は三

井寺へ下りて、声明も独自の発展を遂げたと考えられる。果たして寺流声明は、平安末期に至って、妙音院藤原師長（第六条註（1）参照）によって再整備されたとの伝承を持つ。明和五（一七六八）年に書かれた、法光院前長声採題亮順権僧正による『長声目安』中、「長声等伝来次第」には、「この師長公は則ち寺門の唱礼等の墨譜附せ被る」とあり、未熟であった寺流声明に手を加えた趣旨のことが述べられている。寺流声明は「長声」と「短声」とに大別され、一般に汎用されるのは「短声」であるという。これに対して「長声」の音曲は、「長声職」にしか相伝されない秘曲で占められる。全て口伝によって伝承され、本来は博士に表記することすら禁じられてきたという。寺流声明は「アタリ」の旋律に特徴があり、「波濤が巌に当たり砕け、その波は再び勢いを得て大海にひく如く」といわれる。寺流声明で用いられる博士もまた、目安博士・只博士などとは異なり、古博士に見られるような表記法が用いられている。寺流声明がいう妙音院の流れに浴するという伝承に基づけば、妙音院流古博士（第六条註（1）参照）の系統と考えられまいか。

【補説】

三井寺もまた天台宗であるが、比叡山延暦寺の「山門」に対して、三井寺は「寺門」と称して一線を画している。現在は天台寺門宗を公称し、三井寺こと園城寺はその総本山である。寺門流は智証大師円珍を中興に仰ぎ、山門流に比べて密教事相に重きを置くところが特徴といわれる。

そして、三井寺の声明もまた「寺流声明」と呼ばれて、魚山声明とはかなり異なる旋律である。知影は、寺流声明の正統な伝承者である「長声職」のことに言及しているのだが、今や全く形骸化した職分であると批判的に書いている。

もっとも江戸時代の寺流声明は、ある意味において過渡期でもあったようだ。というのも、江戸時代初期に「長声職」の万徳院永範から相伝した常林院真玖と東円院玄賀の、二名の「長声職」が出て以来、上流と下流の二流に分かれたという。ここに「供養文」「唱礼」「仏讃」「百八讃」「普賢讃」の各曲に、八ヶ所の相違が生じていたとされる。

知影による寺流声明の「長声職」に対する批判は、こうした寺門内での相違とあながち無関係ではないのかも知れない。

もっとも何故に知影が、既に魚山と流れを異にしていた寺流声明について書き記しているのかは、この短い文面から読み取るのは至難である。

ところで平成七（一九九五）年だったと記憶するが、当時の三井寺長吏であり長声職でもあった、福家俊明師の独吟による寺流声明を聴いたことがある。高齢にも関わらず福家師が朗々と唱えられる、その深遠なる声の響きに若き筆者は魅了されたものである。

山門の声明（魚山声明）との違いをして、「叡山のねむり節、三井の怒り節」と表現される。東西本願寺の声明の違いもまた、同じ表現がなされる。即ち、しばしば北陸辺りで耳にした、「西の泣き節、東の勇み節」である。西本願寺の声明は魚山声明を採り入れているので、「叡山のねむり節」に然りである。それに対して東本願寺の声明は、『坂東曲』など総じて勇壮にして躍動的である。三井寺の声明もまた、非常に勇壮な旋律であった。

三井寺をして思い当たるのは、蓮如の時代の本願寺は、三井寺とも往き来があったことである。大谷本願寺が比叡山衆徒によって破却され、江州堅田に難を逃れた蓮如は、宗祖親鸞の影像を避難すべく、三井寺南別所にしばし預けたことがあった。いささか想像をたくましくするならば、その時の本願寺声明も、あるいは寺流声明の影響も受けたのではないかと、考えられなくもない。

第十条

一、吾《わが》本山信解院殿(1)魚山幸雄僧都(2)に仰せて梵唄数品を製せしむ、文類(3)、十四行偈(4)、讃仏偈(5)、式間和《しきあい》讃(6)、着座讃(7)、敬礼《ママ》、勧請(8)等是なり、幸雄僧都は元禄比《ころ》の人、近代の名手なり、其製する処深く着意、尋常の擬作(9)に非ず、しかりと雖《いえど》も梵唄を学んと欲するものは亦唯古製によるべし、

【註】

（1）**信解院殿**　第十三条註（2）、第三十七条註（8）、第五十三条註（4）参照。

西本願寺第十四世・寂如。諱光常、一六五一―一七二五。第十三世・良如の第八子。西本願寺に魚山声明を本格的に採り入れた門主である。それによって西本願寺の法式は、面目を一新したといってよい。また、御正忌報恩講で依用されていた『坂東曲』が停廃されたのも、寂如の時代である。西本願寺では、元禄元（一六八八）年の御正忌を最後に、『坂東曲』は唱えられなくなった。以後、『坂東曲』は東本願寺でのみ伝えられることとなった。

（2）**幸雄僧都**　第十三条註（3）、第三十七条註（9）、第三十八条註（1）、第五十一条註（5）、第五十三条註（10）、第五十四条註（7）、第六十六条註（2）参照。

一六二五―一七〇二。西本願寺の法式史上、本格的に魚山声明を伝えたとされる魚山法師である。『魚山声曲相承血脈譜』には、幸圓（宝泉坊）、良琛（北之坊）の弟子として連なる。初めは幸春と号した。慶安二（一六四九）年に権律師、明暦二（一六五六）年に権少僧都、万治三（一六六〇）年に権大僧都に任じられる。寛文三（一六六三）年、法

印に叙せられる。寛文十（一六七〇）年、大僧都に任じられる。元禄六（一六九三）年に隠居し、安住院と号する（『両院僧坊歴代記』中、「宝泉坊」の項による）。光瀬寺乗貞（一六六三―一七二二）に成る『御堂衆略譜』には、「魚山宝泉坊隠居シテ安居院ト号ス。後ニ梶井御門主常修院ノ院家トナリ、仏眼院幸雄法印ト申シキ。良如上人卅三回忌ノ前ニハ仏眼院六条飛雲亭ノ古数寄屋ヘタヒタヒハタリ、御堂衆中ヘ声明ヲ相伝セラル」とある。

西本願寺には、元禄七年に寂如の要請によって幸雄が書写した、『声明　呂律』が所蔵されている。これが本条の記述にある、「梵唄数品を製せしむ」のことである。

（3）**文類**　第五十四条註（2）、第六十四条註（7）、第七十一条註（9）参照。

親鸞撰『浄土文類聚抄（略文類）』巻末にある、「念仏正信偈」のこと。「文類偈」とも略称する。第五十四条に、この音曲に関する記述がある。

（4）**十四行偈**　第五十四条註（3）、第七十一条註（46）、第六十六条註（1）参照。

善導撰『観経疏』「玄義分」冒頭にある偈文。「帰三宝偈」「勧衆偈」とも称する。同じく第五十四条に、この音曲に関する記述がある。

（5）**讃仏偈**　第十七条註（4）、第五十四条註（1）、第七十一条註（37）参照。

『無量寿経』巻上にある偈文。「嘆仏偈」とも称する。同じく第五十四条に、この音曲に関する記述がある。

（6）**式間和讃**　第五十四条註（6）参照。

御正忌報恩講で読誦される、『報恩講式』各段の間に念仏とともに唱えられる和讃。甲乙二様があり、甲は偶数年に『高僧和讃』から六首、乙は奇数年に『正像末和讃』から六首を唱える。元禄元（一六八八）年までの報恩講では、『坂東曲』によって唱えられていた。翌二年より、幸雄作譜による「式間和讃」と魚山所伝の「八句念仏」が用いられるようになった。これらの音曲とともに唱える「式間伽陀」も、魚山所伝の博士による伽陀が用いられた。

（7）**着座讃**　第五十条註（17）、第五十四条註（4）、第七十一条註（50）、第八十五条註（17）参照。

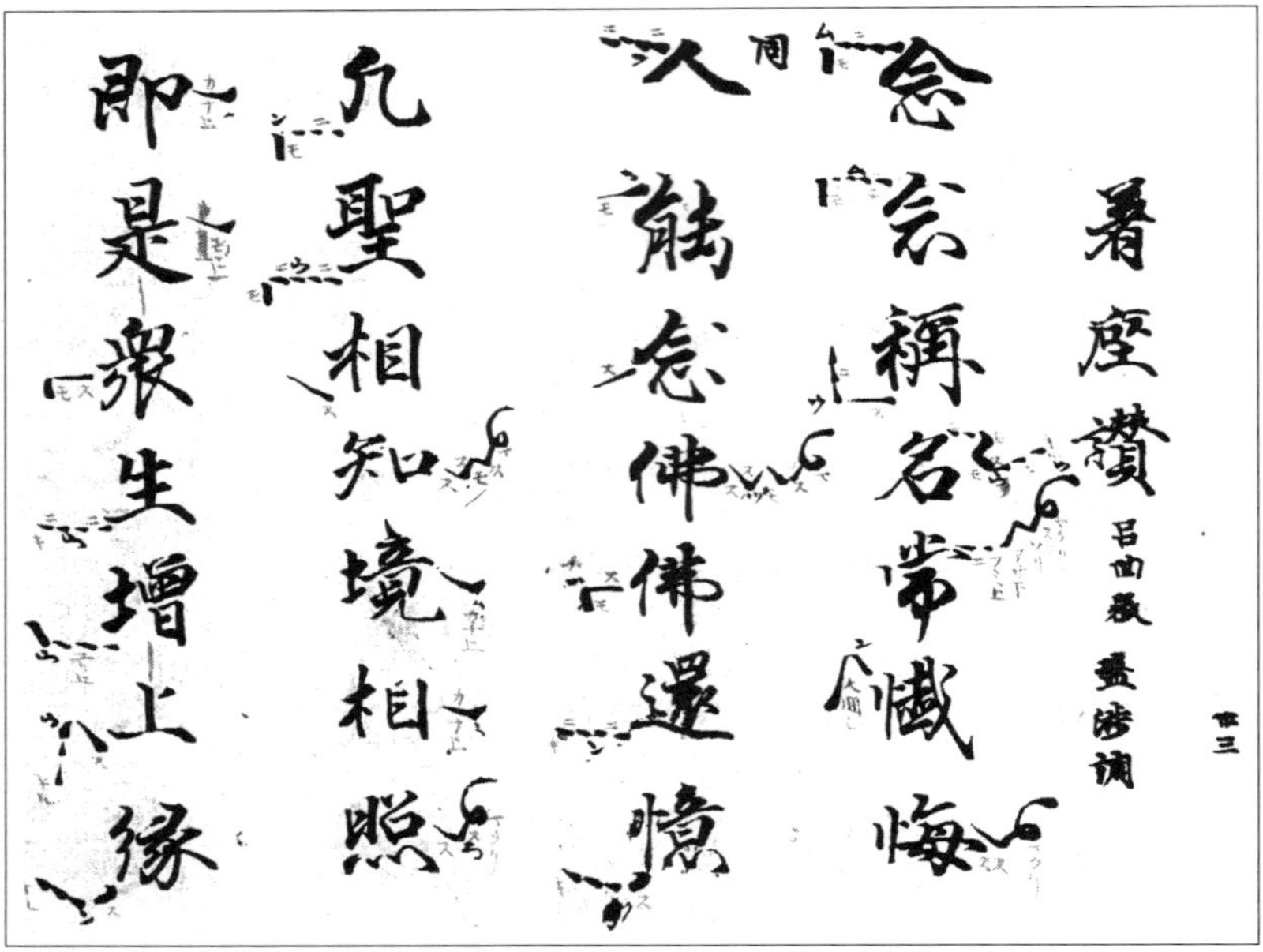

「着座讃」（『龍谷唄策』乾巻『大師影供』）

魚山所伝の「四智讃漢語」の博士を、善導撰『般舟讃』中にある偈頌「念念称名常懺悔　人能念仏仏還憶　凡聖相知境相照　即是衆生増上縁」に転用した音曲である。この文言による「着座讃」は、真宗佛光寺派および真宗高田派において、現在も依用されている。

（8）**敬礼、**《ママ》**勧請**　第五十四条註（5）、第六十一条註（6）参照。

ここでは「敬礼勧請」の一語と見るべきである。法要の前半部で、本尊および諸尊の来臨を乞い、法要の目的が達成せられんことを願う音曲をいう。例外的に後半部に唱えられる場合もある。幸雄書写本には三種の「勧請」が記されているが、後世には曲数も増えて、さらには明治に至り園部覚秀によって、新たな「勧請」が加えられている。しかし、昭和八年の法式改正で「勧請」は廃止され、辛うじてその旋律は残存するも、浄土真宗所依の文言に一新されて「頌讃」と改名されている。

（9）**擬作**　似せて作ること。またはその作品のこと。

【補説】

西本願寺において、魚山声明を本格的に取り入れたのは第十四世・寂如である。現在、西本願寺に見られる荘厳形式など、そのほとんどが寂如の時代に確立された。大変聡明な門主であったが、ややもすれば寂如の方針についていけずに、東本願寺へ転じていった寺院もあったようだ。現在も東本願寺に伝えられている『坂東曲』が、西本願寺で停廃されたのも寂如の裁断による。それまでの西本願寺で唱えられていた声明は、日常勤行に用いる「正信偈和讃」以外の全てが変更されたのだった。これも原因の一つとなったのであろう、寂如以前の本願寺声明と蓮如以来の相伝教学を伝承していた「五箇寺（光善寺・教行寺・願得寺・真宗寺・慧光寺）」中、西本願寺に与していた光善寺・真宗寺・慧光寺は、東本願寺に帰参したのだった（「五箇寺」に関しては、真宗寺超尊撰『安永勧進』に述べられている）。これら三ヶ寺の帰参はさまざまな背景があるも、本願寺の教学史上において、大きな動きであったことはいうまでもない。

もっとも寂如の法式改正は、その大変革の是非はともかくとして、ある意味において、西本願寺の声明が親鸞在世時代の声明へ戻ったともいえよう。余談ではあるが、魚山声明とともに法要での『往生礼讃偈』読誦も、寂如によって復活された。これは蓮如の時代以来のことである。『往生礼讃偈』の譜面は、浄土宗西山深草派の『蓮門課誦』から伝えられたものである。

日常勤行に用いる『正信偈』『三帖和讃』に関しては、東本願寺の音曲に近しい旋律でその後も残存した。現在でも葬場勤行にのみ用いる、中拍子《ちゅうびょうし》の三重「添引念仏」「添引和讃」がそれである。

さて知影は、西本願寺に魚山声明が伝えられた由来は、寂如が魚山宝泉院の幸雄を招聘して、音曲を作譜させたことに始まると記している。そしていくつかの音曲を、文中に列挙している。西本願寺に所蔵される幸雄書写本『声明　呂律』を見ると、以下の音曲が最初に西本願寺へ伝えられたのだった。ちなみにこの書写本と同様の内容である、同じく幸雄が書写した延寿寺本『梵唄』乾坤（興正寺所蔵）には、梵語讃である「仏讃」（第五十条註（25）参照）も収められている。

「四智讃」　呂律

「着座讃」　呂律
「散華」　呂律
「後唄」　対馬墨譜
「三礼」　呂律
「六種回向」
「四奉請」　弥陀経
「合殺」
「九声念仏」
「八句念仏」三重
「云何唄」
「始段唄」　呂律
「毀形唄」
「伽陀」　十三首
「勧請文」　三篇
「下高座文」
「報恩講式」三重墨譜
「式間讃」
「歎徳文」
「文類偈」
「十四行偈」

「讃仏偈」　※〈呂律〉とあるのは、呂曲と律曲の二様がある音曲である。

知影は幸雄のことを「近代の名手」と称讃し、ここでも声明を学ぶ姿勢について言及する。幸雄が書写して西本願寺に伝えた音曲は、魚山声明の音曲をそのまま伝えたものと、浄土真宗所依の聖教の文言に魚山の博士を付けたものとに分けることができる。

果たしてそれらは、単純に既成の魚山声明を真似て作譜されたものでは決してない。それは魚山声明の蘊奥に通じて、厳格に章譜が付されてあるものと、末流に浴する我々は考えるべきであろう。しかし真に梵唄声明を学ぼうとする者は、やはりいにしえより魚山に伝えられてきた音曲に尋ねるべきであると、知影は言うのである。

第十一条

一、例時作法(1)を本山に依用し給ふは、文化七年庚午(2)三月大阪津村殿(3)にての高祖五百五十年聖忌を預修(4)したまふ時より始まれり、大谷殿(5)にて五百五十年預修(6)の時、文化、例時作法中の弥陀経依用したまへども、例時作法の次第には非ず、往年大谷殿にて五百年聖忌預修の時か(7)依用したまふことありと云伝へたれども例時作法の次第を全く用ひ給ふには非ざるべし、其故は門末の内に例時作法と題せる摺本《すりほん》(8)をもち伝へたるもの多し、吾寺にもこれあり、何れの本も皆四奉請(9)、甲念仏(10)、経段、合殺《かっさつ》(11)回向(12)までなり、これを以て推すに例時の次第全く用ひたまふには非ずとしらるゝなり、

【註】

（1）**例時作法**　第一条註（6）、第七条註（3）、第五十条註（39）参照。

『声明例時』であるのか、切音による略用の『例時作法』であるのかが、ここには具体的に示されていない。しかし、知影が本条で特記することを鑑みれば、『声明例時』のことである。往古は『声明例時』も、『例時作法』と通称していた。また、本山蔵版として安政四（一八五七）年に刊行された四冊本『声明品集』（「安政本」）巻一には、「例時阿弥陀経」と題して『声明例時』の経段〈律曲平調の急曲〈定曲のこと〉であるが、序分の途中から甲乙反音して黄鐘調に転

調、終結部は呂曲盤渉調の序曲に反音する）が収録されている。

（2）**文化七年庚午**　一八一〇年。

（3）**大阪津村殿**　大阪市中央区に所在する、西本願寺津村別院のこと。南御堂（真宗大谷派難波別院）に対し、北御堂と通称する。天正十九（一五九一）年、本願寺が大阪天満から京都六条堀川へ移転した後、在阪門徒によって創建された道場を起源とする。慶長二（一五九七）年に現在地である津村郷へ移転、坊舎が建立され現在に至る。

（4）**高祖五百五十年聖忌を預修**　宗祖親鸞（一一七三―一二六二）の五百五十回大遠忌法要。本山で厳修されるに先立って勤められること。

（5）**大谷殿**　第七十二条註（7）参照。

通称、西大谷。京都市東山区に所在する、親鸞の廟所である大谷本廟（西本願寺飛地境内）のこと。江戸幕府による東山大谷の本願寺旧地に隣接していた知恩院の伽藍拡張事業に際し、慶長八（一六〇三）年に旧地・親鸞廟所の代替地として、東山五条の現在地が与えられたことに始まる。

（6）**五百五十年聖忌預修**　大谷本廟で勤められた予修法要は、文化五（一八〇八）年のことだった。

（7）**大谷殿にて五百年聖忌預修**　慶証寺玄智（一七三四―九四）撰、『祖門旧事紀』巻二に記録される「大谷五百年忌法事差定」には、宝暦十一（一七六一）年九月二十八日に厳修された、大谷本廟における宗祖親鸞の五百回大遠忌・満日中法要の次第が記されている。それによれば、「乱声　五眼讃　鐃鈸　音取　参向音楽　伽陀　音楽　御登高座　散華律　音楽　勧請　音楽　法則　音楽　小経例時作法　音楽　六種回向　下高座音楽　遶堂　十四行偈　甲念仏　合殺音楽　回向伽陀　退出音楽」となっていて、経段をはじめ『例時作法』の音曲を用いるも、同法儀の次第とは異なっている。

（8）**摺本**　知影在世当時、西本願寺の宗門内で汎く流布していたと思われる、『例時作法』の刊本。

（9）**四奉請**　第七十一条註（80）参照。

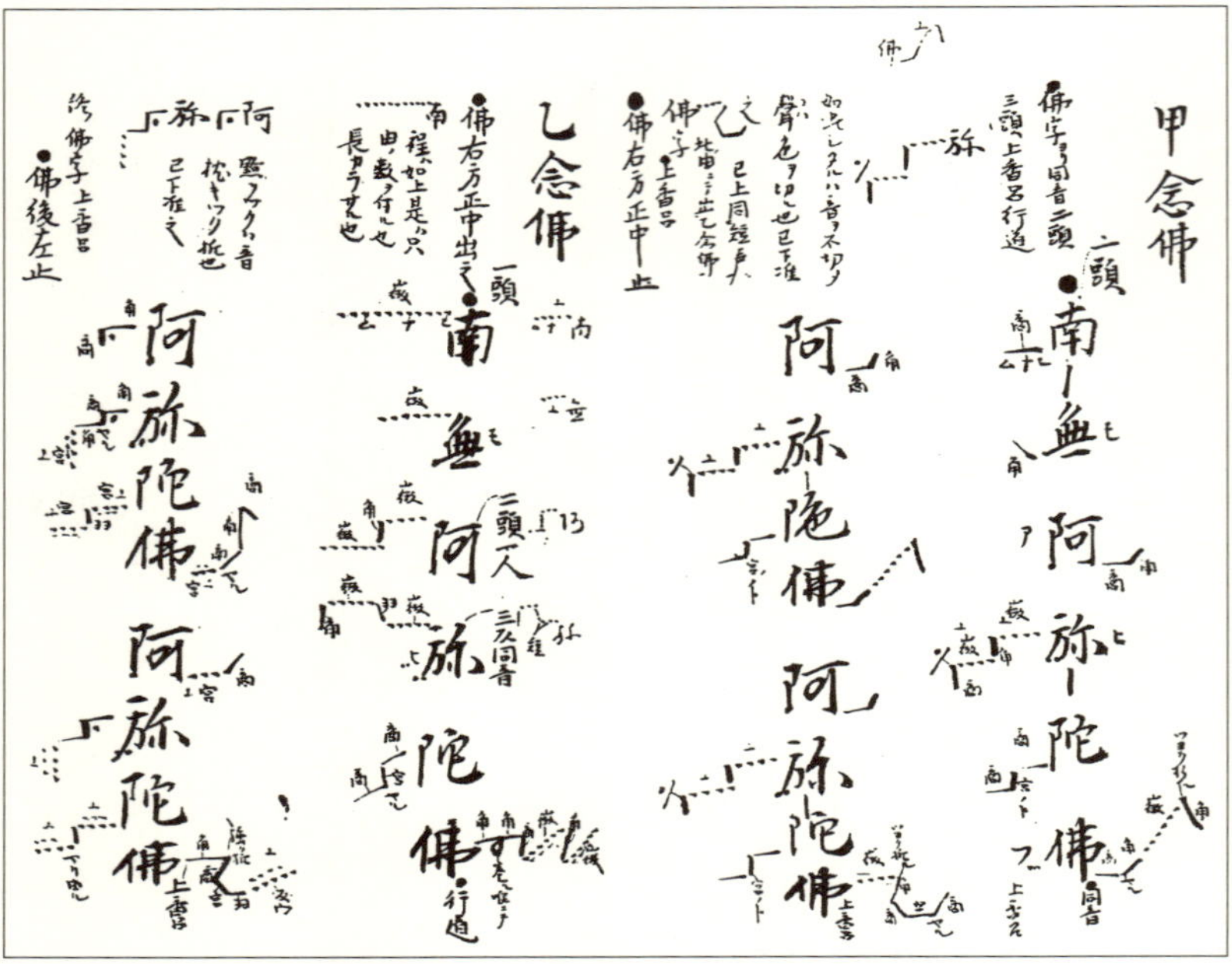

「甲念仏」「乙念仏」（『引声作法』宗淵本『魚山所伝引声阿弥陀経』）

『声明例時』においては、律曲平調で唱えられる急曲である。文言は、「散華楽　散華楽　奉請十方如来入道場散華楽　奉請釈迦如来入道場散華楽　奉請弥陀如来入道場散華楽　奉請観音勢至諸大菩薩入道場散華楽」。「後善導」とも称された、唐・法照（生没年不詳）撰『浄土五会念仏略法事儀讃（五会法事讃）』の文に依る。『五会法事讃』には、「散華楽文」と記されている。『例時作法』では漢音で唱えるが、『五会法事讃』に拠って編まれた『五会念仏略法事讃（旧五会念仏作法）』（『龍谷唄策』坤巻所収）では呉音で唱える。翻って、善導撰『浄土法事讃』を出拠とするのが、現在西本願寺で汎用される「三奉請」である。以て「三奉請」は、『如法念仏作法』を構成する音曲の一つである。

(10) **甲念仏**　第五十条註(40)、第七十一条註(57)参照。

『例時作法』中、「四奉請」に続いて唱えられる、経段の前後にある音曲。『声明例時』においては、経段の前後によって曲調を異にする。

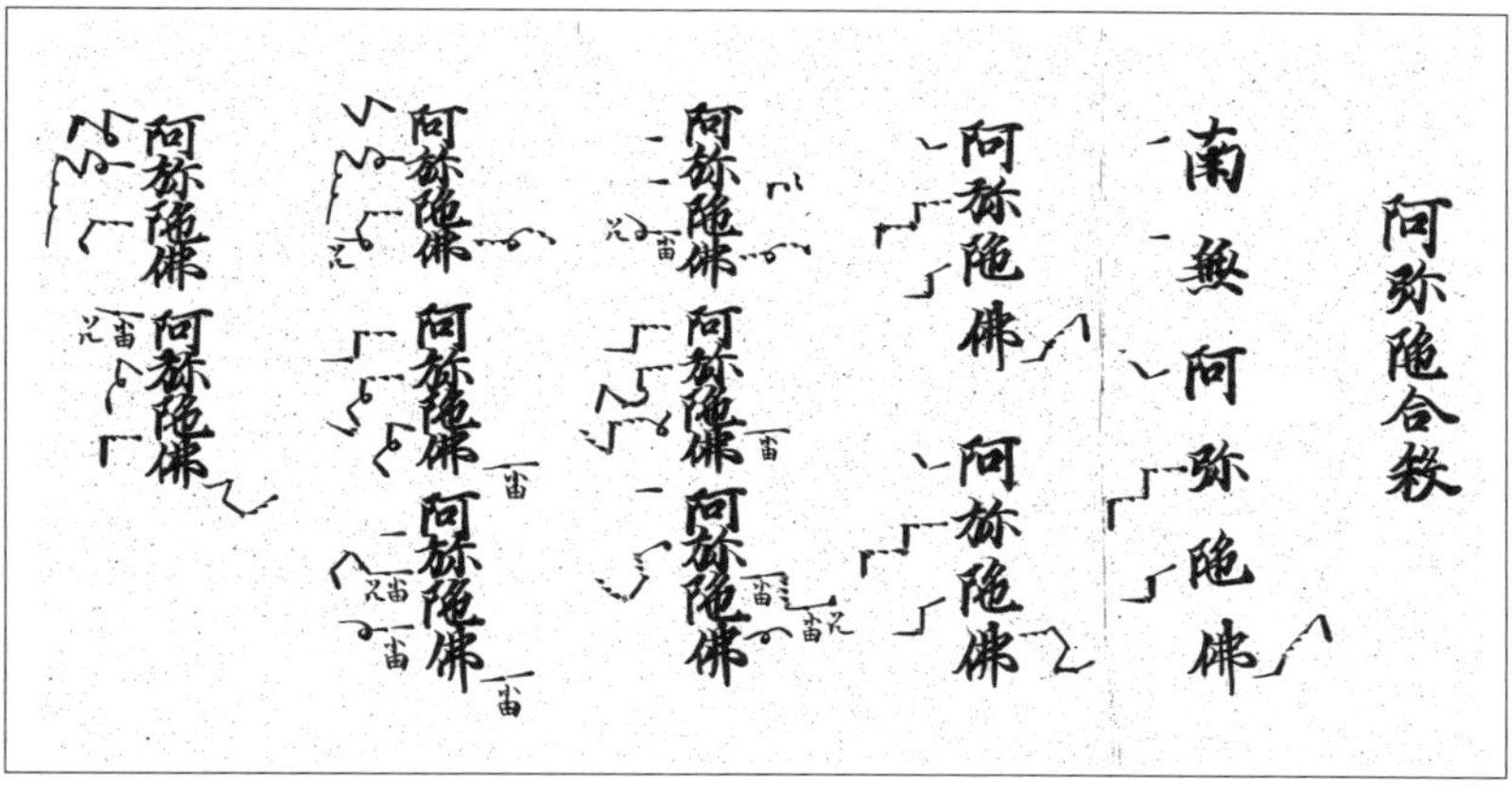

「合殺」（『声明　呂律』幸雄書写本）

即ち、経段の前にある「甲念仏」は律曲平調の序曲で、経段の後のものは呂曲盤渉調となっている。付けられている博士も若干の相違がある。「乙念仏」に対して、「甲念仏」と呼ばれる。『例時作法』の最も厳儀である『引声阿弥陀経（引声念仏、即ち引声作法のこと）』（第四十六条註（11）（12）参照）には、「甲念仏」と「乙念仏」の両曲が記されているが、『例時作法』では「乙念仏」が略されている。もっとも、『引声阿弥陀経』にある「甲・乙念仏」には、いくつかの伝が見られる。

(11) **合殺**　第七十一条註（58）（74）参照。

「阿弥陀仏」の四字を十一句唱える音曲で、六句目で一句目の旋律に戻るのを原則とする。「殺」とは、sas（六）を漢字に音写したものといわれる。「合殺」という語には諸説あるも、「合」を「折合の義」、「殺」を「六の義」と釈して、概ね「六を合する」という意味合いであろう。あるいは「殺」を「散」と解して、舞楽の演奏が終わる時に用いる曲の名であるともいわれる。『声明例時』における「合殺」は、律曲盤渉調の音曲である。魚山所伝（宗淵書写本、滝本深達〈一八五〇—一九一五〉書写本など）の『引声阿弥陀経』には、呂律両曲を収める。これらには「阿弥陀仏」四字が八句表記され、一句目から六句目まで唱え、七句目は一句目に戻って唱える。そして二句目を八句目、三句目を九句目として唱え、そして表記される八句目と九句目が十句目・十一句目となる。ところで、幸雄書写本『声明　呂律』（第十条註（2）参照）に載せる「阿弥陀合殺」は、「本合殺」の体裁で記されている。即ち、「南無阿弥陀仏　阿弥陀仏　阿弥陀仏」の三句から始まり、四句目から八句表記と同様である。

（12）**回向**　第七十一条註（10）参照。

「合殺」に引き続いて唱えられる、呂曲上無調の音曲である。取次《とりし》第《だい》（次第取ともいう）といって、調声（導師）が各句頭を唱え始めると式衆は遅れて同じく各句頭から唱和する、輪唱形式で唱えられる。文言は、「我等所修念仏善回向極楽弥陀仏　・　哀愍摂受願海中　消除業障証三昧　・　天衆神祇増威光　当所神等増法楽　・　遷化大師等成正覚　貴賤霊等成仏道　・　慈覚大師増法楽　七世恩所生極楽　・　本願聖霊生極楽　上品蓮台成仏道　・　聖朝安穏増宝寿　天下安穏興正法　・　十方施主除災患　念仏大衆成悉地　・　命終決定生極楽　面奉弥陀種覚尊　・　菩提行願不退転　引導三有及法界　・　同一性故証菩提」で、各上の句の四字目まで博士が付き、これを取次第とする。下の句は二字目まで博士が付き、取次第となる。『二巻抄』中、『引声（引声念仏）』にも、古博士でこれを記す。以て、上下双方の句に博士なき文字は不読となる。

【補説】

西本願寺において『例時作法』が用いられたのは、第十四世・寂如（第十条註（1）参照）の時代からであるが、知影は敢えて、文化七年からであると記す。時あたかも、宗祖親鸞の五百五十回大遠忌の前年であり、本山で厳修される大遠忌法要に先駆けて、大阪の北御堂での予修法要で用いられた。

北御堂予修よりさらに二年前に勤められた大谷本廟の予修法要では、『例時作法』の「阿弥陀経」を抜粋して用いられた。そして当時は、本来の『例時作法』とは異なる次第のものが西本願寺内に流布していたようである。異本ともいうべきこの『例時作法』は、それより先立つこと宗祖五百回大遠忌の頃から伝わるといい、知影の自坊にも「摺本（刊本）」があったが、

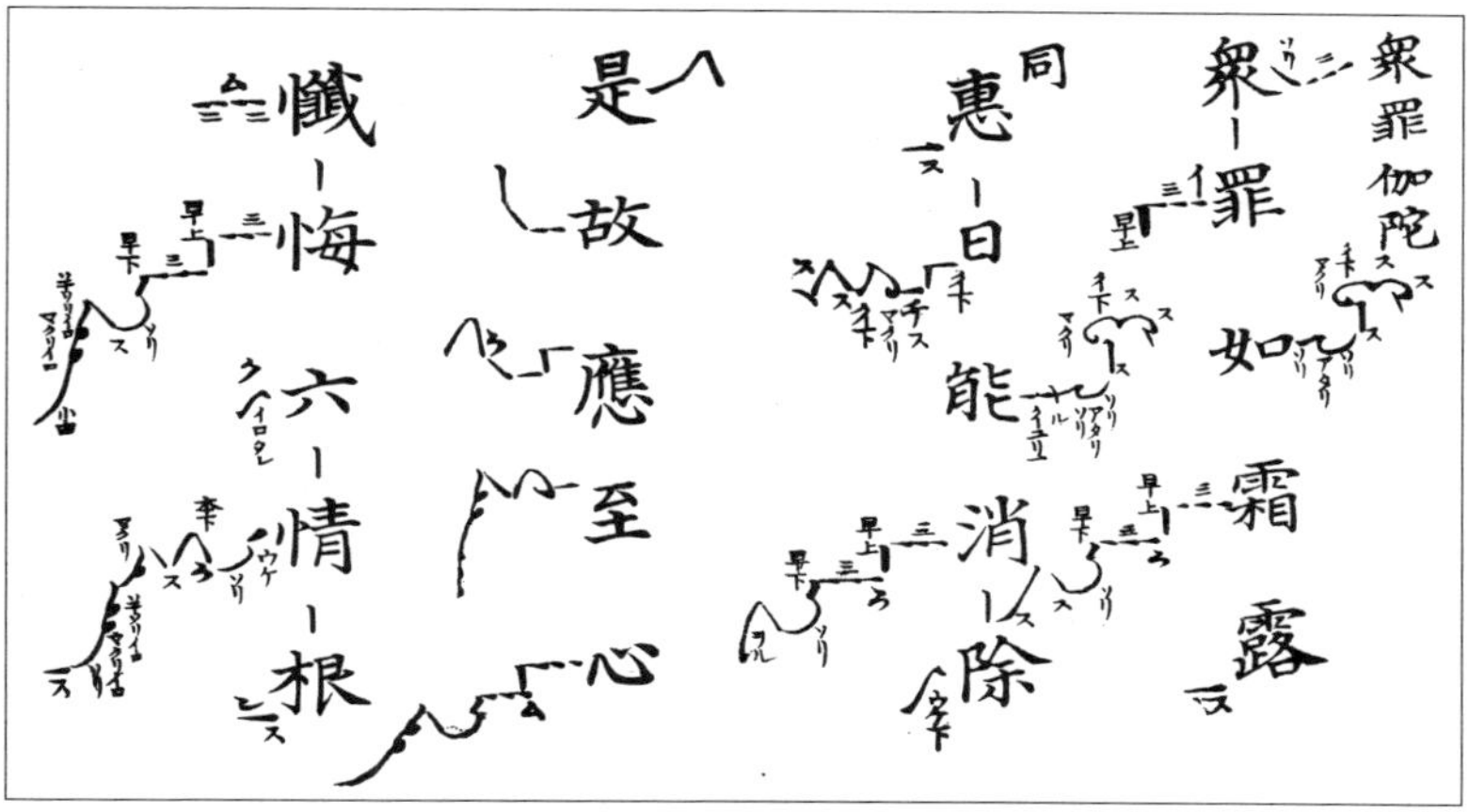

「衆罪伽陀」（『声明』多紀道忍編 妙法院蔵版）

凡そこれを『例時作法』と呼ぶには忍びなかったようだ。

刊本が既に西本願寺末に流布していたということは、宗門内ではそれなりに周知された法儀であったと思われる。果たして知影は、第十二条に記す如く大谷本廟予修法要に先立ち、自らが魚山で修得した正統な『例時作法』を、御堂衆や院家に対し指南することとなった。魚山声明における『例時作法』の次第は、以下の如くである。

先、衆罪伽陀
次、三礼
次、七仏通戒偈
次、黄昏偈
次、无常偈
次、六為
次、法則
次、四奉請
次、甲念仏
次、仏説阿弥陀経
次、甲念仏
次、合殺
次、回向　呉音
次、後唄

次、三礼　　如前
次、七仏通戒偈　如前
次、初夜偈
次、九声念仏
次、神分　次、霊分　次、祈願　如法作法用之
次、大懺悔　（小懺悔併記）　呉音
次、五念門　用否随時　呉音
法則《ほっそく》（第三十九条註（8）参照）を用いる場合は、「六為」の次に加える。現在西本願寺で盛んに用いられる「十二礼」は、法儀の上では切音『例時作法』の「五念門」中、「礼拝門」を抄出したものである。もっとも、「十二礼」と「礼拝門」とでは文言が相違する箇所が見られるのは注意せねばなるまい。次第の冒頭にある「衆罪伽陀」とは「懺悔伽陀」とも称し、「法華三部経」の結経に位置付けられる『観普賢菩薩行法経』の文言「衆罪如霜露　恵日能消除　是故応至心　懺悔六情根」を用いた伽陀である。安政本『声明品集』巻三にも収められている。また、同書巻四にある「略回向」（第七十一条註（6）参照）にも、同文のものが見える。「衆罪伽陀」は、主として『例時作法』に依用されるが、『如法念仏』（第七十一条註（47）参照）でも用いられた伽陀である。

第十二条

一、大谷殿にて例時弥陀経(1)を用ひたまふ思召につき、あらかじめ稽古いたすべきむね院家(2)、内陣(3)、堂達(4)へ命ぜらる、然るに例時作法を覚へたるもの一人もなし、予往年西光寺賢従(5)に伝をえ、其後魚山に入り観心院知観僧正に習学す、仍て堂達専修寺嗣法徳阿(6)かねて聲明を余にまなぶものなるによりて、このたび余よりこれを吾山《わが》内に例時弥陀経を唱るの中興なり、これより院内、堂達の内へもひろまれり、

其後大谷会にせまり候ころ勤番(7)大安院(8)、上求院(9)等発起して知観僧正を請し稽古あり、本行寺(10)、端坊(11)、仏照寺(12)、瑞泉寺(13)、その外堂達三四輩稽古あり、越後瑞泉寺法麟　知観僧正に因縁あり、仍て瑞泉寺旅舎へ僧正を請ひ入れ稽古あり、瑞泉寺旅舎西中筋花屋町下ル(14)　もとは江戸善福寺の多屋(15)なり、

【註】

（1）**例時弥陀経**　第一条註（6）、第十一条註（1）参照。『例時作法』経段のこと。

（2）**院家**　第二条註（7）、第四十五条参照。
本願寺の「門跡成り」以来、院家が置かれた。また、地方の寺院にも名誉的な称号として与えていた。

（3）**内陣**　本願寺における、格式の一つ。院家に次ぐ格式。

（4）**堂達**　広義には本山に参仕し、諸役に従事した役僧のこと。玄智撰『考信録』によれば、第十四世・寂如の時代より、「御堂衆」を「堂達衆」と改称し、末寺にも置かれていた堂衆と区別したとある。そして同書には、「延暦十三年九月。延暦寺供養記云。大導師引頭堂達唄師呪願散華讃頭梵音錫杖威儀師従儀師奉行僧楽人。」と、『叡岳要記』の記述を引用して、堂達という用語が古くから存在していることを紹介している。

（5）**西光寺賢従**　第六条註（1）、第十三条註（4）、第五十九条註（4）、第六十六条註（5）参照。
人物の詳細は不詳。知影が知観に師事する前、知影に声明を指南した師僧である。『魚山余響』の各所で賢従のことを述懐しているが、魚山声明に深く通じていた御堂衆のようである。ところで西光寺は、西六条寺内に所在した御堂衆寺院で、寺伝によれば九条道家（九条兼実の孫、一一九三―一二五二）の息男と伝える円淳が、洛南・西九条村に一宇を建立したことに始まる。そして寛元二（一二四四）年、親鸞の教化を受けて天台宗から改宗したという。「西光寺」の寺号は、第九十一代・後宇多天皇（在位一二七四―八七）による勅号と伝える。本願寺第八世・蓮如の時代には、山科へ随従したという。第十世・証如（一五一六―五四）による『天文日記』にも西光寺の名が見え、古くから本願寺常住衆の地位に在った。

（6）**専修寺**　第五十六条註（3）、第七十七条註（6）、第八十一条註（26）参照。
西六条寺内の御堂衆寺院。『御伝鈔』の拝読作法は往古、「教宗寺流」と「専修寺流」が存在した。現在は所謂「専修寺流」のみが伝わる。

（7）**勤番**　本山御堂の内陣に出仕する、鎰役《かぎやく》のこと。本山御影堂の御真影（親鸞坐像）を安置する厨子の鎰を預かる役職。

（8）**大安院**　大安院闡述（一七七〇―？）、三重県桑名市に所在する連枝寺院・法盛寺第十七世。勤番助役の就任によって般若院と号するも、その後、鎰役就任により大安院と改号する。

（9）**上求院**　奈良県吉野郡吉野町に所在する連枝寺院、本善寺第十世・文通暉宣（一七七六―?）。西本願寺第十七世・法如の孫。鎰役助役就任によって、上求院と号する。

（10）**本行寺**　滋賀県東近江市に所在する連枝寺院。元は天台宗であったが、第五世・超順が本願寺に帰参して、真宗寺院になったと伝える。西本願寺第十二世・准如（一五七七―一六三〇）から西游寺の寺号が下付されるも、准如の孫・良従が入寺して、本行寺と号した。

（11）**端坊**　第五十四条註（12）参照。

西六条寺内に所在した御堂衆寺院。元は佛光寺四十八坊の一つで、親鸞の弟子・明源（佛光寺第七世・了源〈一二九五―一三三六〉の弟子とも考えられている）を開基と伝える。蓮如の教化によって、佛光寺の法嗣・経豪（一四五一―九二）とともに本願寺へ帰参したという由緒を持つ。大谷大学図書館には、端坊旧蔵の『歎異抄』写本が所蔵されている。

（12）**仏照寺**　大阪府茨木市に所在する、仏照寺のことであろう。開基・勝光坊西順は、鎌倉の御家人・佐々木盛綱の息男と伝えられる。高野山で出家するも、稲田草庵で親鸞の弟子となり、親鸞帰洛に際して畿内へ随従した。その後、摂津国溝杭（現在地）に仏照寺を開いたという。端坊同様、元は佛光寺末だったようだが、蓮如の時代に本願寺末に与した。仏照寺は、毎年一月に西本願寺で厳修される御正忌報恩講において、初夜に勤まる斎勤行で調声《ちょうしょう》する「御頭人《おとうにん》」を務める寺の一つである。

（13）**瑞泉寺**　第二条註（1）、第八十一条註（25）参照。

（14）**善福寺**　東京都港区元麻布に所在する連枝寺院。当初は真言宗で、天長元（八二四）年、弘法大師空海によって開かれたと伝える。東京都区内では、浅草寺に次ぐ最古の寺院といわれる。善福寺に住持していた了海（一二三九―一三一九、佛光寺第四世にも数えられる）は、親鸞の弟子となり浄土門に改宗し、関東六老僧の一人として阿佐布門徒を率いた。文永六（一二六九）年には、第九十代・亀山天皇（在位一二五九―七四）から勅願寺の綸旨を蒙ったと伝える。また、北条氏や足利氏、豊臣秀吉や徳川将軍家からも手厚い保護を受けた。幕末には、初代アメリカ合衆国公使館として、寺内の一室が使われていた。

（15）**多屋**　本山参詣の折に逗留する施設のこと。元は麻布善福寺の多屋であったのが、後に瑞泉寺に属するところとなった。

【補説】

第十一条にもある如く、大谷本廟で予修された宗祖五百五十回大遠忌法要では、『例時作法』の経段が依用された。法要に臨むに当たり、時の門主である第十九世・本如（第十四条註（4）参照）から連枝や御堂衆に対して、『例時作法』を稽古すべしとの沙汰が下った。しかし西本願寺には知影以外、正統な魚山の『例時作法』に通ずる者はなかった。

知影は知観に師事する以前、西光寺賢従から声明の手ほどきを受けていた時、『例時作法』の「伝」を得ていた。そしてその後、第一条に記される如く、魚山でも知観から習学したのだった。

知影は、御堂衆である専修寺の後継者・徳阿なる者に声明を指南している。専修寺徳阿に声明を指南したことが一つのきっかけとなって、正統な『例時作法』が本願寺内に浸透していったと述べている。

果たして、大谷本廟での予修法要に先立ち、鎰役である大安院や上求院らは魚山より知観を招聘し、『例時作法』の指南を受けたのである。加えて、本行寺など内陣に出仕する寺院らも合流して、稽古が行われたようだ。ここに列挙される寺院は、所謂「一家衆」に連なる連枝やそれに準ずる寺院である。

特に越後の瑞泉寺は、知観とは非常に因縁が深いことを書き記している。先にも述べたことであるが、知観は瑞泉寺の寺中出身なのである。

第十三条

一、吾《わが》本山に於て魚山の梵唄を用玉ふ事は実悟記(1)等に見ゆ、近年信解院殿(2)御代に専ら魚山流を用ひ玉ふと見ゆ、幸雄僧都(3)に命じて当家聲明数品を製せしむ、上に記するが如し其後数十年を経て西光寺賢従(4)なるもの聲明を好み魚山に出ス《入ル、》、賢従は聲明に巧なるものなり、然れども時を得ざるか是を用ゆる人少なし、賢従没後魚山出入するものなし、当代の聲明全く魚山流を伝ふといへども三伝四伝(5)往々其の源を失し取るべきところなし、余かつて賢従に学び、後魚山に遊び独りこれを諷詠す、四方の僧侶来て余にまなぶもの百を以てかぞふ、しかりといへども堂達の内にては専修寺徳阿、円光寺善遇(6)二人のみ、其の餘の堂達等なを魚山の聲明をがへんぜず、今度観僧正を請し院家、内陣の徒これを学ぶにつき堂達の内も四五輩ついてきくことを得たり、これより吾山内ほゞ魚山の聲明と云ものをしれり、吾山内聲明の中興の時と云べし、

【註】

（1）**実悟記**　第八条註（1）参照。

実悟撰『本願寺作法之次第』の略称。同書にある「小原流」とは即ち、大原流のことで魚山声明を指す。

(2) **信解院殿**　第十条註（1）参照。

第十四世・寂如のこと。

(3) **幸雄僧都**　第十条註（2）参照。

(4) **西光寺賢従**　第六条註（1）、第十二条註（5）、第五十九条註（4）、第六十六条註（5）参照。

(5) **三伝四伝**　第六十六条註（4）参照。

西本願寺内で声明が伝承される過程において、源流へ遡れなくなっている状況。恐らくは既に当時、原曲の旋律とはかなり外れた唱えようになっていたと考えられる。

(6) **円光寺**　西六条寺内の御堂衆寺院。元は醒ヶ井通魚棚町界隈に所在していたが、第二次世界大戦末期、京都市下京区梅小路に移転した。

【補説】

知影は『実悟記』の記述を踏まえつつ、第十条にもあるように、改めて西本願寺へ魚山声明を本格的に導入したのは寂如であると記す。幸雄によって伝えられた魚山声明は、その後も幸雄の弟子である魚山下之坊・宝泉院歴代の珍雄、嶺雄《りょうゆう》、韶雄が招聘されて伝授を行っている。しかし、本条における知影の記述は、いささかそうした経歴とは趣を異にする感がある。寂如以来、魚山声明を用いるも、魚山とはほとんど没交渉状態だったかのような記述である。そして世代交代しながら伝わる中で、音曲本来の姿も失われてしまい、学ぶべきものも皆無であるかのような言いようである。

知影は知観に師事する以前、声明の指南を西光寺賢従から受けた。西本願寺の声明が、あたかも魚山とは趣が異なってきているという知影の記述とは裏腹に、寂如以降の門主もまた、梵唄声明への造詣は深かったことは古記録に見えるところである。いわずもがな、幸雄の弟子筋に連なる宝泉院の歴代が西本願寺へ声明を伝えている史実を思う時、知影の危惧は何を以て、そのように言わしめるのか。歴代の魚山法師の口伝をよそに、西本願寺で唱えられる声明の実際は、かなり口伝から逸脱してしまっていたかのようにさえ見える。魚山から知観が招聘される前までの西本願寺声明は、まるで本流からは外れて乱れたものになっているかの如き記述である。

是く語る知影独りしか、本流の魚山声明を知る者はなかったが、徐々に知影に指南を求める僧侶が増えてきた。門弟も百人を数えるようになったが、それらの中で本山に参仕する堂達は二人しかいなかったし、ほとんどの堂達は本来の魚山声明を否定的に受け止めていたようだ。しかし最近では、本山の内陣出仕の僧侶とともに、堂達たちも随従して教えを乞いに来るようになったという。果たして魚山声明からすれば、亜流に陥りつつあった西本願寺の声明だったが、本山出仕の僧侶たちも学ぶようになり、再び魚山本来の声明に立ち返る好機であると書き記している。

第十四条

一、阿弥陀懺法[1]の中に観無量寿経真身観[2]の章を抄出す、曲節早懺法[3]と云ものにならへり、早懺法とは法華懺法の短聲なり、この度大谷にて五百五十年の聖《正》忌にこの章を依用したまふべき者あり、然るにあまり曲節のみじかきをもて観僧正に請て新に墨譜をつくらしめんとの命あり、大安院闡述さいついに僧正の門人なるを以て御門主諱光摂[4]の命を啣て[5]魚山観僧正の房にいたる、瑞泉寺法麟と余と闡述に同伴す、僧正承諾あり、時文化五年[6]九月八日なり、同月十二日墨譜なりて大安院までさしこさる、十五日に大安院より上まつらる、

【註】

（1）**阿弥陀懺法**　第五十五条註（3）、第五十八条註（1）（7）、第五十九条註（1）、第七十一条註（63）（78）参照。

宋の慈雲遵式（第五十八条註（2）参照）撰、『往生浄土懺願儀』に基づく法儀である。遵式は『往生浄土懺願儀』の中で、『諸観音懺法』『法華三昧懺儀』などに倣い、阿弥陀仏の懺法を定めたとされる。阿弥陀如来を本尊として、『観無量寿経』を中心に十方諸仏諸菩薩等に懺悔礼拝する法儀である。『阿弥陀懺法』原形の中国での成立年代、そして遵式らの学派が日本の天台宗と交流を持っていたことなどから考えるに、日本に伝えられたのは円仁の入唐求法の後、

早くとも源信の時代以降ではなかろうか。もっとも、法然門下の長西（一一八四—一二六六）による『浄土依憑経論章疏目録（長西録）』巻下には、円仁作として『阿弥陀懺法』の名を記すも、現存していない。西本願寺へ『阿弥陀懺法』が伝えられたのは、第十四世・寂如の時代であるが、本条によれば、切音による法儀しか伝えられていなかったようである。魚山には、園部覚秀が天保十五（一八四四）年に、明の弘治七（一四九四）年刊の版本を書写したとの奥書を記す写本（『魚山叢書』所収）がある。これには、「右本ハ魚山来迎院塔房秀恕記　天保十五辰年七月十五日以秀恕自筆令書写付墨譜畢　魚山末学覚秀」とあって、明の版本を塔之坊（上之坊・遮那院）の秀恕（一四八六—一五五三）が入手してこれを書写したものという。

明治十一（一八七八）年、園部覚秀によって『声明懺法』に依拠して博士が付けられた『阿弥陀懺法』呂様・律様、同十三年に切音『阿弥陀懺法』が相次いで永田調兵衛から発刊された。その後、『梵唄集』には切音のものが収録されているが、これは澤円諦によって改編されたものである。「奉請段」が省略され、「五悔」が『往生礼讃偈』の文言に変更されるなどしている。真宗興正派における『阿弥陀懺法』は、西本願寺から分派後も切音の略儀に経段のみ『声明懺法』経段の博士を用いた法儀が用いられていた。『阿弥陀懺法』は、天台真盛宗で現在も用いられている。現行の法儀は同宗の声明家・片岡義道師（一九一九—二〇〇二）の監修による章譜で、切音の博士が付されている。昭和四十七（一九七二）年、「不断念仏十五万日大法会」において復興された法儀である。最初に唱えられる伽陀は、本譜による「瓔珞伽陀」である。最後に唱えられる本譜「回向伽陀」も、「願以此功徳……往生安楽国」が用いられている。「供養文」などの文言に、西本願寺で用いられたものとは大同小異があり、各音曲の順序も異なっていたりする。また、「奉請段」も略されている。

（2）**観無量寿経真身観**　第十六条註（1）、第七十一条註（79）参照。
『阿弥陀懺法』の経段。『観無量寿経』正宗分、光明摂取章。

（3）**早懺法**　第五十五条註（4）参照。

本文にもあるように、『法華懺法』の略用のこと。切音による法儀で、略用を「短声」ともいう。

（4）**光摂**　第三十七条註（7）、第三十八条註（3）、第六十六条註（9）、第七十一条参照。西本願寺第十九世・本如。号信明院。諱光摂。一七七八―一八二七。

（5）**啣て**　松下忠文著『本願寺派声明考』所収、『魚山余響』の翻刻には、「承《ウケ》テ」と表記されている。

（6）**文化五年**　一八〇八年.

【補説】

現今、西本願寺で依用されている『観無量寿経作法』は、昭和八年の法式改正において、『阿弥陀懺法』を改作したものである。もっとも現行のそれは、『阿弥陀懺法』をルーツとする法儀とはいっても、経段である『観経』「真身観」以外は、別なる音曲などが挿入されて構成されている。経段の他は「至心礼」と「回向」に、切音『阿弥陀懺法』の面影をとどめるのみである。

西本願寺が『阿弥陀懺法』を用いた記録は、既に寂如の時代から見受けられる。知影在世当時の西本願寺に伝えられていた『阿弥陀懺法』は、本条に「曲節早懺法と云ものにならへり」とあるように、切音で唱える略用が伝えられていた。旋律の短い切音の音用を、厳儀たる宗祖五百五十回大遠忌に用いるのは不適切と判断され、改めて知観に依頼して、「真身観」に博士を付けたと記されている。

そして、本山の勤番である大安院闡述は正式に知観の弟子となり、本如門主の命を受けて知影同伴のもと、魚山へ参上したのが文化五年九月八日のことだった。その四日後の十二日、知観は「真身観」に博士を付けたものを大安院に託した。さらに十五日、大安院によって本如門主に献上されたのだった。

ところで、幕末から明治期にかけて書写された『阿弥陀懺法』の写本の一つに、安政本『声明品集』巻一にある「光明摂取章」と同一の博士が記され、それ以外の音曲は全て切音の博士で記されているものがある。あるいは、真宗興正派宗定の声明本『円頓山声明集』下巻にも、同様の『阿弥陀懺法』が収められている。これは、従来の切音による『阿弥陀懺法』に、知観が付けた博士の「光明摂取章」が挿入されたものに相違なかろう。まさに本条の記述と符合する。これは、園部覚秀以前に遡ることができる『阿弥陀懺法』である。『阿弥陀懺法』の経段部分の作譜に関する記述は、本条の後にも引き続いて経緯が述べられている。

第十五条

一、魚山へ遣さる草本(1)も上へ奉らる、正本本文墨譜(2)とも余代書す、この事を御門主にもきこしめされ別に又一本大安院を以て余に書写を命ぜらる、仍てすみやかに書写して献上す、恩賞として金貳百匹を賜ふ、

【註】

（1）**草本**　音曲としての「観無量寿経光明摂取章」の草稿。

（2）**正本本文墨譜**　本如に献上する正本を、知影が知観に代わり書写した。

【補説】

宝泉院所蔵の『観経』「真身観」に博士を付けた草稿本と、知影が「代書」した正本が西本願寺へ納められることとなった。大安院を通じて本如門主の命を受け、ただちに改めて別に正本を書写して献上したという。

第十六条

一、真身観の章に新に墨譜なりて　上へ奉られ候ところ名を観无量寿経光明摂取章(1)と改め給ひ永世の法用となすべきの命あり、この墨譜は法華懺法(2)経段の体にならへり、上へ奉る正本の包書(3)に

此一帖者以法華懺法経段之墨譜

模写訖文化五年戌《ママ》辰無射《ぶえき》(4)三五

魚山　僧正知観

【註】

(1) **観無量寿経光明摂取章**　第十四条註(2)、第七十一条註(79)参照。安政本『声明品集』巻一には、「光明摂取章」と題して収録されている。即ち、『声明懺法　律』にある経段の博士を採っている。

(2) **法華懺法**　『声明懺法』のこと。

(3) **包書**　包書と同文を書写した声明帖が、興正寺にも所蔵されている。それには、冒頭に「明了蔵之本云」と記され、

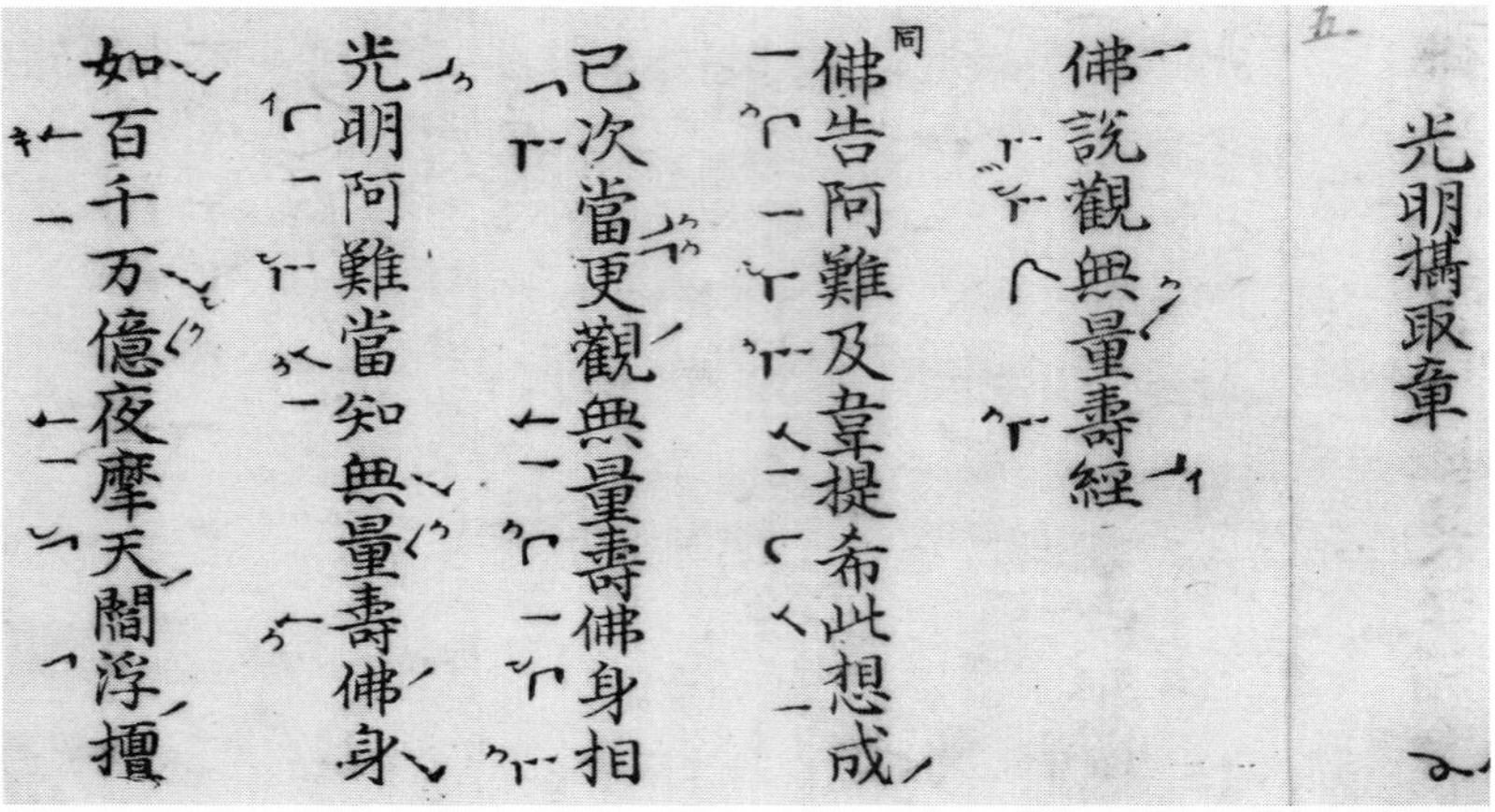
光明攝取章
佛說觀無量壽經
同
佛告阿難及韋提希此想成
已次當更觀無量壽佛身相
光明阿難當知無量壽佛身
如百千万億夜摩天閻浮擅

「光明摂取章」（安政本『声明品集』巻一）

明了なる人物が所蔵する書写本から転写したことが分かる。そして、第十四条や本条にもある内容と同じ経緯も書き添えてある。また、この声明帖には「安政本」所収の音曲とともに、『如法念仏』も書写して収められている。

（4）**無射** 第一義には、中国音楽の十二律の一つ、基音の黄《こう》鐘《しょう》より十律高い音のことで、和楽の十二律では神仙に相当する。ここでは、陰暦九月の異称を指す。

【補説】

知観が作譜し、知影が代筆して献上された音曲『観無量寿経』「真身観」は、本如門主によって「観無量寿経光明摂取章」と命名された。以て門末に対し、本如は末永く法要に依用すべしと命じた。

ところで、西本願寺が正式な版本としての声明集を発刊したのは、宝暦六（一七五六）年のことである。即ち、『真宗声明品』がそれである。引き続いて天明二（一七八二）年には、玄智によって編纂された『大谷梵唄品彙』（上下二巻）が発刊されている。これらは文化元（一八〇四）年に、『声明品 前集』『声明後集 梵唄品彙』乾坤の三冊本として再刊されている。『声明品 前集』（一巻）は、魚山由来の声明をそのまま踏襲した音曲の集成で、

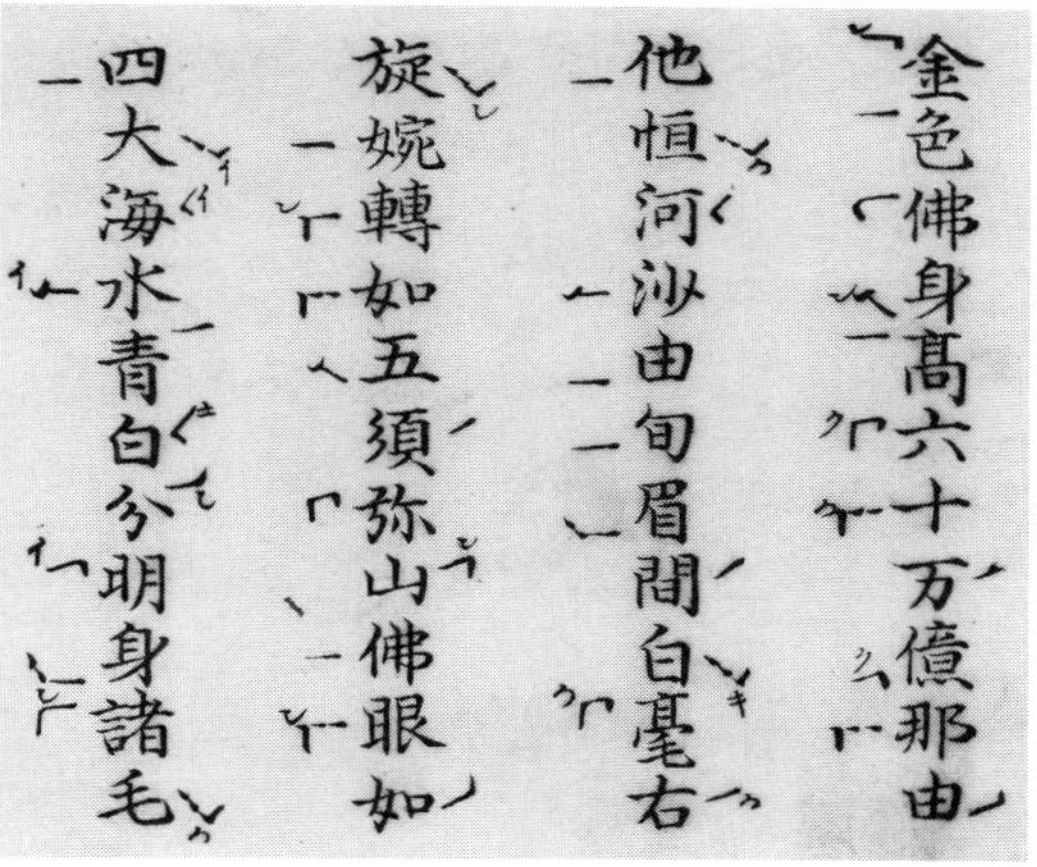
金色佛身高六十万億那由
他恒河沙由旬眉間白毫右
旋婉轉如五須弥山佛眼如
四大海水青白分明身諸毛

『声明後集 梵唄品彙』（乾坤二巻）は魚山由来の詞章を浄土真宗所依の経論に改められたものであり、近現代まで受け継がれた音曲を中心に構成されている。

その後、安政四（一八五七）年には、四冊から成る『声明品集』（安政本）が発刊されている。前者三冊本には博士が付けられていない詞章のみであったが、「安政本」は博士も一緒に印刷された版本としては、初めての宗定声明本である。そして、収録されている音曲の数も、大幅に増加している。これは寂如以来、西本願寺へ順次伝えられた音曲を集大成したものと見ることができよう。

これら声明本は、音曲がランダムに収録されているに過ぎない。どの音曲と音曲とが組み合わされて法要が勤められていたかは、これらからは知ることができない。もっとも、第七十一条に記される、知影が本如門主の命によって改写した『唄策』の目録を以て、音曲の組み合わせを知ることができる。我々が用いる現行の『声明集』の如き、作法ごとにまとめて編纂された声明の集成は、明治二十一年に刊行された園部覚秀編纂による『龍谷唄策』乾坤二巻が最初である。

また、「安政本」巻一には、「光明摂取章」と題する音曲も収録されている。これが本条に見える、「観無量寿経光明摂取章」である。『声明懺法　律』の経段を手本に、知観が新たに作譜したものである。

第十七条

一、知観僧正摂取章の墨譜成て後大経の題目（1）に墨譜を施さる、蓋《けだ》し阿弥陀悔過（2）の体によれり、右経題を重誓偈（3）、讃仏偈（4）、東方偈（5）の始めに唱ふべきよし
御門主より命ぜらる、この墨譜を施さるゝも　御門主の潜命ありときこへ、今年文化五龍谷にて五百五十年御忌第二日中（6）初て重誓偈の首《はじ》めにこれを挙《あげ》させらる、

【註】

（1）**題目**　第十六条註（3）参照。

安政本『声明品集』巻一には、「経題」と題する『仏説無量寿経』の題目に博士を付けた音曲が存在する。文言は、「仏説無量寿経」となっている。引き続いて「讃仏偈」が収録されていて、「経題」と合わせて唱えられていたのであろうことは、本条の記述に符合する。以て、「経題」の表題には「用否随時」と註記されているので、「讃仏偈」を受けてのことであろう。また、第十六条註（3）に記した興正寺所蔵の声明書写本（無題）にも、「仏説無量寿経」の六文字に博士が付けられた、「安政本」に同じ博士の「経題」が記されている。それには、「右首題墨譜者魚山知観僧正取製也先挙之次当唱讃仏偈或重誓偈或東方偈也」と註記されている。考えうるに知影は、確信を持って『阿弥陀悔過』中の博士をルーツとして推察している。果たして、「経題」に付けられた博士は、魚山勝林院の修正会で依用される法儀であ

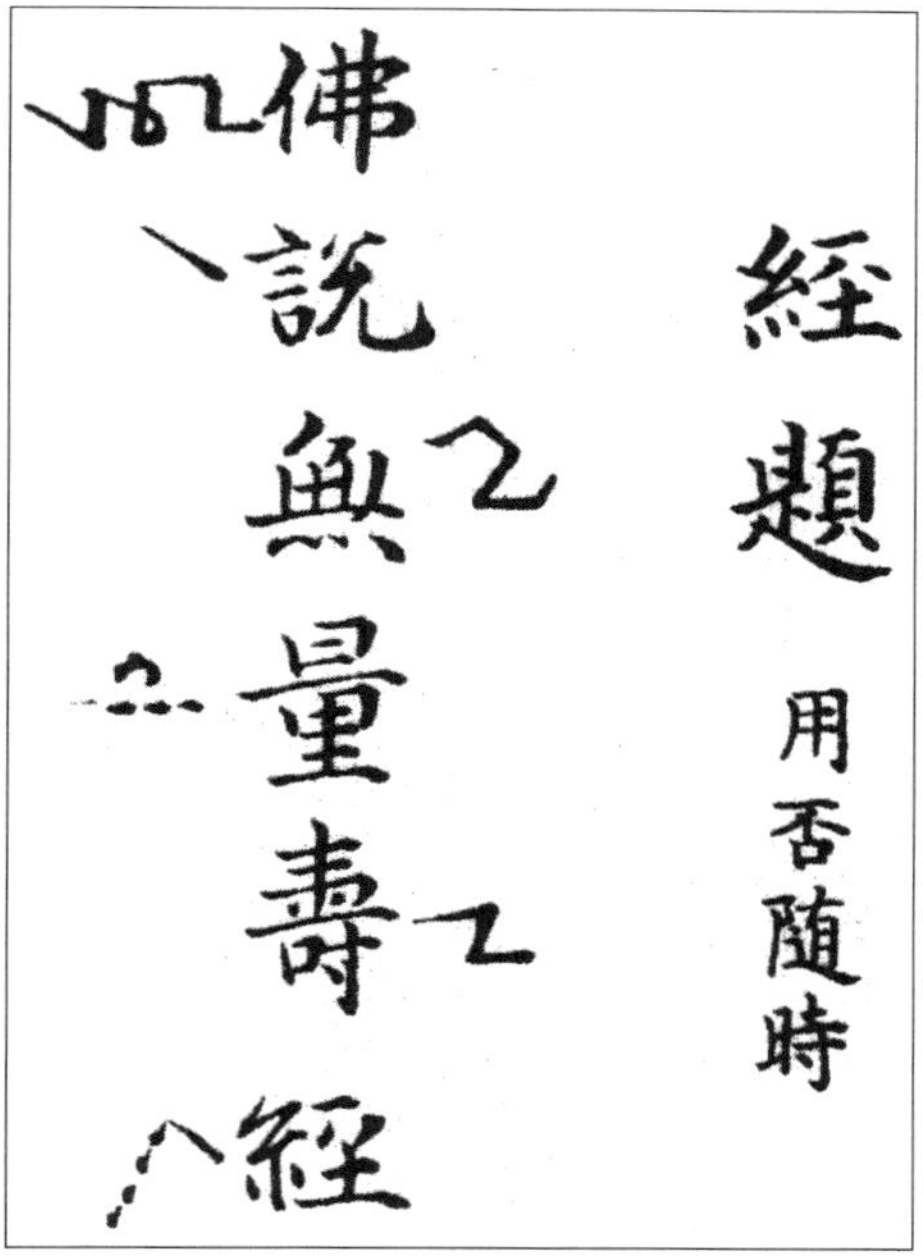

「経題」（安政本『声明品集』巻一）

る、『阿弥陀悔過』の冒頭にある「供養文」の博士に通ずるものはある。「題目」とは別に「安政本」巻四には「揚経題」という音曲があり、これはその後、明治の『龍谷唄策』に至って、乾巻に『読経開闢音用』『読経中間音用』に同名の音曲を載せるも、博士は安政本とは異なっている。「揚経題」は中曲壱越調の甲乙二様があり、文言は「南無仏説無量寿経」「南無仏説観無量寿経」「南無仏説阿弥陀経」である。

（2）**阿弥陀悔過**　第七条註（4）参照。

（3）**重誓偈**　第五十五条註（1）、第六十条註（4）、第七十一条註（28）参照。『無量寿経』巻上にある偈文。第五十五条に、この音曲に関する記述がある。

（4）**讃仏偈**　第十条註（5）、第五十四条註（1）、第七十一条註（37）参照。

（5）**東方偈**　第七十一条註（38）参照。『無量寿経』巻下にある、「往観偈」のこと。安政本『声明品集』巻一に、これを載せる。巻一には、「経題」「讃仏偈」「重誓偈」「東方偈」「光明摂取章」「例時弥陀経」の順に、「浄土三部経」の配列で音曲が掲載されている。「安政本」に見える「東方偈」は、漢音の仮名が付けられ、その博士は『声明例時』の経段に準じている。また巻二には、別に「往観偈」という表題で、『無量寿経』の異訳『大乗無量寿荘厳経』巻下による音曲が収録されている。声明曲において、「東方偈」と「往観偈」は区別されていたことが分かる。

（6）**日中**　午前十時から始まる日中法要。

【補説】

『観無量寿経』「光明摂取章」の章譜に引き続き、既に博士が付けられていた『無量寿経』各偈文の冒頭に経題を唱えるべしとの本如門主から命があり、知観は同経の経題にも博士を付けた。経題に付けられた博士は、魚山の『阿弥陀悔過』に基づくと記されている。

この音曲は安政本『声明品集』巻一に、「経題」と題して収録されている。その他にも、散見する書写本に収録されていて、それぞれ「経首題」「無量寿経首題」などと表題が付けられている。恐らくこれは文化年中以降、本如門主の意向も周知されて、全国の末寺に比較的流布した音曲なのかも知れない。

その他、「経題」に類する音曲として「揚経題」と題する音曲が、「安政本」巻四にある。「揚経題」は、『龍谷唄策』『梵唄集』まで引き継がれているも、『龍谷唄策』以降は、園部覚秀が新たに作譜したものに変更されている。『読経（開闢・中間・結願）作法』に収められている。「揚経題」は『無量寿経』のみならず、『観無量寿経』『阿弥陀経』それぞれにある。

本条の文末にある文化五（一八〇八）年に大谷本廟で厳修された、宗祖五百五十回大遠忌予修の第二日中において、初めてこの「経題」を唱えて「重誓偈」が勤められたという。ちなみに三冊本『声明後集　梵唄品彙』に「重誓偈」は掲載されていないが、第五十五条に記される如く、「重誓偈」は「大懺悔」の博士が付けられていた。「安政本」に同曲が掲載されている。これは現行の『重誓偈作法』にあるものともほぼ同じであるが、『龍谷唄策』では『声明懺法』経段の博士に替わるのである。そして『梵唄集』に至って、再び「大懺悔」の博士による「重誓偈」に戻された。

第十八条

一、恩徳讃[1]も知観僧正の墨譜なり、是は寛政七年乙卯[2]十一月十四日になれり、前住信入院殿[3]の命によりて製作せらる、教化《きょうけ》[4]の体にならへり、知観僧正其時は大僧都にて理覚院恵観と申せし時なり、此恩徳讃の墨譜尤《もっとも》殊勝なるをもて都《と》鄙《ひ》[5]に流伝せり、然どもより教化を熟練せざれば其趣を得がたし、こゝを以て滞《とどこおり》なく唱ふる人はありがたし、

【註】

(1) **恩徳讃**　第七十一条註(70)参照。
親鸞撰『三帖和讃』中、『正像末和讃』にある和讃。文言は、「如来大悲ノ恩徳ハ　身ヲ粉ニシテモ報ズベシ　師主知識ノ恩徳モ　ホネヲクダキテモ謝スベシ」。

(2) **寛政七年乙卯**　一七九五年。

(3) **信入院殿**　第三十七条註(11)、第五十八条註(6)、第六十七条註(11)、第七十一条註(3)参照。
西本願寺第十八世・文如。諱光暉。一七四四―九九。

(4) **教化**　第三条註(1)、第十九条註(5)、第五十条註(36)(37)(50)(53)参照。
和語で構成された音曲。即ち、梵語讃・漢語讃に対する和語讃の一種である。多屋頼俊師(一九〇二―一九九〇)の

研究によれば、奈良時代より「和製漢讃」と呼ばれる、日本で制作された漢文の讃から発展し、和歌の形式を以て和語による讃が詠まれるようになった。それが『万葉集』に見られる「仏前唱歌」とされる。そしてさらに発展したものが、奈良時代末期頃にはその原形が成立していたと考えられる「法華讃嘆」「百石讃嘆《ももしゃく》」なのだという。これら「讃嘆」が平安時代に至って、より躍進してできたのが、「教化」と「和讃」であるという。ここで注意すべきは、多屋師は「教化」と「和讃」を区別して見ていることである。

さて魚山声明には、先に挙げた「法華讃嘆」「百石讃嘆」（以上、第五十条註（36）（37）参照）、そして「舎利讃嘆」などの他に、多くの「教化」が存在する。「教化」に付けられた旋律は、円仁の作譜であるとも伝えられている。斉衡元（八五四）年に円仁が天台座主に就任した時、『天台大師供』（第五十条註（43）参照）を始修するに当たって、「教化」を作成したのが最初といわれている。また「舎利讃嘆」にも、「慈覚大師御作」と記される。「教化」とは、梵語讃や漢語讃などの声明曲が唱えられる前後に、随喜聴聞する大衆にその法要や経典の功徳を讃えて、その趣旨を解りやすく和語で説いて「教導化益」を施すことを目的とするので、「教化」の名がある。あるいは往古には、「乞誓」とも呼ばれていた。『羅漢供式』などの法儀にある音曲に、その名を見る。「教化」の種類は、音曲の数も多岐にわたる。ことにも平安から鎌倉時代にかけて、真言宗ともども、多くの経論を題材に「教化」が作られている。親鸞撰『三帖和讃』などもまた、そうした背景に連なるものと考えられよう。

（5）**都鄙**　都と田舎。あるいは都市と地方を指す。

【補説】

「恩徳讃」は、『正像末和讃』にある一首である。本条にいう「恩徳讃」とは、「教化」の博士が付けられた音曲を指す。現行の本願寺派声明において「教化」という名称は、辛うじて『読経一座作法』に見えるのみである。恐らくは現今の宗門内では、一般に周知された名称ではないのかも知れない。昭和八年の法式改正以前は、「教化」という呼称は汎用されていた。「恩徳讃」に関しては、付けられている博士の違いと依用される法儀の違いによって、「教化」と呼ばれる音曲と、そのまま「恩徳讃」と呼ぶ音曲がある。

明治時代の『龍谷唄策』を見ると、いくつもの「教化」があり、付されている博士もそれぞれに異なる。そして「恩徳讃」もまた、二種類が見受けられる。『龍谷唄策』乾巻にある、『報恩講』と『読経結願音用』の項に、「恩徳讃」がそれぞれ異なる博士で収録されている。双方は「恩徳讃」とは表記されずに、前者は「讃」、後者は「教化」と題されている。『報恩講』にある「讃」の博士は、現在も『報恩講作法』に引き継がれている。

一方、『読経結願音用』にある「教化」は、安政本『声明品集』巻四に「恩徳讃」と題して収録されている。それ以前の三冊本『声明後集　梵唄品彙』には収録されていない。本条には知観がこの音曲に博士を付けたのは、寛政七（一七九五）年十一月とある。『大谷梵唄品彙』（三冊本の初版）発刊より十三年後のことである。

果たして、「安政本」に掲載されている「恩徳讃」は、その後も若干博士の修正がなされて、『龍谷唄策』（『読経結願音用』所収）『梵唄集』（『読経結願作法』）へ引き継がれ、現行法儀『読経一座作法』に至っている。

知観が博士を付けた「恩徳讃」は、当時は比較的流布したようだが、知影はしっかりと魚山声明本来の「教化」を習熟しなければ、この音曲が持つ妙味に達することはできないと言う。そして、これを唱えられる者はなかなか存在しないとも言及する。

第十九条

一、文化六年[1]冬の頃播磨の国の僧侶魚山実光院[2]といへる人[3]を請し本徳寺殿[4]を始め聲明稽古あり、たまく〱かの恩徳讃を授けらる、余其後そのならひたる人の聲明帖を見れば「身ヲ」「報」「知識」この処の墨譜をつけかへてあり、余案ずるに教化[5]の「千」「今ノ」などの一字のふしを開て「身ヲ」「知識」など、二字に施し「真文ヲ」の三字を合して「報」の一字に施したる開合[6]の事をしらず、漫《みだり》にふしをかへられたる事と見え未熟といふべし、とかく口授を得ざればあやまりあり、蓋《けだ》し実光院は知観僧正の次席聲明も達者なり、恩徳讃は僧正の墨譜なることをしれども口授を乞ふことをいかゞとおもはれけるにや、又其学ぶ者に解し得ざることをかたるも口惜くおもはれけるなるべし、後代に至りて贗真弁じかたかるべし、よつてこゝに記するものなり、

【註】

(1) **文化六年**　一八〇九年。

（2）**実光院**　第四十一条註（4）、第四十八条註（8）、第八十一条註（5）、第八十五条註（6）参照。
勝林院を本堂とする、下之坊に所在する僧坊。『両院僧坊歴代記』には、「向之坊」（上之坊・善逝院も旧称「向之坊」）のこととされている。応永年中（一三九四―一四二八）に宗信法印（?―一四一五）によって再興され、正徳三（一七一三）年に、実光坊から実光院に改称されたと伝わる。元々実光院は、現在地から勝林院参道を隔てた東側に所在した。そして旧境内の後園に、第八十二代・後鳥羽天皇（在位一一八三―九八）および第八十四代・順徳天皇（在位一二一〇―二一）の分骨を安置していたが、大正時代にこれを本陵として整備するために、旧普賢院の寺地に移転し、現在に至っている。

（3）**実光院といへる人**　第八十一条註（5）、第八十五条註（6）参照。
ここに記される「実光院といへる人」とは、年代的に考えるならば、同院の住侶・良宗（一七七七―一八三〇）を指すと考えられる。『両院僧坊歴代記』中「実光坊」の項によれば、良宗は「始豪宗。仮名号二中将一。為二南之坊良胤法脈一」「寛政三年八月住職」などと記されている。その後、知観が入滅する文化十三（一八一六）年に宝泉院へ転住、宗雄と名を改めた。文政二（一八一九）年、権僧正（同記「宝泉坊」の項）に任じられる。文政十三年三月没、世寿五十四歳。『魚山声曲相承血脈譜』には良宗の名で入記され、「権僧正」と註記されている。『六巻帖』を編纂した宗淵は、良宗の弟子である。

（4）**本徳寺**　兵庫県姫路市亀山に所在する連枝寺院、亀山御坊本徳寺のこと。蓮如が開いたとされる、「播磨六坊」の一つ、英賀《あが》御堂を前身とする。蓮如没後、実玄、実円など蓮如の子息が継承した。豊臣秀吉の播磨攻めに際し、現在地亀山に移転した。東西分離後、姫路城主池田輝政の命により、領内の真宗寺院は全て西本願寺末に所属することが定められ、亀山御坊は西本願寺末に与して現在に至っている。池田氏が移封された後には、姫路城主は東本願寺門徒でもあった本多忠政に替わり、東本願寺が本徳寺の名跡を復活させる形で、船場御坊本徳寺（真宗大谷派船場別院）が別立された。

(5) **教化** 第三条註(1)、第十八条註(4)、第五十条註(50)参照。

ここで問題にされている「教化」は、行基菩薩(六六八—七四九)が詠んだとされる和語讃に円仁が譜を付けたと伝えられる、『法華経』を讃歎する和語讃。即ち、中曲平調の破曲で、文言は「昔ノ大王ハ仙人ノタメニ 千才ノ給仕ヲ至《いた》シテ 一乗ノ妙法ヲツタへ 今ノ諸徳ハ権現ノ御タメニ八軸ノ真文ヲ講御《こうじましま》スゾ 貴《たっと》カリケル 謹デ奉ニ讃嘆ニ」である。

(6) **開合** 中国由来の音韻学の用語であるが、声明や謡曲の専門用語として用いられていた。開音と合音のことで、口の開きの広い発音(開音)と、狭い発音(合音)。アウ・カウ・サウなどのア段音にウが続く長音を「開音」とし、オウ・コウ・ソウなどオ段音にウが続く音、エウ・ケウ・セウなどエ段音にウが続き長音化した音を「合音」とする。本条の文脈からすれば、開いたり(分解)合したり(結合)するという意味合いとも考えられる。

【補説】

播州姫路の亀山御坊本徳寺において、魚山実光院より魚山法師を迎えて本徳寺住職をはじめ配下の僧侶が集い、声明の稽古が行われたという。たまたま知影は、そこで伝授された「恩徳讃」の譜面を目にする機会があった。果たして、知観によって作譜された「恩徳讃」とは、著しく異なっていたようだ。ここにいう「実光院といへる人」とは、『両院僧坊歴代記』に照らし合わせてみると、恐らくは年代的には良宗のことであろう。良宗は知観の没後、宝泉院に転住している。また、知観の葬儀では導師も務めた人物である(第八十五条参照)。知影は他見を想定してか、敢えて名前を伏せて記している。

知影はその「恩徳讃」を見るに、知観が「教化」の博士を「恩徳讃」に転用するに際して、どのようなことに注意を払われたかを知らずに変えてしまったのは、全く未熟であると語気を強めている。知観は「開合」を考慮した上で、「恩徳讃」の文言に適応した博士を「教化」の文言から採譜したのであろう。あるいは、「実光院といへる人」は「恩徳讃」が知観の作譜であることを知っていたはずだが、知観から「恩徳讃」の口訣を受けることを憚ったのであろうか。今、その人物が付けたとされる博士の「恩徳讃」は見当たらない。本条に記される「教化」と「恩徳讃」だけでは、相違を比較することは至

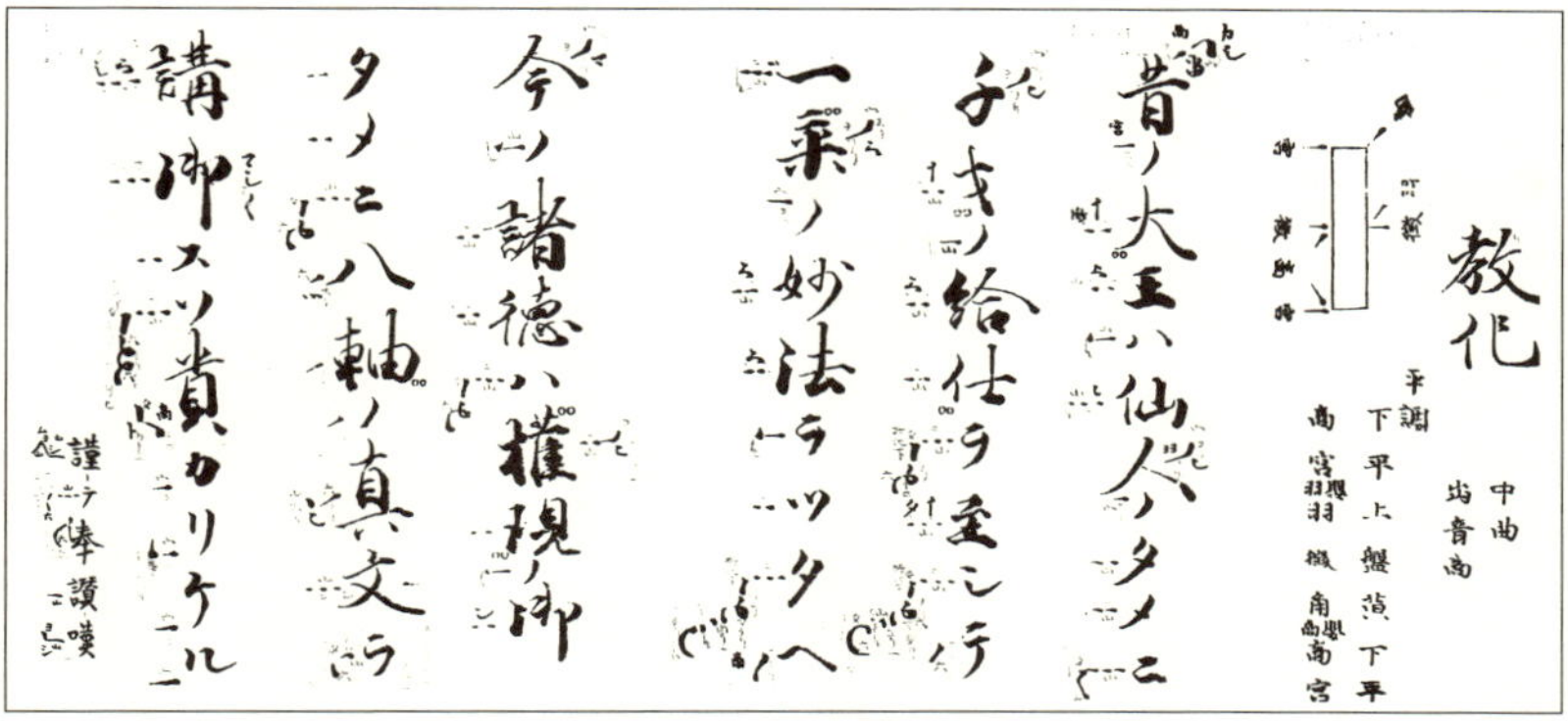

「教化」（『魚山六巻帖』宗淵版）

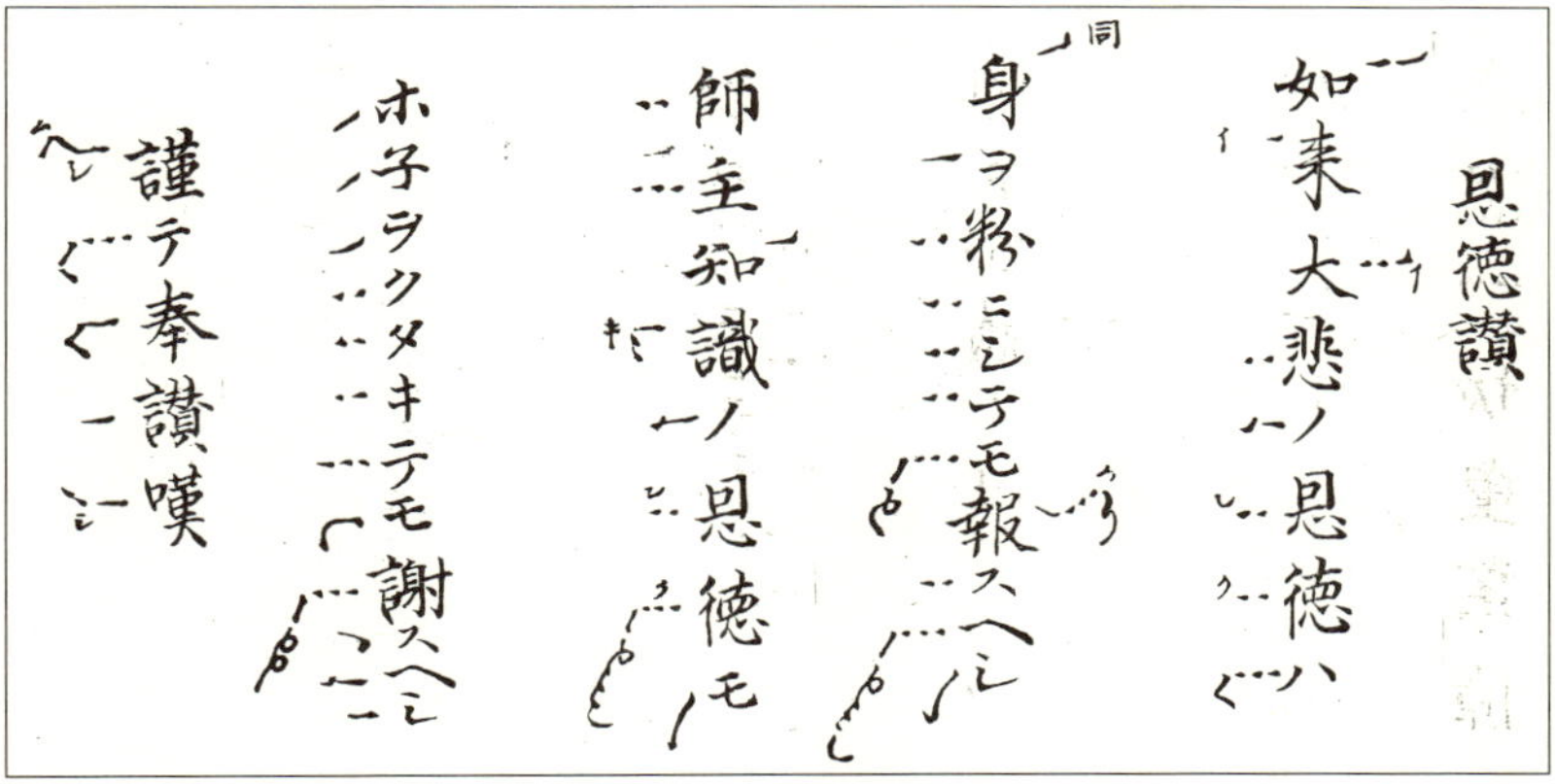

「恩徳讃」（安政本『声明品集』巻四）

難である。

知影は異なった説の博士が伝承され、後世に混同が生じた時のことを考えて、ここに記録しておくと言う。知影はその人物が、知観の次席ともいうべき魚山法師であるが故に、そうした思いをいよいよ強くしたと見える。以て、知影が問題視した「恩徳讃」は分からないが、安政本『声明品集』巻四所収の同曲と、『六巻帖』にある「教化」に付けられている博士を見る限り、本条の記述と矛盾しないと考えられる。

本条をして注意しなければならないのは、博士が変えられてしまうということは、当然声に出される旋律も変わってくるということである。それに加えて、知影は声明の伝承は正統な師匠からの面授口訣を得なければならないことを、今更の如く言いたかったのではなかろうか。その目安となるのが、音曲の詞章に付された博士である。みだりがわしく博士が書き換えられることへの、知影の思いは尋常ならざるものがあった。

もっとも、博士の書き換えが何故なされたかは分からない。ただ考えられるのは、唱えやすさを期したのかも知れない。声明の世界には、ままあることだからである。ことに西本願寺声明の歴史を俯瞰する時、声明や法式作法の改変は、簡略化の一途をたどる歴史でもある。そのことの是非をここで論じる気はないが、ややもすれば知観作譜による「恩徳讃」は、第十八条の記述とは裏腹に、ある意味において一般の僧侶には馴染みにくかったのかも知れない。

第二十条

一、文化四年丁卯(1)十月十日より十二日に至る　清涼殿《ママ》(2)に於て当今御母盛化門院(3)尊儀廿五回御忌の御法事を修せらる、御調声《ちょうせい》(4)(5)梶井御門主承真僧正(6)なり、伴参の僧衆古観心院知観僧正其上首なり、十月六日梶井御門室に於て修礼(7)あり、知観僧正の吹挙によりて余参殿簾内より拝観す、別に録しをけり、実に国朝仏法を尊崇したまふことを見るに足れり、仏子吾曹(8)深く随喜すべきことなり、

【註】

（1）**文化四年丁卯**　一八〇七年。

（2）**清涼殿**《ママ》　現存する京都御所・清涼殿は、安政二（一八五五）年の再建である。紫宸殿の北西に位置し、東を正面とした南北棟の建物である。平安時代の内裏においては、清涼殿が天皇の住居だった。安土桃山時代に御常《おつね》御殿が建立されてからは、天皇の日常生活の場は御常御殿へ移った。その後、清涼殿は天皇の執務と儀式の場となった。

（3）**盛化門院**　第七十八条註（2）、第八十条註（1）参照。一七六〇―八三。五摂家の一つ、近衛内前の女。第百十八代・後桃園天皇（在位一七七〇―七九）の女御にして、欣子内親王（光格天皇の皇后）を出産した。後桃園天皇の次代、光格天皇（第二十一条註（2）参照）の養母となった。

（4）**御調声**　ここにいう調声とは、法要の導師のことを指す。「ちょうせい」と読む。宮中で勤まる「御懺法講」の場合、特に導師のことを調声と呼ぶ。伽陀などを除いて、各音曲の句頭を導師が独唱し、式衆は導師が発声した調子に従って唱和することから、調声の名がある。例外的に『声明懺法』中、「六根段」に「大衆上臈独声」という式衆の上臈が独唱する箇所がある。現在も三千院門跡で厳修される「御懺法講」の導師のことを、調声と称している。ちなみに、浄土真宗本願寺派における現行の法式規範では、導師と調声の区別をしている。即ち、尊前における礼盤作法および葬儀を執り行う場合を導師と呼び、礼盤作法を行わずに勤行の句頭を独唱することを調声（調声人）と呼んでいる。

（5）**梶井門跡**　第六十九条註（6）、第八十一条註（1）参照。

梨本門跡とも呼ばれ、現在の三千院門跡のことを指す。三千院は「天台三門跡（青蓮院・三千院・妙法院）」の中でも特に歴史が古く、伝教大師最澄（七六七―八二二）が比叡山延暦寺を開いた時、東塔南谷にあった梨の大木の傍らに一宇を構え、「円融房」と称したのがその起源という。最澄自作と伝える、薬師如来像を本尊とする。知影在世当時は、大原で周知される現在の三千院が所在する場所には、「大原政所」が置かれ、梶井門跡の出先機関として魚山に対する目付の役割を果たしていた。魚山は、梶井門跡の統轄と庇護の下にあったのである。件の梶井門跡は禁裏の東側、河原町通付近に所在していた。現在の京都府立医大が所在する地域で、この辺りを梶井町という（京都市上京区河原町通広小路上ル梶井町）。梶井門跡の中に「三千院」と称する持仏堂があり、明治維新に大原政所の所在地へ移転した時、その持仏堂の号を以て、三千院門跡を名乗ったといわれる。第八十一条に記される如く、宮中で厳修される「御懺法講」の習礼は梶井門跡を会所に行われた。ちなみに現在の三千院境内地に所在する往生極楽院は、恵心僧都源信（第三十七条註（2）参照）が姉・安養尼とともに建立したと伝える。梶井門跡が大原へ移転してきた時、境内に取り込まれる形となった。

（6）**承真僧正**　第三十三条註（6）（13）、第三十四条註（3）、第六十九条註（7）、第八十一条註（12）、第八十二条註（2）参照。

一七八七―一八四一。有栖川宮織仁親王（第八十三条註（2）参照）の第三皇子。はじめ邦宮、後に永宮と改める。

青蓮院宮尊真入道親王（一七四四―一八二四、第三十九条註（5）参照）を戒師として得度し、法諱を承真と称する。僧正に任じられ、法印に叙せられた。光格天皇の養子となり親王宣下を蒙る。灌頂大阿闍梨、一品に至る。天台座主に補されること四度におよんだ。『魚山声曲相承血脈譜』にも、西本願寺に魚山声明を伝授した韶雄《しょうゆう》（第六十七条註（5）参照）の弟子として入記されている。

（7）**修礼**　第八十一条註（1）参照。

「習礼《しゅらい》」とも表記する（第八十一条）。法要に先立ち、唱え合わせや所作、次第を確認するなどの、所謂リハーサルのこと。現在、毎年五月三十日に三千院門跡で厳修される「御懺法講」では、法要二日前に「総習礼」と称して、出仕僧は装束を調え、雅楽も奏でられて、道場である宸殿において法要当日に同じく勤行が行われる。

（8）**吾曹**　我ら、我々。

【補説】

『魚山余響』における、宮中仏事の記録がひもとかれる。江戸時代に宮中で勤められた歴代天皇・皇后の年回法要である「御懺法講」に関する記録としては、儀式・声明を学ぶ者の視点から書かれてあるのが本書の特徴の一つでもある。

文化四年十月、盛化門院の二十五回御忌法要が宮中の清涼殿で厳修された。この法要に際して、梶井門跡の承真法親王が調声（導師のこと）を務めた。知観はその式衆の首座だった。

知観の取りなしによって、御簾越しではあったが、知影は法要の習礼を見学することができた。「修礼」と表記されているが、習礼のことである。

後述されるが、宮中の法会には天皇自らも行道に加わり、公卿たちも式衆の列に加わる。それ故、念入りに習礼が執り行われたであろうことは想像に難くない。そして知影は「御懺法講」をして、国家を挙げて仏法が尊崇されていることは、我々仏教徒にとってまことに喜ぶべきだと結ぶのである。

第二十一条

一、宮中御法事の時の[1]主上[2]御行道[3]あり、桜町院[4]以来中絶のところ享和二年癸亥[5]九月か当今にはまた〳〵御行道あそばさるとなり、たゞし御行道のことは臨期《りんご》に勅をくだし玉ふとなり、行道の次第は下臈[6]先なり、御導師宮の後より主上次に大臣なり、経段の間花筥[7]を撤せらるゝ時主上御花筥は大臣請取り自ら檜扇を開きしきをかるゝなり、

【註】

（1）**の**　原本には「の」と記された上に「〻」で消されている。澤円諦書写本は「の」と記されている。

（2）**主上**　第二十六条註（1）、第七十九条註（1）。

第百十九代・光格天皇のこと。諱師仁《もろひと》、のち兼仁《ともひと》。一七七一―一八四〇、在位一七七九―一八一七。閑院宮典仁親王（一七三三―九四）の第六皇子として生まれる。はじめ、聖護院宮忠誉入道親王（一七二二―八八）のもとで養育されたが、後桃園天皇崩御によって天皇の養子に迎えられ、皇統を嗣ぐこととなった。光格天皇は新嘗祭など、それまで途絶えていた宮中の諸行事・儀式を再興させたことで知られ、賀茂社や石清水社の臨時祭も復活させたりした。天明の大火で焼失した御所も、光格天皇によって平安時代の古式に則って再建され、現在に至っている。あるいは天皇の亡父・典仁親王に「太上天皇」の尊号を贈ることを巡って、幕府と対立した「尊号事件」でも知られる。

（3）**御行道**　第七十二条註（1）、第八十条註（26）参照。
法要中、本尊の周囲を時計回りに歩行すること。宮中「御懺法講」では、天皇および公卿も出仕の僧侶とともに散華行道に加わった。「御懺法講」における「宸儀行道」の復活もまた、光格天皇が復興させた業績の一つである。ちなみに天台宗では顕教立の法要では時計回り、密教立の「曼荼羅供」法要などでは出堂に際して反時計回りに行道することがある。これを逆行道という。

（4）**桜町院**　第百十五代・桜町天皇。諱は昭仁《てるひと》。一七二〇—五〇、在位一七三五—四七。

（5）**享和二年癸亥**　第二条註（8）、第二十七条註（5）、第三十三条註（1）参照。
享和二年というのは知影の記憶違いと考えられ、享和三（一八〇三）年のこと。また、享和二年は壬戌歳であり、癸亥歳は翌三年である。『両院僧坊歴代記』を見る限りは、享和三年十月に修された「後桃園院尊儀二十五回聖忌」のことであり、以て『享和三年　御懺法講記』もある所以である。

（6）**下臈**　座次が下位の僧侶。末臈に同義。

（7）**花筥**　「華籠」とも表記する。「けこ」とも読むが、西本願寺などでは、「けろう」と読む。法要中、「散華」の作法をするための花びらを模った華葩《けは》を入れる、竹製ないし金属製の皿状の籠のこと。

【補説】

知影は宮中で厳修されていた、歴代天皇および皇族の年回法要「御懺法講」のことを詳細に記録している。知観から伝え聞いたことと、法要の習礼を実際に見学したことを記す。

「享和二年癸亥九月」とは、享和三年十月の誤記あるいは記憶違いである。後桃園院尊儀二十五回聖忌「御懺法講」において時の帝・光格天皇は、桜町天皇以来途絶えていた「宸儀御行道（天皇が行道に加わること）」を復活させたのだった。天皇以下、大臣ら公卿も式衆の列に加わって散華行道を行った。僧俗ともに式衆として一連の法儀を勤めたのが、「御懺法講」の特徴の一つといえよう。

現在、毎年五月三十日に三千院門跡で厳修される「御懺法講」は、復興された今でこそ公卿の出仕はないが、式衆の役配の中に「大臣」「大納言」などの名称が残されている。宮中「御懺法講」において、桜町天皇の時代から天皇が行道に加わることが七十年ほど中断していた。それが光格天皇に至って、「宸儀行道」が復興されたのである。もっとも天皇が行道に加わるかどうかの是非は、その時に臨んで発せられる勅によった。また近世以降、先帝の法要は「聖忌」と称して五日間勤められ（第三十四条参照）、皇后や皇太后の場合は「御忌」と称する三日間の法要だった（第二十条・第七十八条・第八十条参照）。

そして行道の次第は、下臈（末席の式衆）を先頭とし、調声（導師）に次いで天皇が加わり、大臣が随従する。そして経段に至って、僧侶のみで行う作法であれば華籠を直接床に置き、経本と扇を保持しての行道となるが、天皇は自ら保持する華籠を次席の大臣へ手渡し、天皇は檜扇を広げて床に敷き、その上に華籠が置かれたのだった。

ちなみに『声明例時』を例に挙げておくならば、天皇は「四奉請」に入る前に道場へ出御し、式衆と公卿の列に加わり、立列して「四奉請」を唱和して散華、「甲念仏」から行道が始まる。「甲念仏」に引き続いて経段に入る時、天皇のみ檜扇を敷いてから華籠を置き、行道読経となったのである。

第二十二条

一、主上御行道なきときは衆僧玉座一間ばかり手前にて平伏あり、玉座前は折腰して趨《はし》りすぐる(1)なり、宮(2)は平伏なし折腰して趨りすぎたまふ、衆僧も第二匝(3)よりは平伏なし、

【註】

(1) **趨りすぐる**　天皇が座す玉座の前を通る時は、やや腰を屈めて小走りに通過する。

(2) **宮**　第二十条註(6)参照。第二十一条にある「御導師宮」。即ち、調声(導師)を務める宮門跡(法親王)のこと。

(3) **第二匝**　行道の二周目。

【補説】

天皇が行道に加わらない場合、式衆は玉座から一間ほど手前で天皇に平伏する。そして平伏してから玉座の前を通り過ぎる時は、腰と膝を折り曲げながら小走りに横切るという。調声は平伏せずに膝行のみの所作で通り過ぎ、行道二匝目からは式衆も平伏の所作はしなかった。

ちなみに現在、三千院で勤められる「御懺法講」においては、内陣に「御懺法講」を創始した後白河天皇(第四十八条註(1)参照)の像を納めた厨子が玉座を設えて安置され、法皇がおわすと見なしてこの所作が行われている。

第二十三条

一、花筥を賦すること宮にても外の衆僧にても其日の導師の花筥を先づ賦せらる、次に主上の御花筥、次に衆僧の花筥なり、主上御花筥は頭の中将[1]外陣より持てすゝまる、大臣之をとりて膝行[2]して玉座へ進ら《ママ》るゝとなり、大臣の起居には其門流の堂上[3]は各敬屈[4]せらるゝとなり、

【註】

（1）**頭の中将**　第二十四条註（1）参照。「御懺法講」の会奉行（御法事奉行）を務める公卿のことを官職名で記している。

（2）**膝行**　行道中や華籠を賦す時（賦華籠）、敬意を表して膝を床に着ける所作。現行の西本願寺でいう「膝行」とは、異なる所作であることを注意せねばなるまい。

（3）**堂上**　本来は宮中にある宮殿の階上を指したが、そこに昇殿する殿上人のことも「堂上」と称した。

（4）**敬屈**　大臣起居の所作を見て、参列する殿上人（公卿）たちも合わせて最敬礼した。大臣は五摂家各門流の家長であり、殿上人たちは自身が属する門流の家長に合わせて、敬屈の所作をしたのである。即ち、自身が属さない門流の家長には、所作を合わせなかった。

【補説】

散華するために保持する、華籠の扱いにも言及がなされている。伽陀唱和中に、調声が登礼盤した後で賦華籠となる。先ず、その日の調声が着座する礼盤の脇机（脇卓）に華籠を賦す。宮門跡が調声を務める時もそれ以外の僧侶が務める場合でも、その順序は変わらない。調声への賦華籠に引き続いて、「頭の中将」によって外陣より華籠が運ばれ、大臣に手渡された後、大臣は膝行して天皇の玉座前に賦し、そして式衆にも配られる。

ちなみに西本願寺では、文永九（一二七二）年に第九十代・亀山天皇（一二四九―一三〇五。在位一二五九―七四）より勅願所の綸旨を蒙り、「久遠実成阿弥陀本願寺」の勅額を受けたと伝えられることから、毎年十月十二日に「亀山天皇聖忌法要」が厳修されている。この法要には、旧『阿弥陀懺法』を改作した『観無量寿経作法』が依用される。この法儀を用いるのは、「御懺法講」になぞらえられているからである。また、一連の所作も「御懺法講」の片鱗を残す。このことは大正十二（一九二三）年に発刊された、『真宗の法式及び其の故実』（西光義遵著、龍谷大学出版部）に記されてある。

第二十四条

一、主上御起居には宮大臣以下各畳をくだりて敬屈、御法事奉行(1)ばかり平伏なし、御導師宮のし玉ふには僧正以下畳上より敬屈、堂上には敬屈なし、大臣の起居し玉ふは其門流の堂上畳をくだりて敬屈、其余の公家衆及び僧正以下敬屈なしとなり、

【註】

（1）**御法事奉行**　第二十三条註（1）参照。

【補説】

天皇出御の法要における、出仕する僧侶のありようが事細かに記されている。行道に際して、天皇が起居の所作をすると、調声大臣以下式衆は畳から下りて敬屈する。ただ、法要を采配する「御法事奉行」は、その限りではない。この役配も宮中では僧侶が務めるのではなく、公卿がその任に当たった。

第二十五条

一、楽中(1)御導師宮の起居ばかり僧正以下敬屈、聲明中(2)には敬屈のことなし、是は尤事《もっとものこと》なり、尊卑同く讃嘆を要とす、讃嘆供養の間に尊卑の礼節を差別すべきやうなし、

【註】

（1）**楽中**　雅楽の演奏中。

（2）**聲明中**　声明が唱えられている最中。

【補説】

興味深いのは、知影の見解である。声明が唱えられている間は、敬屈の所作がないことをして、「是は尤事なり、尊卑同く讃嘆を要とす、讃嘆供養の間に尊卑の礼節を差別すべきやうなし」と言っていることである。

雅楽が演奏されている間のみ、調声を務める宮門跡が起居する時は知観以下式衆の敬屈があり、声明が唱えられている間は調声の起居があっても式衆による敬屈の所作はないという。これは至極もっともなことであり、仏菩薩への讃嘆供養の行業たる声明唱和には、身分の隔てなど要とはしないと知影は言及する。

第二十六条

一、宮中の御法事は聲明も音楽もともに御供養なり、これによりて主上も御所作(1)あり、かつて御導師の為めに奏楽と申すことなし、昇楽(2)のときも登壇の儀(3)終りても楽一曲終るまで導師も聲明の発音はなし、

【註】

（1）**御所作**　第二十一条註（2）、第三十三条註（4）（7）、第八十条註（25）参照。天皇自ら、箏・琵琶・笛を演奏すること。光格天皇は雅楽についても、大変造詣が深かった。

（2）**昇楽**　調声の登礼盤作法中に奏でられる雅楽。

（3）**登壇の儀**　登礼盤の作法。

【補説】

第二十五条に同じく、法要中に奏でられる雅楽も、唱えられる声明曲も、全てが仏菩薩へ捧げられる供養であると、重ねて知影は言及する。第三十四条にも後述されるが、仏菩薩への供養であるが故に、天皇も自ら楽器を執って演奏に加わる「御所作」がある。

そして奏楽中に調声が行う登礼盤の作法も、登礼盤が完了した時点で「止め手」が入って奏楽が終わるのではなく、調声

は楽曲が最後まで演奏し終わるのを礼盤上で待つのである。

第二十七条

一、主上の御花筥にも御聲明帖を入れたまふ、主上も諷詠あそばさるゝ趣きあり、御法事ごとに御導師より法華懺法、例時作法の新本(1)を上らる、古墨譜(2)にて今様の目安(3)とは墨譜のかたまちがふ也、御導師宮より観心院僧正(4)へ命ぜられたるを僧正より代筆をたのまれ余共に新本に墨譜をつけたること三度あり、享和二年癸亥(5)九月文化四年丁卯(6)十月同八年辛未(7)七月右三ケ度なり、内々の事とは申しながら余面目の事なり、冥加にかなひたる事と云べし、

【註】

(1) **新本** 宮中で法要が勤まる時、その都度、天皇には依用する声明本を新たに書写して献上された。

(2) **古墨譜** 第六条註(1)、第三十五条註(4)参照。
古博士のこと。

(3) **目安** 第六条註(1)参照。
目安博士のこと。あるいは只博士。

(4) **観心院僧正** 知観のこと。

(5) **享和二年癸亥** 第二条註(8)、第二十一条註(5)、第三十三条註(1)参照。

享和三（一八〇三）年十月に勤められた、後桃園院尊儀二十五回聖忌。

（6）**文化四年丁卯**　第二十条註（1）参照。

一八〇七年。盛化門院尊儀二十五回御忌。

（7）**同八年辛未**　一八一一年。桃園院尊儀五十回聖忌。

【補説】

天皇が依用する華籠の中には、声明本が置かれる。ここに用意される声明本は、「御懺法講」が厳修されるごとに書写して献上されるのが慣例となっていた。その声明本は、特に古博士で書き記すのが通例であったという。現今、声明本の音曲に付けられた墨譜は、専ら只博士である。古博士は只博士よりも古様の墨譜であるが、天皇は古博士で記された声明本を用いた。明治維新の頃まで、魚山では古博士も只博士と並行して用いられていたのである。

天皇に献上する声明本書写を宮門跡より知観に命ぜられるも、知観はその声明本の代筆を知影に託すこと三度におよんだ。師匠からの内々による命とはいえ、師恩に報いることがそのまま天皇が御覧ずる声明本であることは冥利に尽きると、知影はその悦びの思いを書き記している。知観もまた、弟子である知影のことを大変信頼していたからこそ、代筆を命じたのはいうまでもない。宗派の違いを超えた師弟間の信頼関係に、深い感銘を受けずにはおれない。

古博士（『声明集（二巻抄）』）

第二十八条

一、宮中の御法事には捲簾《まきみす》なり、院中にては当時女帝の御事ゆへ垂簾《たれみす》なりとぞ、

【註】

（1） **院** 第三十二条註（5）参照。

上皇の住まいを院という。即ち、仙洞御所のことである。そしてその言葉自体が、上皇を意味する言葉ともなった。ここでは退位した後桜町上皇を指し、その住まいである御所。当時、後桜町天皇の退位の後、後桃園天皇の崩御を経て、光格天皇の治世であった。

（2） **女帝** 第七十条註（1）（16）参照。

第百十七代・後桜町天皇。諱は智子《としこ》。桜町天皇の第二皇女。一七四〇—一八一三、在位一七六二—七〇。

【補説】

宮中の慣習に関する記述である。光格天皇が臨席する宮中の法要においては、御簾が巻き上げられるが、女帝である後桜町上皇が住まう院中では、御簾は常に下ろされていたという。

即ち、女性が法要に参詣する時は、下ろされた御簾の内側から礼拝するのが慣例であった。上皇が隠居する院中（仙洞御所）で勤まる仏事では、上皇は下ろされた御簾の内側から礼拝したのである。

この習わしは、往古の本願寺でもそうであった。門主裏方および連枝の内室、未成年の子女は、御簾が下ろされた鞘ノ間の内側から礼拝した。ところで、真宗大谷派本山・東本願寺御影堂には、北側余間と並んで、外陣側に蔀戸が設えられた「局《つぼね》ノ間」と呼ばれる一角がある。「局ノ間」と余間との敷居には御簾が下ろされていて、裏方は御簾の内側である「局ノ間」から礼拝したのである。

第二十九条

一、宮の御座と僧正の座とは五六寸ばかり絶席、大臣の御座と納言と右同様なり、畳の厚薄はなし、主上の御座は雲《ママ》繝縁り(1)常の畳とは少し高し、宮大臣は大紋(2)、僧正納言は小紋(3)、大僧都以下は紫縁(4)、殿上人は円座(5)なり、

【註】

(1) **雲《ママ》繝縁り** 繧繝縁のこと。「繧繝は、本字暈繝也。暈繝は錦の名也。色々の糸を以て、文を織る也」(『貞丈雑記』)。赤地に種々の色糸を以て、縦筋を画いて、その筋と筋との間に花形や菱形を織り出した文様で、最も格式の高い縁の文様である。天皇・三宮(皇后・皇太后・太皇太后)・上皇が用いた。親王や高僧、摂関や将軍などの臣下でも、「准后(准三宮)」の称号が与えられると三宮扱いとして、繧繝縁を用いることができたという。

(2) **大紋** 高麗縁の文様で、白地に黒色の文様を織り出した綾。文様には雲形、菊形などさまざまに種類がある。親王・摂関・大臣は高麗縁大紋を用いた。

(3) **小紋** 高麗縁大紋よりも格下のものが、高麗縁小紋となる。現在の西本願寺阿弥陀堂および御影堂内陣の畳は、門主が着座する向畳は綾織高麗縁大紋、内陣出仕者が着座する回畳は高麗縁染大紋となっている。余間と外陣に敷かれた畳も小紋である。

(4) **紫縁** 四位五位の殿上人に許された、紫に染められた無地の縁。あるいは、紅絹縁とも呼ぶ。赤色のものも紫縁と呼

ばれていたようである。六位以下は黄縁、無位の者は縁なしと定められていた。現在、三千院で厳修される「御懺法講」では、後白河天皇の厨子は繧繝縁の畳の上に安置され、調声（導師）の座が繧繝縁、式衆は綾織高麗大紋、公卿の官職名を冠した役配（大臣・大納言・小納言）の式衆が着座する畳が紫縁である。以てこの紫縁は、所謂茜色である。紫縁の畳を「御所畳」とも呼ばれる。

（5）**円座**　菅・藺・蒲などの葉を、渦巻き状で平に編まれた座具。

【補説】

ここに記される配置は、第八十一条に平面図が図示されていて理解することができる。以て、法要時に着座する畳に関しても、細やかな決まり事がある。調声が着座する畳と式衆上臈である知観が着座する畳も、一定の間隔を空けて設えられる。また、畳の縁も格式に応じて変えられていた。大臣と納言が着座する席も同様の隙間が空けられるも、畳の高さに違いはなかったとされる。

天皇が着座する畳のみは繧繝縁で、他の畳よりも高い寸法だった。また、調声と大臣が着座する畳の縁は大紋とし、僧正と納言は小紋、大僧都以下は紫縁のものが設えられた。そして他の殿上人や昇殿を許された公卿には、円座が敷かれていたという。

第三十条

一、礼盤上の半畳（1）は横にしくなり、宮登壇のとき檜扇は磬台の脚（2）にかけらる、僧正已下同事なり、

【註】

（1）**半畳**　調声が着座する礼盤に載せられた畳で、縁がある面を前に置くこと。

（2）**磬台の脚**　礼盤向かって右側に設えられている磬が吊された磬台の脚部に、檜扇（あるいは中啓）の要部を載せて床に置くこと。

【補説】

本尊の正面に設えられた礼盤に、調声が上がる時の所作について記される。先ず、礼盤上に敷かれた半畳と呼ばれる正方形の畳は、四方に縁が付けられたタイプのものではない。

そして調声が右手に保持する、檜扇の置き方について述べられている。現在、天台宗寺院の御堂に舗設されている礼盤は、ほとんどが礼盤の両側に脇机（浄土真宗本願寺派では「脇卓」と表記する）が置かれていて、磬台は向かって右側の脇机上に置かれる形となっている。ちなみに魚山来迎院本堂の礼盤は、右側の脇机がなく、磬台は床に直接置かれてある。

右側にも脇机が常設されるようになったのは、恐らくは後世になってからではなかろうか。本書にも、それに関する言及を見ない。あるいは『法然上人行状絵図』など中世以前の絵巻物を見ても、いうまでもなく礼盤横の磬台を脇机に置く姿は

描かれてはいない。

　さて、ここでは調声が登礼盤する時は、檜扇（あるいは中啓も）を磬台の両脚の間に差し入れて、檜扇の要を手前の脚に掛けて置いたようだ。天台宗の現行作法も、右側に脇机がない場合はそのように置くのを作法と定めている。脇机がある場合は、その形状によって置き方が異なる。

　西本願寺はじめ、浄土真宗各派で用いられる礼盤は、いうなれば古様を保っているのであろう、右側に脇卓はない。磬台は床に置かれている。現今の西本願寺では、檜扇の使用は停廃されていて中啓しか用いない。登礼盤に際しては、門主（前門および新門とも）のみが中啓の要部を磬台手前側の脚に掛けて置く。これは天台宗由来の、古式を今に伝えているのかも知れない。門主以外の一般の僧侶は、磬台の両脚の間に差し入れて床に直接置くこととなっている。

第三十一条

一、礼盤上にても三礼(1)などには立礼あり、

【註】

(1)　**三礼**　第五十条註（1）参照。

『声明例時（例時作法）』中、伽陀に引き続いて、調声が登礼盤して最初に唱えられる音曲。また『例時作法』と同様に、『声明懺法（法華懺法）』でも後半部にある「後唄」の次に唱えられる。呂律両様があり、平調の破曲である。一説には、壱越調とされる。魚山実光院所蔵・石室静洞手沢本『声明例時』には、「上无調」と朱註されている。また、同じく『声明懺法　呂』には、平調と朱註される。『声明例時』には、所謂六調子の音曲に加えて、「三礼」の他にも上無調で唱えられる音曲があり、現今の天台宗では七調子と定める。唱読音も、「対馬三礼」が対馬音（呉音）であるのに対して、この音曲は漢音で唱えられる。文言は、「一切恭敬　自帰依仏　当願衆生　躰解大道　発無上意　自帰依法　当願衆生　深入経蔵　智慧如海　自帰依僧　当願衆生　統理大衆　一切無碍」である。冒頭の「一切」は「一」を読まず、「切」を「セイヤ」と発音するのが特徴的である。

【補説】

「三礼」は、調声が礼盤上で立礼する所作を伴う音曲である。立礼とは即ち、起居礼のことである。

石室静洞手沢本『声明例時』には、「三礼」に際して調声・式衆ともに蹲踞の姿勢で唱えるよう記されている。そして文中「当願衆生」の箇所には、「一礼」と書き込まれている。即ち、「当願衆生」各句において、起居礼の所作を三度行う。

第三十二条

一、観心院[1]僧正文化八年辛未九月の御法事[2]参勤の時の物語に、住山後[3]宮中[4]院中[5]並御籠《おこもり》の御法事[6]あはせてこれまで三拾箇度つとめらるゝよし、六十未満にてこれほど度々参仕せられたる人は近代希なるよしなり、

【註】

(1) **観心院**　第二条註（7）、第四十五条註（3）参照。

(2) **文化八年辛未九月の御法事**　第三十四条註（1）参照。その年の十月に厳修された、後桃園院尊儀三十三回聖忌「御懺法講」。『両院僧坊歴代記』中、「宝泉坊」の項にある知観の履歴には、「同（文化）八年十月九日」となっている。

(3) **住山後**　知観が魚山へ入って以来。

(4) **宮中**　光格天皇の御所。

(5) **院中**　第二十八条註（1）参照。仙洞御所のこと。

(6) **御籠の御法事**　当時、御所清涼殿二間《ふたま》には聖観音立像（現在は東寺に所蔵される、梵天・帝釈天を伴う三尊像）が安置されていて、しばしばここに護持僧が参籠した。二間では護持僧によって、本条に記される「御籠の御法事」が修さ

れていたという。これは鎮護国家・玉体安穏の加持祈禱ともいうべき仏事であり、知観はそうした朝廷の護持僧としての任にも在ったと考えられる。

【補説】

文化八（一八一一）年九月に勤められた「御懺法講」のことを、知観が語った話を書き留めている。ただ、九月というのは知影の記憶違いであろう。『両院僧坊歴代記』中、「宝泉坊」の項にある知観の履歴を見ると、知観が出仕したその年の「御懺法講」は、七月と十月にそれぞれ厳修された「桃園院尊儀五十回聖忌御懺法講参勤」および、「後桃園院尊儀三十三回聖忌御懺法講参勤」と記されるも、九月に法要があった形跡は見受けられないからである。果たして、第三十四条には御桃園天皇の三十三回聖忌を文化八年十月と記している。

知観が魚山に住して以来、文化八年の「御懺法講」も含め、出仕した宮中の法要は「御籠の御法事」なども数え上げれば、三十回におよぶという。『両院僧坊歴代記』に見える知観の履歴では、「御懺法講」に出仕したのは十三回である。

当時、御所には天皇家の仏間「御黒戸」をはじめ、さまざまな仏間や持仏堂が存在したという。知観は「御懺法講」以外にも、宮中での仏事に随時招聘されていたのであろう。還暦を経ずしてこれほど宮中の仏事に出仕している僧侶は、近頃では稀有な存在であると、知影は知観のことを称讃する。

第三十三条

一、享和二年癸亥九月宮中御法事(1)の時の事かと覚へ侍る、僧正の物語に主上初中結ともに御行道のおもむきに候ところ、中日には御行道なし、桜町院以来御行道の儀中絶のところ、このたび御行道の儀ふるきに復せらる(2)、先年は後唄(3)のときは入御なり、このたび後唄のときも僧衆一列に立形にてわたらせらるとなり、

御所作(4)　初日箏　中日琵琶　巌(5)
　　　結日　笛

結日梶井宮僧正(6)登壇のとき音頭(7)あそばさるとなり

共行(8)　一条右大臣中良《ママ》(9)　徳大寺大納言
　　山科中納言

主上御直衣《のうし》(10)　共行堂上各衣冠(11)

宮並に僧正純《ママ》色(12)衲衣(13)、其外僧衆純《ママ》色甲袈裟(14)

【註】

(1) **享和二年癸亥九月宮中御法事**　第二条註(8)、第二十一条註(5)、第二十七条註(5)参照。享和三年十月に厳修された、後桃園院尊儀二十五回聖忌。

(2) **御行道の儀ふるきに復せらる**　第二十一条補説参照。

(3) **後唄**　第四条註(2)、第三十五条註(3)、第七十一条註(33)、第五十条註(49)参照。

(4) **御所作**　第二十六条註(1)、第八十条註(25)参照。光格天皇はこの「御懺法講」において、初日は箏、中日は琵琶、結日は笛を伶倫とともに自ら演奏した。

(5) **巌**　琵琶の銘と考えられる。

(6) **梶井宮僧正**　第二十条註(6)、第八十一条註(12)参照。承真法親王のこと。

(7) **音頭**　曲の初めの部分を、笛で吹き始めること。

(8) **共行**　第八十条註(19)参照。天皇とともに、行道の列に加わった公卿。

(9) **中良《ママ》**　第七十八条註(6)参照。「忠良」の誤記。一条忠良(一七七四―一八三七)のこと。知観が大僧正に任じられた文化十二年当時は、関白職に在った。

(10) **直衣**　天皇が着用した装束は、直衣だった。束帯あるいは衣冠の袍のように定められた色目ではなく、好みの色目を用いることができたので、「雑袍」とも呼ばれた。天皇が着用した直衣は、常服ながらやや表立った場での所用とされたので、その色目は礼服制定以前の白の御衣《おんぞ》の名残をとどめ、冬は白、夏は二藍《ふたあい》を用いたという。

（11）**衣冠**　公卿たちは、衣冠を着用していた。これは朝廷に参内する時に着用する、束帯の略装をいう。束帯を昼装束《ひのしょうぞく》と称したのに対し、宿直装束《とのいしょうぞく》に属したことから宿衣《とのいぎぬ》とも呼ばれている。重要な儀式への参列以外には、衣冠と直衣が許容されていた。

（12）**純色**《ママ》　第八十一条註（12）（13）（14）（15）（16）、第八十五条註（7）参照。

鈍色《どんじき》の誤記。生絹や精好などの生地で織られた、無紋の白地を単で仕立てられた法衣を「鈍色」という。法服形式の「袍」と「裳」で構成されている。五条袈裟を着ける時は指貫を穿き、七条袈裟を着ける時は表袴を穿いた。しかしながら、第八十一条の記述に見られるように、指貫を穿いて七条袈裟も着用していた。後世になり、僧階によって色目が異なる「鈍色」が成立した。従って、ここで用いられた「鈍色」も、色目のものであったと考えられる。

（13）**衲衣**　第八十一条註（13）参照。

地と縁は別布で仕立てられていて、遠山文様などの金襴刺繍が施された、横被を伴う七条袈裟。調声である宮門跡は僧正に列せられていたので、遠山文様が施された七条袈裟を被着していた。現在でも天台宗では、遠山文様の七条袈裟は僧正以上の僧階でしか着用が許されない。あるいは、真宗大谷派（東本願寺）では、門首以外の着用は許されない。

（14）**甲袈裟**　第八十一条註（15）（16）、第八十五条註（8）参照。

地が香色・赤色・青紫色・櫨色のいずれかの色目で、縁が濃い紫色か黒による別布の緞子で仕立てられた七条袈裟である。現在、浄土真宗本願寺派において、威・従儀師衣体として用いられる七条袈裟が「甲袈裟」に相当する。

【補説】

第二十一条に記される、「享和二年九月」に厳修された「御懺法講」の記憶を、知観から伝え聞いたことをここにも書き記している。これはいわずもがな、享和三年十月の「後桃園院尊儀二十五回聖忌」のことである。

第二十一条の内容と重なるが、光格天皇はこの法要において、「宸儀御行道」を復活させたのだった。その折、初日・中日・結願の三座には天皇も行道に加わるところ、中日のみ行道には加わらなかった。

法要の終結部分で唱えられる「後唄」の時、天皇は入御したが、享和三年十月の「御懺法講」でも先年の法要と同様であり、天皇入御に際して出仕した僧侶たちは一列になって控えたのであろう。その時、式衆たちは蹲踞の姿勢を執ったと考えられる。

続いて、天皇の「御所作」の次第が記されている。天皇は法要で奏でられる雅楽の演奏にも加わり、宮門跡が調声を務める結日（最終日）には、宮門跡の登礼盤に際して「音頭」を務めている。

第三十四条

一、文化八年辛未十月五日より九日に至り
先帝后桃園院卅三回御忌(1)於清涼殿《ママ》懺法講被修僧衆十三口(2)、五ケ日とも聲明懺法導師梶井承真法親王(3)也、中日例時作法調聲知観僧正、結日　主上御行道あり、
主上御所所《ママ》(4)　初日笛　中日箏　結日琵琶
共行近衛内大臣基前
久我大納言通明
広幡中納言経豊
此等の儀は御法事たびごとの事なれば珍しからぬことなれども物語をきゝ侯ことを記しをくのみ、

【註】

(1) **后桃園院卅三回御忌**　第三十二条註(2)参照。

（2）**僧衆十三口**　出仕した式衆（僧侶）の人数。

（3）**梶井承真法親王**　第二十条註（6）、第八十一条註（12）参照。

（4）**御所所**《ママ》　「御所作」の誤記。

【補説】

第三十三条と同様の記録である。こちらは文化八年十月に厳修された、後桃園天皇三十三回聖忌「御懺法講」の記録である。第三十二条に「文化八年九月」と記された「御懺法講」のことである。知影が記すように、年回ごとに厳修される宮中の法事なので、特に珍しい訳ではないが、知観から伝え聞いたことを書き記し置くといった程度のものである。

ところで江戸時代から「御懺法講」は、天皇の「聖忌」法要は五日間、皇后など皇族の「御忌」法要は三日間にわたって厳修されるのが通例となった。ここでは五日間の内、『法華懺法（声明懺法）』の調声は宮門跡が務め、中日の『例時作法（声明例時）』は、知観が調声を務めたとある。また、魚山を統括する梶井門跡の歴代門主が、常に調声を務めるようになったのは、江戸時代になってからのことという。

第三十五条

一、江戸増上寺[1]山内より、聲明帳のかきたるに墨譜を施したまはるべしとを観心院僧正へ乞求せしに、僧正病中の事にて余に代筆すべきよし申しこさる、其中「国豊民安」[2]の四句に后唄[3]の墨譜を施したるあり、古墨譜[4]にてはかきがたきところあり、又「光明遍照」[5]の四句には墨譜なし、あらたに伽陀[6]のふしつけたまはるべしとのことなり、右両様とも余かんがへ申候、このなかに「光明遍照」の四句には新たに墨譜を下し候ことゆへ短才吾ごときのはゞかりあることと辞し申候へば、僧正申さるゝは魚山伽陀集と題せる写本あり秘蔵の書に候へども披見をゆるすべし、其中にあるひは「光明遍照」のあるべきもしらず、吟味すべきよしにてその書をかしたまはる、即其書を展観候へども見当り申さず、しよて自己に考へこの四句に余が才覚をもて伽陀の墨譜を施し僧正へかへす、僧正これにてしかるべきよし許可せらる、其后さきに見るところの伽陀集を再覧するところ「光明遍照」の四句に古人の施しをかるゝ墨譜あり、これ全く忽卒[7]に看過するゆへなり、其墨譜を見るに余が自己にくだすところにことならず、たゞ「摂」の一字余が考るところと違ふ、このことを知観僧正に質す、僧正いづれにてもしかるべしと云云、余が思案古人の意に符合せることのいぶかしさにしるしをく、

光明遍照　十方世界
念仏衆生　摂取不捨

【註】

（1）**増上寺**　東京都港区芝に所在する、浄土宗（鎮西義）の大本山。つぶさには、三縁山広度院増上寺と称する。弘法大師空海の弟子・宗叡（八〇九―八四）が、武蔵国貝塚（東京都千代田区紀尾井町周辺）に建立した光明寺が前身という。明徳四（一三九三）年に至り、浄土宗第八祖・西誉《ゆうよ》聖聡（一三六六―一四四〇）によって、真言宗から浄土宗に転じ、寺号も増上寺と改められた。徳川将軍家の菩提所であり、歴代将軍の廟所が置かれていることで知られる。ところで浄土宗の声明は西本願寺同様、魚山声明の流れを汲んでいる。しかし、知恩院と増上寺とではかなりの相違がある。特に増上寺に伝わる声明は「縁山流」と呼ばれ、その実唱は真言声明の影響を受けているといわれる。対して、知恩院の声明は「祖山流」と呼ばれる。

（2）**国豊民安**　『無量寿経』巻下・五悪段にある文。「和順章」ともいう。「天下和順　日月清明　風雨以時　災厲不起　国豊民安　兵戈無用　崇徳興仁　務修礼譲」である。ちなみに西本願寺においては、安政本『声明品集』巻四に「和順章」という表題の音曲が掲載されている。この音曲には、『声明例時』の「回向」に準ずる博士が付けられている。文言は、「天下和順　日月清明　風雨以時　災厲不起　国豊民安　兵戈無用　皇帝万歳　伽藍栄久　仏子安穏　紹隆正法　帰命頂礼　無量寿尊」である。『声明例時』の「回向」と同様に、取次第で唱えられていたと考えられる。そして、「皇帝万歳　伽藍栄久　仏子安穏　紹隆正法」の四句のみ、「二反」と記されていて、取次第を二回ずつ繰り返したのであ

ろう。その後、「和順章」は博士が若干変えられて、『龍谷唄策』乾巻所収の『修正会』に引き継がれている（目次では「和順章」と表記されているが、本文の表題は「回向句」となっている）。また、同『光明唱礼』では、同法儀中に礼盤から降りた導師によって乞呪願詞（第五十条註（6）参照）の所作がなされ、「敬礼常住三宝」と唱えられた後、呪願師によって「嘆仏呪願詞」が唱えられる。この「歎仏呪願詞」もまた、「和順章」の文言がそのまま依用されている。「歎仏呪願詞」には切音の博士が付けられているのと同時に、「指音《さしごえ》」でも唱えるよう指定がなされている。指音とは、旋律を付けず棒読みであるが、句の終結部の音に強いアクセントを付けるように唱える。『龍谷唄策』の後に発刊された『梵唄集』では、『例時作法』中「回向」が「和順章」の文言に差し替えられている。前後するが、『龍谷唄策』にある『修正会』の「和順章」は、昭和八年の法式改正後も、博士と文言が若干変更されたが『修正会作法』に「和順章」として引き継がれている。

（3）**后唄**　第四条註（2）、第三十三条註（3）、第五十条註（49）、第七十一条註（33）参照。
「後唄」に同じ。増上寺の要請を受けて作成した声明帳の中に、知観によって「国豊民安」以下四句の文言に「後唄」の博士を付けられた音曲があった。以て、この音曲は浄土宗において、現在も「後唄」という名称で依用されている。『声明懺法　律』にある「後唄」に準ずる博士が付けられ、律曲双調と指定されている。

（4）**古墨譜**　第六条註（1）、第二十七条註（2）参照。
古博士のこと。

（5）**光明遍照**　『観無量寿経』正宗分、光明摂取章「真身観」にある一節。回向文などで依用される文言である。

（6）**伽陀**　第三十六条、第五十条註（51）、第七十一条註（34）（81）（85）、第八十一条註（19）参照。
gāthā の音写。「唄う」の意。「偈頌」「諷誦」などと漢訳される。漢文仏典中の四言または五言、七言による四句の、まとまりのある詩文に旋律を付して読誦する音曲である。四句の原則には当てはまらない句数を乱句ともいう。あるいは、伽陀の譜による和語讃である訓伽陀もある。魚山声明において伽陀は、旋律構成のパターンがほぼ確定していて、

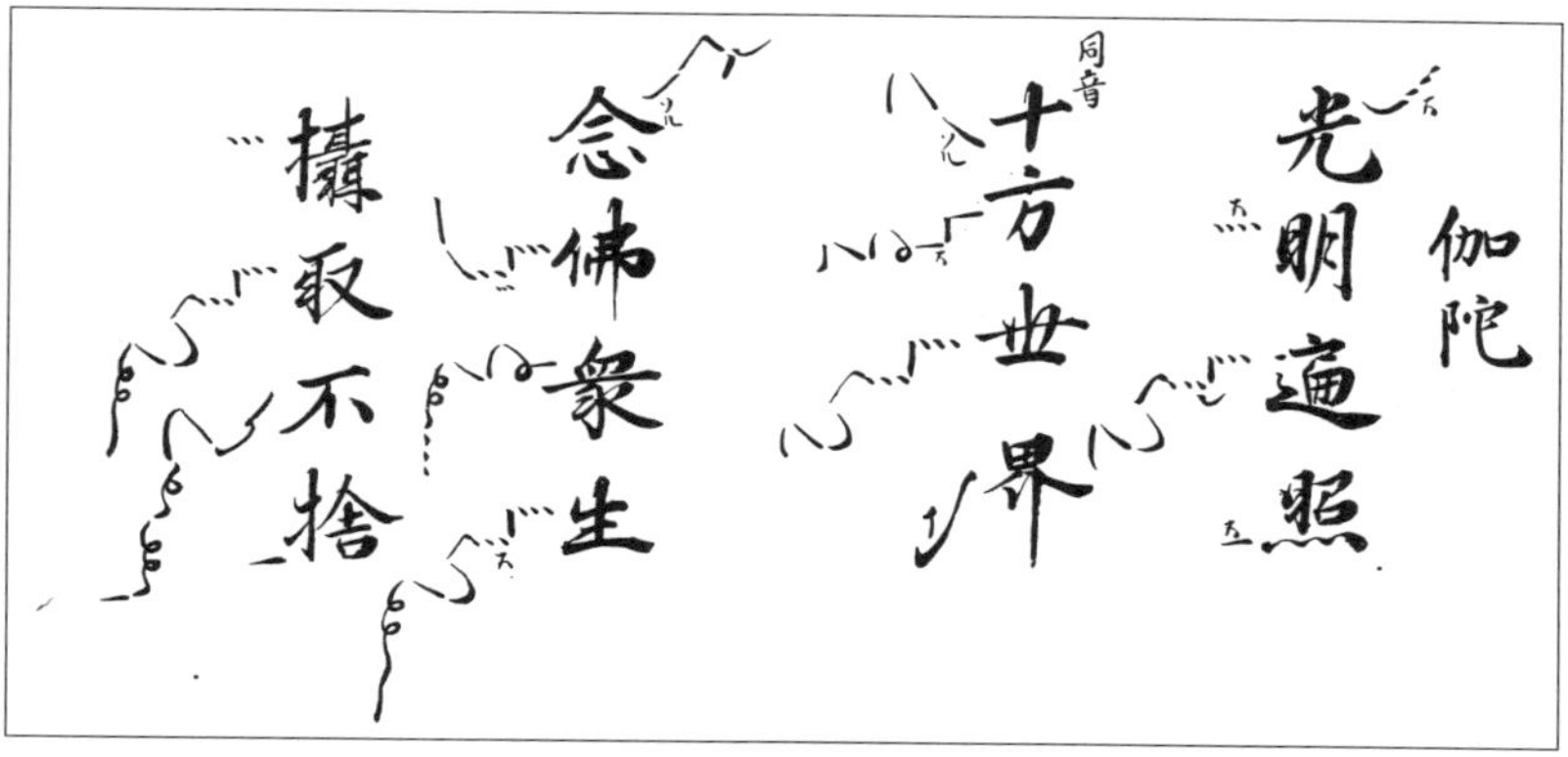

「伽陀」（『新訂　浄土宗法要集』下）

これを「伽陀節」と呼んでいる。伽陀は、呂性の旋律と律性の旋律を兼ね備えた音曲で、これを合曲という。水原夢江師の研究によれば、その旋律の原形は、呂・中・律曲の楽理が確立する以前に成立したものとされる。往古には、季節によって調子を変えて唱えられていた。これは五行説に基づくものとされている。即ち、季節を五行の木・火・土・金・水の順に当てはめると、春・夏・土用・秋・冬の五季に配列される。これを双調・黄鐘調・壱越調・平調・盤渉調の順に配列して、五季にわたって五つの調子に転調させていた。天台宗における現行の伽陀は、盤渉調（冬）に統一して唱えられている。また、四句から成る伽陀は、句頭（一句目）を発音した後、二句目と三句目を略して四句目のみ同音となる、「極略」で唱えられることが一般的である。あるいは三句目だけを略する場合を、「中略」と称している。そして、全句あるいは「中略」で唱える場合と、「極略」で唱える場合、句頭最後の文字に付けられた博士は、発音する音位が異なるという口伝が存在する。即ち、全句または「中略」で唱える場合は商音となり、「極略」の場合は宮音となるのである。

『龍谷唄策』に載せる「伽陀」は、壱越調（土用）と指定されている。また水原夢江師によれば、往古の法要には伽陀のみで構成された法儀も存在したという。毎年五月二十六日に日吉大社（滋賀県大津市坂本）において勤められる「山王礼拝講」では、論義が終わると式衆は拝殿前に

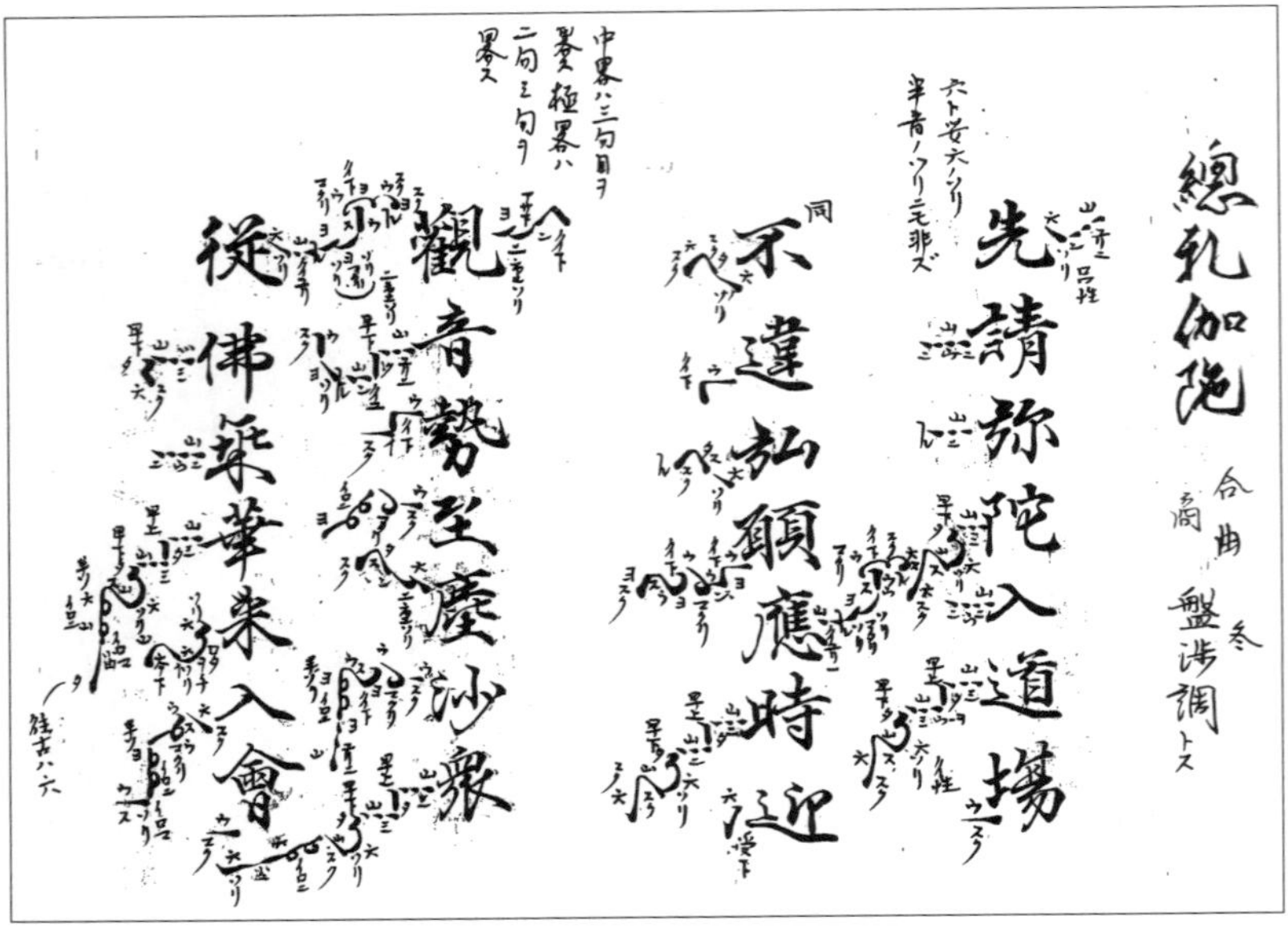

『総礼（先請）伽陀』（『龍谷唄策』）

下りて蹲踞の姿勢で「五伽陀」という、伽陀を五曲連続して唱える。あるいは、魚山実光院に伝来する『灌仏会法』なる近世の書写本も、法儀の前半は散華の所作を挟みながら六曲の伽陀を中心に編まれている。これら伽陀各曲に引き続き、現在の灌仏会でも依用される、「吉慶漢語讃」（第五十条註（32）・（33）参照）「仏讃」（第五十条註（25）参照）などが続く。改めて、四言四句で構成された伽陀のいくつかを見ると、園部覚秀によって編纂された『龍谷唄策』には、四言で構成された伽陀および「頌文讃嘆（伽陀に同義）」が六曲掲載されている。『龍谷唄策』以降、いくつかの音曲は『梵唄集』へと踏襲されるも、昭和八年の法式改正において、魚山声明にいう「伽陀節」の旋律は停廃された。近年、西本願寺では「親鸞聖人御誕生八百五十年・立教開宗八百年慶讃法要」に向けて『新制　御本典作法』が制定され、それには「念仏伽陀」と称する、魚山「伽陀節」の旋律を復活させた音曲を載せる。

ところで、伽陀に付けられた博士の構成は、大同小異である。本条で問題とされる「光明遍照」の伽陀の四行目「摂取不捨」の、「摂」の字に注目するならば、四字四行の伽陀の場合、句頭の博士はどれもほぼ同一である。二句目以降、各曲に相違が見られる。四句目頭の文字に付された博士は、「ユリ」のみのものと、「ソリ・律ユリ・キル・二重ソリ（ソリ・当リ・ソリ）・スク・マクリ・律下・スク・スク・キル」の長い旋律が付けられている。「ユリ」のみの場合、一字仮名は「ユリ二」ないし「ユリ三」と考えられる。二字仮名ならば「ユリ分《わけ》」として、「ユリ二」が二度続く博士が記される。ちなみに「摂」は二字仮名であるが、原文を読む場合「セッ」と入声《にっせい》で発音するので、恐らくは「ユリ二」か「ユリ三」と考えるのが妥当であろう。果たして、知影が「摂」に付けた博士は、「ユリ分」の方であったと考えられる。もっとも知影自身は『魚山伽陀集』を見るに、「摂」のみが異なっていたと明記しているので、それ以外は浄土宗所伝である向之坊・恵隆の伽陀と同一なのかも知れない。

（7）**忽卒**　不注意で見落としていたという意味。

【補説】

江戸の増上寺より知観へ、『声明帖』作成の依頼があったようだ。しかしその時、知観は病床に在ったらしく、知影が代筆することとなった。文面を見るに、既にある程度の部分は知観が博士を付けていたのかも知れない。

「国豊民安」とは『無量寿経』巻下にある「和順章」の後半部分で、これには「後唄」の博士が付けられていたが、所謂《古博士》では書きづらい箇所が存在した。この時代の魚山では、宮中「御懺法講」に際して天皇に献上する声明本もそうであるが、古博士も目安博士と併用されていた。

知観からは「光明遍照」以下四句に、「伽陀」の博士を付けよとの指示があった。これは『観無量寿経』に見える、「真身観」にある文言である。しかし知影は、自身が博士を吟味して付けられるような才覚はないと辞退したのであるが、知観は『魚山伽陀集』という魚山秘蔵の写本があり、披見することを許すので参考にすべしとのことだった。

知影はこの写本を見るも、「光明遍照」の伽陀は見当たらなかった。改めて熟慮の上、自身で「光明遍照」以下四句に博士を入記した。出来上がった伽陀を知観に見せたところ、知観は「これで良い」と満足したという。果たして後日、再び『魚山伽陀集』をじっくり見てみると、件の伽陀があることに気が付いた。知影はそれを見落としていたのだった。その伽陀を見て知影は驚いた。ほぼ同一の博士を自身も付けていて、唯一、四句目の「摂」の字のみが異なっていただけだったという。そのことを知観に伝え、自身の付けた博士はやはりおかしいのかと質したところ、知観はどちらも誤りではないと答えた。知影は自身の判断がいにしえの魚山法師と符合したことが不思議とばかり、ここに記し置いたというのだ。

「光明遍照」の文言は、浄土真宗でも親しみ深いものであるが、安政本『声明品集』にも、そして『龍谷唄策』にも伽陀はおろか音曲としてのそれは見えない。しかしながら、真宗興正派（興正寺）の『円頓山声明集』には、「光明伽陀」という名称で掲載されている。いわずもがな興正派は、明治初期に西本願寺から分離独立した宗派である。いうなれば興正寺の声明は、西本願寺と同一の声明であり、西本願寺では停廃された音曲を今も多く伝承している宗派でもある。『円頓山声明集』は明治四十五（一九一二）年に、宗定声明集として編纂されたものである。興正寺もまた、明治期には園部覚秀を招聘して、西本願寺同様に声明の伝を受けている。「光明伽陀」が明治以前の西本願寺に与していた時代より伝わる音曲ならば、知影が付けた博士の音曲が伝えられていたとも考えることが可能であろう。「光明伽陀」には、知影が問題にした四句目第一字「摂」には、「ユリ」の博士が付けられている。あるいはこの「ユリ」の表記に、何らかの自認する相違があったのかも知れない。

ところで『新訂　浄土宗法要集』下巻に掲載されている「光明遍照」の伽陀は、承応二（一六五三）年の奥書があるので、いうまでもなく知影以前のものである。これを草した恵隆なる人物は、魚山・上之坊に属する向之坊の住僧であるが、『魚山声曲相承血脈譜』にその名を確認することはできなかった。ただ、『両院僧坊歴代記』中、「向之坊（善逝院）」の項目に「隆恵」という名前が記録されている。多紀道忍著『天台声明の梗概』には、同一人物とされ、「恵隆」が誤りであると記す。この伽陀に見える「摂」の字は、「ユリ二」か「ユリ三」の博士であろう。果たして、知影が付けた博士はどのようなものであったかは、知影自筆と確認できるものを実見しない限りは想像の域を出ない。

また、宗淵（第八十一条註（8）参照）が文政八（一八二五）年に編纂した、融通念仏宗の『大源声明集』にも「光明遍照」の伽陀を載せる。同宗では「観経伽陀」と称していて、「摂」に付けられたユリは「ユリ二」で唱えられている。興正寺の「光明伽陀」に付けられた博士ともども、全てが浄土宗所伝の魚山向之坊・恵隆のものと全く同一である。

第三十六条

一、伽陀集には伽陀品数凡《およそ》三百五十首余あり、報恩講、彼岸講(1)、式間《しきあい》の伽陀(2)もこの集に出たり、何れの時代に墨譜出来候ことかしりがたし、无量寿経の文(3)、十二礼(4)、往生論(5)の偈頌にふしのつきたるもあり、本山に御依用ありたきものなり、余別に書抜おけり、又伽陀集もうつしおけり、

【註】

(1) **彼岸講**　第七十一条註(31)(39)参照。

本山の彼岸会で用いられていた伽陀のことである。知影在世時代より少し下がる安政本『声明品集』巻三には、「讃仏講伽陀」と題して六首の伽陀を載せる。それらの内四首が、博士は現行のものに改められるも、両彼岸に諷誦される『讃仏講式』の式間伽陀として用いられている。即ち、「観彼弥陀極楽界　広大寛平衆宝成　四十八願荘厳起　超諸仏刹最為精」と「自信教人信……」の二首が現今では略されている。もっとも「自信教人信……」は、現行の『讃仏講式』伽陀同様、博士を改めて「回向句」として用いられている。ところで「安政本」巻三には、現在の西本願寺では用いられなくなった、多くの伽陀が収録されている。しかしながらこれらを見る限り、おおまかな想像は巡らせることはできても、ここに収録される伽陀の多くが、実際の法要のどの場面に用いられていたかを明らかにするのは至難である。また、第七十一条にある、知影が改写した『唄策』の次第を見ても、「安政本」に収録される音曲の全てが網羅されている訳ではない。覚秀本『魚山叢書　舌六十八』『伽陀集』を見るに、『報恩講式』の「総礼伽陀」や「先請伽陀」など浄

土真宗で盛んに用いられる伽陀の他、「願以此功徳……往生安楽国」の「回向伽陀」など、『観無量寿経』（第三十五条）や『十二礼』、あるいは『帰三宝偈』『往生礼讃偈』の文言による浄土系の伽陀も含まれている。

（2）**式間**　本願寺第三世・覚如撰『報恩講式』および、西本願寺第十四世・寂如撰『讃仏講式』中の式間伽陀。

（3）**无量寿経の文**　『無量寿経』の文言から採られた伽陀もあったのであろう。ところで、同経「四十八願」中の第十八願文に、伽陀の博士が付けられた音曲がある。魚山には、園部覚秀によって栃木県の日光山輪王寺（第八十四条註（2）参照）からもたらされた、古博士で記された伽陀の写本がある。識語に親鸞の実弟・尋有僧都（生没年不詳、第四十八条註（6）参照）の名がある。尋有は日光山常行堂において「上番ノ預阿闍梨」を務めていたとされ、原本はその時に書写されたのであろう。近年、それを実唱できるよう、水原夢江師によって只博士に復元されている。それには合曲平調とされ、文言は「至心信楽　欲生我国　乃至十念　若不生者　不取正覚」である。行数が奇数であるので、変則的なことから、水原師は自筆の書写本に「乱句」と註記されている。

（4）**十二礼**　第五十条註（42）、第五十四条註（9）、第七十一条註（44）参照。
龍樹撰『十二礼』。

（5）**往生論**　第五十三条註（2）、第六十条註（2）、第七十一条註（24）参照。
世親撰『無量寿経優婆提舎願生偈（浄土論）』のこと。

【補説】

知影は知観から閲覧を許された、魚山所伝『伽陀集』（第三十五条に記される『魚山伽陀集』に同じ）のことを書き記している。『伽陀集』には、三百五十曲以上の伽陀が収録されていて、さぞや知影は驚きを以て眺めたに違いない。

そして知影が何よりも驚いたのは、浄土真宗で用いられてきた伽陀も多く収録されていることなのだった。それらの音曲は、何も浄土真宗という宗派が形成される途上で成立したものではなく、元来魚山に伝承されていた音曲を、後世の浄土真宗が用いていただけに過ぎなかったということであろう。

報恩講などに用いる伽陀に加え、浄土真宗所依の経論から抄出した文言を用いた伽陀も多く含まれていた。知影はこれらの音曲が、是非余すことなく我が本山で用いられれば、本当に素晴らしいことだろうと感嘆した。そして気になった音曲は別に書写し、『伽陀集』そのものの書写にもいそしんだという。知影の感動、推して知るべしである。

第三十七条

一、六道講式[1]は恵心[2]の御作と申伝へたり、余案ずるに「極重悪人[3]」の引文あり、恐くは恵心の御作には非ざるべし、墨譜まことに妙々といひつべし、すべて式の墨譜みなこれによるものなるべし、本山毎月廿八日[4]の式よみ方[5]は式のふしにてはなし、別に子細あることならん、御正忌逮夜[6]、御門主[7]拝読し玉ふはかせを三重の式と名く、是式のふしにして六道講式のはかせをとりたるものなり、
信解院殿[8]魚山幸雄僧都[9]に仰せてつけさせ玉ふ、其草本いまに魚山宝泉院に在り、余近ごろ知観僧正住宝泉院に借りて書写す、其后窃かに本をもて御拝読の度ごとに拝聴し、式嘆徳ともに校合せり、是真に秘すべし、御室に秘蔵したまふことをもらすべきことに非ず、御連枝のうちにも顕証寺殿[10]法真は信入院殿[11]御病中に御手代りつとめられ拝読あり、其外御連枝院家にふしをしられ候人なし、いづれにもせよ魚山に入りて六道講式を熟練せざればよみがたし、此事は上へも申あげたき事也、

【註】

（1） **六道講式** 第五十四条註（5）、第七十五条註（1）参照。

『二十五三昧式（私記）』、あるいは『六道釈』ともいう。恵心僧都源信によって、寛和二（九八六）年に著されたと伝えられる。「地獄道」「餓鬼道」「畜生道」「修羅道」「人道」「天道」の六段で構成され、最初に法要の趣旨を仏祖に述べる表白が付く。また、「二十五三昧」とは、迷いの衆生が繰り返す生死輪廻の世界を、二十五種類に細かく分類したものである。これを「二十五有」といい、源信は六道の世界に集約した。これら生死流転の六道を、三昧（samādhi の音写語、心を静めて精神を集中させるという意味）によって打破することをいう。『六道講式』は、この三昧に冠する数にちなんで、浄土往生を願う僧俗二十五人の結衆が、毎月十五日の夕べに集い、念仏の功徳を六道の世界に回向すべく修したと伝えられている。ところで『六道講式』は、毎年源信の祥月命日である六月十日に、比叡山横川の四季講堂（元三大師堂）で勤められている。

講式の全体的な構成としては、「伽陀」や「偈頌」と、本文である「式文」を交互に唱えるものである。特に「式文」は、漢文で書かれた本文を和文に読み下し、法要に参詣した大衆に語り聞かせることを目的としているので、「語り物」ともいわれる。

（2） **恵心** 第四十七条註（7）参照。

九四二―一〇一七。浄土真宗における七高僧第六祖、恵心僧都源信。慈恵大師良源（第四十七条註（6）参照）の弟子である。大和国当麻（奈良県葛城市）に生まれる。比叡山横川の恵心院に隠棲したことから、その名がある。浄土真宗では、「源信和尚」の呼称が一般的である。天暦十（九五六）年、十五歳にして『称讃浄土経（玄奘訳、阿弥陀経の異訳）』を講じ、第六十二代・村上天皇（在位九四六―六七）によってその功績が讃えられた。そこで下賜された褒美の品を故郷の母親のもとへ送ったが、母親は逆に、源信をたしなめる和歌を添えて、その品物を送り返してきたのだった。母親からの返事に深く思いを致した源信は、名利の道を捨てて横川に遁世し、念仏三昧に明け暮れたのである。以て源信は、天台浄土教の大成者であり、その著作『往生要集』は、後世の浄土教に多大な影響をおよぼした。『二十五三昧式（六道講式）』を著したほか、『随意行願式文』『来迎和讃』『極楽六時讃』などの著作がある。

（3）**極重悪人**　『六道講式』第六段「天道」の終結部「結章文」の中にある一節で、『往生要集』巻下にある。文言は、「極重悪人無他方便　唯称弥陀得生極楽」。この文言を用いた伽陀が、『龍谷唄策』乾巻『入出二門偈（旧二門偈作法）』に収められている。

（4）**毎月二十八日**　旧暦による宗祖親鸞の月命日。

（5）**式**　第三十八条註（1）参照。

本願寺第三世・覚如（一二七〇―一三五一、親鸞の曽孫）撰『報恩講式』のこと。知影在世当時、毎月の宗祖月命日には、『報恩講式』が拝読されていた。幕末に本山蔵版として発刊された、和綴じの『報恩講式歎徳文』に、朱で博士が手書きされた手沢本がある。いつ頃書き込まれたかは識語もないので特定できないが、これは現行の唱法に通ずるもので、これが本条にある「よみ方は式のふしにてはなし」といわれる、別なる唱法なのかも知れない。

（6）**逮夜**　逮夜のこと。午後二時から始まる法要。

（7）**御門主**　第十四条註（4）参照。

第十九世・本如のこと。

（8）**信解院殿**　第十条註（1）参照。

第十四世・寂如のこと。

（9）**幸雄僧都**　第十条註（2）参照。

（10）**顕証寺**　大阪府八尾市久宝寺に所在する連枝寺院。文明元（一四六九）年、蓮如によって、近江国滋賀郡近松（滋賀県大津市長等）に創建されたことに始まる。長男順如（一四四二―八三）に住持させるも、順如の没後は六男蓮淳（一四六四―一五五〇）に継承された。一方、蓮如は文明二年、河内国渋川郡の久宝寺跡に西証寺を建立した。蓮如の十一男実順（一四九四―一五一八）が住持し、河内における本願寺門徒の中心道場であった。実順は永正十五（一五一八）年に二十五歳の若さで亡くなり、その後継者だった実真も早世したため、近江顕証寺から蓮淳を迎えた。その時、寺号を「顕証寺」と改めたという。法真は顕証寺第十二世で、西本願寺第十七世・法如の第六子。玄智撰『大谷本願寺通紀』巻四には、「闡教　法名法真。童名孝丸。号二理宣院一。主二顕証寺一。叙二任法印権大僧都一。安永九年十一月。兼監二本徳寺一。又称二究竟院一」とある。

（11）**信入院殿**　第十八条註（3）参照。
第十八世・文如のこと。

【補説】

『六道講式』は、別名を『二十五三昧式』とも呼ばれる、「語り物」としての音曲である。『往生要集』の著述で知られる恵心僧都源信が著した。「語り物」とは『六道講式』や、永観律師（一〇三三―一一一一）が著した『往生講式』に始まるといわれ、数段に分けられた漢文を読み下して参詣の大衆に聞かしめるものである。法要において導師ないし式師が、講式を読み上げる。各段を区切るごとに、「伽陀」や「偈頌」、あるいは念仏曲を唱えるのである。

平安時代から中世にかけて、多くの講式が制作されている。現在は真言宗に伝えられている、華厳宗の明恵高弁（一一七三―一二三二）が著した「四座講式（『涅槃講式』『十六羅漢講式』『遺跡講式』『舎利講式』）」もまた、広く知られるところである。以て講式は、後世の『平家物語』を琵琶で弾き語る「平曲」や、能楽の謡曲などに影響をおよぼした声明としてもよく知られる。

近年、ニールス・グュルベルク氏の研究（楠淳證編『南都学・北嶺学の世界――法会と仏道』所収、「法会と講式――南都・北嶺の講式を中心として」参照）によって、講式について新たな定義が提唱されているのは興味深い。そもそも「講」とは「集まり」を意味しているのは従前の通りであるが、グュルベルク氏は「講式」という言葉もそこに源流を求めている。

講式の「講」とは、目的を一つにした集まりたる「人間組織のしきたり」に由来する言葉とされ、即ち、源信が始めた「横川首楞厳院二十五三昧講」がそれであり、この「講」が定期的に集まって行う儀式が「講会」であるとする。その「講会」において行われる儀式の流れを書き留めたものが「講式」であると定義している。

浄土真宗における講式は、佛光寺第三世・源海（一一九〇―一二七八）が建治二（一二七六）年に『報恩講式』（第三十八条参照）を著している。引き続いて、本願寺第三世・覚如もまた、源海の著作と同名である『報恩講式』を永仁二（一二九四）年に著している。佛光寺派以外の浄土真宗各派には、覚如の『報恩講式』が流布している。同じ表題の講式ではあるが、その内容や文言に差異がある。時代は下って江戸時代には、西本願寺第十四世・寂如が著した『讃仏講式』（第七十一条註（39）参照）もある。また『実悟記』によると、蓮如在世時代の本願寺では、元祖法然の月命日二十五日には『知恩講式』〈隆寛律師〈一一四八―一二二八〉に成るものが知られるが、本願寺で用いられていたのは、存覚〈覚如の長男、一二九〇―一三七三〉の撰述による講式〉、道綽禅師および善導大師の命日二十七日には『両師講式』〈同じく存覚撰〉、聖徳太子の命日二十二日には『聖徳太子講式』〈同じく存覚撰〉がそれぞれ諷誦されていたという。

さて『六道講式』は、乱れ濁った末法時代の凡夫のために、現世を含む六つの迷いの世界、即ち六道の生死輪廻から解放され、阿弥陀仏がおわす西方極楽浄土へ往生することを勧めるべく著されたものである。その第六段「天道」の終結部に、「結章文」と呼ばれる章が続く。この章の後半部分に、『往生要集』から引かれた「極重悪人無他方便　唯称弥陀得生極楽云々」とあるが、知影はこの「引文」がある箇所は、『六道講式』が草された当初からあったものではないと考えていたようである。知影は「結章文」そのものが、後世に増広されたと見ていたと考えられる。

また『六道講式』は諸本の同異が著しく、その原形を窺い知るのは至難だといわれている。しかしごく最近、天台寺門宗・三井寺山内に所在する法明院において、鎌倉時代後期頃に書写されたと推定される古写本が発見された。中世以前まで遡れる『六道講式』古写本が、それも天台系寺院で発見されたのは今回が初めてで、画期的な発見である。この写本には「結章文」以下、「極重悪人」のくだりが書き記されている。また、時同じくして法明院で発見された、享徳二（一四五三）

年に書写された『六道講式』では、「章結文」そのものが完全に略されている。もっとも書写年代が鎌倉後期のものより後であるが、双方が流布していたのであろう。以て知影在世時代の魚山には、この部分がない写本も伝承されていて、それを見ていた知影はそのように考えていたのだろうか。

それから知影は、本山西本願寺で諷誦される「式」、即ち『報恩講式』の唱えようが異なることを指摘する。講式に付けられた博士は、『六道講式』のものが基本であり、『六道講式』の旋律こそは、非常に素晴らしい講式の妙味たる旋律であると見ていた。

往古、本山では、毎月二十八日の宗祖月命日には『報恩講式』が諷誦されていた。しかし、月並みの法要で読まれる『報恩講式』は、講式本来の節で読まれてはいなかった。ある種の略用ともいうべき唱法が、西本願寺に存在したのであろう。旧暦十一月に厳修されていた御正忌報恩講の結願逮夜で諷誦される『報恩講式』は、『六道講式』に依った「講式節」を汲むもので、かつ、西本願寺では特に「三重の式」と呼ばれていたという。

本条には、『報恩講式』の博士は第十四世・寂如の要請を承けて、魚山の幸雄が付けたものであると記す。そして幸雄による草稿本が魚山宝泉院に秘蔵されていて、住する知観よりそれを書写することが許された。知影は自筆の写本を秘かに携帯し、本山で門主が諷誦する「式歎徳文」と比較しつつ聴いていた。宝泉院に秘蔵されていることは極秘であると、ここに書き記しているのも興味深い。

また前門、第十八世・文如（信入院、一七四四―九九）が病床に在った折、連枝である顕証寺法真が前門の〈御手代わり〉として「式文」を諷誦することがあったが、他の連枝や院家も含め、正しき旋律を理解していなかったと言及する。考えうるに、寂如の時代からそう遠くはない知影在世時代には、既に『報恩講式』の唱法がかなり崩れていたことが見て取れるのである。果たして知影は、魚山で『六道講式』の唱法をしっかり学ぶべきだと是非上申したい、と書き記している。

第三十八条

一、三重の式(1)といへる名目なにの子細をしらず、魚山にもなき名目なり、すべて式に初重二重三重中音下音(2)とてあり、三重の御門主真筆(3)の草本を送らる、僧正其本に墨譜をくだし返上せらる、もとより六道講式によれり、僧正より余へ申こされ一巻新墨譜清書いたし申候、その一巻さだめて今に佛光寺殿(4)の所蔵なるべし、

【註】

（1）**三重の式**　第三十七条註（5）参照。

御正忌報恩講で諷誦される『報恩講式』のことを、特に「三重の式」と呼ばれていた。この呼び名は西本願寺所伝・幸雄書写本『声明　呂律』の目次に、「報恩講式　三重墨譜」と記されている。その表記によって、西本願寺では「三重の式」と通称されていたと考えられる（第十条参照）。果たして、幸雄は西本願寺のために書写した声明本にはそのように書き記すも、魚山では全く周知されていない呼称だったのであろう。

（2）**初重二重三重中音下音**　「講式」には独特の旋律が付されていて、法要の導師あるいは式師（式文師）が一人で読誦するのを本義とする。音階は乙音（初重）を壱越ないし平調と定め、これを主体として二重を平調または下無、三重を下無または鳧鐘、中音は上無または断金、下音は盤渉または上無と、交互に一定の移調法のもとに繰り返して読誦する。

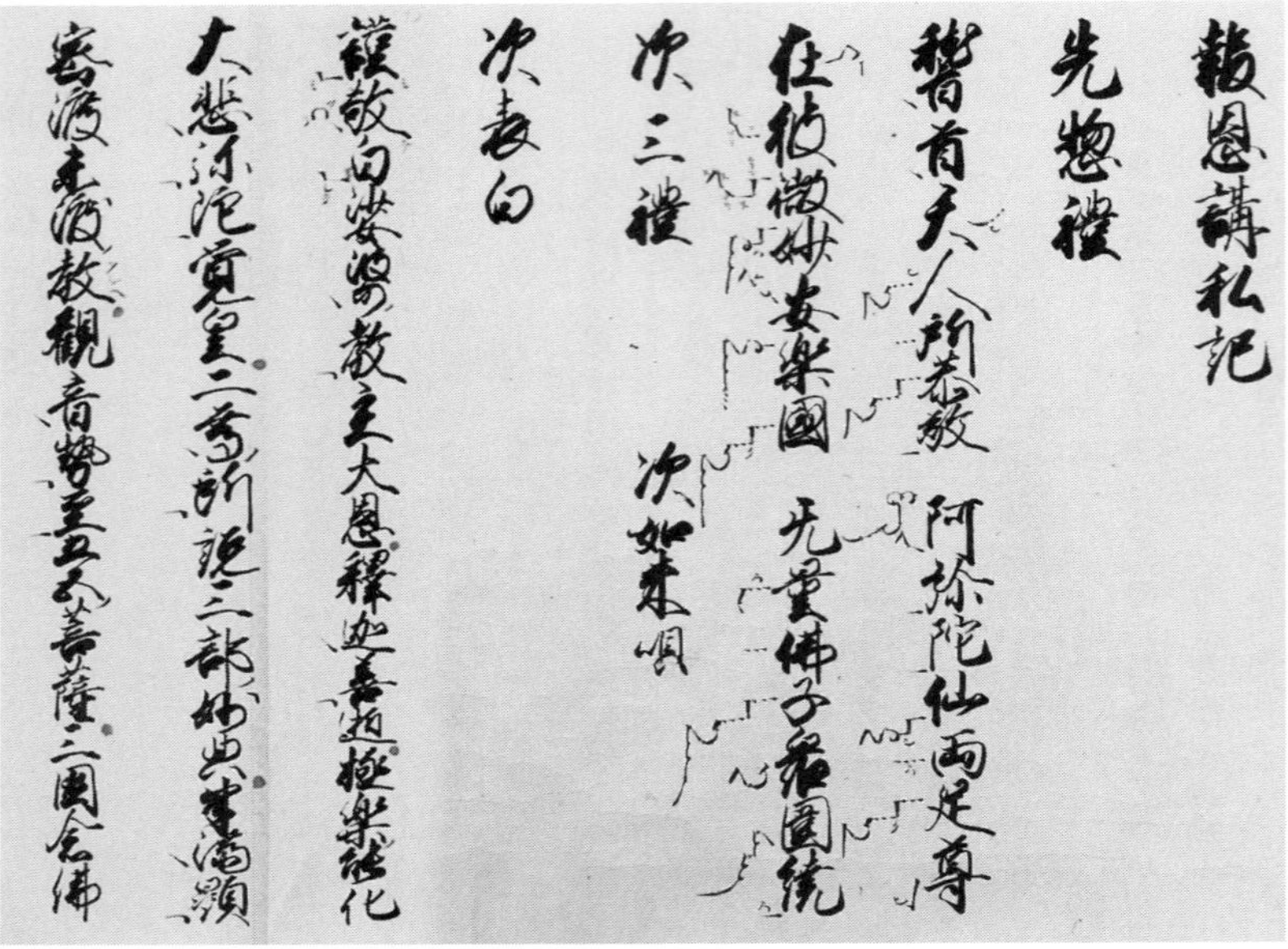
報恩講私記
先惣禮
稽首天人所恭敬　阿弥陀仙両足尊
在彼微妙安楽国　无量佛子衆圍繞
次三禮　次如来唄
次表白

『報恩講私記』（佛光寺蔵）

この旋律は「講式節」とも呼ばれ、後世に隆盛を極めた平家琵琶や謡曲などの、世俗音楽のルーツとなったと考えられている。

（3）**御門主**　第十九世・本如のこと。第十四条註（4）参照。

（4）**佛光寺殿**　第八十二条註（2）参照。

真宗佛光寺派本山・汁谷山《じゅうこく》佛光寺。寺伝によれば、親鸞の越後流罪が赦免となった翌年の建暦二（一二一二）年、親鸞は一旦帰洛の途に就き、山城国山科郷（京都市山科区椥辻周辺）に一宇を創建したことに始まる。第八十四代・順徳天皇（在位一二一〇—一二二一）より勅願寺の綸旨を蒙り、「興隆正法寺（興正寺）」と号した。元応二（一三二〇）年、第七世・了源（一二九五—一三三六）により、山科から今比叡汁谷《しるたに》（渋谷《しぶたに》、現在の京都市東山区東大路通五条下ル周辺）に寺基が移された。さらにその後、天正十四（一五八六）年に至り、豊臣秀吉によって、五条坊門の龍臥城（京都市下京区高倉通仏光寺下ル）に移転して現在に至っている。「佛光寺」という寺号の由来は、了源と親交が深かった本願寺第三

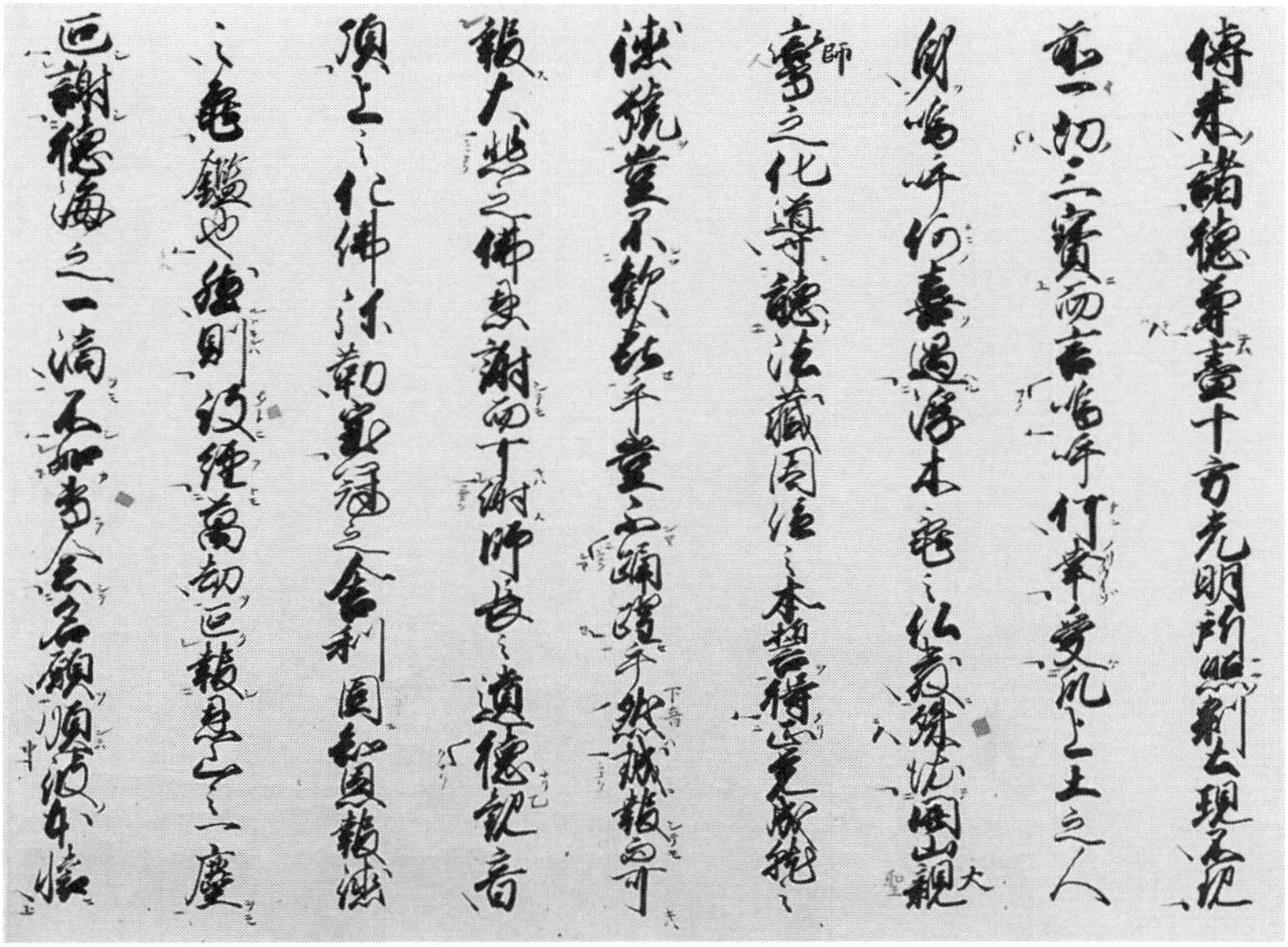

世・覚如の長男・存覚の提案を、了源が容れた寺号であるともいわれて諸説あるが、寺伝によれば興隆正法寺（当時）の繁盛を妬む輩が、ある夜、本尊を盗んで竹藪に投げ捨てたという。そんな折、第九十六代・後醍醐天皇（在位一三一八―三九）が、東南の方向から一筋の光明が放つ夢を見た。後日その方向を探したところ、盗まれた阿弥陀如来像が発見された。この奇瑞によって、「阿彌陀佛光寺」の勅額を蒙ったという。これをきっかけとして、改めて山科より汁谷に寺基を移したと伝えられている。

【補説】

「三重の式」という呼称について、知影は魚山でも耳にしたことがないという。講式に見られる「重」の構造からして、そう呼ばれていた可能性はあろう。もっとも、西本願寺に所蔵される幸雄書写本『声明　呂律』の品目には、「報恩講式　三重墨譜」と記されている（第十条補説参照）。即ち講式は、「乙（初重）」から「二重」「三重」へと音階が推移していく。これらに加えて、「中音」「下音」がある。最も高い音階の「三重」の名を採ってか、当時の西本願寺にはそういう呼び名が存在していた。以て、本如門主の真筆による「三重の式」が魚山へ送られ、知観は『六道講式』を手本に博士を書き入れて西本願寺へ返したという。

さらに知影は、知観の命を受けて新たに『報恩講式』を清書し、佛光寺へも納めたとのことである。いわずもがなこの『報恩講式』は、源海撰述のものであろう。知影が清書したことを明らかに示す『報恩講式』が、現在も佛光寺に所蔵されているのかは知るところではない。しかしながら佛光寺には、本文とともに博士の筆致も非常に麗しい『報恩講式』の巻子本が所蔵されている。書写した者の名が記されない逸名の写本であるが、保存状態も極めて良好である。これがもし、知観の命による知影の清書本だとすれば、まさに本条の記述に符合するのである。そして佛光寺こそは、西本願寺と同様に魚山声明を伝承する宗派でもあり、西本願寺では廃絶した旋律を持つ音曲を現在も多く伝えている。

第三十九条

一、阿弥陀講式(1)といへる一巻あり、青蓮院宮(2)梶井宮(3)にも御所蔵ありと云云、永観律師(4)の作と申伝へたりこの式古来墨譜なし今の青蓮院一品《いっぽん》尊真親王(5)墨譜を知観僧正に命じたまう僧正に命じて初二段の草案なるそのまゝ年月を経て果さず近ごろ文化七年庚午　親王の内命にても承られたるや　上乗院(6)大僧都よりしきりに僧正へ乞求られ　僧正法務多によりて余に墨譜を施すべきよし申さる　辞すれどもゆるさず　ついに六道式往生式(7)を勘考し新墨譜をくだす　表白のところは法則《ほっそく》(8)の墨譜を雑《まじ》ゆ　これ往生式の体にならふすなはち上乗院所蔵の一巻にふしをくだし僧正へ返す　草案は余が家にのこす　もとより墨譜なりて僧正へよみ合せを乞ひ仮名をわるわらざる等のたぐひすべてよみくせまで談合のうえさだめおけり　僧正余が労を謝して目録をおくらる

上乗院所蔵本奥云

青蓮院宮　御伝来之古巻被許恩借之間昨今両日透写之了

明和五年(9)中秋下四日

右冷泉民部卿新写之一巻預恩借
於当寺謹令模写者也
明和五年季秋上六日
鈴声山卅一世(10)　尊明　花押
上乗院尊明は今の上乗院大僧都の師也　大僧正に任ず三四年前に遷化

【註】

(1)　**阿弥陀講式**　永観律師撰『往生講式』の別称。成立は承暦三（一〇七九）年ないし、永長元（一〇九六）年とされている。毎月十五日に勤められる、「往生講」のために著された。「発菩提心門（講衆が極楽往生を願うには、先ず菩提心を発さねばならない）」「懺悔業障門（菩提心を発して、業障を懺悔する必要がある）」「随喜善根門（業障を懺悔し終えたら、難信の法に逢えることを喜び、過去世からの積善に対する余慶である）」「念仏往生門（この講式の中心であり、往生講を興す志はここにありと述べる）」「讃歎極楽門（娑婆を離れて極楽に生まれる時を想像して、その荘厳を説き、歓喜の心を以て極楽を讃歎して阿弥陀仏を礼拝することを勧める）」「因円果満門（因位の修行が成就して極楽往生し、証果の徳が満足となり、万行円満することは阿弥陀仏の願力によるものであり、そして利他行としてこの世に還って利他教化に努める）」「廻向功徳門（善根を修して回向を用いなければ、その善は微少であり、自利善根だけではなく利他回向の必要性を説く）」の七段で構成されている。ところで興正寺には、知影書写の奥書を持つ『往生講式』が所蔵されている。その奥書には、「本云　享保第四己亥載晩春並日書写畢　理覚住持沙門妙澄」「右一巻者魚山観心院知観僧正所蔵也　余以文化七年庚午八月五日謄写于時僧正住宝泉院云　洛下　光隆寺釋知影」と記され、享保四（一七一九）年に魚山理覚院の妙澄が書写したものを知観が所持していて、それを知影が書写したものであることが分かる。奥書にある妙澄とは、『両院僧坊歴代記』の「理覚坊」および「北之坊（法音院）」の項にその名が見える。『魚山声曲相承血脈譜』にもその名が銘記されるも、享保五年に理覚坊から北之坊へ転住し、翌年「東山院尊儀十三回聖忌御懺法講参勤」し、権大僧都に任じられたことが記されるのみである。『往生講式』も諸本が伝来しているといわれるが、近年、五十嵐隆幸師（浄土宗西山禅林寺派）が室町時代頃に書写されたとする養福寺本『往生講式』を論考された著作（『永観『往生講式』の研究――影印・訓訳　養福寺蔵本『往生講私記』』思文閣出版　二〇一六）で紹介された影印および翻刻を見るに、各段末尾にある頌（伽陀）が、養福寺本と知影書写本とでは異同がある。

（2）**青蓮院宮**　青蓮院のこと。開基は最澄で、熾盛光《しじょうこう》如来（大日如来の仏頂尊）の種子曼荼羅を本尊とする。比叡山東塔の南谷に所在した、青蓮坊を起源とする。比叡山を下りたのは、平安時代末期である。久安六（一一五〇）年、第七十四代・鳥羽天皇（在位一一〇七―二三）の第七皇子・覚快法親王（一一三四―八一）が入寺して以来、皇族や摂関家の子弟が門主を務めた。青蓮院は当初、現在地よりやや北西に位置する三条白川に所在したが、鎌倉時代に現在地へ移転した。慈円僧正（慈鎮和尚、一一五五―一二二五。第四十八条註（6）参照）が第三代門主であった時、親鸞は青蓮院で得度したと伝えられる。本願寺は蓮如の時代まで、青蓮院の末寺・妙香院の下寺であった。本願寺の歴代も、第十世・証如（一五一六―五四）までは青蓮院で得度するのが慣例であった。青蓮院は、梶井門跡（現・三千院）、妙法院とともに、「天台三門跡」の一つに数えられている。江戸時代には仮御所となったことがあり、「粟田御所」とも呼ばれる。

（3）**梶井宮**　第二十条註（5）参照。

（4）**永観律師**　一〇三三―一一一一。初め、禅林寺で深観（一〇一〇または一〇〇八―五七）に師事し、真言宗を学んだ。その後、東大寺東南院に住して有慶（九八六―一〇七一）に師事し、三論宗を学んだ。法相教学・華厳教学にも通じたという。康平七（一〇六四）年、山城国相楽郡・光明山寺（京都府木津川市）に隠棲した後、延久四（一〇七二）年に禅林寺へ戻り、山内に東南院を興してここを終生の拠点とした。光明山寺に隠棲した頃から、浄土教に帰依したという。民衆に念仏を勧める傍ら薬王院を設け、病者の救済などを行った。永保二（一〇八二）年、永観は念仏を唱えながら行道していると、本尊の阿弥陀如来が須弥壇から下りて、ともに行道に加わった。前を歩く阿弥陀如来に永観が驚いて立ち止まると、阿弥陀如来はふり返って、「永観、遅し」と言ったという伝承がある。その時の姿を模ったのが、現在の禅林寺（永観堂、浄土宗西山禅林寺派総本山。京都市左京区）本堂に安置される本尊「見返り阿弥陀如来」像である。その後、康和二（一一〇〇）年、東大寺別当に任じられるも辞退、再度任じられてこれを受けた。その二年後、みたび禅林寺に隠居した。

（5）**青蓮院一品尊真親王**　第二十条註（6）参照。

一七四四―一八二四。伏見宮貞建親王（一七〇一―五四）の第四皇子。幼名は雄香宮《おかのみや》、後に喜久宮。諱成輔。字良璠。得度したのが親王宣下後であったことから、入道親王とも表記されている。延享三（一七四六）年、桜町天皇の猶子となる。当初、一乗院に入寺する予定だったが、宝暦二（一七五二）年、勅命により青蓮院に入る。同年十二月、親王宣下を受ける。翌宝暦三年に得度した。明和元（一七六四）年に天台座主就任、以降四度にわたって天台座主を務める。名に冠される「一品《いっぽん》」とは、親王の階位である。品位と称し、天皇・皇太子以外の皇族の序列である。一品より四品まで、四階位あった。出家した後も、在俗時代の例に従って冠されていたようである。また、品階（品位）のない親王は、「無品の親王」と呼ばれたという。

（6）**上乗院**　法住寺（天台宗、京都市東山区）所蔵の『比叡山無量寿院記録』中、「比叡山西塔院各坊世譜」などに上乗院の名が見える。延暦寺西塔南尾谷に所在した僧房であるが、明治期には廃絶したようで、その由緒はつまびらかではない。ちなみに『比叡山無量寿院記録』の無量寿院とは、真宗高田派所伝の『親鸞聖人正明伝』に記される、親鸞が比叡山修学時代に住職を務めたと伝える西塔聖光院の別名である。また、「本願寺」と称したとも伝える。無量寿院はその後、無量院と改号して、大津市坂本に延暦寺里坊の一つとして現存している。同書は近世に成立したものであるが、無量寿院にまつわる親鸞に関する記録を集成した文献でもある。本条に見える知影が書き写した目録によれば、真如堂第三十一世貫主・尊明と「上乗院僧都」は師弟関係にあった。

（7）**六道式往生式**　『六道講式』（第三十七条註（1）参照）と『往生講式』。知観が先んじて書き終えていた『往生講式』二段目までの草稿と『六道講式』を勘案し、書き進めた。

（8）**法則**　第四十条註（1）参照。

法要の趣旨を本尊に述べる表白のこと。法要の初めの部分で、導師が道場の本尊に対して、その趣旨や意義を読み上げる漢文体の文。別に表白師を立てる場合もある。そもそも法則とは、法要のその都度に導師が作成すべきものである。主たる内容は、①三宝勧請、②道場（法筵が敷かれる場所）、③事由（願主・願事）、④修法（法要の内容）、⑤旨趣（修法の道理）で構成される。特に密教立法要で汎用されるのは四段法則で、①表白（趣旨）、②神分（修法成就のために善神を招いて守護を願う）、③霊分（過去聖霊皆成仏道のための文）、④祈願（願主・施主の悉地成就〈密教的実践によって覚りに達すること〉を祈る文）で構成される。『法華懺法』『例時作法』などで用いる略法則は、神分と表白だけで構成されている。

（9）**明和五年**　一七六八年。

（10）**鈴声山**　第四条註（1）、第四十六条註（11）（12）参照。

鈴声山真正極楽寺。通称、真如堂。京都市左京区浄土寺に所在する。永観二（九八四）年、戒算（九六三―一〇五三）が比叡山の常行三昧堂に安置されていた円仁作と伝える阿弥陀如来像を、藤原詮子（東三条院、九六二―一〇〇二。第六十六代・一条天皇〈在位九八六―一〇一一〉の生母）の別荘があった現在地に移したことを起源とする。その後、真如堂は洛中を転々とするも、元禄六（一六九三）年に至り、第百十三代・東山天皇（在位一六八七―一七〇九）の勅によって旧地神楽岡に戻った。真如堂は、鈴山流『引声阿弥陀経』が伝承されていることで知られる。

【補説】

『阿弥陀講式』とは、永観律師が著した『往生講式』の別名である。長らく法要に用いられることもなかったのであろうか、博士が付けられたものが存在しなかったようだ。

知影の在世当時、『往生講式』の写本が青蓮院と梶井門跡に所蔵されていて、青蓮院門主・尊真法親王が諷誦に適う博士を付けよと知観に命じた。しかし知観は、途中の第二段までの草稿は出来上がっていたものの、その後は放置されて歳月が経過していたようだ。「上乗院の大僧都」を介して催促されるも、知観は法要儀式など諸事多忙で、知影に草稿の作成を命じた。知影は自らを力量不足と見て固辞するも、知観はそれを受け容れなかった。

果たして知影は、『六道講式』と知観が第二段まで書き終えていた『往生講式』を参考にして、上乗院所蔵の『往生講式』に博士を施して、知観に返却したようだ。これとは別に、草稿は知影自身の手許に置いておくこととした。

知影は、『往生講式』の冒頭にある「表白」部分は、法要儀式などの開闢に当たって読まれる「法則」の節などを交えて作成し、体裁は知観が草していた『往生講式』に則ったという。知影は『往生講式』に博士を付ける一連の作業の過程で、知観と何度も読み合わせを行い、仮名を割って読む箇所や割らずに読む箇所、あるいは伝統的な読み癖も検討し、完成にこぎつけた。知観はそんな知影の労をねぎらい、別にしたためられた目録を知影に与えた。この目録は青蓮院に送られた清書本の奥書の写しと思われるが、奥書は真如堂第三十一世貫主・尊明が書いたのだった。そして知影は、尊明と上乗院大僧都は師弟関係にあることとも書き記している。

第四十条

一、法則(1)は表白のことなり墨譜式(2)に似て又一体あるものなり寝食両廃せざれば其妙を極めがたし

【註】

(1) **法則**　第三十九条註（8）参照。

(2) **式**　講式の略称。

【補説】

法要儀式の開始に当たり、仏菩薩あるいは祖師の尊前に対峙して、導師がその法要の趣旨や目的を述べることを、法則あるいは表白という。知影は表白も講式も、付けられている博士は似ているという。以てその旋律は、講式に準ずるものである。

知影は表白を唱えることも、寝食を差し置いてでも稽古せねば、その妙味に熟達することはできないと言及する。そして講式もまた、先ず仏祖に対する表白から始まる。浄土真宗に与する者にとって、最も身近な講式といえば『報恩講式』である。本願寺第三世・覚如によって草された『報恩講式』の冒頭、「表白」に相当する部分は以下の如くである。

敬白大恩教主釈迦如来極楽能化　弥陀善逝称讃浄土三部妙典　八万十二顕密聖教観音勢至九品聖衆　念仏伝来諸大師等

総仏眼所照微塵刹土現不現前一切三宝而言　弟子四禅線端適貫南浮人身之針　曠海浪上希遇西土仏教之査　爰依祖師聖人之化導聴法蔵因位之本誓　歓喜満胸渇仰銘肝　然則報而可報大悲之仏恩謝而可謝師長之遺徳　故観音大士頂上安本師弥陀大聖慈尊宝冠戴釈迦舍利　縦経万劫報一端　不如念名願順彼本懐　今揚三徳将勧四輩矣

一　讃真宗興行徳

二　嘆本願相応徳

三　述滅後利益徳

伏乞三宝哀愍納受矣

敬ひて大恩教主釈迦如来、極楽能化弥陀善逝、称讃浄土三部妙典、八万十二顕密聖教、観音勢至九品聖衆、念仏伝来の諸大師等、総じては仏眼所照微塵刹土の現不現前の一切の三宝にまうしてまうさく、弟子四禅の線の端に、たまたま南浮人身の針を貫き、曠海の浪の上に、まれに西土仏教の査に遇へり。ここに祖師聖人の化導によりて、法蔵因位の本誓を聴く、歓喜胸に満ち渇仰肝に銘ず。しかればすなはち、報じても報ずべきは大悲の仏恩、謝しても謝すべきは師長の遺徳なり。ゆゑに観音大士の頂上には本師弥陀を安じ、大聖慈尊の宝冠には釈迦の舍利を戴きたまふ。たとひ万劫を経とも、一端をも報じがたし。しかじ、名願を念じてかの本懐に順ぜんには。いま、三つの徳を揚げて、まさに四輩を勧めんとす。

一つには真宗興行の徳を讃じ、

二つには本願相応の徳を嘆じ、

三つには滅後利益の徳を述す。

伏して乞ふ、三宝哀愍納受したまへ。

講式は、本義には巻子本にしたためられた漢文を和文に読み下す。漢文を読み下すのと同時に、定められた唱法の旋律で読誦せねばならない。たとえ読み慣れてはいても、やはり容易なことではない。

講式とは往古にあっては、法筵に随喜する大衆を仏法へいざなうために読まれたものである。従って音律の抑揚もまた、それぞれの文言に伴う感情と連動していると考える。

天台宗で読み継がれてきた、源信が著したという伝承を持つ、『涅槃講式』を筆者が学んでいた折のことだった。「釈尊が涅槃に入られた部分の叙述は、特に悲嘆の感情を込めて拝読するのが良い」と教わった。確かに言い得て妙である。講式が「語り物」とも呼ばれる所以であろう。

翻って表白もまた、ただ棒読みすればよいものではない。講式に準ずる「語り物」の一つであることは、最早明白である。そして何よりも、法要の趣旨を仏祖に申し上げる表敬の文に他ならない。表白とは、参詣の大衆に向けられたものではなく、あくまで先ず仏祖に申し上げるためのものであることは、厳に心得ておくべきであろう。

第四十一条

一、魚山の僧房古は四十九院あり今はたゞ八院のこれり宝泉院(1)理覚院(2)普賢院(3)実光院(4)これ勝林院(5)なり善逝院(6)遮那院(7)蓮成院(8)南之坊(9)これ来迎院(10)なり

【註】

（1）**宝泉院** 第二条註（6）参照。

（2）**理覚院** 第一条註（3）参照。

（3）**普賢院** 第一条註（5）、第八十一条註（8）、第八十五条註（11）参照。

魚山下之坊の僧坊で、元は現在の実光院が所在する場所にあった。大正時代に、実光院と統合される形で廃寺となった。『両院僧坊歴代記』中「普賢院」の項には、草創年代は不詳とされ、開基は重淵（?—一五五二）と記されるも、初代は快憲法印（文正年中、一四六六—六七）と追記されている。あるいは同書「辻本坊」の項には、既に廃絶していた辻本坊は普賢院の名目であり、「普賢院歟」とある。

（4）**実光院** 第十九条註（2）参照。

（5）**勝林院** 第八十五条註（2）参照。

魚山下之坊（下院）の本堂。第八十五条には、「丈六堂」とも記される。長和二（一〇一三）年、円仁より九代目の弟子・寂源（一条左大臣雅信の息男・俗名源時叙《ときのぶ》、九六八または九六九—一〇二四）によって開かれた。寂源は、「大

原入道少将」「大原上人」とも称する。もっとも寂源の名は、『魚山声曲相承血脈譜』には見えない。ところで寂源の父・源雅信（九二〇—九三）は、第五十九代・宇多天皇（在位八八七—九七、第四十七条註（5）参照）の第八皇子・敦実親王（八九三—九六七）の三男で、皇族から臣籍降下となった源氏の祖である。また、雅信の兄・寛朝（九一六—九八）は、仁和寺座主、東寺長者、東大寺別当を歴任し、真言声明の中興の祖として知られる。勝林院は梶井門跡の検知を受け、延暦寺の別院とされた。本尊は、丈六阿弥陀如来坐像である。世にいう「大原談義」と「大原問答」が勝林院で行われた折、二度にわたり本尊が奇瑞を顕したことから、「証拠の弥陀」と呼ばれている。即ち、寛仁四（一〇二〇）年、寂源が勝林院で「法華八講（論義法要）」を開いた折、比叡山から招聘された覚超（第四十七条註（8）参照）と遍救（九六二—一〇三〇）によって空不空が論じられた。その時、覚超が不空を説くと阿弥陀仏は隠れ、遍救が空を説くと相好を顕したという（「大原談義」）。時代が下ること文治二（一一八六）年、天台座主も歴任した顕真法印（一一三一—九二）は、勝林院へ法然（一一三三—一二一二）を招聘して、専修念仏に関する問答を行った。天台宗の学僧をはじめ、南都からも法相宗の解脱房貞慶（一一五五—一二一三）や東大寺の復興勧進を務めた俊乗房重源（一一二一—一二〇六）など、名だたる学僧らが列席し、十二の発問がなされた。法然が他力念仏による極楽往生を説いた時、本尊が大光明を放ったと伝えられている（「大原問答」）。この本尊は、平安時代中期に仏師康尚によって制作されたと伝えられるが、度重なる災害によって破損し、現在の本尊は頭部が延徳四（一四九二）年頃に、体部・台座・光背は元文二（一七三七）年に造り直されたものである。勝林院は、本願寺第三世・覚如の伝記『慕帰絵詞』にも登場する。

（6）**善逝院**　第八十一条註（7）（11）、第八十五条註（9）参照。

魚山上之坊の僧坊。応永年間（一三九四—一四二八）の草創と伝える。正徳六（一七一六）年、善逝院と改号された。

（7）**遮那院**　魚山上之坊の僧坊。古くは、塔之坊と呼ばれた。『両院僧坊歴代記』中、「塔之坊」の項には応安（一三六八—七五）の頃に草創されるも、歴代住職は不詳とある。応永年間から文安年間（一四四四—四九）にかけて「御懺法講」に出仕した履歴のある、快芸（生没年不詳）から歴代が記される。または報恩院とも号し、正徳六年に遮那院と改号した。

(8) **蓮成院** 第二条註(5)、第八十一条註(9)、第八十五条註(25)参照。

(9) **南之坊** 第四十五条註(4)参照。

魚山上之坊の僧坊で、浄蓮華院のことである。魚山一臈が住持する格式を有する。『両院僧坊歴代記』中「南之坊」の項によれば、文和年間(一三五二―五六)の頃に草創されたとある。しかしその起源はさらに古く、来迎院と同様に良忍が開いたとされる。寺務大僧正・良雄(?―一四二一、第七十九条註(9)参照。『魚山声曲相承血脈譜』によれば、智恩院本達上人・覚澄の弟子。覚澄は円珠房喜淵の弟子)から歴代が書き記されている。良雄は、准三后・足利義満(第四十二条註(1)参照)に魚山声明を指南し、義満が宮中で勤まる「御懺法講」に良雄を招聘して以来、魚山法師が参勤する例となった。正徳六年に浄蓮華院と改号した。近代においては、各宗派に声明を指南し、魚山声明の五線譜化を手掛けるなど、多くの声明本も編纂した多紀道忍(一八九〇―一九四九)が住持した僧坊でもある。また、多紀道忍の弟子であり、魚山声明の伝承者として人間国宝となった中山玄雄師(一九〇二―七七)も浄蓮華院を兼務した。浄蓮華院は明治初期の火災による伽藍焼失まで、勝林院や往生極楽院(現在は三千院境内)に同じく丈六堂が存在し、丈六の阿弥陀如来像が本尊として安置されていたという。

(10) **来迎院** 第四十七条註(2)参照。

魚山上之坊(上院)の本堂である。当初、三尊院と号した。円仁が魚山声明の元祖であることから、仁寿年間(八五一―五四)、円仁によって開かれた魚山声明の道場に擬せられているのであろう。以て来迎院は、天仁二(一一〇九)年、第七十四代・鳥羽天皇(在位一一〇七―二三)の勅により、良忍が開いたと伝えられている。境内には、良忍の廟所が在る。その後、応永三十三(一四二六)年に焼失、永享年間(一四二九―四一)に再建されたという。堂内には本尊薬師如来坐像を中央に、阿弥陀如来坐像と釈迦如来坐像の三尊が安置されている。また、来迎院所蔵の『伝教大師度縁案並僧綱牒』は、国宝に指定されている。最澄の得度・受戒に関する事績を伝える文書としては、極めて貴重な資料である。

【補説】

知影在世当時における、魚山一山の状況である。

魚山は、上之坊（上院）と下之坊（下院）の区域に分かれている。即ち、来迎院を本堂とする上之坊、勝林院を本堂とする下之坊である。上之坊には、善逝院・遮那院・蓮成院・南之坊（浄蓮華院）が所在していた。上之坊のこれら諸院は、善逝院以外は今も所在する。

下之坊には宝泉院・理覚院・普賢院・実光院が所在していたが、現在は勝林院の西側に宝泉院、南側に実光院が在るのみである。明治以降、理覚院と普賢院は無住となり、実光院に統廃合されている。知影在世時代の実光院は、勝林院参道を隔てた現在地の東側に在った。今は普賢院がもと在った場所に、実光院が所在する。旧実光院の所在地は今、大原陵（後鳥羽天皇・順徳天皇陵）として整備されている。実光院書院の南側に展開する庭園は旧普賢院の遺構であり、旧普賢院の西側に理覚院が所在した。

上之坊・浄蓮華院辺りの雑木林を眺めていると、整地されたと思しき平らな地形を散見する。これはかつて、坊舎が建っていた痕跡なのだという。往古の魚山には四十九もの坊舎があったというのは、勝林院に所蔵される永正七（一五一〇）年十月に比叡山大講堂で行われた集会の記録にあるという。知影はこの文書を見てここに書き記しているのかも知れないが、魚山の栄枯盛衰に深く思いを致さずにはおれない。

第四十二条

一、魚山僧衆公請《くじょう》に応ずるは鹿苑院義満公（1）の執奏なりよろづの御法《みのり》（2）といへる書にみゆこの書魚山の秘蔵なり余知観僧正より借覧模写す后花園院（3）御十三回忌御追福のことをもはらに記せり（4）

【註】

（1）**鹿苑院義満公**　第四十一条註（9）参照。
一三五八―一四〇八。室町幕府第三代将軍・足利義満のこと。北山殿とも称した。弘和三（一三八三）年、准三后の宣下を受ける。応永元（一三九四）年、三十七歳で隠居した。その翌年には得度して、道義と号した。魚山声明も修め、『魚山声曲相承血脈譜』にも「准三后」と入記され、「鹿苑院義満公」と註記されている。即ち、南之坊寺務大僧正・良雄の弟子として連なる。応永十三（一四〇六）年に勤められた、後光厳院三十三回聖忌「御懺法講」に義満が「香鈍色白地金襴平袈裟横被」の装束で出仕し、調声（導師）も務めている。この時に初めて、良雄以下魚山法師五名が「御懺法講」に招聘された。

（2）**よろづの御法**　表題は、『よろづの御のり』とある。覚秀本『魚山叢書　意四』所収。文明十四（一四八二）年十二月五日より三日間、宮中清涼殿で厳修された、後花園院十三回聖忌「御懺法講」の記録。しかして、宮中で勤められた法要だけにとどまらず、旧地伏見に所在した般舟三昧院（第七十条註（2）参照。黒戸四箇院の一つ）において、「御懺法講」の前後に勤められた「不断念仏」「浄土三部経頓写」「往生講」、安禅寺で勤められた「法事讃」「経供養」など、これに関連する法要を総括していることから、この表題が付けられているという。本書には、「又魚山のともがら、雲井の御法にまいる事も、鹿苑院どの御執奏にて、良雄僧正をめされしよりこのかた、いまにたえざる中にも、宗芸・良秀両師ハ、その塵をつぎて、その芳声ことに世にきこえたり。又なにがしの僧正は、応永のかしこき御代より、たび〳〵の公請にしたがひて、是ぞ天室の遺民ならんかし。当時名僧のうちに、壱人もめしに応ずる人なきは、念なき事に侍るを、云々」とある。文中の「雲井の御法」とは、宮中で行われる法要を指す。「御懺法講」は七日間にわたって勤める例であったのが、ここに至って三日間に短縮されている。このことについて、「日をかさねたらんに、いか成さはりも出来なば、たまさかの御願、かへりてあひなく、くちおしかるべきをとてわざとかうやうに、つゞめおこなはれ侍るにや、誠に末の世となりてハいよ〳〵尺魔のさまたげ、寸陰のまもおそれつゝしむべき事に侍れバ、尤いたりふかき御はからひとぞ申あへりし」と述べられている。また、三日目の結願において、『法華懺法』とともに「引声のあみだ経」（第四十六条註（12）参照）が唱えられたとする記述も見える。

（3）　**后花園院**　第百二代・後花園天皇。諱彦仁。一四一九―七〇、在位一四二八―六四。

（4）　**もはら**　専ら。

【補説】

魚山法師が携わった、実務に関する内容である。公請とは、僧侶が法要勤修や講義をするために宮中へ召されることをいう。准三后・足利義満が寺務大僧正・良雄（第四十一条註（9）、第七十九条註（9）参照）に師事して以来、魚山法師が宮中の法会に出仕していたことが、魚山に蔵される『よろづの御のり』に記されている。知影は、それを知観から借り受けて書写した。

第四十三条

一、魚山之御法[1]といへる写本あり梶井堯胤親王[2]の御作なり后花園院御七回忌のとき魚山にて御懺法講を修せらるることを記せり

【註】

(1) **魚山之御法**　表題は、『魚山の御のり』とある。覚秀本『魚山叢書　意四』所収。梶井門跡堯胤法親王が著した、後花園院七回聖忌「御懺法講」の記録。宮中で文明八（一四七六）年十二月に予定されていた後花園天皇の七回忌法要だったが、直前の十一月十三日、内裏室町第が焼失してしまった。急遽、道場を魚山勝林院に移して、同月二十六・二十七日の両日に厳修された。表題に「魚山」とあるのはそのためである。執筆の動機は、当日参列できなかった三条西実隆（一四五五—一五三七）の依頼によるものといわれる。文末に「文明八のとし、しハすの十日比に、魚山にしてこれをしるしつけぬ」とあり、法要終了後に記憶をたどって執筆されたと考えられる。

(2) **梶井堯胤親王**　第二十条註（5）参照。

一四五八—一五二〇。伏見宮貞常親王（一四二六—七四）の第二皇子。応仁二（一四六八）年、梶井門跡で得度した。後花園天皇の猶子となり、文明三（一四七一）年に親王宣下を受けた。明応二（一四九三）年には第百六十一代天台座主に就任し、永正十五（一五一八）年まで治山二十六年におよんだ。焼失した比叡山根本中堂の再建にも尽力する。和歌に長じ、歌集『魚山百首』がある。なお、『魚山の御のり』を執筆した当時、堯胤法親王は天台座主在任中であった。

【補説】

第二十条から第三十四条に至るまで、「御懺法講」に関することが詳述されている。それは知影の「御懺法講」に寄せる関心が相当なものだったことを表している。第八十一条に後述されることでもあるが、西本願寺で行われる法要儀式の源流は、宮中の儀式に範を求められることからでもあろう。

そして本条は、第四十二条とともに、「御懺法講」の淵源をたずねようとするものである。『魚山の御のり』は、梶井宮堯胤法親王が著した法要記録である。これには、後花園院七回聖忌が魚山勝林院で勤められたことが記されている。即ち、文明八（一四七六）年十一月、御所が火災に遭い、道場を勝林院に移して勤められることとなったという。

第四十四条

一、魚山の住侶みな昇進して極官(1)にいたるしかし多く権官(2)なり転大は近代にて珍雄(3)一人なり転正(4)は其后一人あり次にいまの知観僧正なり

【註】

（1）**極官**　極位《ごくい》極官《ごっかん》のこと。叙任の中で、最高の官位を指す。最高の位階を極位、最高の官職を極官と呼ぶが、極官の一語で極位極官を表す場合も多いという。

（2）**権官**　朝廷の官職について、正規の定員数を超えて任命する官職。「権」は「仮」という意味である。ここでは、概ね僧階である「権大僧都」「権僧正」「律師」などを指している。仮名号として「二位」「小中将」「少将」「左中弁」などの、所謂官職名を名乗る魚山法師を散見する。

（3）**珍雄**　第四十五条註（5）、第五十三条註（3）、第七十九条註（11）参照。

一六八三―一七六八。小三位と称した。『魚山声曲相承血脈譜』には、「南之坊大僧正」と註記されている。西本願寺へ魚山声明を本格的に伝えた、幸雄（第十条註（2）参照）の弟子である（「幸雄法脈」）。珍雄もまた、幸雄に引き続いて西本願寺へ魚山声明を伝授している。元禄元（一六八八）年に得度、宝永五（一七〇八）年に法眼に叙され、正徳二（一七一二）年に権大僧都に任じられる。享保五（一七二〇）年に大僧都、同年「出世御預号二仏眼院一」、翌六年に法印に叙せられ、享保十二年、権僧正に任じられた。隠居後、持敬院と号した（『両院僧坊歴代記』中、「宝泉坊」の項

による)。また、同「南之坊」の項には、「始住二宝泉坊一。号二仏眼院一。隠居後。元文三年十一月四日。再二住当坊一。出世号如レ元」「寛保三年二月(二十八日)院室御預号二城南院一」「同四年正月二十日新中和門院二十五回御忌御懺法講参勤。当月十六日転二任大僧正一。六十一歳」とある。幸雄以来、珍雄、嶺雄(第五十六条註(6)参照)、さらに韶雄(第六十七条註(5)参照)ら下之坊・宝泉院の歴代により、西本願寺への声明伝授が続いた。

(4)**転正**　知影在世時代に至る「近代」において、大僧正に任じられたのは珍雄だけであった。その後、僧正以上に任じられたのは一人あるも、それに次ぐのは知観だけであると、知影は本条に記す。その一人というのは、『両院僧坊歴代記』中、「南之坊」の項に見える、良胤(?―一七九六、第七十九条註(13)参照)を指すのであろう。良胤もまた、最終的には大僧正に任じられている。

【補説】

魚山法師たちは、どの僧侶も高い僧官に列せられたが、大半が権官であったと知影は記す。確かに、魚山各院の住侶たちの履歴を見ると、権大僧都あるいは権僧正までの昇進が多い。その一方で、大僧都や僧正まで昇進している僧侶も見受けられ、知影の師匠である知観も僧正に任じられた一人である。そして知観は、最終的には大僧正へと昇進するのである。

第四十五条

一、魚山の住侶梶井宮より院室(1)を兼帯(2)せしめらる観心院(3)本実成院(4)城南院(5)大縁院(6)仏眼院(7)等みな院室号なり

【註】

(1) **院室**　第二条註(7)参照。

(2) **兼帯**　第二条註(4)参照。

(3) **観心院**　第二条註(7)、第三十二条註(1)参照。
知観も有した院室号。

(4) **本実成院**　第四十一条註(9)参照。
南之坊・本成(生没年不詳)が有した院室号。「始住二善逝院一。隠居ノ後。文政元年十二月再二住当坊一。同四年正月十九日。出世御預号二仏眼院一。同年四月二十五日。院室御預号二本実成院一」。(『両院僧坊歴代記』中、「南之坊」の項による)。

(5) **城南院**　第四十四条註(3)、第五十三条註(9)参照。
珍雄が有した院室号。「院室御預号二城南院一」(『両院僧坊歴代記』中、「南之坊」の項による)。

(6) **大縁院**　第二条註(3)参照。

知観も有した院室号。

（7）**仏眼院**　第四十四条註（3）参照。

同じく珍雄が有した院室号。

【補説】

魚山法師は、梶井門跡より「院室兼帯」が許されていた（第二条註（4）参照）。門跡寺院に仕える院家のことである。知影がここに列挙する号はごく一部で、出世号（第二条註（3）参照）も含まれている。『両院僧坊歴代記』に照らし合わせてみると、知影前後の時代の魚山法師は、概ね以下の如く見ることができる。

観心院（院室号）　知観（宝泉坊）、広道（塔之坊）
本実成院（院室号）　本成（南之坊）
城南院（院室号）　珍雄（宝泉坊）
大縁院（出世号）　知観（理覚坊）、純永（向之坊）
仏眼院（出世号）　良純（南之坊）、幸雄・珍雄・嶺雄・韶雄（以上、宝泉坊）
仙恵（理覚坊）、本成（南之坊）

第七十九条に記される「持明院」（良胤）、第八十五条に見える隠居号「十如院」（覚雄）もまた類するものである。今は『魚山余響』に見える号のみを列記しているが、それ以外にもさまざまに号があり、師弟ともに同じ号が許されている。あるいは、改号する例もある。即ち、珍雄は「出世御預号二仏眼院一」とあり、隠居して「持敬院」と号している（第四十四条註（3）参照）。知観もまた、「出世御預号二大縁院一」とあり、僧階の昇進に伴って「院室御預号二観心院一」とある。

第四十六条

一、慈覚大師(1)入唐して聲明を伝来すこれ吾朝聲明の始めなり元亨釈書(2)曰「慈覚大師之遊赤県也 周二施十師之間一ニ旁伝二此業一」 声明業なり 十師者慈覚伝(3)に宗叡 全雅 志遠 元政 義真 法全 宝月 宗頴 帷謹 偘阿闍梨と此十師の内誰に従て聲明業を相承せらる丶やしりがたし 魚山の説には法全《はっせん》(4)より伝ふときこえたり 何の書に出で《イ》たるや 未考この頃地蔵菩薩深秘本迹漢和令典(5)といへる書に見えたりといへる人ありかの書に曰「慈覚大師入唐して総逢八祖殊に従二法全闍梨一願二望し玉へども蓮華三昧経秘法一法全秘レ之不レ伝」とある文をかきぬきと似たる此文にては法全を梵唄の師とせられたる事はしかときこえず古事談(6)曰「例時の弥陀経とて慈覚大師入唐の時五台山の北台(7)普通院(8)に至りて生身の文殊大聖に値ひ給ひて八功徳池の浪の音に喁《とな》へける曲調を得て引聲の弥陀経同く念仏を授かり給へり」と又有人の考に帝王編年記(9)の意に依るに「慈覚大師入唐して清涼《ママ》山にして謁法道和尚(10)極楽の法音をうつされし引聲念仏を伝はられしに大師音曲に不堪なりし故に笛に合せて伝へ玉へりさる程に成就如是功徳荘厳の所に至て所伝を忘失して曲節笛にのらざりければ帰朝の時船上に三尊来現して成就如是也《しゃ》と〈ヤ〉の字を加へて曲調を助けしむよて音律調ひて事なく伝来し玉ひしと已上」此等の文は引聲弥陀経[12]の事のみと見へたり他日の考を俟《ま》つべし

【註】

（1）**慈覚大師**　第四条註（1）参照。

慈覚大師円仁。七九四―八六四。第三代天台座主。入唐八家の一人に数えられる。日本に魚山声明を伝えた祖である。円仁はまた、天台宗に密教を本格的に唐から伝え、最澄の意志を補完した人物である。下野国都賀郡（栃木県下都賀郡）辺りに生まれた。壬生首麻呂の子とされる。大同三（八〇八）年、十五歳で比叡山に上り、最澄に師事した。弘仁五（八一四）年、言試（国家試験）に合格し、年分度者として翌年二十一歳で得度する。弘仁七（八一六）年、東大寺で具足戒（小乗二百五十戒）を受けた。承和五（八三八）年から、同十四（八四七）年まで入唐求法する。円仁が在唐中に記した旅行記『入唐求法巡礼行記』には、唐での仏教研鑽の足跡と、当時行われていた仏教儀礼について詳しく書かれている。特に本書は、エドウィン・O・ライシャワー氏（一九一〇―九〇）の研究によって、広く世に知られるところとなった。

円仁は、揚州海陵県で宗叡から悉曇（サンスクリット）を学び、全雅より金剛界曼荼羅と『金剛界法』を学んだ。そして五台山では、法照の流れを汲む『五会念仏』の行儀を学んだ。『引声阿弥陀経』も、そこで学び得た行儀と伝えられる。その後、さらに密教の奥義を極めんがために、大興善寺の元政から密教法門の経論を書写し、『金剛界大法』の灌頂を受け、青龍寺の義真より受法を果たしている。また、玄法寺の法全からは胎蔵界の大法を伝授された。最澄以来天台宗における、遮那業の立ち遅れを挽回するに至ったといわれる。在唐中の会昌二（八四二）年十月、「会昌の廃仏」

に遭遇し、強制的に還俗させられるも、約三年後の会昌五年二月に国外追放処分となった。唐の首都・長安を離れ、円仁を庇護した在唐新羅人らの協力のもと、九州博多にたどり着いたのは二年後のことである。『入唐新求聖教目録』によれば、長安を発つ時、四百二十三部・合計五百五十九巻の経論を携えていたという。最澄や空海が請来しなかった、新たに訳された経典なども含めて、多くの経論を蒐集して持ち帰ったという。そうした最新の密教などとともに、魚山声明を伝えたのである。帰国後、比叡山に常行三昧堂を創建し、仁寿元（八五一）年に「不断念仏（引声阿弥陀経）」を始修した。また同四（八五四）年には、『天台大師供養会（天台大師供）』に依用する「教化」を作譜している。同じ年、六十一歳で天台座主となった。本条をして、西本願寺の声明もまた、円仁が伝えた魚山声明の末流であることを、知影は強調しておきたかったのはいうまでもない。

（2）**元亨釈書**　全三十巻。漢文で記された、日本における最初の仏教通史。臨済宗の虎関師錬（一二七八―一三四六）撰。元亨二（一三二二）年に朝廷へ献上されたことから、「元亨」と冠されている。内容は仏教初伝から、鎌倉時代までの七百余年におよぶ。僧の伝記や仏教史を記す。南北朝時代に大蔵経に所収された。内容は『史記』に依って、「伝」「資治表」「志」の三部から成る。「伝」は中国の高僧伝を規範とし、讃や論を付す。

（3）**慈覚伝**　『慈覚大師伝』一巻。第五十九代・宇多天皇（在位八八七―八九七、後に法皇）の孫である源英明（？―九三九）の撰述で、兄の源庶明（九〇三―五五）が跋文を執筆している。

（4）**法全**　生没年不詳。唐の密教僧。空海の師匠である恵果阿闍梨（七四六―八〇五、真言八祖の第七祖）の孫弟子。青龍寺の義操および法潤から、金剛界・胎蔵界の大法を授けられる。長安の玄法寺において、円仁に密教を伝法した。後に青龍寺へ移る。円仁の他、日本から入唐した宗叡・円珍・遍明らにも密教を伝法している。『玄法寺儀軌』『青龍寺儀軌（大毘盧遮那成仏神変加持経蓮華胎蔵菩提幢標幟普通真言蔵広大成就瑜伽）』などを著す。

（5）**地蔵菩薩深秘本迹漢和令典**　良助法親王（一二六八―一三一八、第九十代・亀山天皇の第八皇子）撰。良助法親王は弘安二（一二七九）年、青蓮院門跡・尊助法親王（一二一七―九一）に師事して得度する。天台座主や青蓮院門主などを歴任し、本書の他、『無量義経疏』『観普賢経疏』『円頓戒脈口決』など著作も多い。本条に引用される一節は、同書の冒頭部分に見える。

（6）**古事談**　鎌倉時代初期の説話集。「第一　王道后宮」「第二　臣節」「第三　僧行」「第四　勇士」「第五　神社仏寺」「第六　亭宅諸道」の各章から成る。刑部卿源顕兼（一一六〇―一二一五）によって、建暦二（一二一二）年から建保三（一二一五）年の間に編まれたとされている。奈良時代から平安中期に至るまで、四百六十二編の説話を収める。貴族社会の逸話・有職故実・伝承などを題材として、『小右記』『扶桑略記』『中外抄』『富家語』などの文献からの引用も多いとされる。

（7）**五台山の北台**　五台山はまたの名を、清涼山という。中国山西省五台県にあり、文殊菩薩の聖地として古くから信仰された。峨眉山、九華山とともに、中国仏教における中国三大霊山の一つに数えられる。五台山は、東台（望海峰）・西台（掛月峰）・南台（錦繡峰）・北台（叶斗峰）・中台（翠岩峰）から成る。北台が最高峰で、標高は三〇五八メートルにおよぶ。円仁は五台山より、『引声念仏』『五会念仏』を伝えた。

（8）**普通院**　円仁が著した『入唐求法巡礼行記』巻第二によれば、五台山の巡礼路には適当な距離を置いて、普通院と呼ばれる施設が設置されていた。普通院は、巡礼者に休憩宿泊の便を図り、食事などを提供する宿坊であったようだ。

（9）**帝王編年記**　『歴代編年集成』『帝王編年集成』などとも称する。古代から北朝第五代・後円融天皇（在位一三七一―八二）までの年代記。全三十巻。最後の三巻が散逸しているため、第九十三代・後伏見天皇（在位一二九八―一三〇一）までの二十七巻が現存。撰者を僧永祐と記す写本がある。成立は、正平十九（一三六四）年から天授六（一三八〇）年にかけてという。その間における歴代天皇の事績や、その時代の事柄を年代順に記す。また、皇族・摂関・大臣・将軍・執権・六波羅探題・仁和寺門跡・興福寺別当・東寺長者・天台座主それぞれの任命記事も載せる。本書には清涼山を「清涼山」と表記されているので、知影もそう記している（京都大学図書館蔵本『歴代編年集成』第十四による）。

(10) **法道和尚** 『帝王編年記』の記述に見える、円仁に『引声念仏』を伝えた人物たる法道和尚と、『浄土五会念仏略法事儀讃』を著した法照禅師(生没年不詳)とは、古来比叡山では同一視されていたようである。親鸞もまた『唯信鈔文意』の中で、この伝承をそのまま引用している。円仁が入唐した時、法照禅師は既に亡くなっていたので、『引声念仏』を伝授した「法道和尚」は、法照禅師とは別なる人物と考えるのが自然であろう。

(11) **引聲念仏** 次項参照。「引声の弥陀経」を中心に編まれた法儀。

(12) **引聲弥陀経** 第四条註(1)、第十一条註(10)、第三十九条註(10)、第四十二条註(2)参照。

円仁撰『入唐求法巡礼行記』に、「斎後巡礼寺。有般舟道場。曽有法照和尚。於此堂修念仏三昧。」とあるのが『引声阿弥陀経』の起源とされる。『引声念仏』『引声作法』とも称する。あるいは、「不断念仏」「常行三昧(第一条註(6)参照)」とも別称されるのは、注意すべきことである。経段をはじめ、法儀中の全ての音曲に、長大な旋律の博士が付けられている。円仁が唐・五台山から伝えたものとされ、後世の浄土教儀礼にも多大な影響をおよぼした法儀である。もっとも『入唐求法巡礼行記』には、五台山から『引声念仏』の伝を受けたとの明確な記述は見られない。しかし、円仁が五台山に入る前、山東半島の赤山法花院に滞在していた折、「唱経題目所謂唱経長引音多有屈曲」(開成四年十一月廿二日)とはある。以て円仁は、赤山法花院で見た儀式を新羅人によるものと記している。

『叡岳要記』には、「大師承和五年入唐十五年。帰山新建立常行三昧堂。仁寿元年移五台山念仏三昧之法伝授諸弟子等。永期未来際始修弥陀念仏。」との記述を以て、円仁が比叡山に常行三昧堂を創建し、「五台山念仏三昧之法」を修したと伝える。この「五台山念仏三昧之法」を、『摩訶止観』に説かれる四種三昧の一つである自行法の常行三昧と見るか、有縁同心の大衆を勧進して行う法儀『引声阿弥陀経(引声念仏)』と見るかは説の分かれるところではあろうが、重ねて『引声阿弥陀経』読誦の行儀であったとは考えられまいか。また、同じく『叡岳要記』には、「貞観六年正月十四日子時。慈覚大師遷化遺言始修本願不断念仏。」とあり、円仁の遺言により「不断念仏」が始修された。

平安・鎌倉期には、『石清水不断念仏縁起』(京都府八幡市・石清水八幡宮)や『法然上人行状絵図(四十八巻伝)』

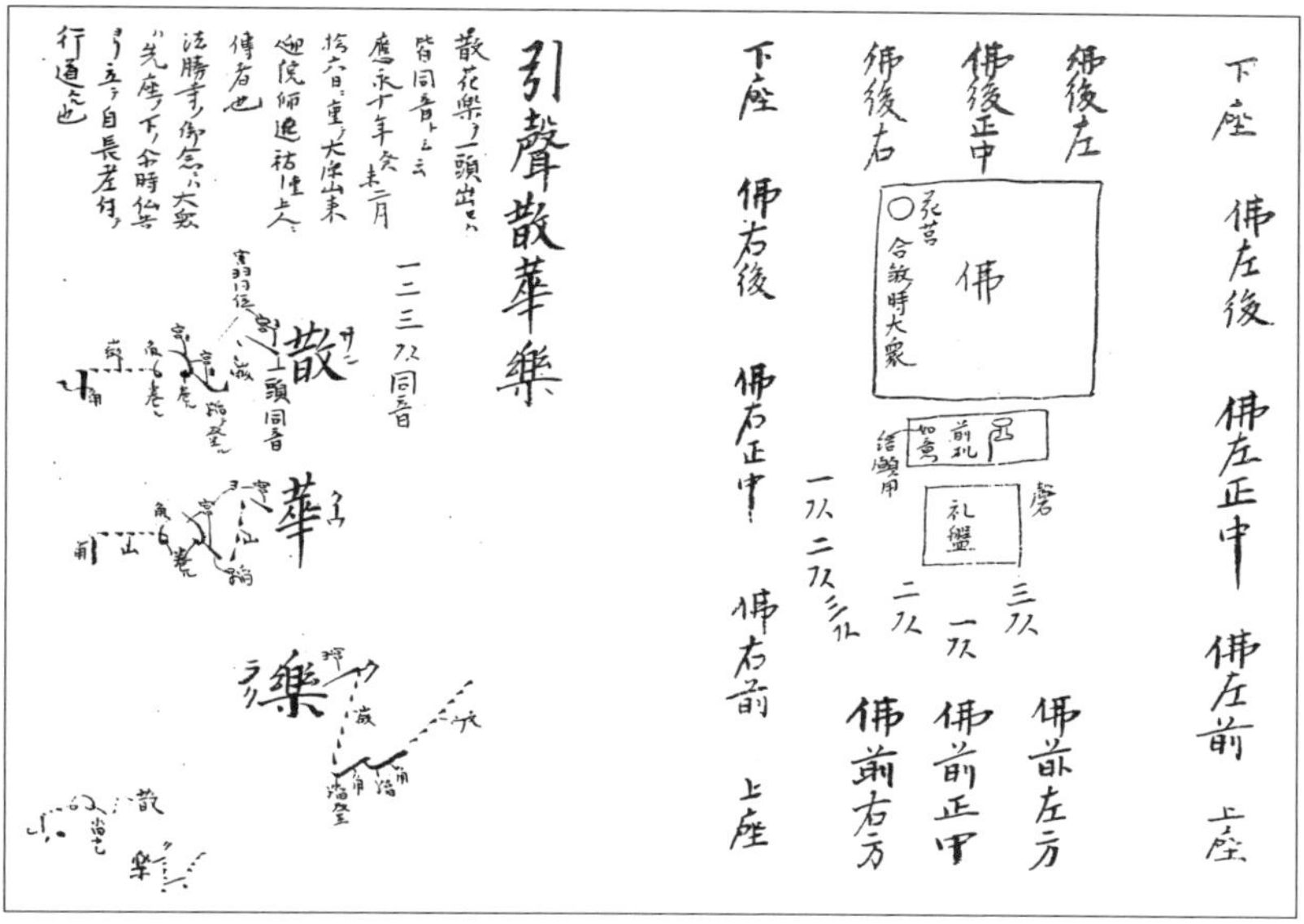

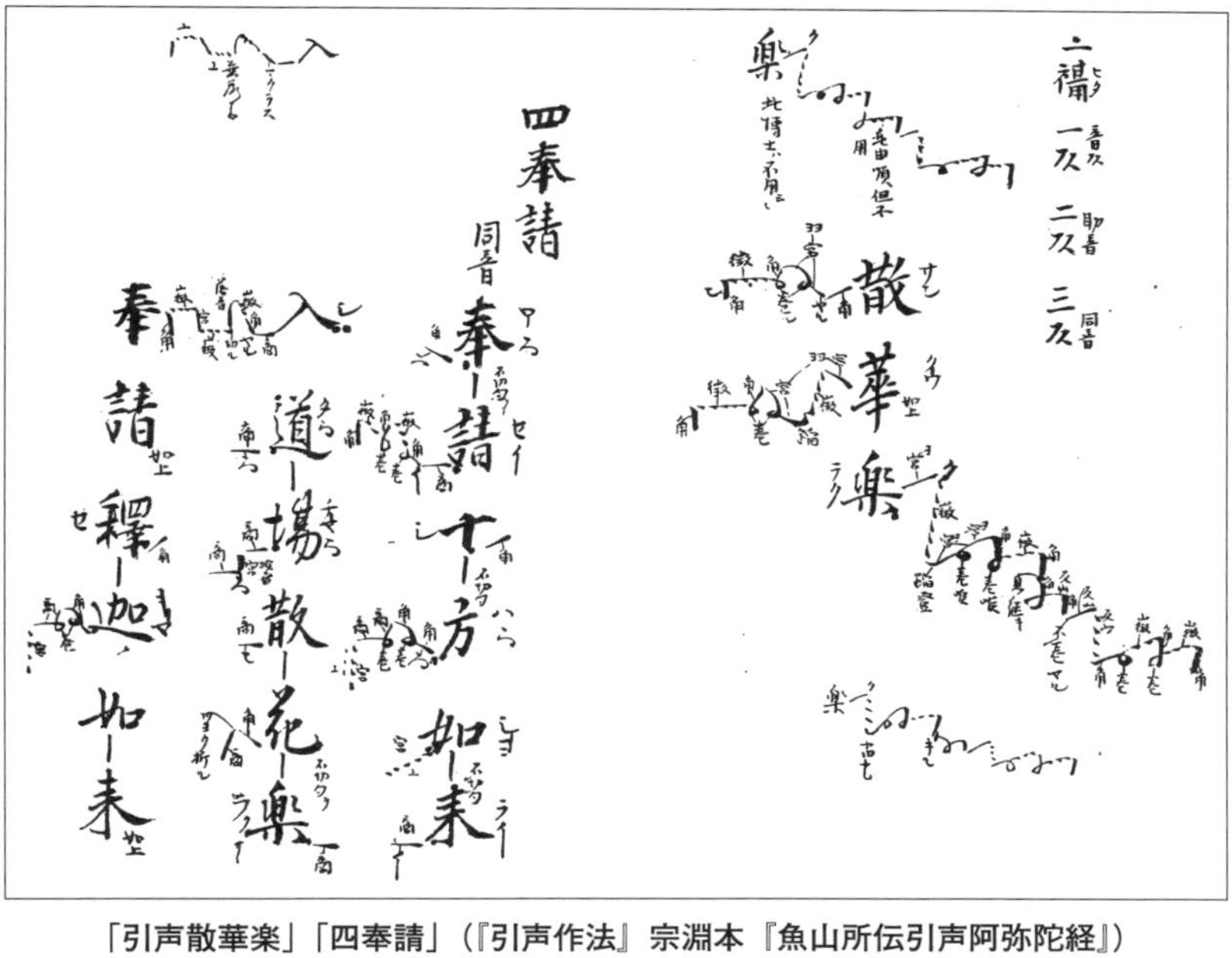

「引声散華楽」「四奉請」（『引声作法』宗淵本『魚山所伝引声阿弥陀経』）

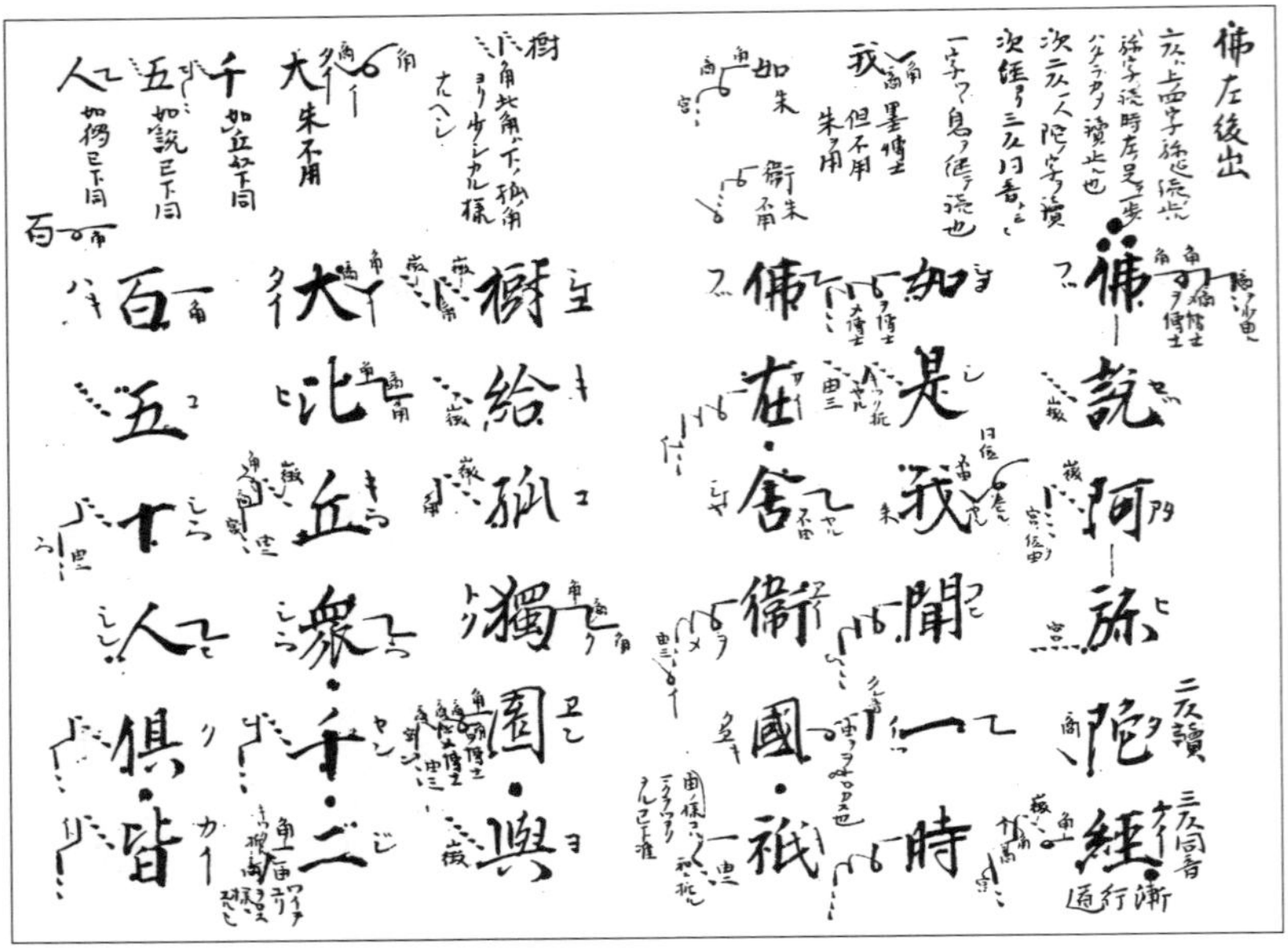

「経段」（宗淵本『魚山所伝引声阿弥陀経』）

に見える勝尾寺（大阪府箕面市）など、各地の寺社で勤められたことが諸記録に見える。あるいは、『梁塵秘抄』には「山寺行ふ聖こそ、あはれに尊きものはあれ、行道引声阿弥陀経、暁懺法釈迦牟尼仏」と詠まれ、『三宝絵詞』にも「不断念仏」の記述が見える。これらに記される「不断念仏」のことを田中和夫師は、令和元（二〇一九）年に発表した論文で『引声阿弥陀経』を指すと論じられている（「親鸞と常行三昧」『東アジア仏教研究』第十七号）。あるいは、遡ること伊藤真徹師（一九〇四―八四）による『平安浄土教信仰史の研究』（昭和四十九〈一九七四〉年）中、「浄土教儀礼の諸相」の論考において、「不断念仏」と『引声阿弥陀経』の関連性が既に指摘されている。即ち、常行堂の念仏に必ず『阿弥陀経』読誦が伴っていたことを指摘し、これより発生したのが『例時作法』と論じられる。逆にいえばそれは、『引声阿弥陀経』の略儀が『例時作法』に他ならないのである。翻って浄土真宗においては、親鸞の内室・恵信尼が末娘・覚信尼に宛てた手紙『恵信尼消息』には、親鸞の息男・栗沢信蓮房が父親である親鸞の〈追善〉に「不断念仏」を勤めたとあるのも、『引声阿弥陀経』のことと考えるのが自然である。

現在まで天台宗に伝承された『引声阿弥陀経』は、鈴山流（真正極楽寺、真如堂。第三十九条註（10）参照）と大山流（鳥取県西伯郡大山町・大山寺）であるが、高野山真言宗・酒見寺（兵庫県加西市）には嘉永五（一八五二）に園部覚秀に成る写本が伝来し、現在も『引声阿弥陀経』の法要が勤められているという。酒見寺で『引声阿弥陀経』が始修されたのは、寛弘八（一〇一一）年と伝えられる。また、浄土宗・光明寺（神奈川県鎌倉市）にも伝えられている。光明寺のそれは、明応四（一四九五）年に第百三代・後土御門天皇（在位一四六四―一五〇〇）の勅許により、真如堂からの伝を十夜法要として始修したと伝えられている。

天台宗において『引声阿弥陀経』は魚山流のほか、大山流と鈴山流とに分かれて近代まで伝承されてきたが、魚山流は近代初頭には衰退したと考えられる。そして鈴山流もまた、明治末期には衰退の危機にあった。果たして明治四十四（一九一一）年、大山流最後の伝承者といわれた矢野霊澄（大山寺塔頭・蓮浄院住職）より多紀道忍が伝を受け、真如堂へ改めて伝えられた。大山流も昭和初期に廃絶するも近年復興し、鈴山流とともに現代に受け継がれている。

真如堂に所蔵される、『引声念仏』を相伝結縁した者の系譜である『引声念仏入衆師資相承血詠之譜』（「詠」は「脉」のことであろう）には、法然とその弟子・親鸞、同じく安居院《あぐい》法印・聖覚（一一六七―一二三五、『唯信鈔』の著者）などの名前が「引声念仏入衆」と註記されて入記されている。あるいは南都の貞慶の名も見える。もっともこの系譜には、出家在家を問わず、さまざまな結縁者が入記されていて、最後は徳川家康（一五四二―一六一六）で終わっている。従って、江戸時代初期に転写されたものと考えられる。

また魚山に伝わる数本の『引声念仏』古写本は、大山流・鈴山流に対して旋律型が異なる。経段は「甲念仏」「乙念仏」などの音曲を挟みながら、急曲部分を一字十二拍で唱える長大な音曲である。経段に続いて、「甲・乙念仏」「七《しっ》音《とん》」「五音《ごとん》」「三音《さんとん》」「結音《けっとん》」「合殺（呂律）」の各念仏曲（「阿弥陀仏」を繰り返す音曲）、そして「回向」「後唄」で法儀は閉じられる。長大な音曲の経段とともに、こうした念仏曲が多く含まれるのも、この法儀の特徴といえる。この一連

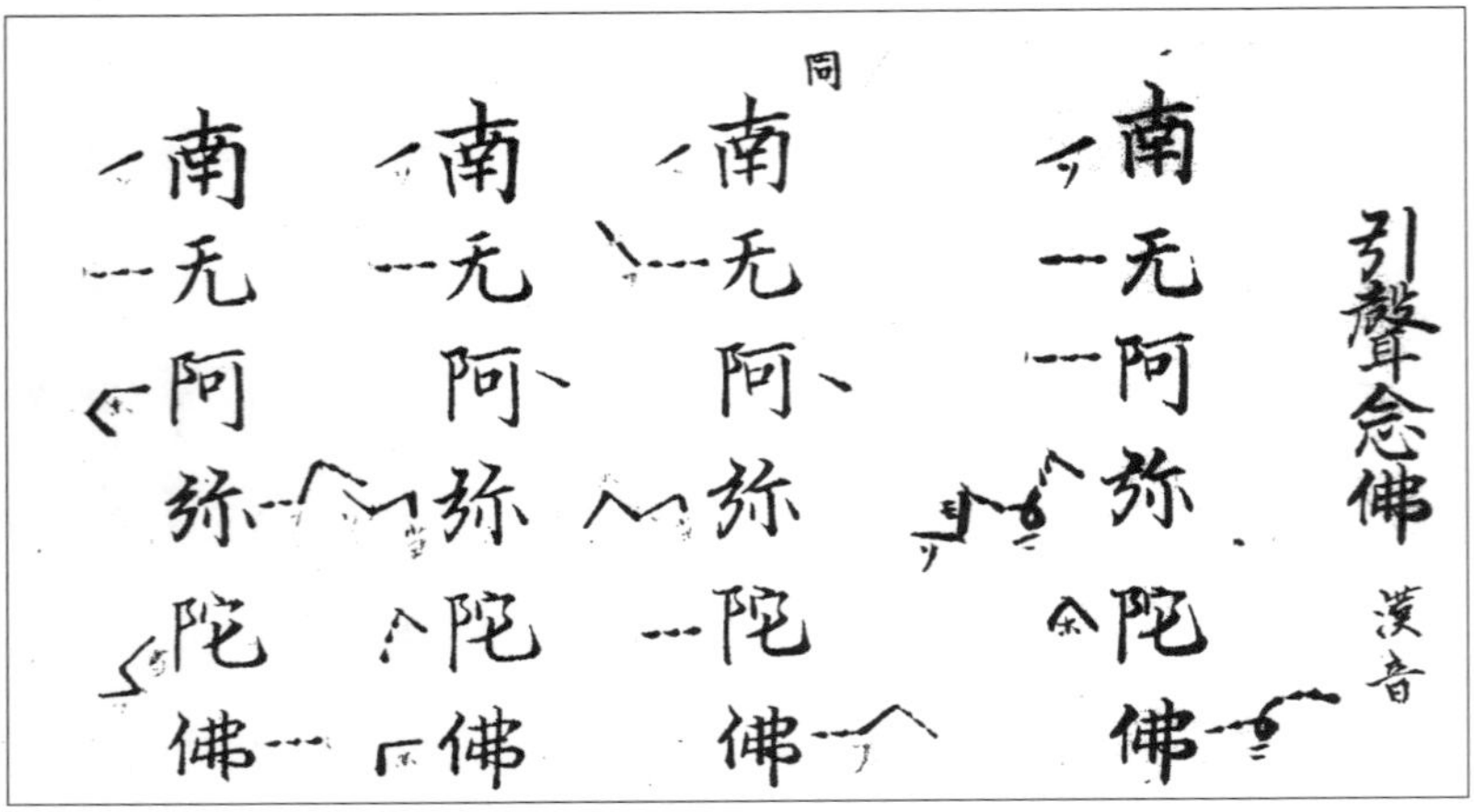

「引声念仏」（安政本『声明品集』巻四）

の法儀を、開闢より結願まで、一七箇《いちしちか》日《にち》の法会として行われていた。「不断念仏」と別称される所以であろう。

　大山流・鈴山流のそれは、これらの音曲のみに見られる独特の旋律型が多い。そして急曲ではなく、序曲で唱えられている。双方を比較すると、魚山のそれは呂曲であるが、大山・鈴山の両流は律曲的な旋律である。もっとも天台真盛宗の声明家にして音楽学者である片岡義道師は、魚山流よりも大山流の方が古儀の旋律を残していると論じている。あるいは一方で、大山流・鈴山流と魚山流とでは、真如堂所伝の『引声念仏入衆師資相承血詠之譜』に見える相伝者と、『魚山声曲相承血脈譜』に見える相伝者が一致しないことをして、伝の系統が異なっていたとも考えられないだろうか。そして知影在世の時代はいうにおよばず、少なくとも近世末期ないし近代初頭まで、魚山でも『引声阿弥陀経』が勤められていたといわれる。

　以て先述の如く、『例時作法』の厳儀が『引声阿弥陀経』である。『例時作法』を改作した、西本願寺における現行法儀『阿弥陀経作法』の経段においても、「如是功徳荘厳」（例時読の漢音）の「是」を「シヤ」と発音する所以である。何故「シヤ」と発音するのかという故実が、本条の終結部に述べられている。この伝説は、『引声念仏入衆師資相承血詠之譜』『諸声明口伝随聞注』『音曲相承次第』などに記されている。

　また、『引声阿弥陀経』の旋律を短くした法儀に、『短声阿弥陀経』がある。水原夢江師によれば、「常行三昧」「不断念仏」における数日から七日間にわたる法要で、開闢や結願を除く中日に勤める場合、『引声阿弥陀経』に『短声阿弥陀経』の旋律を部分的に差し替えた略儀でも唱えられたという。あるいは前掲論文「親鸞と常行三昧」において、青蓮院門跡・尊円法親王（一二九八―一三五六）が著した『門葉記』の記述が紹介されている。即ち、「堂僧十四人。毎日例時。毎月十五日衆集。毎年勤事……大念仏、始自八月十一日至十七日七箇日夜修之。引声不断念仏也。此外種々行法多之。」とあり、法儀の様子をうかがい知ることができる。

浄土真宗が伝える『引声阿弥陀経』にまつわる記録として、真宗佛光寺派の『算頭録』、真宗高田派の『勢州一身田阿弥陀堂証拠如来縁起』は注意せねばなるまい。高田派には比叡山から伝えられたとの伝承を持つ、「引声念仏」と称する念仏曲が用いられてはいるが、これは高田派独自のものと考えられる博士が付けられ、呉音で唱える音曲であり、ここに挙げた一連の音曲とは全く異なるものである。あるいは、安政本『声明品集』巻四にも「引声念仏」と称する、魚山由来の長い旋律を伴う博士が付けられた音曲が掲載されているも、これに対応する音曲は『引声阿弥陀経』にもない。ただ、「安政本」所収の「引声念仏」に付けられた博士を見てみると、『声明懺法』にある「十方念仏」（第五十五条註（3）参照）に付けられた博士を基にして作譜され、魚山所伝（宗淵書写本や滝本深達書写本など）の『引声阿弥陀経』にある「引声散華楽（四奉請）」や経段に付けられた博士とも相通ずるものが見受けられる。考えられるのは、西本願寺へ伝えられた他の音曲と同様に、西本願寺へ伝えるに当たって、「十方念仏」および『引声阿弥陀経』の博士を採り入れて作譜され、「引声念仏」と命名されたとも考えられよう。また、現存する「安政本」に朱が入れられている博士の中には、「錫杖下《しゃくじょうおり》」（第五十条註（5）参照）と註記された部分も見受けられ、『引声阿弥陀経』の博士のみに依拠していないことが見て取れる。もっとも、「錫杖下」と註記された部分と同様の博士は「十方念仏」にも見えるが、石室静洞手沢本『声明懺法』の「十方念仏」には、「アタリ・イロ・片下《かたおり》」と朱註されている。また、「安政本」所収の「引声念仏」は、同じく「小本念仏」（第七十一条註（48）参照）とも共通する博士が見られ、句頭部分は双方同一の博士といえる。

以て、いささか想像をたくましくさせるならば、これら「引声念仏」という名称を冠した音曲が浄土真宗に存在することをして、親鸞と「不断念仏」との関係は直接語られてはいないものの、音曲に託されたメタファーとも考えることはできないだろうか。

【補説】

円仁が入唐求法した時、誰から声明の伝を受けたのかを、知影なりに考究したことの記録である。知影在世当時、円仁は唐の法全から声明を学んだとの伝承が、魚山に語り継がれていたらしい。果たして知影は、それが史実なのかどうか確かめておきたかったと見える。

唐で円仁は、多くの学匠との邂逅によって仏教を学んだ。ここには、宗叡・全雅・志遠・元政・義真・法全・宝月・宗頴・帷謹・佩阿闍梨の、十名の僧侶が列挙されている。この周辺の事跡は、『日本三代実録』巻八「清和紀 八」に記されてある。『日本三代実録』とは、平安時代に編纂された歴史書で、第五十六代・清和天皇（在位八五八―七六）から、次代・陽成天皇（在位八七六―八四）、その次の光孝天皇（在位八八四―八七）の、三帝にわたる時代に起きた事柄が記録されている。

円仁がここに挙げられる学匠たちの誰から声明の伝授を受けたのか、知影はいまだ知るところではないという。知影の聞くところによれば、魚山の所伝では法全から伝授されたというが、ではそのことがどれに記されているのかといえば、良助法親王に成る『地蔵菩薩深秘本迹漢和令典（与願金剛地蔵菩薩秘記）』にあると聞いた。しかし、ここでも確定的な記述を見出すことはできなかった。

円仁自らが著した旅行記『入唐求法巡礼行記』には、ここに列挙された僧侶たちの名前がいくつか出てくる。円仁は志遠、元政、義真、法全たちから受法し、南インド出身の宝月からも悉曇（揚州海陵県で宗叡からも学ぶ）を教わったという。しかし知影が記すように、法全から声明の教えを受けたかどうかは分からない。法全は『金剛界法』『胎蔵界法』『蘇悉地法』

に精通した密教の大家で、円仁はこの三部の大法と『別尊法』を伝授されている。

そして本条には、『古事談』にある『引声阿弥陀経』にまつわる故実が記されている。同書「第三　僧行」に、「円仁、尺八を以て引声の事」と題して収められている。その内容は、後述する「成就如是功徳荘厳」の読み仮名に「ヤ」を付けることの由来であり、五台山北台普通院で文殊菩薩に相まみえて、「八功徳池の浪の音に喁へける曲調」を伝授されたという話ではない。また、語られる舞台も唐から戻る船上ではなく、常行堂での出来事として記されている。それによれば円仁は、「尺八」を以て『引声阿弥陀経』の曲節を伝えていたが、件の箇所だけを吹きこなせずにいた。果たして、常行堂辰巳（東南）に位置する松扉の傍らで吹きあぐねていると、空中から「ヤを付けよ」と声が聞こえたという。従って、本条にある話は『古事談』ではなく、他の伝承との混同ではないかと思われる。そして、八功徳池の波音の話は、『引声念仏入衆師資相承血詠之譜』の冒頭に記され、『真如堂縁起』などに見られる伝説である。本条に挙げられている『帝王編年記』には、比叡山常行堂での「引声念仏」始修の縁起として、円仁が五台山で法道和尚から伝授されたことによると記している。

ところで『引声阿弥陀経』の略儀である法儀に、『短声阿弥陀経』『例時作法（声明例時）』がある。『声明例時』のさらなる略儀が、切音の『例時作法』である。これらの法儀の特徴は、『阿弥陀経』などの主たる音曲を漢音で唱えることである。特に経段中にある「成就如是功徳荘厳」を、「セイシュ　ジョシヤ　コウトク　ソウゲン」と発音する。「如是」は普通に漢音で発音すれば「ジョシ」となるが、『例時作法』では「是」の語尾に「ヤ」を付けて「ジョシヤ」と発音するのである。

「ヤ」を付ける故実として最もよく知られる伝説は、円仁は備忘として『引声阿弥陀経』を笛の音に乗せて、その音曲を記憶したという。ところが唐から帰国する船上で、音曲のこの部分を失念したらしい。すると生身の阿弥陀如来が船上に示現し、「ヤ」を付けて唱えるべしと円仁に教えた。これで事なきを得て、日本へ持ち帰ることができたという伝説的な話である。知影は、このことは『引声阿弥陀経』にのみ伝わっている話であると結んでいる。

『引声阿弥陀経』に関連する話は、浄土真宗でも伝えられている。即ち、真宗佛光寺派の聖教である、佛光寺第七世・了源が著した『算頭録』（第四十八条補説参照）に記される。あるいは真宗高田派の『勢州一身田阿弥陀堂証拠如来縁起』にも、これら「引声念仏」にまつわる伝承が語られ、高田専修寺如来堂では毎日の晨朝勤行において『引声阿弥陀経』が唱えられていたことが記されている。高田派がいうその由緒によれば、親鸞が慈円から相伝していたからだという。これらのことをして、親鸞が『引声阿弥陀経』の伝承者だったことを、浄土真宗においても語り継いできた痕跡ではないかとは考えられないだろうか。

第四十七条

一、慈覚大師(1)より良忍(2)までの相承は釈書に見へたり慈覚、智証(3)、相応(4)、浄蔵(5)、慈慧(6)、源信(7)、覚超(8)、懐空(9)、寛誓(10)、良忍、

【註】

（1）**慈覚大師**　第四十六条註（1）参照。

（2）**良忍**　第四条註（1）（2）、第六条註（1）、第四十一条註（10）、第四十九条註（8）参照。
　一〇七二または一〇七三―一一三二。聖応大師良忍。光乗房あるいは光静房と号し、良仁と称していた。魚山声明中興の祖にして、融通念仏宗の宗祖。尾張国知多郡（愛知県東海市）に生まれる。生来、美声の持ち主だったと伝えられる。十二歳で比叡山に上り、良賀に顕教を師事した。良賀は良忍の兄弟子であり、実兄でもあったという。そして密教灌頂を、永意より受ける。良忍は、比叡山東塔・東谷阿弥陀房の堂僧だったとされる。当時、天台声明には大原流（魚山）とともに萱尾流という流派も存在していて、良忍は当初、萱尾流を学んだといわれる（『声明伝来良忍記』）。即ち、良忍に『長音供養文』（「五箇大曲」）と『引声念仏』を伝授した尋宴は、比叡山無動寺谷の麓辺りとされる萱尾に住したといわれ、尋宴の流を萱尾流と称する。萱尾流は、早くに廃絶したようである。ところで、「始段唄」の冒頭に「ン」が付くのは良忍の説とされるが（第四条註（2）参照）、これもまた良忍が萱尾で悉曇を学んだことによる影響とも伝え聞くところである。その後、嘉保二（一〇九五）年、二十三歳にして大原に遁世し、念仏聖として『法華経』と念仏

六万遍を誦していたという。あるいは初め勝林院に住して、永縁（勝林院第四世・永宴、『魚山声曲相承血脈譜』には、「勝林院本家」と註記されて、良忍の弟子として入記されている）に師事した。天仁二（一一〇九）年、鳥羽天皇の勅によって来迎院を建立し（第四十一条参照）、円仁以来の魚山声明を集大成したという。この頃に「良仁」を改め、「良忍」と名乗るようになったとされる。『魚山声曲相承血脈譜』にも見えるように、円仁以来別伝されていた「五箇大曲」と「引声念仏」を相伝して魚山声明の統一を図り（第四条参照）、博士の整備にも尽力した（第六条参照）。また、東大寺・凝然（一二四〇―一三二一）撰『声明源流記』によれば、『舎利讃嘆』に関しては、良忍の弟子に連なる頼澄（第四条註（1）参照）より伝を受けたとされる。永久五（一一一七）年、四十六歳の良忍は三昧中に在って、生身の阿弥陀如来に相まみえ、「一人一切人、一切人一人、一行一切行、一切行一行、是名他力往生」という偈を感得したという。これが融通念仏であり、「弥陀直授の法門」と呼ばれている。

（3） **智証** 第九条註（1）参照。

八一四―九一。智証大師円珍。入唐八家の一人に数えられる。第五代天台座主にして、園城寺（三井寺）中興の祖。讃岐国金倉郷（香川県善通寺市）に生まれる。生家は佐伯氏一門の流れで、円珍の母親は空海の姪になる。十五歳で比叡山に上り、義真（修禅大師、初代天台座主。七八一―八三三）に師事する。十二年籠山行の後、大峯山・葛城山・熊野三山を巡礼し、那智の滝に参籠した。こうした事績が、後の三井寺を中心とする修験道の基礎となる。仁寿三（八五三）年に入唐求法、六年間におよんで滞在し、四百四十一部一千巻の経論を蒐集して帰国した。唐では円仁に同じく、青龍寺で法全から密教の伝授を受ける。その折、法全から秘蔵の『五部心観』（国宝）を授けられた。貞観八（八六六）年、園城寺の別当に任じられた後、貞観十（八六八）年には天台座主に就任した。『魚山声曲相承血脈譜』によれば「五箇大曲」中、『長音供養文』と『梵網戒品』を円仁から相伝している。

（4） **相応** 八三一―九一八。相応和尚、建立大師とも称する。近江国浅井郡（滋賀県長浜市）に生まれる。円仁の弟子。千日回峰行の祖とされ、比叡山に無動寺（無動寺谷）を開いた。最澄と円仁の大師号は、相応の奏請による諡号であるという。承和十四（八四七）年十七歳で十善戒を受ける。『法華経』「常不軽菩薩品」によって、菩提心を発したといわれる。千日回峰行もこの菩提心の延長線上にあるとされ、堂内において修される常行三昧行が、堂の外に出て修すれば回峰行となるといわれる。円仁からは、『不動明王法』『護摩法』などを伝授されている。貞観七（八六五）年、無動寺谷に自作の不動明王像を安置したのが、無動寺明王堂の始まりである。『魚山声曲相承血脈譜』によれば、『引声念仏』を相伝している。

（5）**浄蔵**　八九一―九六四。右京三坊の人とされ、俗姓は三善氏。『魚山声曲相承血脈譜』によれば、『長音九条錫杖』を相伝している。その法流は、円仁―日蔵―浄蔵と受け継がれている。浄蔵と日蔵は、兄弟であるという。宇多法皇に師事して出家した。比叡山に上り、玄昭から密教、大慧から悉曇を学んだ。医方明・工巧明にも通じていたと伝えられる。『扶桑略記』には、浄蔵の霊験譚が語られている。延喜九（九〇九）年、怨霊と化した菅原道真が藤原時平に祟り、浄蔵が調伏するも、時平の両耳から青龍に変化した道真が現れて祈禱の邪魔をしたという。あるいは承平五（九三五）年に起きた、平将門の乱を調伏したとも伝える。

また、『大法師浄蔵伝』によれば、天暦四（九五〇）年に宮中で勤められた「仏名会」において、浄蔵は導師を務めた。その折、村上天皇の宣旨によって、常は壱越調で唱えられる「礼仏頌」を、本調子である平調で唱えることとなった。浄蔵がこれを唱えていると、御帳の内側から箏の音が聞こえ、唱える音曲と箏の音色が絶妙に符合した。天皇は平調に調律した箏を秘かに傍らへ置いて、浄蔵を試していたのだった。果たして、楽器ですら正しい音階を取るのは至難であるにも関わらず、音のない状態で正律の音位を正確に取ることのできた浄蔵を、村上天皇は「此道極妙・本朝絶倫なり」と褒め称えたという。

ちなみに「礼仏頌」は、浄蔵の伝説に見える「仏名会」に依用された『仏名導師作法』（第五十条註（34）参照）や、『修正大導師作法』（第七十一条註（67）参照）『引声念仏開白作法』（第四十六条註（12）参照）など、さまざまな法儀の冒頭で唱えられる音曲である。『二巻抄』中、『修正唱礼音用』に「礼仏頌」が記されている。『龍谷唄策』乾巻所収の『修正会』にもこれを載せる。『修正会』のそれは、中曲壱越調と記されている。水原夢江師書写本には、序曲と註記され、出音は「塩梅」と示されている。即ち、塩梅による商音を発音し、同じく塩梅による角音（梅角）へと導き、「カナ上」で徴音に上げる。文言は「当願衆生　得無碍眼　見一切仏　唯願如来哀愍我　常令観見大悲身　三業無倦奉仕尊　速出生死帰真際」である。出拠は「当願衆生　得無碍眼　見一切仏」が円仁撰『顕揚大戒論』、「唯願如来哀愍我」以下が慧沼撰『金光明最勝王経疏』に見える。

（6）**慈慧**　第六条註（1）参照。
九一二―八五。慈恵大師良源。近江国浅井郡虎姫に生まれる。『魚山声曲相承血脈譜』によれば、『梵網戒品』を相伝した。正月三日に遷化したことから、「元三大師」とも呼ばれる。第十八代天台座主に就任し、永観三（九八五）年に遷化するまでの在任中、延暦寺の堂塔伽藍の整備に尽力した。広学竪義（論義）を創始して、学問の興隆を図った。あるいは『二十六箇条起請』を制定して、僧兵の狼藉を抑制するなど、僧風の刷新にも努めた。比叡山中興の祖と呼ばれている。「角《つの》大師」「豆（魔滅）大師」とも俗称される。天台宗においては、「おみくじ」の創始者としても知られる存在である。

（7）**源信**　第三十七条註（2）参照。
『魚山声曲相承血脈譜』によれば、良源に引き続き『梵網戒品』を相伝している。

（8）**覚超**　第四十一条註（5）参照。
九六〇―一〇三四。和泉国（大阪府南部）に生まれる。『魚山声曲相承血脈譜』には、「都率僧都」と註記されている。比叡山横川の兜率《とそつ》谷、源信廟所の近くに覚超の廟所が現存する。良源の弟子となり、源信にも師事して顕密を学んだ。慶円より灌頂を受けたという。台密・川流の祖とされる。初め横川兜率院に住した後、同じく横川の首楞厳院《しゅりょうごんいん》（横川中堂をいう。その後、横川全体の総称になった）に止住した。長元二（一〇二九）年、権少僧都に任じられた。密教教学に秀でて、密教関係の著作を多く残している。『修善講式』『仁王経問答』『往生極楽問答』などを著し、横川の「二十五三昧」（第三十七条註（1）参照）の二十五根本結衆の一人としてその名を連ねている。『魚山声曲相承血脈譜』によれば、源信に引き続き『梵網戒品』を、また、寂照に引き続いて『長音供養文』をそれぞれ相伝している。

（9）**懐空**　『魚山声曲相承血脈譜』によれば、『長音九条錫杖』を相伝している。喜淵（第四条註（1）参照）撰『音曲相承次第』中、「九条錫杖相承次第」には「香積房僧都懐空」とある。

（10）**寛誓**　『魚山声曲相承血脈譜』によれば、『長音九条錫杖』を相伝している。凝然撰『声明源流記』には、「彼堂別当皮堂カ」と註記されている。「皮堂」とは、京都市中京区に所在する、西国三十三所・第十九番札所でもある革堂行願寺のことであろう。

【補説】

『魚山声曲相承血脈譜』に関する記述である。円仁から良忍までの系譜は、『元亨釈書』巻二十九に見える。同書に列挙されている諸先達を、そのまま知影はここに書き写している。

改めて『魚山声曲相承血脈譜』を見てみると、円仁は帰朝後、「五箇大曲」中、『羅漢勧請』以外の各曲と『引声念仏』を七人の弟子を指名して、それぞれに別伝している。即ち、以下の如くとなる。

■**『長音供養文』**

円仁┬円珍―遍照
　　└湛芸―安然―玄静―寂照―覚超―覚燈―広明―法円―賢源―尋宴―良忍

■**『独行懺法』**

円仁―安芸―平願―法仙―覚運―皇厳―覚尊―贍西―良忍

■『梵網戒品』

円仁─┬─安恵─安然─┬─尊意─良源─┬─源信─覚超─懐空─寛誓─┬─良忍
　　　└─円珍─────┘　　　　　　　└─覚運─皇厳─覚尊─瞻西─┘

■『引声念仏』

円仁─相応─義性─法禅─証範─実性─覚忍─法円─賢源─尋宴─良忍

■『長音九條錫杖』

円仁──日蔵─浄蔵─覚忍─盛時─公任─懐空─延殷─寛誓─良忍

ところで魚山における『引声念仏』の系譜は、真如堂所伝の『引声念仏入衆師資相承血詠之譜』とは異なる。円仁から始まるものの、魚山と真如堂とでは音曲の旋律を異にするからであろうか。このことをして片岡義道師は、魚山の『引声阿弥陀経』は現行に見られる博士（旋律）が付けられているものであり、大山流（鈴山流）はそれよりも古流の旋律が伝えられていると論じられている（第四十六条註（12）参照）。

魚山の系譜では円仁に続く相伝者が、回峰行の創始者として知られる相応である。一方、真如堂の系譜には、「慈覚大師─恵亮和尚─常済和尚─承誓和尚─理仙和尚─慈恵大師─源信僧都─戒算大和尚」と記されている。『魚山声曲相承血脈譜』において、良源と源信は『梵網戒品』相伝の系譜に連なり、『引声念仏』の系譜には見えない。しかし真如堂の『引声念仏入衆師資相承血詠之譜』には、『引声念仏』の相伝者として入記されている。そして源信に続いて、真如堂開基の戒算へと相伝され、以下は真如堂歴代が連なる。ちなみに法然は真如堂第六世・静真より相伝したとあり、親鸞は第七世・義応から相伝されたと記されている（第四十六条註（12）参照）。

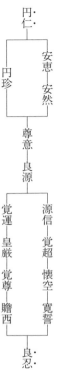

第四十八条

一、良忍伝釈書に見へたり良忍の弟子に瓦坂阿闍梨(1)と云人あり瓦坂の弟子に慈雲房《ママ》(2)　慈雲房《ママ》の弟子に蓮入房(3)と云人ありこの蓮入の流義もともすぐれたりときこへたり

弾偽辨《ママ》真抄(4)の次第

良忍――瓦坂阿闍梨┬行家阿闍梨(5)―蓮界房(6)
　　　　　　　　└慈雲《ママ》坊――蓮入房

蓮界は大に蓮入を忌れたりとぞ弾偽辨《ママ》真抄は宰円法印(7)と云人の作にて魚山につたはれり蓮界を弾じたる書なり宰円といふ人は蓮入の孫弟と見へたり余魚山にてかの抄を披見せり応永卅年のころ桂運(8)と云人のうつしをかれたる書なり右余暗記せるところを記す

蓮入┬大原讃岐法印　宗快(9)
　　└北白川大進法印　相祐(10)

右両法印蓮入の上足なり同流なれども聊《いささか》異説あるよし也魚山に聲明口伝集(11)といへる写本一巻

あり蓮入上人の口伝をしるせるものか作者の名はみへず余往年魚山にて写しとり今に秘蔵せりかの書に曰く「両法印の口伝の内『殊更大進法印の御様尤《もっと》も可用之由也大法印の御様は』いつくしくやさしくけだかく幽玄也讃岐法印の御流方円長短きりこめたる様にしたたかにを丶しくふとく被遊也大法印の御門弟［等］讃岐法印の御様をけすしくふとくあまりなる程ににくきすがたありとて不用之して被捨之条還て尾籠の至也蓮［入］上人明月の夜無人の時被レ授両法印之内ことさら大法印御房には秘伝其数をしらず」云云

※文面の便宜上、「　」を付しておく。加えて、原文（勝林院蔵本）にある返り点を付しておく。［　］内は原文にある字。『　』は勝林院蔵本にはあるが、三千院円融蔵本には欠落している部分。

【註】

（1）**瓦坂阿闍梨**　第六条註（1）参照。

生没年不詳。良忍の弟子である家寛のこと。常楽房あるいは、乗楽房と号した。上野（小上野）法印、瓦坂法印とも称する。比叡山東塔南谷・常楽院の堂僧だったが、後に瓦坂に住したという。第七十七代・後白河天皇（在位一一五五—五八）に魚山声明を指南した。『魚山声曲相承血脈譜』には、家寛の弟子として「後白河院」と入記されている。承安二（一一七二、または翌七三年とも）年、後白河天皇の要請を受けて『声明集』を編纂した。これは魚山所伝の最古の声明写本である『二巻抄』（十三世紀前半頃の書写）の原本と考えられている。『二巻抄』所収の音曲は古博士で記されていて、当時の講演・顕教・密教の法要で依用された八十七曲を収める。『六巻帖』の原典ともいうべき存在である。

また『弾偽褒真抄《たんぎほっしんしょう》』にも、家寛の事績が述べられている。

（2）**慈雲房《ママ》**　慈心房の誤記と考えられる。生没年不詳。家寛の弟子で、慈心房智俊のこと。蓮入房湛智の師匠。『魚山声曲相承血脈譜』には家寛の弟子として、後白河天皇、相模阿闍梨行家と並んで連なる。

（3）**蓮入房**　第二条註（6）、第六条註（1）、第四十九条註（11）参照。
一一六三—一二三七?。蓮入房湛智。『声明目録』『管絃講時声明出音次第』『声明用心集』『声明口伝集』を著す。魚山声明の楽理の整理を行い、声明に雅楽の楽理を導入した。『弾偽褒真抄』に引用された『光覚大僧都記』（現存せず、光覚は浄心の弟子）の一節には、湛智は雅楽の達人にして楽理にも精通していたと記されている。以後の魚山声明は、湛智の流れが定着して現在に至っている。

（4）**弾偽辨《ママ》真抄**　『弾偽褒真抄』のこと。『弾抄』とも略称される。ここに記される『弾偽辨真抄』なる表記は、他には見えないので知影の誤記と考えられる。本書は、湛智の孫弟子に連なる月蔵房宰円（生没年不詳）によって、建治元（一二七五）年に著された。湛智による声明の流れが正統であることが論じられている。即ち、良忍—瓦坂法印家寛—慈心房智俊—蓮入房湛智の流れを指す。この流れに対して、湛智の兄弟弟子である蓮界房浄心の流れから出された、湛智への批判に対して反論したのが本書である。宰円がこれを著したのは、湛智の没後から四十年近く経過していたが、魚山の中ではなおも湛智の流れに対する批判があり、どちらを良忍以来の正統とするのかという議論が続いていたのであろう。宰円が本書を著すきっかけとなったのは、浄心の『蓮界房記』『光覚大僧都記』（本書に引用されるも、いずれも現存せず）における、湛智への「くはしく良忍の口伝をうけざりし流（『野守鏡』の記述より）」という非難が世間に流布していたがため、意を決して著したのだった。

（5）**行家阿闍梨**　生没年不詳。『魚山声曲相承血脈譜』には、相模阿闍梨と註記されている。家寛の弟子にして、甥にあたる。

（6）**蓮界房**　第二条註（6）参照。

一〇九八—一一六六。蓮界房浄心。蓮戒房とも号した。詳しい事績はつまびらかではないが、『魚山声曲相承血脈譜』には、慈心房智俊の弟子として連なり、湛智とは兄弟弟子である。また、智俊の兄弟弟子である相模阿闍梨行家の弟子と示されている。湛智の流れに対する潮流が浄心の流れであり、湛智の流れを新流と位置付けた。従って、浄心の流れは古流ともいわれる。浄心は慈円（第三十九条註（2）参照）並びに尋有（第三十六条註（3）参照）の師匠でもある。『魚山声曲相承血脈譜』には、浄心の下に慈円と尋有の名が入記されている。従って、親鸞が唱えていたであろう声明も、浄心の流れの声明だったのではなかろうか。『魚山声曲相承血脈譜』を見れば、浄心の流れは同じく弟子である光覚の下に公尋・公源・聡賢・有快ら四名の弟子に相承され、尋有の下に快意・良澄の二名の弟子に相承されるも、魚山ではこの流れは途絶えている。しかしながらこの「古流」は、青蓮院においてその後もしばらく伝承されていたといわれる。

（7）**宰円法印**　本条註（4）参照。

生没年不詳。湛智の孫弟子。月蔵房・塔阿弥陀仏と号した。『声明伝来良忍記』も著した。これは自身が、良忍の伝を継ぐ正統であることを述べた書である。

（8）**桂運**　?—一四五四。魚山には、『弾偽褒真抄』の写本が三本現存している。即ち、応永三十一（一四二四）年に桂運が勝林院向之坊にて書写した桂運本、嘉永元（一八四八）年に園部覚秀が書写した覚秀本、同じく園部覚秀によって書写された魚山叢書本である。知影は、桂運本を見たのである。なお、桂雲なる魚山法師の名は、『魚山声曲相承血脈譜』には見出せないが、『両院僧坊歴代記』中、「実光坊」並びに「向之坊」の項には、開基・宗信法印に続く第二世に「桂雲法印」と記されている。「向之坊」の項に、「享徳三年甲戌五月十一日寂」と記す。

（9）**宗快**　第二条註（6）参照。

生没年不詳。湛智の弟子。『魚山声曲相承血脈譜』には、「讃岐法印」と註記されている。『魚山目録』を著した。『魚山目録』とは、魚山声明百六十二曲の音位を一曲ずつ図示した書物である。そして、この音位を示す図そのもののことを、「魚山目録」と称するようになった。

(10) **相祐**　第四十九条註（9）参照。

生没年不詳。湛智の弟子。『魚山声曲相承血脈譜』には、「禅蓮房」「大進法印」と註記されている。『声明口伝集』には、「北白川大進法印」とある。本条に図示される如く、宗快とは兄弟弟子である。『弾偽褒真抄』を著した宰円は、相祐の弟子である。

(11) **聲明口伝集**　第四十九条註（1）、第五十条註（46）参照。

湛智の口伝に、後世の弟子が自説を交えて記したとされる書。知影が言及するように、作者は不明である。表題には、『声明口伝集　大原蓮入上人』とあるのみである。本書は、湛智の正統な相伝者は宗快ではなく、相祐であることを主張する。そして、相祐と宗快の名を挙げて、同じ湛智門下でありながら双方に説が異なっていたと記す。『弾偽褒真抄』を著した宰円は、相祐の弟子であるので、本書の撰者もまた、その流れに連なる者であろう。

【補説】

知影は、『弾偽褒真抄』についても言及する。本条には『弾偽辨真抄』と表記されているが、意味こそ通じなくはないものの、そのような表題の異本ないし文献が今のところ他に見当たらないため、これは知影の誤記であろう。『弾偽褒真抄』とは、月蔵房宰円が建治元年に著した書物で、魚山声明において蓮入房湛智の流れこそが正統たることを論じたものである。「偽りを糾弾し、真実を褒める」という意味の題名である。

良忍の弟子・瓦坂法印家寛の孫弟子に、蓮入房湛智と蓮界房浄心がおり、どちらが魚山声明の正統を伝えるのかで諍いがあった。『弾偽褒真抄』を著した宰円は湛智の孫弟子に当たり、自らの師匠筋である湛智こそが正統であると論ずるのである。湛智から孫弟子の時代に至っても、魚山の中では両説が入り乱れていたのだった。

以て今在る魚山声明は、湛智の流れである。湛智は魚山声明に、雅楽の楽理を導入した人物である。それに対して、湛智以前の所謂「古流」を伝承していたのが浄心なのだった。

浄心の弟子には、親鸞得度の師匠である慈円、そして親鸞の実弟である大輔僧都・尋有などが連なる。恐らくは親鸞もまた、そうした「古流」の魚山声明を相伝していたとは考えられまいか。親鸞が声明に精通していたという記録は皆無に等しい。しかし『三帖和讃』などの撰述を考える時、親鸞が声明とは無縁であったとは到底考えられない。いわんや、円仁が請来した「引声念仏」を事とする常行堂の堂僧だった経歴を考え合わせれば、比叡山修学時代の親鸞は日常的に声明と接していたのはいうまでもない。

真宗佛光寺派所伝の『算頭録』には、「慈覚大師の引声は、極楽世界の七宝の池の波の響きをうつせりとも、迦陵頻伽の妙音をなし、六調、十二律にもおのづから恊へりともいへり。しかれば、宮・商・角・徴・羽の五音、七声、六調、十二律に恊ひて、称へやすきやうに和讃をつくりたまへるを、殊勝なりと声明の達者もほめられけり」との記述も見える。あるいは覚如撰『拾遺古徳伝絵詞』や真宗高田派所伝の『親鸞聖人正明伝』によれば、親鸞は関東からの帰洛後、毎月二十五日の元祖法然の忌日には、「声明の宗匠」を迎えて法要を勤めていたと記されている。もっとも『正明伝』は後世に編まれたと考えられる伝記ではあるが、親鸞が声明に対して、並々ならぬ造詣があったのは想像に難くない。

話を『弾偽褒真抄』に戻そう。声明楽理において、浄心は五音の宮・徴より二律下の音を変徴・変宮とするのに対し、湛智は宮・徴の変は一律の上下であり、二律も下がるのは変徴・変宮ではないと断じている。果たして魚山では、浄心の流れは廃絶した。しかしその後も、浄心の流れはしばらく青蓮院に伝承されていたようである。以て現在に受け継がれているのは、湛智の流れなのである。

また知影は、『声明口伝集』も書写した。同書に見える、湛智の弟子に宗快と相祐（宰円の師匠）の二人の弟子が在るも、両者の唱えように相違があったことを書き留めている。知影は同書にある一節を、そのままここに写している。『声明口伝集』によれば、宗快は「伽陀」を唱える時、「宮」の音位で出音するも、相祐は「変宮」で出音していて、「散華」などを聞けばその音の違いが顕著であったようだ。

相祐の唱えようは慈しむようにやさしく、そして気高くて幽玄であったという。一方、宗快は「讃岐法印ノ御流。方円長短キリコメタル様ニシタタカニ。ヲヲシク。フトク被レ遊レ之。」とある。『声明口伝集』は、宗快を辛辣に批判するのである。そして湛智は夜の月明かりの下、誰もいない所で相祐に多くの音曲を口伝していたという。

第四十九条

一、同抄云(1)「総(惣)聲明は管にあらず　絃にあらず　先《まず》音をもて是をうつすべし『仍《よって》いか程も博士を沙汰し　ふしを能々《よくよく》稽古して』自在進退の后(之後)　調子を沙汰すべきなり(也)」又曰「五行大義抄中に(2)　治世乱世の二の音のすがたを出す　乱世の音は　あらくふとく然もロロ《ママ》(呂)のすがた多し　音をあらくをそろしくつかう［二］事　先いましめ［の］専一なり　治世の音は　やわらかに　いつくしくこまやかに　なをくあるべし　是を治世の音となづく　但しあはれこえ泣音につかふこと(事)　尤あるべからず　或は亡国の音となづけ　或は菩提音となづく　国をほろぼす音なる上は　争《いかで》か是を用べき　菩提薩埵三世如来の御聲をまなびうつす　なんぞあらく　をそろしく　頭をふり　面をあかめなんど　当世の聲明師かやうの振舞　以外《もってのほかママ》の禁制の専一なり(也)　殊更当流聲明は　文字うつり音　すがた幽玄にいつくしく　さながら底《ソコ》をばつよく　したゝ《タ》かに　仮名と博士ふしうつりは　やわらかにすべし　又物をたたみ《ママ》(くく)たる様に(3)つかう事あるべからず」「又濁音とて　ひとりさび〳〵とつかう事又々(返返)きゝしぐる《ママ》(み)しき也　伽陵頻は卵《カイコ》(4)の中より衆鳥の聲を含める様に　一音に衆　鳥《ママ声》(音)(5)　をふくしで《ン》(6)

つかふべし　且《かつ》は是如来の金言也　華《(花)》厳［経］の普賢行願品に一言具衆音声海と云へり(7)　凡《およそ》本願上人(8)御流のうち　北白川法印(9)御様当流の肝心也　博士と云　音つか卉の様と云　甚深也〳〵《(々々)》　秘奥也秘奥也［々々］尤可レ有二其意［得二］事哉且又　文《只文(異本)》字うつり音　かが《ママ(す)》たに口伝有レ之　さきの文字はかせを　后《(後)》の字にうつる時○したるからず○　しかも拍子もたがはずうつり　きり〳〵とかろくすと云云　第一の口伝なり《(也)》　所詮ふけたる様につかふべき也　此位に上手へたらの半きこえ侍《はべる》也　其内喉音《のどごえ》口内(10)むすび　すがたほそく。ふとく。みじかく。まろく。かやうの処［処］に［秘］口伝有《(在)》レ之　兼てよりむす上げ《ママ(ひけ)》に　兼てより喉音ありぬべき様にはすべからず　是等の次第　更［更］に《ママ》筆にしるしがたし　声を以て声をつたうべし　道場の外を見て音をつかうべからず　何処《ママ(度)》も道場の内を見てつかうべし　外を見れば声ちりてわろき也　蓮上人(11)御門葉と号する族　以外に物あらく　ことこと敷を　わ《ママ(そ)》ろしげにつかふ事　返々《(返)》不審　併御門流と申すとも　后《(後)》代の人々《(人)》信用すべからず　仮《たといママ》ひ数箇の秘曲を相伝し系図に入と云とも　更［更］に《ママ》大原声明にあらず　其故は　代々《代》の祖師の庭訓聞書口伝抄只此禁也　其とも《ママ》［御］流と云ながら　争《いかで》か先師の御禁を背《そむ》［く］べき」

※［　］は原文（勝林院蔵本）にある文字。「ママ」は原文にはない文字ないし誤字。誤字の場合は「ママ」とともに（　）内に原文の表記を示す。なお、「……たたみたる様につかう事あるべからず」と「又濁音とて……」との間に、原文にある「又わづらはしげに様ありて。むたむたしくつかうべからず。」の一節が欠落している。

【註】

（1）**同抄**　第四十八条註（11）、第五十条註（46）参照。
『声明口伝集』のこと。

（2）**五行大義抄**　『五行大義』のこと。中国・隋代に蕭吉《しょうきつ》（?—六一四あるいは六一五）が編纂したとされる、五巻から成る陰陽五行に関する解説書である。中国では散逸するも、日本にはいくつかの写本が伝存する。『五行大義』巻第三「第二者、論配声音」に、『声明口伝集』に引用された文言に相当する記述がある。また巻第四には、「第十六、論律呂」と題して音律論が展開されている。

（3）**たたみたる様**《ママ》　「ククミタル」の誤記。口の中に物を入れて発声するような様という。

（4）**卵**《カイコ》　『声明口伝集』の原文には、「カイコ」とルビが付けられている。

（5）**衆鳥**　「声」と訂正するルビが加筆されるも、『声明口伝集』の原文は「音」とある。

（6）**ふくし**《ン》**で**　「ン」と訂正するルビが加筆されている。

（7）**一言具衆音声海**　『四十華厳経』「入不思議解脱境界普賢行願品」にある文。

（8）**本願上人**　第四十七条註（2）参照。
良忍のこと。

（9）**北白川法印**　第四十八条註（10）参照。
相祐のこと。

（10）**喉音**　第五十条註（21）参照。
魚山声明の旋律型の一つ。現在、喉音を用いる典型的な音曲として、『曼荼羅供』中にある「供養文」（呂曲・黄鐘調甲様）がある。句頭の「一切恭敬　敬礼常住三宝」の一字目「一」で喉音を発声して、二字目「切」のユリの旋律へと推移する。喜淵撰『諸声明口伝随聞注』中、「ハ子《ね》音・喉音位事」には「喉音モ何の音トモ不レ聞。然而下ノ音ト思テ付二博士一事可レ有レ之。又何ノ音トモ不レ聞之上ハ不レ入レ位事モ在レ之。」とある。「供養文」もまた、西本願寺に伝えられていたが停廃されている。『龍谷唄策』乾巻中、『光明唱礼』に「供養文」が見える。

(11) **蓮上人**　第四十八条・三参照。
湛智のこと。

【補説】

声明を学ぶ姿勢と声の在り方について知影は、『声明口伝集』の記述を抜き書きしている。『声明口伝集』は比較的短編の口伝書であるが、本条の抜き書きは、知影が特に注目した部分というべきである。

声明は「一・節、二・声」といわれる。先ず何よりも声明の旋律型と、師匠が唱える節（旋律）の動きを理解しなければならないという。即ち、声明は声の美しさや絶対音感を第一義とはしないともいわれる。声明は、楽器で奏でることではない。自身の声を以て、師匠から教わったその音曲を〈まねぶ〉ものである。「声明は耳で唱える」とも教えられる所以である。そのためには音曲に記された博士を十分に理解した上で、師匠から教わった旋律の形をよくよく稽古して習得すべきであるとされる。果たしてこれは、並大抵のことでできるものではない。

そして声明を学ぶ上において、意識しなければならない事柄があるとされる。

「三病」

①能音……………声が素晴らしすぎること
②利根……………拍子のよすぎること
③早合点…………受け取り早きこと

「四癖」

①亡国の声…………哀傷愁歎の声

②人法不和合の声……世にいう調子外れの声
③短命病患の声………細々として弱々しい声
④天魔障礙の声………怒鳴ったり叫んだりするような声

これらを総称して、「声の三病・四癖」という。『声明口伝集』には『五行大義』の記述を引き、「治世乱世の二の音」についで言及する。あるいは、中国古代に成立した『礼記』中、「楽記」にも同様の記述が見られる。

平和な世と戦乱の世に、二通りの音が存在する。「乱世の音」は荒々しく太く、そして恐ろしいという。一方、「治世の音」は柔らかく慈しみのある音で、細やかにして素直であるという。

それは悲哀に満ちた声や泣き声とも、また異なるものである。哀傷愁歎の声は「亡国の音」、あるいは「菩提音」とも呼ばれるのだという。そして現在過去未来の如来や菩薩の妙音声を学ぶのに、荒々しく顔を赤らめて発声することなど、以ての外であるというのだ。

魚山声明のあるべき要は、文字から文字へと移る音は幽玄にして、音程の〈底〉は強くしたたかに、仮名と博士が推移するさまは柔らかく唱える。それはユリなどの旋律に見えるさまをいうのであろうか。例えば「ユリ二」という旋律形の場合、「ユリはじめは浅きが如し、二つ目のユリは深くが如し」と教わることとも思い当たるし、あるいは「宮のユリは太くなり浅くなる様なり、徴のユリはひらめく様なり」と教わったこととも重なる。発声のありようを事細かに詳説しているが、もはや現代人の我々には聞き慣れない表現が多い。

『声明口伝集』には迦陵頻伽の譬えと、『四十華厳経』「入不思議解脱境界普賢行願品」の文言を引用する。迦陵頻伽とは頭は人で胴体が鳥という、仏典に登場する伝説上の鳥である。その声は非常に美しく、孵化する前から卵の中で鳴き始めるという。

即ち、「入不思議解脱境界普賢行願品」には、

一切如来語清浄　　　一切の如来の語は清浄にして

一言具衆音声海　　一の言に衆の音声の海を具う。
随諸衆生意楽音　　諸の衆生の楽《ねが》うままの音に随いて
一一流仏弁才海　　一々は仏の弁才の海に流る。

とある。

『華厳経』六十巻本および八十巻本における「入法界品」に相当する。それによれば大乗の菩薩道のことを、迦陵頻伽は卵から孵らない内から世にいる全ての鳥よりも力が優れているさまに例えている。そして迦陵頻伽の鳴き声の妙やかなることは、他の鳥など到底およぶものではない。この所説を拠り所にして、妙なる声によって清浄なる仏言を諷誦すべきことをいうのであろう。

以て、魚山声明中興の祖である良忍の末流の中で、相祐の流れこそが「肝心」と断言する。そして同じ湛智の門流とて、宗快の流れは信用できないという。それはいくつかの秘曲を相伝し、系譜に記載された声明家であっても魚山声明ではない、とまで言及している。往古に著された『声明口伝集』の記述を、知影がそのまま書き写す意図を考えてみると、知影在世当時の西本願寺における声明が、ある意味においての乱れようを嘆かずにはおれなかったのであろう。

第五十条

一、諸声明の出拠を記せる一紙魚山にあり

三礼(1)　華厳浄行品
如来唄(2)　勝鬘経
散花(3)　瑞応経　具三太子瑞応本起経上下二巻
梵音(4)　六十華厳
錫杖(5)　四十華厳
如来呪願文(6)　涅槃経
大懺悔(7)　決《ママ》定毘尼経
小懺悔(8)　菩提決定経
日中偈(9)　尼《ママ》迦羅衍《ママ》経
晨朝(10)　出曜経説　又僧祇律
後夜(11)　六十華厳
半夜(12)　坐禅三昧経　又大論第十七
初夜(13)　菩薩像《ママ》睡眠経
黄昏(14)　超日月三昧経　又出曜経説
通戒偈(15)　増一阿含一之時　尊者阿難説此偈
四智梵語讃(16)　金剛頂経下巻　又時処儀軌
同漢語(17)　略出経六巻　略出経第五也
云何唄(18)　涅槃経

散華(19)　三摩地儀軌　対揚(20)　供養文(21)　観仏三昧経

胎唱礼(22)　大日経　九方便(23)

大讃(24)　梵語は儀軌 漢語略出経　仏讃(25)　別相伝

普賢経《ママ》(26)　華厳経不空訳 又は別相伝也云云　金唱礼(27)　礼懺経

五悔(28)　百字讃(29)　如意輪瑜伽法要 又金剛頂経下巻

百八讃(30)　瑜祇経

右両界

諸天讃漢語(31)　二巻随求経 又諸両経

吉慶梵漢三段《ママ》(32)　覚大師御相伝の嘉会段次第に見へたり

同漢語五段(33)　同梵語讃又は六巻 略出経第六の説

御前頌(34)　最勝王経

無常呪願(35)　四言偈　五言偈　共在大経 四言偈　十一五言偈　十九

法華讃嘆(36)　真如親王御作

百石讃嘆(37)　行基菩薩御作

毀形唄(38)　聖信土度人経

例時選者《ママ》のこと(39)甲念仏(40)のこと乗仏子(41)のこと

五念門(42)　大師供(43)

総礼(44)　僧讃(45)　広大儀軌伝抄にあり

一聲明口伝抄《ママ》二(46)

始段唄(47)　上の説に同じ　勝鬘経　　中唄(48)　同経

後唄(49)　超日月三昧経　　云何唄　上の説に同じ　涅槃経

教化(50)　倶舎論　　願以此(51)　法華

梵音　上の説に同じ　六十華厳　　三条錫杖(52)　四十華厳

三礼　上に同じ　華厳浄行品　　法花ノ讃嘆(53)　光明皇后御歌

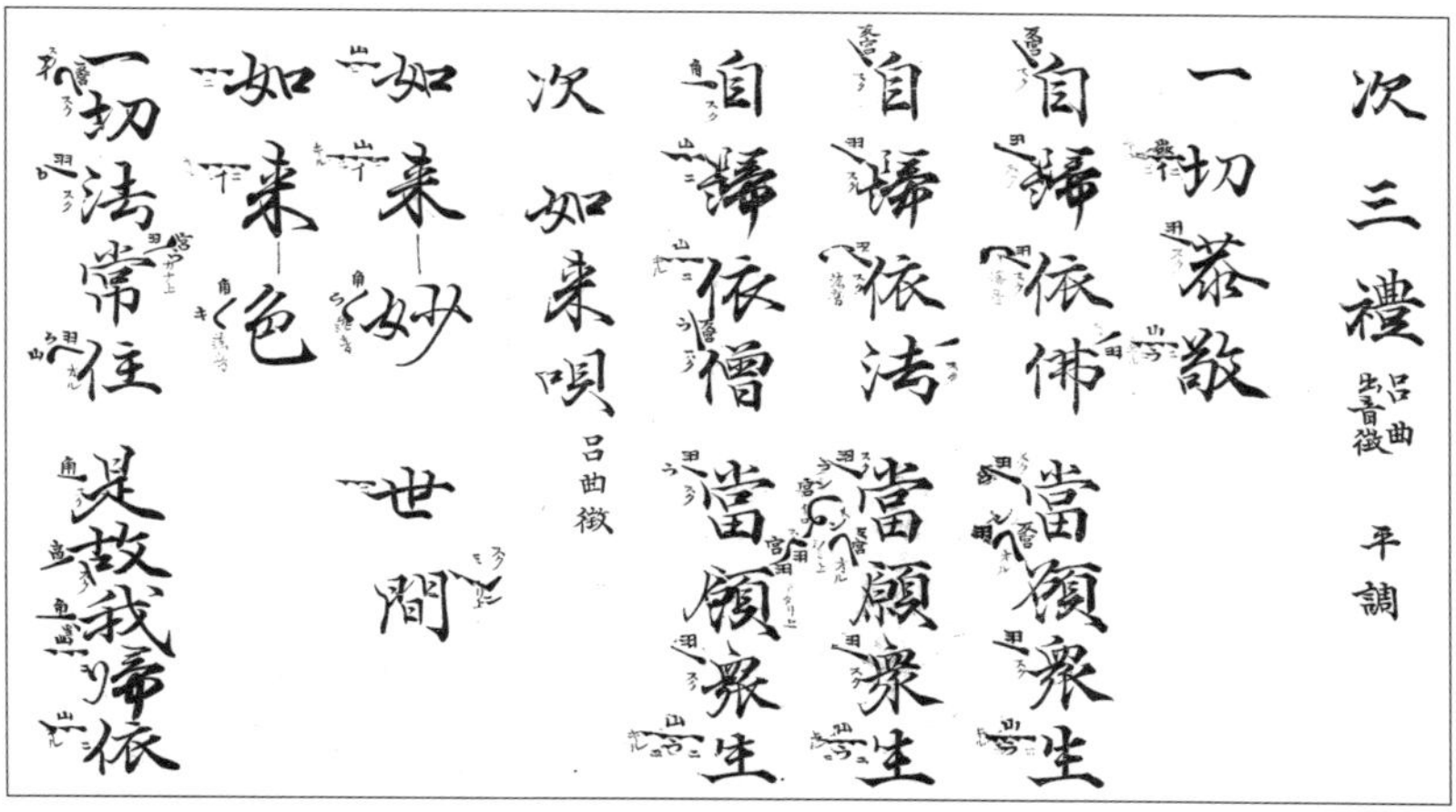

本譜「対馬三礼」「如来唄」（澤円諦編『梵唄集』『讃仏会』）

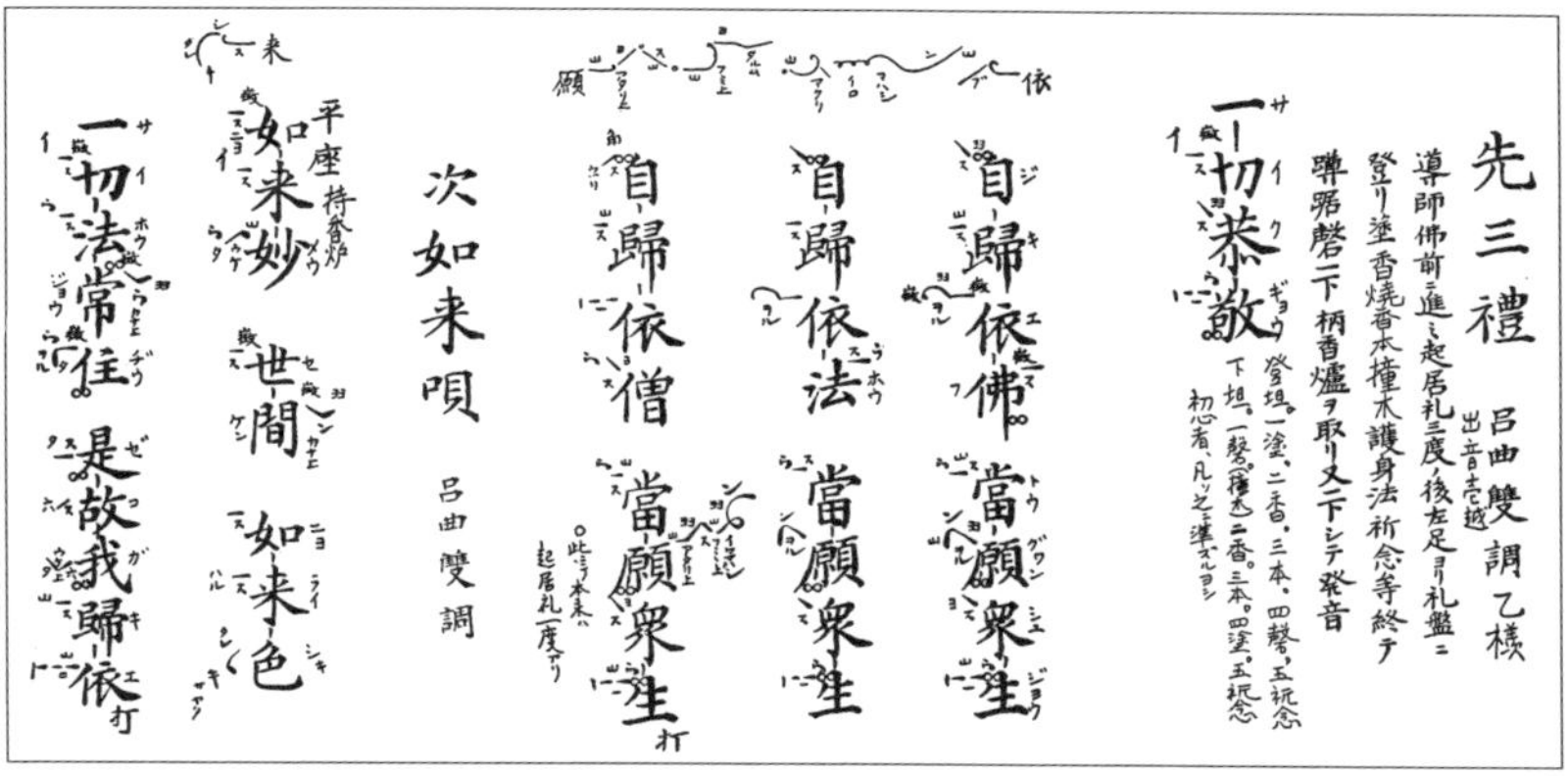

略譜「対馬三礼」「如来唄」（中山玄雄編　『魚山声明全集』）

【註】

（1）**三礼**　第五十四条註（18）、第七十一条註（8）参照。

「三礼」に続いて「如来唄」が併記され、両曲は併せて唱えられるので、「三礼如来唄」とも呼称される。ここでは、「対馬三礼《つしまさんらい》」を指す。『例時作法』にある漢音で唱える「三礼」に対して、区別して呼称する。呂曲双調の序曲である。曲名に「対馬」を冠することについて、「対馬とは呉音に唱ふるを云う。呉音は初め対馬国に伝来す。仍て呉音を対馬音と云」と別記される如く（天納傳中補註『魚山六巻帖』一九八九）、呉音の一種である。文言は、「一切恭敬　自帰依仏　当願衆生　自帰依法　当願衆生　自帰依僧　当願衆生」である。本譜と略譜があり、現行の天台宗では、専ら略譜を用いている。第十四世・寂如の時代に伝えられていた音曲で、西本願寺蔵・幸雄書写本『声明 呂律』（第十条、第五十四条補説参照）に「対馬三礼」と題して、本譜の「三礼如来唄」が収録されている。西本願寺では、昭和八年の法式改正まで本譜が用いられていた。この音曲は西本願寺に伝えられて以来、さまざまな法儀に依用されていて、明治以降に発刊された『龍谷唄策』や、柱本瑞雲並びに澤円諦によって相次いで発刊された『梵唄集』所収の諸法儀にこれを載せる。以て、『報恩講式』など講式の最初部に記される「次三礼　如来唄」とあるのがこれである（厳儀には「始段唄」「散華」を用いる）。『龍谷唄策』乾巻に収録されている『報恩講（旧報恩講作法）』には、厳儀である「始段唄　律様」「中唄　同」「散華　同」が掲載されている。ところで真宗大谷派では、『報恩講式』を拝読する場合、式導師（同派では特に講式を読誦する導師をそう呼称する）は微音で旋律が付けられた「唄文（三礼如来唄）」を唱える。ここにいう微音とは、発声する自身が聴くことができる程度の音、との口伝が同派にはある。そこに付けられた博士は、西光寺祐俊撰『法流故実条々秘録』第十八条「御私記三礼之頌文幷句切上リ秘伝事、」に記された博士と、やや通底するものがある。

（2）**如来唄**　第四条註（2）、本条註（1）、第五十四条註（18）、第七十一条註（8）参照参照。

「始段唄」「中唄」に同じ文言である。文言は、「如来妙　世間　如来色　一切法常住　是故我帰依」である。これら

「三礼如来唄」を以て、厳儀である「始段唄」の略用とされている。

（3）**散花**　第四条註（2）、本条註（19）（51）、第五十一条補説、第七十一条註（77）参照。

「散華」に同じ。道場で散華する時に唱えられる音曲である。唄師が「唄」の独唱中、散華師が上段の句頭を唱え始める。顕教「散華」と密教「散華」の別がある。特に顕教「散華」は、顕教法要の代表的な法儀である『四箇法要』に用いられることで知られ、呂曲平調と律曲壱越調の、いずれも序曲の音曲がある。「散華」は、上・中・下段の三段で構成される。上段「願我在道場　香華供養仏」は『金剛頂経』、下段「願以此功徳　普及於一切　我等与衆生　皆共成仏道」は『法華経』の文言から採られている。中段は、法要や本尊の違いによって文言が変わる。中・下段とも、文言の最後に「香華供養仏」の句が付く。密教「散華」は、呂曲黄鐘調の序曲である。『弥陀曼荼羅供』に依用される密教「散華」の中段には、「稽首天人所恭敬　阿弥陀仙両足尊　在彼微妙安楽国　無量仏子衆囲繞」の文言が唱えられる。また、魚山における修正会で依用される『六時作法』および『阿弥陀悔過』の「散華」は、上段を略する形で唱えられる。

西本願寺でも、昭和八年の法式改正まで用いられていた。幸雄書写本『声明 呂律』にある「散華」は、顕教「散華」の博士による音曲である。中段に上記の『十二礼』の文言が記されている。幸雄書写本以降、西本願寺で用いられた「散華」中段の文言には変遷がある。即ち、三冊本『声明品 前集』には「散華荘厳浄光明　荘厳散華以為帳　散諸雑華遍十方　供養一切諸如来」（『華厳経』「賢首菩薩品」なるも、文言に同異がある。第五十一条参照）、安政本『声明品集』巻四には呂律両曲とも「願以此功徳　平等施一切　同発菩提心　往生安楽国」（善導撰『観経疏』）、『龍谷唄策』『梵唄集』には呂律両曲とも「誓願荘厳清浄土　見聞歓喜証無為　衆等回心皆願往　手執香華常供養」（善導撰『浄土法事讃』）となっている。いずれも、顕教「散華」の博士が付けられている。前後するが、『龍谷唄策』乾巻所収の『光明唱礼』には、上段・下段を略した「散華荘厳浄光明　荘厳散華以為帳　散諸雑華遍十方　供養一切諸如来　香華供養仏」の文言による呂曲壱越調の「散華」を載せる。博士は顕教「散華」に同様である。

（4）**梵音**《ぼんのん》　第七十一条註（64）参照。

『四箇法要』に用いられる、律曲平調の序曲である。「散華」に続いて唱えられる。上段と下段で構成された音曲で、上段は「十方所有勝妙華　普散十方諸国土　是以供養釈迦尊　是以供養諸如来」、下段は「出生無量宝蓮華　其華色相皆殊妙　是以供養大乗経　是以供養諸菩薩」で、『八十華厳経』「賢首菩薩品」の文言に依る。ところで『四箇法要』は、「唄」「散華」「梵音」「錫杖」の四曲を中心に構成された法儀である。『続日本紀』に記される、天平勝宝四（七五二）年に厳修された、東大寺大仏の開眼供養で用いられたことはよく知られるところである。その他、延暦十三（七九四）年に勤められた、比叡山延暦寺の根本中堂落慶供養などでも依用された。こうした慶事の法要において、『四箇法要』とともに論義法要が伴った。

「梵音」は三冊本『声明後集　梵唄品彙』坤巻に掲載されていて、原曲のままである。安政本『声明品集』巻四に至って、上段の「是以供養諸如来」が「是以供養弥陀尊」に、下段の「是以供養諸菩薩」が「是以供養弥陀尊」に、文言がそれぞれ改められている。これは『龍谷唄策』乾巻所収の『四箇法用』も同様である。西本願寺において、『四箇法要』の名目でこの法儀が用いられるのは、第二十一世・明如の時代からであろう。少しく整理しておくならば、幸雄書写本には「始段唄」「散華」が収録されるも、「梵音」と「錫杖」は見られない。三冊本に至って「梵音」が見え、安政本に「九条錫杖」（本条・五参照）の博士が付けられた「願生偈」が掲載されている。この、錫杖の博士が付けられた「願生偈」を受けて、『龍谷唄策』の『四箇法用』では、「三条錫杖」の博士を付けた「願生偈」が編まれたと考えられる。そして明如在世時代の明治九（一八七六）年、宗祖親鸞に「見真大師」の大師号が宣下され、その翌年に厳修された諡号法会、また同十五（一八八二）年には、本願寺第八世・蓮如に「慧燈大師」の大師号が宣下され、同十七年に厳修された諡号法会に至って、それぞれ『四箇法要』が勤められている。同二十四年に勤められた顕如上人三百回遠忌法要でも、『四箇法要』を用いて厳修された。

（5）**錫杖**　第四条註（1）、本条註（52）、第五十三条註（7）、第六十条註（2）、第八十五条註（18）参照。
『四箇法要』の配列として、「唄」「散華」「梵音」に続く音曲で、後記される「三条錫杖」がそれである。「錫杖」曲

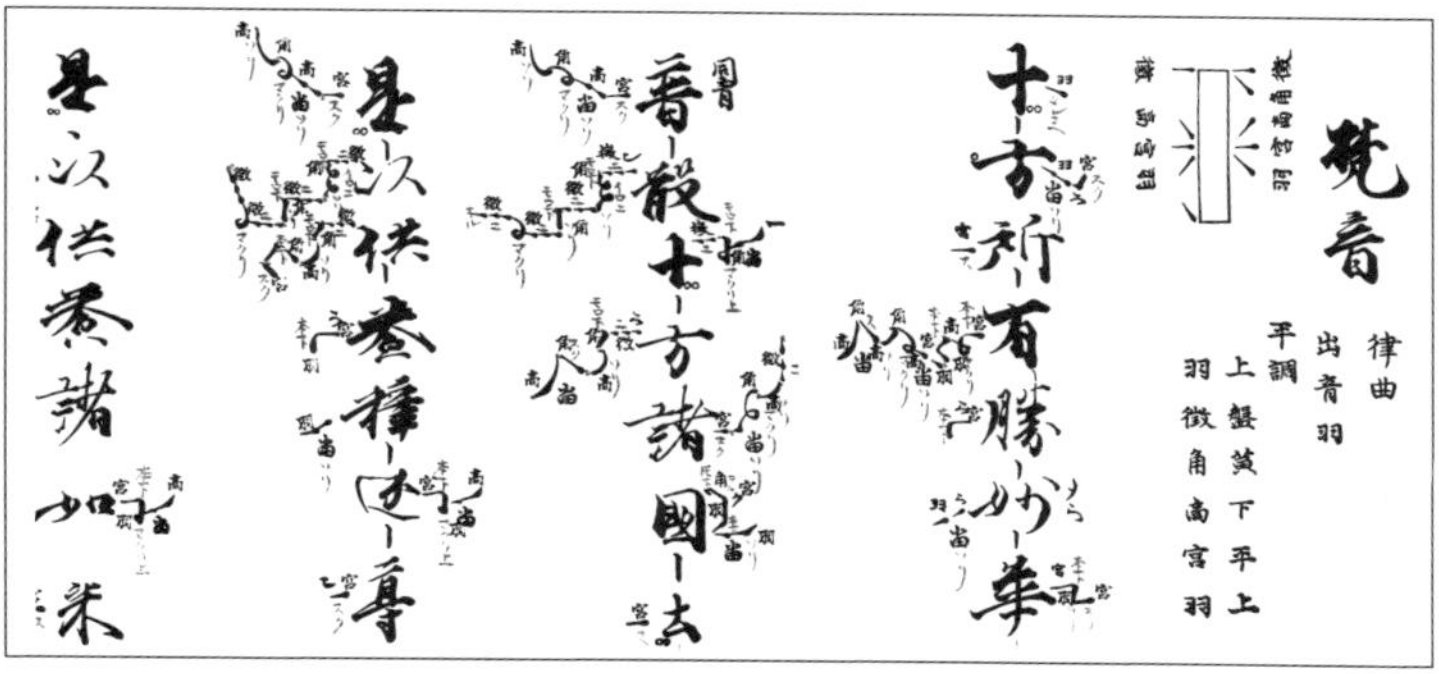

「梵音」（『魚山六巻帖』宗淵版）

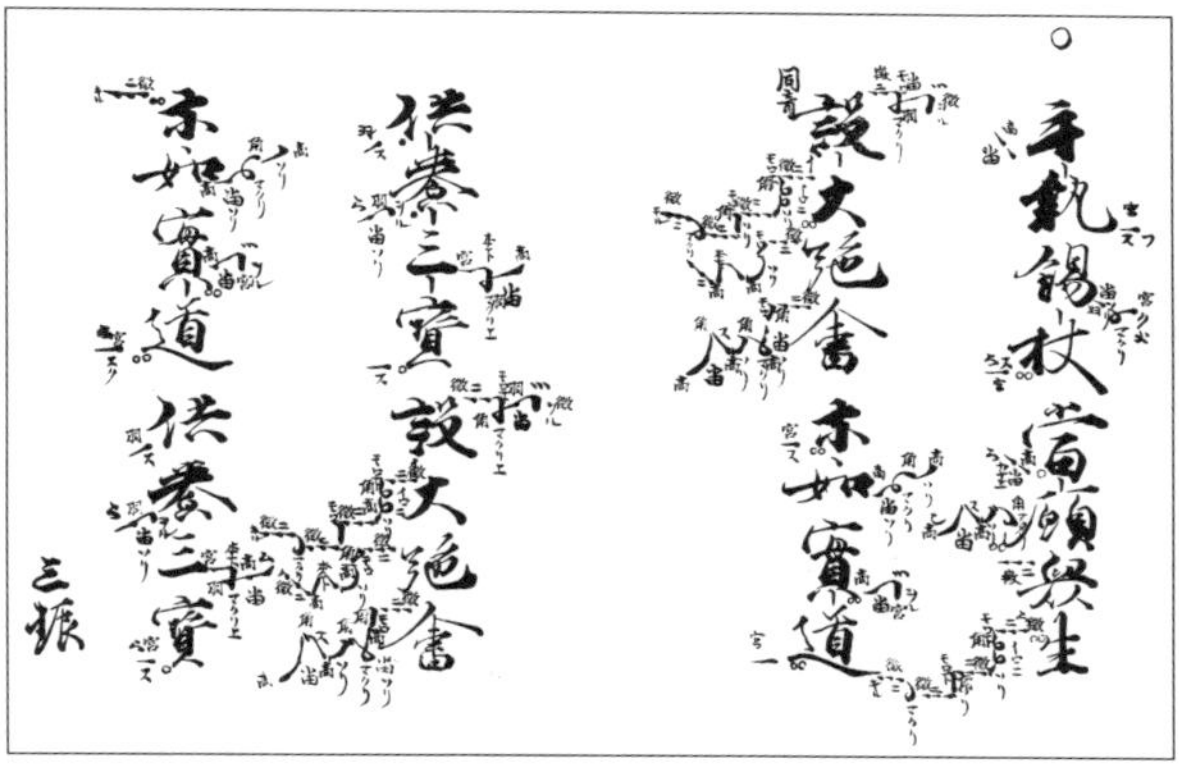

「三条錫杖」（『魚山六巻帖』宗淵版）

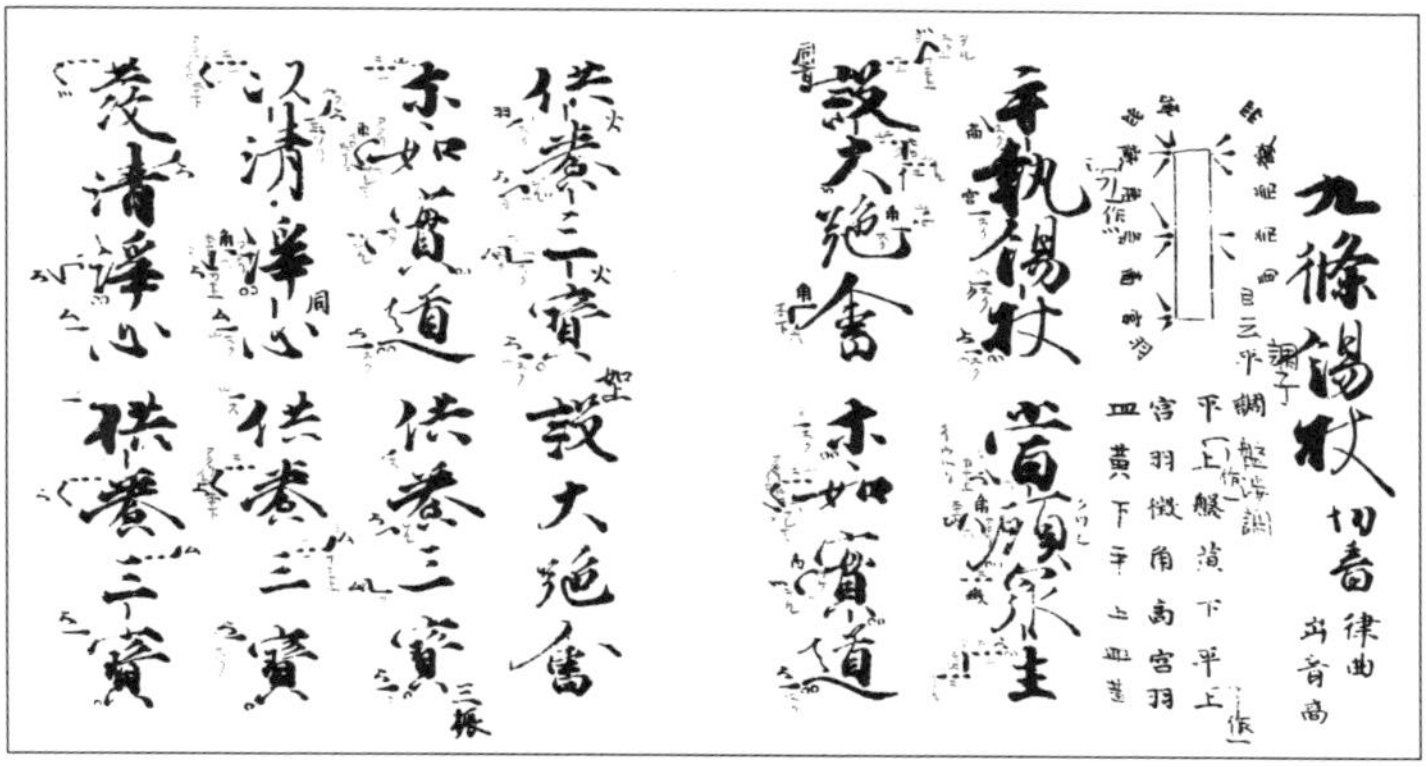

「九条錫杖」（『魚山六巻帖』宗淵版）

には、「三条錫杖」と「九条錫杖」がある。また、旋律を伴う「九条錫杖」には、「長音九条錫杖」（第四条註（1）（2）参照）と「切音九条錫杖」がある。前者は「五箇大曲」の一つに位置付けられる秘曲で、後者は「切音」と冠するも「長音」に対する「切音」であり、『法華懺法（切音）』の巻末にある「九条錫杖」とは別であることを注意せねばなるまい。「切音九条錫杖」は律曲黄鐘調の破曲で、『摂大毘盧遮那成仏神変加持経入蓮華胎蔵海会悲生曼荼攞広大念誦儀軌供養方便会（摂大儀軌）』を出拠とする。この音曲に現れる複合旋律型「当リ・イロ・本下《ほんおり》」を「錫杖下」（第四十六条註（12）参照）、「当リ・イロ・片下・押出《おしだし》」を「錫杖回シ」とそれぞれ呼んでいる。ちなみに、西本願寺の現行法儀『讃弥陀偈作法』中、「回向句」に「錫杖下」の旋律型が見られる。また「切音九条錫杖」は、「願生偈」の原曲である。文言は、以下九章から成る。①平等施会段「手執錫杖　当願衆生　設大施会　示如実道　供養三宝　設大施会　示如実道　供養三宝」、②信発願段「以清浄心　供養三宝　発清浄心　供養三宝　願清浄心　供養三宝」、③六道知識段「当願衆生　作天人師　虚空満願　度苦衆生　法界囲繞　供養三宝　値遇諸仏　速証菩提」、④三諦修習段「当願衆生　真諦修習　大慈大悲　一切衆生　俗諦修習　大慈大悲　一切衆生　一乗修習　大慈大悲　一切衆生　恭敬供養　仏宝法宝　僧宝一体三宝」、⑤六道化生段「当願衆生　檀波羅蜜　大慈大悲　一切衆生　尸羅波羅蜜　大慈大悲　一切衆生　羼提波羅蜜　大慈大悲　一切衆生　毘梨耶波羅蜜　大慈大悲　一切衆生　禅那波羅蜜　大慈大悲　一切衆生　般若波羅蜜　大慈大悲　一切衆生」、⑥捨悪修善段「当願衆生　十方一切　無量衆生　聞錫杖声　懈怠者精進　破戒者持戒　不信者令信　慳貪者布施　瞋恚者慈悲　愚痴者智慧　驕慢者恭敬　放逸者摂心　具修万行　速証菩提」、⑦邪道遠離段「当願衆生　十方一切　邪魔外道　魍魎鬼神　毒獣毒龍　毒虫之類　聞錫杖声　催伏毒害　発菩提心　具修万行　速証菩提」、⑧悪趣解脱段「当願衆生　十方一切　地獄餓鬼畜生　八難之処　受苦衆生　聞錫杖声　速得解脱　或癖二障　百八煩悩　発菩提心　具修万行　速証菩提」、⑨発願回向段「過去諸仏　執持錫杖　已成仏　現在諸仏　執持錫杖　現成仏　未来諸仏　執持錫杖　当成仏　故我稽首　執持錫杖　供養三宝　故我稽首　執持錫杖　供養三宝」。この音曲の趣旨は、錫杖という法具を振ると、発せられる音に特別な呪力があるとされる。その呪力によって、衆生を覚りへと導かんと願って唱えられる音曲である。密教法儀である『光明供錫杖』において、「錫杖」の讃頭を独唱する錫杖師は、錫杖を保持しながら唱える。

（6）**如来呪願文**　第七十一条註（12）、第八十条補説、第八十一条註（17）参照。

ここに記される「如来呪願《しゅがん》文」については、出拠が『涅槃経』であることと、この目録に列記される音曲の配列が「大懺悔」「小懺悔」「日中偈」「晨朝」「後夜」「半夜」「初夜」「黄昏」「通戒偈」と続くことから、『例時作法』の音曲が列記されている。従って、同作法に見える「無常偈」のことを、そう呼称しているものとも考えられる。即ち、「諸行無常　是生滅法　生滅滅已　寂滅為楽」「如来証涅槃　永断於生死　若有至心聴　常得無量楽」であり、いずれも、曇無讖訳『涅槃経』第十四および第二十二に見える文言である。もっとも、「無常偈」を「呪願文」の一つとして位置付けられるかどうかは、今のところ断定はできないことを書き添えておく。

そもそも呪願とは、法会の願主・施主に代わって仏を讃歎し、法会の主旨を述べることをいう。式衆上臈が呪願師を務める。導師が「乞呪願（呪願を乞う）」という偈文を唱えた後、呪願師が仏を讃歎して法要の主旨と祈願を述べる文言である。一例を挙げるならば、『声明懺法』では、調声（導師）が「敬礼常住三宝歎仏功徳」と唱えた後、呪願師が呪願詞「容顔甚奇妙　光明照十方　我過曽供養　今復還親近　聖主天中天　迦陵頻伽声　哀愍衆生者　我等今敬礼（『法華経』文）」を唱える。あるいは修正会で修される『六時作法』や『阿弥陀悔過』では、通呪願文（『台門行要抄』）とされる「三宝徳海　不可思議　恒沙劫中　讃揚難尽」の偈文が唱えられている。呪願の心得として、願主・施主の所願を丁重に扱うが故に呪願師を立てるとされ、願主・施主の代わりに呪願詞を唱えるのであり、声高らかに唱えるにおよばず、静かに唱えるを良しとされる。

（7）**大懺悔**　第五十五条註（1）（2）、第六十七条註（3）、第七十一条註（73）参照。

「おおいさんげ」「おいさんげ」などと読む。『例時作法』『六時作法』『阿弥陀悔過』の各法儀中にある音曲である。中山玄雄師手沢本『法華懺法・例時作法（例懺本、刊本）』には、「決定毘尼経文」と註記されている。同経および『大乗三聚懺悔経』から採られた文言を用いる。『声明例時』のそれは律曲平調で、序曲と急曲で構成された倶曲である。緩やかな序曲部分が続き、途中から急曲となる。そして、再び序曲となって終わる音曲である。文言は、「至心懺悔
如是等　一切世界　諸仏世尊　常住在世　是諸世尊　当慈念我　憶念我　証知我　若我此生　若我前生　従無始生死以
来　所作衆罪　不自覚知　若自作　若教他作　見作随喜　若塔若僧　若十方僧物　若自取　若教人取　見取随喜　或作
五逆四重　無間重罪　若自作　若教他作　見作随喜　十不善道　自作教他　見作随喜　所作罪障　或有覆蔵　或無覆蔵
応堕地獄　餓鬼畜生　及諸悪趣　辺地下賤　及弥戻車　如是等　所作罪障　今於十方　三世諸仏　慚愧発露　皆悉懺悔
至心発願　願我等従今日　乃至無上菩提　於一切処　常得値遇　普賢文殊　観音勢至　※地蔵菩薩　令我恒得親近　恭敬
供養　発菩提心　永不退転　常生浄処　浄仏国土　断除三障　永離衆難　成無上道」である。安政本『声明品集』巻一に、これをそのまま載せるも、「安政本」所収の同曲には、「地蔵菩薩」の四字がない。あるいは、同時期に書写された写本には「地蔵菩薩」の四字は記されるも、その部分だけ博士が記されていなかったりする。「大懺悔」は、現行法儀にある、律曲「讃仏偈」および律曲「重誓偈」の原曲である。

(8) **小懺悔**　『例時作法』中、「大懺悔」の前にある偈頌。同じく中山玄雄師手沢本『例懺本』には、「菩薩決定経文」と註記されている。文言は、「普為四恩　三有法界　永除三障　礼仏散華」である。また『六時作法』『阿弥陀悔過』では、律曲盤渉調の旋律を付けて唱える。両法儀には、文言の大同小異がある。

(9) **日中偈**　『法華懺法』にある音曲。中山玄雄師手沢本『例懺本』には、「尸迦羅越六方礼経」と註記されている。即ち文言は、「白衆等聴説午時無常偈　人生不精進　喩若樹無根　採華置日中　能得幾時鮮　華亦不久鮮　色亦非常好　人命如刹那　須臾難可保間」である。『往生礼讃偈』にもある、「日中無常偈」に準ずる文言である。『往生礼讃偈』のそれとは、文言に同異がある。

(10) **晨朝**　『法華懺法』にある音曲。同じく中山玄雄師手沢本『例懺本』には、「出曜経　僧祇律」と註記される。文言は、「白衆等聴説寅朝偈　欲得寂滅楽　当学沙門法　衣食繋身命　精麁随衆得　諸衆等今朝白月黒月清浄各誦六念」である。

『往生礼讃偈』中、「平坦（晨朝）無常偈」に準ずる文言である。これも『往生礼讃偈』のそれとは、文言に同異がある。

（11）**後夜**　『法華懺法』にある音曲。同じく中山玄雄師手沢本『例懺本』には、「六十華厳経文」と註記される。即ち、文言は「白衆等聴説後夜無常偈　時光遷流転　忽至五更初　無常念念至　恒与死王居　勧諸行道衆　修道至無余」である。『往生礼讃偈』中、「後夜無常偈」に準ずる文言である。これも『往生礼讃偈』のそれとは、文言に同異がある。

（12）**半夜**　『法華懺法』にある音曲。同じく中山玄雄師手沢本『例懺本』には、「座禅《ママ》三昧経文」と註記されている。文言は、「白衆等聴説中夜無常偈　汝等勿抱臭屍臥　種種不浄仮名身　如得重病箭入体　諸苦痛集安可眠」である。『往生礼讃偈』中、「中夜無常偈」に準ずる文言である。これも『往生礼讃偈』のそれとは、文言に同異がある。

（13）**初夜**　『法華懺法』『例時作法』にある音曲。『往生礼讃偈』中、「初夜無常偈」に準ずる文言である。これも『往生礼讃偈』のそれとは、文言に同異がある。『坐禅三昧経』の文言である。同じく中山玄雄師手沢本『例懺本』には、「僧睡眠経文」と註記されている。即ち、文言は「白衆等聴説初夜無常偈　煩悩深無底　生死海無辺　度苦船未立　云何楽睡眠」である。魚山実光院所蔵・石室静洞手沢本『声明例時』には、呂曲上無調と朱註されている。上無調なる調子は、『声明例時』に見られる特有の調子である。また、魚山来迎院の修正会で依用される『六時作法』所収の「初夜無常偈」は、「白衆等聴説初夜無常偈　煩悩未尽或未除　如観毒蛇倶身苦　辟如交陣両刃間　云何於此楽睡眠」という文言で、「律出律羽為徴帰　本調子呂」と註記される、盤渉調で唱えられる音曲である。

（14）**黄昏**　『法華懺法』『例時作法』にある音曲。『出曜経』を出拠とする。中山玄雄師手沢本『例懺本』には、「又出曜経」（『法華懺法』）、「超日月三昧経」（『例時作法』）と註記されている。文言は「白衆等聴説黄昏無常偈　此日已過　命即衰減　如少水魚　斯有何楽　諸衆等　当勤精進　如救頭燃　但念虚空　無常勤慎　莫放逸」。前半部分は、『法句経』巻上（法救撰・維祇難訳）にある文言に準ずる。石室静洞手沢本『声明例時』には、呂曲上無調と朱註されている。

（15）**通戒偈**　第七十一条註（65）参照。
『法華懺法』『例時作法』にある音曲。「七仏通戒偈」のこと。中山玄雄師手沢本『例懺本』には、『増一阿含経』巻一

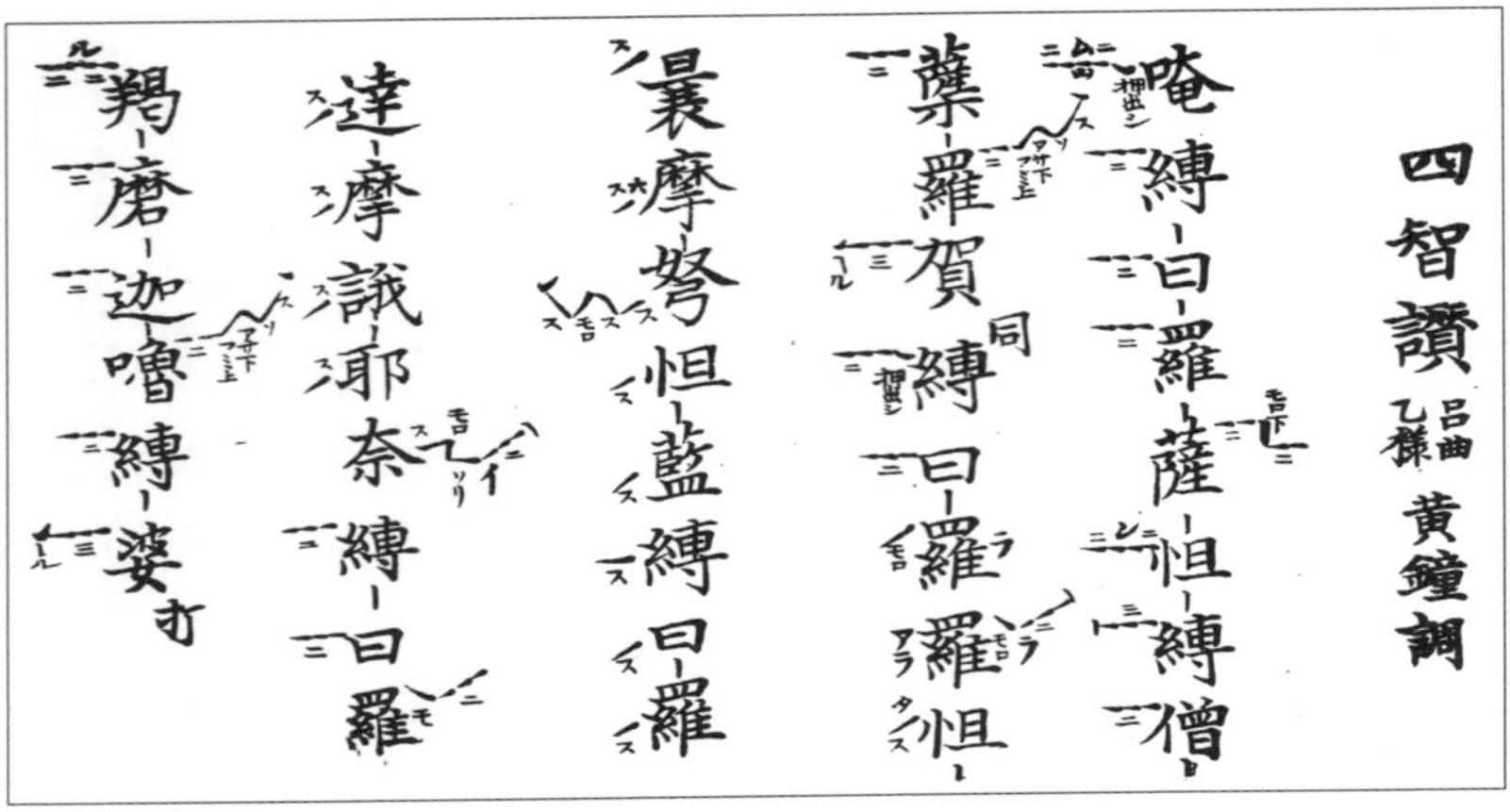

「四智讃梵語」（『声明』多紀道忍編　妙法院蔵版）

を出拠として書き記され、即ち『涅槃経（遊行経）』「梵行品」にある、よく知られる偈頌である。石室静洞手沢本『声明例時』には、呂曲上無調と朱註され、『声明懺法　呂』には、平調と朱註されている。同じく『声明懺法　律』にも、律様を載せる。いずれも破曲である。

(16) **四智梵語讃**　第六十二条註（1）、第八十五条註（16）参照。

「四智讃梵語」に同じ。呂曲黄鐘調および律曲黄鐘調の二様があり、ともに序曲である。また呂曲には、甲乙二様がある。この音曲より以下は、『曼荼羅供』の次第に沿って列挙されている。金剛界の大日如来を讃歎する梵語讃である。四仏（阿閦如来・宝生如来・阿弥陀如来・不空成就如来）の四智（大円鏡智・平等性智・妙観察智・成所作智）の徳を、大日如来の応化身である金剛薩埵（金剛手菩薩）が摂受して讃歎する。「行道讃」とも称して、『曼荼羅供』法要などでは最初に唱えられ、これを唱えながら道場に入り、行道一匝した後に自席に着座する。また伝供のある時は、これを「列讃」と称する。『摂大儀軌』を出拠とする。文言は、「唵縛曰羅　薩怛縛僧蘖羅賀　縛曰羅囉　怛曩摩努怛藍　縛曰羅　達摩誐耶奈　縛曰羅羯磨　迦嚕縛娑」である。幸雄書写本『声明　呂律』および、三冊本『声明品　前集』に「四智讃梵語」が収められている。「四智讃梵語」は、浄土宗や曹洞宗などにも広く伝えられた音曲で、真宗佛光寺派では現在も御正忌報恩講で用いられている。西本願寺へは、寂如の先代である第十三世・良如の時代に伝えられており、西本願寺に伝えられた魚山声明としては先行的な音曲である。即ち、寛永十三（一六三六）年に厳修された、御影堂落慶法要で初めて用いられた。また「四智讃梵語」は、現行法儀『大師影供作法』で依用される「五眼讃」（第六十二条註（1）、第七十一条註（45）参照）の原曲である。三冊本『声明後集　梵唄品彙』乾巻および、安政本『声明品集』巻三に「五眼讃」が掲載されている。「安政本」には、呂律両曲を載せる。

(17) **同漢語**　第十条註（7）、第五十四条註（4）、第七十一条註（50）、第八十五条註（17）参照。

「着座讃」ともいう。「列讃」に引き続き、式衆が道場の自席に着座してこれを唱える。「四智讃梵語」を漢訳した詞章の音曲である。呂曲黄鐘調と律曲下無調の両曲が存在する。『金剛頂瑜伽中略出念誦経』巻四にある、「金剛薩埵摂受故　得為無上金剛宝　金剛言辞歌詠故　願成金剛勝事業」の文言に依る。

『龍谷唄策』『梵唄集』には、『大師影供』（梵唄集では『大師影供作法』）中、「列讃」に相当する「五眼讃」に続いて「着座讃」を載せる。西本願寺においては、幸雄書写本『声明　呂律』にも見えるように、寂如の時代から伝えられていた音曲である。これは西本願寺に伝えるに当たって、幸雄が新たに『般舟讃』の文言に改めたのであろう。また、三冊本『声明品　前集』および、安政本『声明品集』巻三にも掲載されている。幸雄書写本と「安政本」には、呂律両曲を載せる。

(18) **云何唄**　第四条註（2）、第七十一条註（76）参照。

主に密教法要で用いられる「唄」である。呂曲黄鐘調なるも諸説あり、中山玄雄師の説には双調または下無調との伝承もある。『龍谷唄策』坤巻および『梵唄集』中、『五会念仏略法事讃（旧五会念仏作法）』には「云何梵」という表題で「長寿唄」を収める。即ちこの法儀は、法照撰『浄土五会念仏略法事儀讃』原文のテキストに沿って編まれたものである。原文の初めの部分に、「云何が梵なるや　涅槃経に依る（云何梵　依涅槃経）」と記され、そこから「長寿唄」と「云何唄」の文言が併記される。『龍谷唄策』では、「長寿唄」に引き続いて、「衆僧唱云」と次第が記され、呂曲の「後唄」に準じた博士が付けられた「云何唄（略唄）」が載せられている。この、所謂「略唄」も『龍谷唄策』が初出であり、園部覚秀の作譜によるものであろう。安政本『声明品集』巻四には、「長寿唄」「云何唄」と同じ文言による「云何偈」が載せられる。これは、『龍谷唄策』以前の興正寺所蔵の書写本などに見える、さらに古い法儀である『五会念仏略法事讃』の音曲である。

(19) **散華**　本条註（3）、第五十一条参照。

ここに列記されている順序から、これは密教「散華」を指しているのであろう。「三摩地儀軌」とは『金剛頂三摩地法』のことで、中段の文言がこれに当たる。文言は、「帰命毘盧遮那仏　身口意業遍虚空　演説如来三密門　金剛一乗甚深教」。

(20) **対揚**　第七十一条註（72）参照。

「散華」に引き続いて、散華師がこれを発音する。律曲下無調の破曲で、大衆は同じ文言を取次第で唱える。「対揚」の原意は、如来の説法場において大衆の代表者である「対告衆」が法を聴いて問答し、仏意を発揮することという。音曲としてのそれは、文言の内容が願文となっている。「対揚」には顕教「対揚」と密教「対揚」があり、ここに列記されているのは密教「対揚」であろう。文言は「南無法界道場真言教主遮那尊　令法久住利有情　天衆地類倍増威光　慈覚大師成正覚　過去聖霊成菩提　聖朝安穏増長宝寿　天下安穏万民豊楽　護持仏子除業障　伽藍安穏興正法　所願成弁金剛手」である。顕教「対揚」は、「南無鷲峯山中一乗教主釈迦尊」と句頭が異なり、終句は「所願成弁観自在尊」となる。終句の最後三字に至って、律曲下無調からこの音曲の前に配置される「散華」と同じ呂曲黄鐘調に転調する。これを「帰呂」と呼んでいる。

(21) **供養文**　第四条註（1）、第四十九条註（10）、第七十一条註（27）参照。

ここに配列されるのは、「対揚」に引き続いて唱えられる「供養文」で、呂曲黄鐘調である。『曼荼羅供』において、「供養文」の次に唱えられる「唱礼」を発音する唱礼師がこれを唱える。いうまでもなく、ここでは密教用の音曲を記しているのであろう。「五箇大曲」に数えられる『長音供養文』は、これの秘曲（厳儀）である。『観仏三昧海経』「念十方仏品」を出拠とし、文言は「一切恭敬　敬礼常住三宝　是諸衆等　人各胡跪　厳持香華　如法供養　願此香華雲遍満十方界　供養一切仏　化仏幷菩薩　無数声聞衆　受此香花雲　以為光明台　広於無辺界　無辺無量作仏事　供養已一切恭敬」である。「無辺無量作仏事」の一句のみ、同音となる。「供養文」の文言は、法儀によって文言の異同がある。顕教法要に用いる『法華懺法（声明懺法）』、魚山の修正会に用いる『六時作法』『阿弥陀悔過』のものなど、それぞれの「供養文」は冒頭と最後部分は同じであるが、中間の文言が若干異なる。『六時作法』『阿弥陀悔過』の「供養文」は、『声明懺法』に付けられている博士とも異なる。明治十一（一八七八）年に発刊された、西本願寺依用の園部覚秀章譜『阿弥陀懺法』の「供養文」も、文言に相違がある。あるいは、天台真盛宗で用いられている『阿弥陀懺法』も、西本願寺のものとは相違する。安政本『声明品集』巻四には、切音『法華懺法』にある「供養文」をそのまま載せる（「及一切天仙」のみ、「安政本」は「天僊」と表記）。また、密教用の「供養文」は、『龍谷唄策』乾巻中、『光明唱礼』に同じものを掲載している。これの文言を若干略した音曲が、真宗佛光寺派において用いられている。

（22）**胎唱礼**　本条註（27）、第六十七条註（4）参照。

『胎蔵界曼荼羅供』に用いる「唱礼」である。胎蔵界における諸仏・諸菩薩・諸天の名号を唱える呂曲黄鐘調の破曲である。文言は、「南無清浄法身毘盧遮那仏　南無東方宝幢仏　南無南方華開敷仏　南無西方無量寿仏　南無北方天鼓雷音仏　南無東南方普賢菩薩摩訶薩　南無西南方文殊師利菩薩摩薩　南無阿利耶阿薩羅那吒菩地薩埵縛耶摩訶薩埵縛耶南無大小自在十二宮天諸宿曜等　一切権現等　南無三部界会一切仏菩薩等」である。天台宗における現行の『胎蔵界曼荼羅供』では、「三部界会」が略されている。

三冊本『声明後集　梵唄品彙』坤巻、安政本『声明品集』巻四所収、「三宝礼」（第六十七条註（4）参照）の原曲である。「三宝礼」は、『龍谷唄策』乾巻所収『三宝唱礼』にも載せる。

（23）**九方便**　本条註（28）、第六十四条註（2）、第八十二条註（3）参照。

『胎蔵界曼荼羅供』『灌頂会』など、胎蔵界の修法に用いられる音曲である。呂曲黄鐘調の急曲であるが、最後部分で序曲となるので、倶曲である。「九方便」の拍子については、本曲拍子（四分三重）・中音拍子・四分全拍子・切音拍子の四種があるとされる。『胎蔵界曼荼羅供』では、「唱礼」に続いて唱えられる。『大毘盧遮那成仏神変加持経（大日経）』「増益品」を出拠とする。第一「作礼方便」、第二「出罪方便」、第三「帰依方便」、第四「施身方便」、第五「発願方便（発菩提心方便）」、第六「随喜方便」、第七「勧請方便」、第八「奉請方便（奉請法身方便）」、第九「回向方便」から成る。文言は、①「帰命十方正等覚　三世一切具三身　帰命一切大乗法　帰命不退菩提心　帰命諸明真実言　帰命一切諸密印　以身口意清浄業　慇懃無量恭敬礼　帰命頂礼大悲毘盧遮那仏」、②「我由無明所積集　身口意業造衆罪　貪欲恚痴覆心故　於仏正法賢聖僧　父母二師善知識　以及無量衆生所　無始生死流転中　具造極重無尽罪　親対十方現在仏　悉皆懺悔不復作　帰命頂礼大悲毘盧遮那仏」、③「南無十方三世仏　三種常身正法蔵　勝願菩提大心衆　我今皆悉正帰依　帰命頂礼大悲毘盧遮那仏」、④「我浄此身離諸垢　及与三世身口意　過於大海刹塵数　奉献一切諸如来　帰命頂礼大悲毘盧遮那仏」、⑤「浄菩提心勝願宝　我今起発済群生　生苦等集所纏身　及与無知所害身　救摂帰依令解脱　常当利益諸含識　帰命頂礼大悲毘盧遮那仏」、⑥「十方無量世界中　諸正遍知大海衆　種種善巧方便力　及諸仏子為群生　諸有所修福業等　我今一切尽随喜　帰命頂礼大悲毘盧遮那仏」、⑦「我今勧請諸如来　菩提大心救世者　唯願普於十方界　恒以大雲降法雨　帰命頂礼大悲毘盧遮那仏」、⑧「願令凡夫所住処　速捨衆苦所集身　当得至於無垢処　安住清浄法界身　帰命頂礼大悲毘盧遮那仏」、⑨「所修一切衆善業　利益一切衆生故　我今尽皆正回向　除生死苦至菩提　帰命頂礼大悲毘盧遮那仏」である。

三冊本『声明後集　梵唄品彙』坤巻および安政本『声明品集』巻一に収録されている「文讃」（第六十四条註（1）参照）は、善導撰『浄土法事讃』の文言に、「九方便」の博士が付けられたものである。また、西本願寺の現行法儀『上宮太子会作法』中、「太子奉讃」の原曲でもある。「太子奉讃」は、『龍谷唄策』乾巻所収の『太子講』にある「大悲段」（第七十一条註（23）参照）に付けられた博士をさらに転用したものといえよう。あるいは、同『光明唱礼』中に

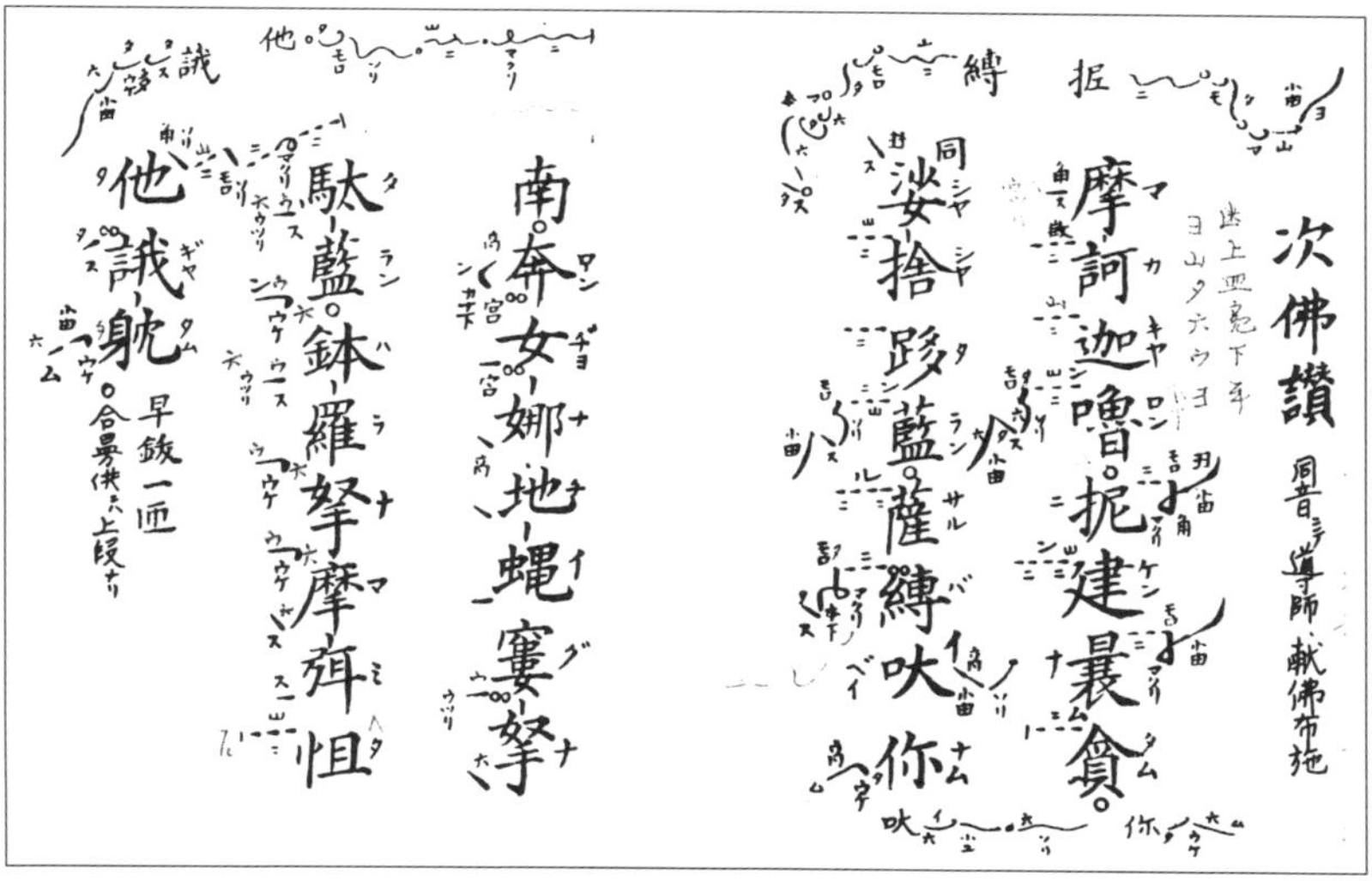

「仏讃」（『曼荼羅供音用』）

ある「懺悔」も、「九方便」の博士が付けられた音曲である。文言は、『往生礼讃偈』の「略懺悔」を用いている。

（24）**大讃**　本条註（20）参照。

『胎蔵界曼荼羅供』の本尊讃で「大日大讃」と称し、『灌頂会』などでも唱えられる。『大毘盧遮那成仏神変加持経蓮華胎蔵菩提幢標幟普通真言蔵広大成就瑜伽（広大儀軌）』・『大日経』巻七・『金剛頂経』巻四などを出拠とする。上下二段から成る、長行の梵語讃である。律曲下無調の急曲である。下段の最後部分に至って、呂曲黄鐘調に転調する。即ち、「対揚」にも見られる「帰呂」のことである。

もっとも現行の「大讃」は、上段のみを唱えることが多いようである。以て『胎蔵界曼荼羅供』においては、「九方便」が呂曲黄鐘調で唱えられた後、「大讃」に移る。「大讃」は律曲下無調なので、「九方便」の調子から転調したことになる。そして本曲の終結部に至って、「九方便」の調子である呂曲黄鐘調に戻るのである。

（25）**仏讃**　本条註（45）、第六十三条註（4）、第六十八条参照。

『胎蔵界曼荼羅供』『合行曼荼羅供』『灌頂会』などに用いられる。上下二段から成る律曲下無調の音曲であるが、下段は呂曲黄鐘調に転調する。「法讃」「僧讃」とともに、三宝を讃歎する「三宝讃」の一つである。また、「三宝讃」に「蓮華部讃」と「金剛部讃」を加えて、「五讃」の一つにも数えられている。以て「仏讃」は、如来を讃歎する音曲である。『広大儀軌』を出拠とする梵語讃で、文言は「摩賀迦嚕抳建　曩貪　娑捨路藍　薩縛吠你南　奔女娜地蠅窶拏駄藍　鉢羅拏摩弭怛他誐耽」で、下段は「吠你南　奔女娜地蠅窶拏駄藍　鉢羅拏摩弭怛他誐耽」を繰り返す。三冊本『声明品　前集』には、上段が収められている。

三冊本『声明後集　梵唄品彙』乾巻および、安政本『声明品集』巻三に収録されている、「勧帰讃」の原曲である。「仏讃」は、現在も真宗佛光寺派で用いられている。また、真宗高田派でも用いられていた。

(26) **普賢経《ママ》**　第四条註（1）参照。

「普賢讃」の誤記と考えられる。「普賢菩薩行願讃」と称する。『四十華厳経』末尾にある偈文の梵語讃である。上中下の三段から成る、序曲から始まり急曲四分全拍子に推移する倶曲で、長大な音曲である。往古は伝授物とされ、最秘曲に数えられていたという。この音曲も、曲中に羽反音がある。急曲部分は呂曲黄鐘調であるが、途中にある序曲部分は律曲下無調に転調する。これは、呂曲の羽音を律曲の宮音とすることなので羽反音という。中下の各段では、句頭が律曲下無調（呂の商を律の角とする）で、同音となりしばらくして呂曲黄鐘調に反音する。

(27) **金唱礼**　本条註（22）参照。

『金剛界曼荼羅供』で用いる「唱礼」である。旋律は「胎唱礼」に同様であるが、文言が異なる。即ち、「南無常住三世浄妙法身金剛界毘盧遮那仏　南無堅固自性身阿閦仏　南無福徳荘厳聚身宝生仏　南無受用智慧身阿弥陀仏　南無作変化身釈迦牟尼仏　南無四波羅密菩薩摩訶薩　南無十六大菩薩摩訶薩　南無八供養菩薩摩訶薩　南無四摂智菩薩摩訶薩　南無金剛界一切仏菩薩等」。

(28) **五悔**　本条註（23）参照。

『金剛界曼荼羅供』『金剛界灌頂』などに用いられる。「九方便」に準ずる博士が付けられている。急曲と序曲を兼ね備えた、呂曲黄鐘調の倶曲である。法儀の違いによって、用いる拍子が変わってくる。『曼荼羅供』では、全般にわたって四分全拍子を用いるのを本義とするも、現行では句頭は四分全拍子、同音より切音拍子を用いる。『灌頂会』『御修法』では、中音拍子を用いるのを本義としている。『観自在菩薩如意輪念誦儀軌』『金剛頂蓮華部心念誦儀軌』を出拠とする。①「作礼」、②「懺悔」、③「随喜」、④「勧請」、⑤「発願」の五段から成る。文言は①「帰命十方一切仏（正等覚）最勝妙法菩提衆　以身口意清浄業　殷勤合掌恭敬礼　帰命頂礼大悲毘盧遮那仏」、②「無始輪廻諸有中　身口意業所生罪　如仏菩薩所懺悔　我今陳懺亦如是　帰命頂礼大悲毘盧遮那仏」、③「又応深発歓喜心　随喜一切福智聚　諸仏菩薩行願中　金剛三業所生福　縁覚声聞及有情　所集善根尽随喜　帰命頂礼大悲毘盧遮那仏」、④「復観諸仏座道場　既身各請転法輪　一切世燈座道場　覚眼開敷照三有　我今胡跪先勧請　転於無上妙法輪　所有如来三界主　臨般無余涅槃者　我皆勧請令久住　帰命頂礼大悲毘盧遮那仏」、⑤「懺悔随喜勧請福　願我不失菩提心　諸仏菩薩妙衆中　常為善友不厭捨　離於八難生無難　宿命住智相厳身　遠離愚迷具悲智　悉能満足波羅蜜　富楽豊饒生勝族　眷属広多恒熾盛　四無碍弁十自在　六通諸禅悉円満　如金剛幢及普賢　願讃迴向亦如是　帰命頂礼大悲毘盧遮那仏」である。「唱礼」に続いて、唱礼師がこれの句頭を発音する。「作礼」「懺悔」「発願」のみを唱えることを、「三悔」と呼ぶ。「作礼」の句頭の文言が台密の法流によって異なる。法曼流・三昧流では「帰命十方一切仏」となり、穴太流・西山流では「帰命十方正等覚」となる。

(29) **百字讃**　『金剛界曼荼羅供』『合行曼荼羅供』に用いる梵語讃。呂曲黄鐘調の急曲である。『金剛頂大教王経』巻下、『金剛頂略出念誦経』第二、『如意輪瑜伽法要』を出拠とする、百字から成る金剛薩埵の加護を得て所願を成就するための音曲である。四分全拍子で唱える急曲で、呂曲黄鐘調である。伝では、中曲であるともいわれる。

(30) **百八讃**　「百八名讃」、あるいは「一百八名大金剛吉祥無上勝讃」とも称する、比較的長行の梵語讃である。呂曲黄鐘調の倶曲である。序曲で唱え始めて、途中から四分全拍子の急曲となり、最後の一行で序曲となって緩やかに終わる。本曲は特に、円仁相伝の音曲と伝えられている。『金剛界曼荼羅供』、金剛界の『灌頂会』などで用いられる。『金剛峯楼閣一切瑜伽瑜祇経』巻下「吉祥成就品第九」、『金剛頂蓮華念誦儀軌』を出拠とする。金剛界曼荼羅の成身会（根本会ともいう中心部分）の百八尊（五仏・四波羅蜜菩薩・十六大菩薩・八供養菩薩・四摂菩薩、賢劫十六菩薩、外金剛部の二十天、五頂輪王、十六執金剛、十波羅蜜菩薩、地水火風の四大神）の威徳を讃歎する音曲。上段は序曲で始まり、中段に至って四分全拍子に推移し、下段では切音拍子となる。

（31）**諸天讃漢語**　第六十一条註（5）参照。

「諸天讃」とも称し、呂曲黄鐘調と律曲下無調の二種類が存在する。『大雲輪請雨経』『仏母大孔雀明王経』を出拠とする。上段「勧請段」・中段「供養段」・下段「発遣段」の三段から成る。文言は、上段「天阿素羅薬叉等　来聴法者応至心　擁護仏法使長存　各々勤行世尊教　諸有聴徒来此至　或在地上或居空　常於人世超慈心　日夜自身依法住」、中段「願諸世界常安穏　無辺福智益群生　所有罪業並消除　遠離衆苦帰円寂」、下段「恒用戒香塗瑩体　常持定服以資身　菩提妙華遍荘厳　随所住所常安楽」である。曲調の違いによって、用いられる法儀も異なる。呂曲は『灌頂会（取水作法など）』『大般若転読会』『地鎮作法』『灌仏会』などに用いられる。律曲は『灌頂会』の「胎蔵界密印伝法」や「護摩供」などで用いられる。どちらも四分全拍子の急曲であるが、律曲の方は序曲で現在は唱えられている。魚山実光院所蔵石室静洞手沢本・宗淵版『六巻帖』に記入された朱註には、「拍子物之序曲ニ唱ハ否ナレドモ当時ノ習俗ナレバ且ク其様ニ注ス若拍子ヲ用ヒバ前ノ如ノ楽拍子ナリ又唱法モ準知スベシ」（水原夢江師所蔵の『六巻帖』にも同文が書き記されている）とある。本来、序曲で唱えるべき音曲ではないが、いつの頃からか序曲で唱えられるのが習慣化して、現在に至っているのであろう。安政本『声明品集』巻三には、「諸天讃」が呂律両曲とも全段が同じ文言で掲載されている。同じく「諸仏勧請」も、「諸天讃」の博士が付けられている。また真宗興正派では、「供養段」が現在も用いられている。

（32）**吉慶梵漢《ママ》三段**　「吉慶梵語讃」の誤記。三段から成る梵語讃。律曲下無調の急曲である。『大日経疏』、あるいは『大日経義釈』第六「入曼荼羅具縁真言品」を出拠とする。『六巻帖』に収録された音曲の中では最古のものとも伝え、その原形は三世紀~五世紀にかけて成立したといわれる。灌頂会において、阿闍梨（師匠）が弟子に大日如来の秘法を授けて仏位に登らせる儀式中、阿闍梨が弟子の慶事を讃歎して唱える音曲である。また、釈尊が兜率天から白象となって受胎した内容の文言でもあり、灌仏会でも用いられている。『台門行要抄』には、「諸天讃」に引き続いて「吉慶梵語讃」を唱えるよう次第に記されている。魚山実光院所蔵の『灌仏会法』および幸澄書写本『仏生会』には、これとともに「吉慶漢語讃」を載せている。

(33) **同漢語五段**　「吉慶漢語讃」のこと。五段から成る漢語讃。呂曲黄鐘調の序曲で、一説には壱越調とされる。『金剛頂略出念誦経』を出拠とする。灌頂会において、仏位に登った弟子のために、阿闍梨が讃歎して唱える音曲である。

(34) **御前頌**　第四十七条註（5）参照。法会が終わる時、導師が本尊前に参進して独唱したことから、この名がある。「御前唄」とも称する。『金光明最勝王経』巻五を出拠とする。『二巻抄』中、『仏名（仏名会）』の項にこれが記されている。また、文久三（一八六三）年に園部覚秀章譜によって刊行された『仏名導師作法』の巻末には、「仏名導師略作法者 広法中略除二法用初後 仏名 教化後誓 御前頌等……」と記されている。あるいは明治四十二（一九〇九）年刊、西本願寺第二十一世・明如（大谷光尊）撰『仏会紀要』第一下には、「仏名会」が詳説されている。ここに記される次第を見ると、『仏名導師作法』に記されていることとも符合し、ここでの表記は「御前誦」となっている。

(35) **無常呪願**　本条註（6）参照。「四言偈」「五言偈」など、数種の文言のものがあったようである。ここに註記される「大経」とは、『大般涅槃経』の通称である。

(36) **法華讃嘆**　本条註（53）参照。本条に後記されている「法花ノ讃嘆　光明皇后御作」に同じ。「法華讃嘆」は、真如法親王作との伝承もあるという。真如法親王（高岳親王、七九九—八六五）とは、第五十一代・平城天皇（在位八〇六—〇九）の第三皇子で、「弘法大

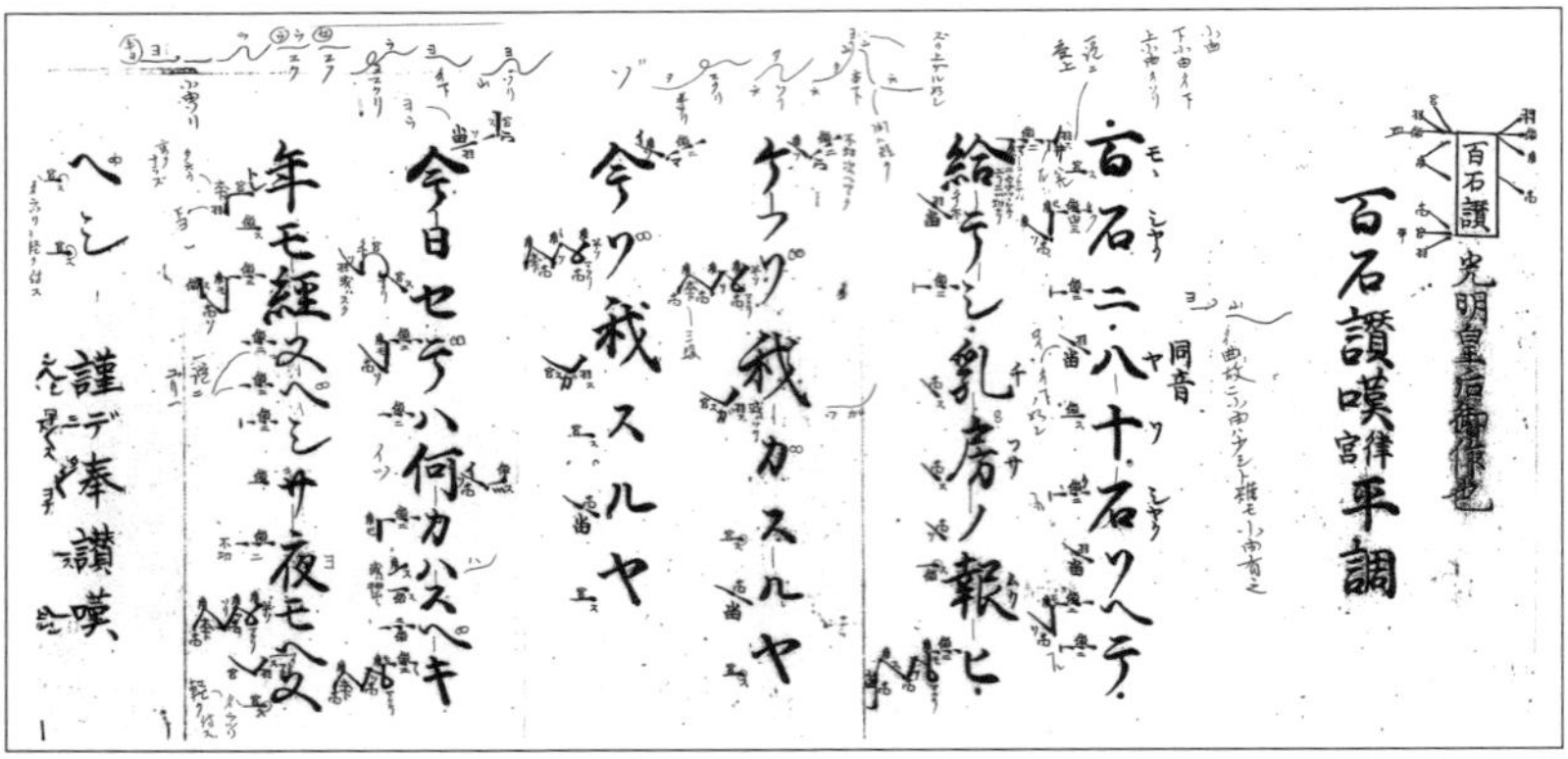

『百石讃嘆』（写本）

師十大弟子」の一人に数えられる真言僧である。入竺求法の途上、羅越国（マレー半島の南端周辺とされる）で薨去したと伝えられる。

（37）**百石讃嘆**　第十八条註（4）参照。

ここには行基菩薩作となっているが、光明皇后（七〇一―六〇）作ともいわれる。「孝養讃嘆」「修正荘厳讃嘆」とも称する。音曲としてのそれは、律曲平調で唱える破曲の和語讃で、譜は円仁の作曲との伝承がある。『心地観経』あるいは、『中陰経』を出拠とする。勝林院に喜淵（第四条註（1）、第五十六条註（1）参照）による写本が所蔵されている。幕末頃から法要に用いられることが途絶えていたようだが、昭和四十五（一九七〇）年、中山玄雄師によって復興された。近年では、大原寂光院で厳修された建礼門院八百年御遠忌法要において、『慈母讃嘆報恩会式』で依用されている。文言は、「百石《ももしゃく》ニ八十《やそ》石《しゃく》ソヘテ給テシ　乳房ノ報ヒ　ケフゾ我ガスルヤ　今ゾ我スルヤ　今日セデハ何《いつ》カハスベキ　年モ経ヌベシ　サ夜モヘヌベシ」である。母親は我が子に百八十石もの母乳を与えて育ててくれたのだという、母親への恩を説いた讃である。水原夢江師の考究によれば、この音曲も往古は修正会に依用されていたという。

（38）**毀形唄**　第四条註（2）、第七十一条註（76）、第八十三条参照。

「出家唄」とも称する。「毀形」とは、「形をこわす」という意味である。得度式・剃髪式において、戒師が受者に剃刀を当てる時、唄師がこ

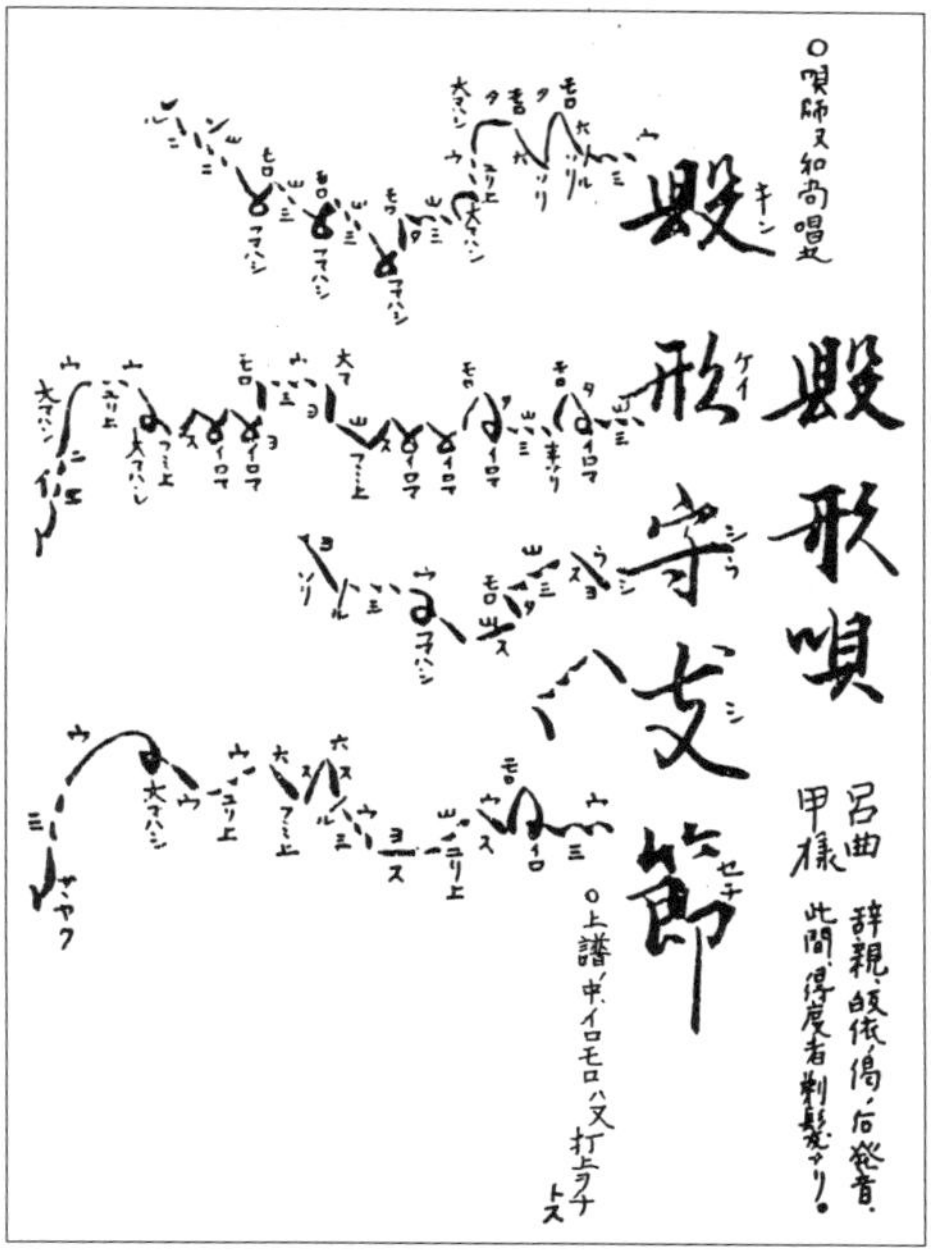

「毀形唄」（『魚山声明全集』）

れを唱える。「云何唄」にほぼ同じ旋律である。幸雄書写本『声明　呂律』にも、「始段唄」「云何唄」とともにこれを収める。往古は本願寺嗣法の得度式において、これが唱えられていたのである。ちなみに東本願寺においても、安永七（一七七八）年書写の奥書を持つ『声明類聚』なる書写本には、魚山声明の由緒や「云何唄」とともに「毀形唄」が記されている。博士は入記されてはいないが、東西分離以前からの伝承を書き記すものとも考えられようが、近年まで東本願寺では新門得度に際して、この時だけ堂衆を魚山へ遣わし、「毀形唄」の習得並びに伝授を受けさせていた。「唄伝授」を受けた堂衆を唄師に立てて、新門の得度式を挙行していたようである。

（39）**例時選《ママ》者のこと**　『例時作法』の編者のことが記されていたのであろうか。中山玄雄師の言説によれば、「『例懺曲（例時作法）』の作者は不明であり、「諸々の綱格は『声明例懺』に準じてよるべし、元は慈覚大師所伝というべきであろう」（『天台声明——中山玄雄大僧正』「例懺解説」二〇〇九）と、中山師の師匠である多紀道忍の説を紹介している。

（40）**甲念仏**　第十一条註（10）、第七十一条註（57）参照。

（41）**乗仏子**　『例時作法』において「大懺悔」を唱え終わった終結部に、「乗仏子」と記される。即ち、「一乗仏子」のことを指し、磬を打った後に「（一）乗仏子」を冠して自身の法名を挿入して唱えることであろう。中山玄雄師手沢本

『例懺本』には、「乗仏子」の傍らに傍線を引いて、「一・・・其甲也」と註記されている。また、梅田圓鈔編『例時作法註解』（比叡山専修院出版部刊　一九三五年）には、「乗仏子　一乗仏子又は念仏乗仏子に通ず」とある。即ち「一乗仏子」とは、最澄が自らの法名の上に冠して用いた、天台僧としての自覚と誇りを込めた自称とされる。

(42) **五念門**　第三十六条註（4）、第五十四条註（9）、第七十一条註（44）参照。

『例時作法』の終結部に唱えられる音曲である。『声明例時』所収の本譜「五念門」は、律曲平調の急曲と序曲で構成された倶曲である。「礼拝門」「讃嘆門」「作願門」「観察門」「回向門」の五段で構成される。特に「礼拝門」は、龍樹撰『十二礼』の文言に相当するが、異なる部分がある。西本願寺では、「礼拝門」のみを独立させて、早くから「十二礼」として汎用されていた。即ち、三冊本『声明後集　梵唄品彙』坤巻および、安政本『声明品集』巻一に収められている。三冊本には「十二礼」と題して「礼拝門」のみを収め、「安政本」には「五念門」と題して、「礼拝門」から「回向門」までの全文を載せる。これは『例時作法』を、そのまま踏襲したのであろう。以て、「安政本」を書写したと考えられる幕末の写本には、「礼拝門」全文を書写し、文末に「回向門」四句のみを加え、「十二礼ノトキハ此四句ヲ除ク五念門ノトキハ我兌《ママ》彼尊ノ四句ヲ除キ此四句ヲ附テヨムベシ」と註記されたものがあり、二通りの読誦法があったことが分かる。文中二ヶ所にある「此四句」とは、「十二礼」として読む時は「回向門」たる「以此礼讃仏功徳　荘厳法界諸有情　臨終悉願往西方　共観弥陀成仏道」を除き、「五念門」として読む時は「我説彼尊功徳事　衆善無辺如海水所獲善根清浄者　願共衆生生彼国」を除いて「以此礼讃仏功徳」以下四句に差し替えるとされる。これは「五念門」読誦に際する、一種の略用なのであろう。そして、『龍谷唄策』坤巻および『梵唄集』にある『浄土三昧法』が、『十二礼』を中心に編まれた法儀である。これらの法儀には『声明例時』にある本譜が用いられていて、四句ごとに「願共諸衆生　往生安楽国」の文言が入る。『龍谷唄策』には「十二礼文」、『梵唄集』には「讃弥陀偈」と、それぞれ異なる表題が付けられている。西本願寺における現行法儀の「十二礼」は、切音の略譜である。また、天台宗においては、『五念門十二礼　念仏回向式』という法儀がある。こちらに付けられている博士は「和讃節」と呼ばれる、所謂、御詠歌の原形ともいえる旋律である。以て、『例時作法』においては、「用否随時」と註記されて、法要の軽重によって略される音曲である。真宗興正派では、現在も本譜の「十二礼」が用いられている。

(43) **大師供**　第四十六条註（1）、第五十六条註（1）参照。

狭義には、円仁が仁寿四（八五四）年に始修したと伝える、天台宗の高祖・天台大師智顗（智者大師、五三八—九七）の忌日に勤められた法儀のことであろう。『天台大師供』は、天台宗の現行法儀である『天台大師御影供』のルーツともいえる法儀である。円仁はこの法儀を制定するに当たり、「祭文（法要の趣旨を述べる諷誦文）」や、数曲の「教化」を著している。『二巻抄』には、『天台大師供』という表題で、「惣礼詞」「勧請」「仏名」の三曲が記されている。また、『天台大師御影供』の中心をなす音曲「天台大師画讃」は、唐の高名な文筆家、顔真卿（七〇九—八五）が詠んだ讃である。天台宗において「画讃」という場合、「天台大師画讃」を指す。「画讃」は調子に諸説あるも呂曲で、讃頭部分は序曲から始まり、同音に入る前には一字四拍（一拍子）となり、同音に入る直前の一字は八拍（二拍子）へ推移する。そして、同音より一字二拍（半拍子）で唱え、各行七字目は四拍で唱える倶曲である。もっとも、『慈恵大師御影供』にも「画讃」という表記はなされてはある。「画讃」という名称は、広義には所謂、『御影供』の中心曲を指すともいえよう。『御影供』には、既に述べた『天台大師御影供』の他、『伝教大師御影供』『慈覚大師影供』『慈恵大師御影供』がある。その他、円珍の『智証大師御影供』もある。

(44) **総礼**　第七十一条註（52）参照。

「総礼詞」のことであろう。「惣礼詞」とも表記される。『御影供』『涅槃会作法（涅槃講式）』『羅漢供式（羅漢勧請、水原夢江師復元による）』などで依用される。『二巻抄』にある『天台大師供』の文言は「大衆諸共奉拝天台大師」で、天台宗の現行法儀たる『天台大師御影供』も同じである。漢文を訓読して唱える音曲である。一例として、『慈覚大師影供』にある「総礼詞」は、「大衆諸共奉拝慈覚大師聖霊」と表記され、それを「大衆もろともに慈覚大師聖霊《しょうりょう》を拝《おが》ん奉《たてまつ》たもうべし」と唱える。中曲壱越調の音曲とされるも、『涅槃会作法』は黄鐘調（実唱は盤渉調）、『羅漢供式』は平調と記され、博士は同じながらも調子に相違がある。安政本『声明品集』巻三には、「礼文」という名称で掲載されている。「礼文」は、現在も真宗興正派で用いられている。

(45) **僧讃**　本条註(25)、第六十二条註(2)(6)参照。

『御影供』や『灌頂会』などの法儀で用いられる、呂曲黄鐘調の梵語讃。『広大儀軌』を出拠とする。文言は「穆訖耽　穆訖底幡他鉢羅跛耽　試乞曬野素弭野婆沙体耽　乞哂怛嚩尾始瑟鴻籰拏刎　曩謎僧健左婆鉢羅嚩跢」。「三宝讃」「五讃」の一つである。三冊本『声明品　前集』には、「法讃」とともに「僧讃」も掲載されている。また、三冊本『声明後集　梵唄品彙』乾巻および、安政本『声明品集』巻三に掲載される「仏吼讃」の原曲である。

(46) **聲明口伝抄**《ママ》　第四十八条註(11)、第四十九条註(1)参照。

『声明口伝集』のこと。

(47) **始段唄**　第四条註(2)、本条註(3)(4)、第七十一条註(76)参照。

(48) **中唄**　第四条註(2)、第七十一条註(76)参照。

(49) **後唄**　第四条註(2)、第三十三条註(3)、第三十五条註(3)、第七十一条註(33)参照。

『法華懺法』『例時作法』をはじめ、さまざまな法儀の終結部で唱えられる音曲である。呂曲平調序曲・律曲平調序曲(以上『声明懺法』、実唱は壱越調)・切音の三様がある。文言は、「処世界如虚空　如蓮華不著水　心清浄超於彼　稽首礼無上尊」で、『超日月三昧経』巻上を出拠とする。宗淵版『六巻帖』には、律曲が収められている。また、『引声阿弥陀経(引声作法)』の終結部にも配されている。魚山所伝の『引声作法』(第四十六条註(12)参照)にある「後唄」は、呂曲下無調とされる。あるいは、「対馬後唄」と称する、上記漢音で発音する同曲に対して、対馬音で発音する音曲も存在する。水原夢江師手沢本の『六巻帖』には、「対馬後唄」が書写され、「法曼院義用之」と註記されている。ところで、幸雄書写本『声明　呂律』には、呂律両様と切音が記されている。三冊本『声明後集　梵唄品彙』乾巻には、文言のみ一偈四句が掲載され、安政本『声明品集』巻三には、呂律両様と切音を載せる。『龍谷唄策』乾巻中、『報恩講』に律曲、『光明唱礼』に呂曲にこれを載せ、『除夜会』には文面と譜は略されるも呂曲と指定されている。『梵唄集』には、『阿弥陀懺法』『例時作法』にそれぞれ切音を載せる。また『龍谷唄策』『梵唄集』に見える、「十二礼」を本譜で唱える『浄土三昧法』には、「十二礼」に引き続いて「次 常行三昧」とあり、即ち「四奉請」「甲念仏」「阿弥陀経」「甲念仏」「合殺」「回向句」「後唄」と、『例時作法』略用の次第が記されている。

(50) **教化**　第十八条註(4)、第十九条註(5)参照。

(51) **願以此**　第三十五条註(6)、第三十六条註(1)、第七十一条註(34)参照。

「回向伽陀」と通称される音曲である。『法華懺法』の最後にこれを載せる。『法華経』「化城喩品」を出拠とし、文言は「願以此功徳　普及於一切　我等与衆生　皆共成仏道」である。顕教「散華」下段の文言に同じである。三冊本『声明品　前集』にある「散華」下段もこの文言をそのまま依用している。ちなみに園部覚秀章譜『阿弥陀懺法』にある「回向伽陀」の文言は、善導撰『観経疏』「玄義分」中、「十四行偈」の「願以此功徳　平等施一切　同発菩提心　往生安楽国」である。この「回向伽陀」は、中山玄雄師によって切音『例時作法』(例懺本)にも加えられている。

(52) **三条錫杖**　本条註(3)(4)(5)参照。

『四箇法要』中、「梵音」に続く律曲平調の音曲である。「平等施会段」「心発願段」「回向発願段」の三条で構成されている。『六十華厳経』「浄行品」の文言によるも、前述の「九条錫杖」第一・第二条に同じ文言である。第三条は若干の相違がある。文言は、①「手執錫杖　当願衆生　設大施会　示如実道　供養三宝　設大施会　示如実道　供養三宝」、②「以清浄心　供養三宝　発清浄心　供養三宝　願清浄心　供養三宝」、③「三世諸仏　執持錫杖　供養三宝　故我稽首　執持錫杖　供養三宝　故我稽首　執持錫杖　供養三宝」の三条である。ところで西本願寺に伝えられた『四箇法要』は、「三条錫杖」の博士を付けた「願生偈」を用いた。この「願生偈」は『龍谷唄策』乾巻『四箇法用』に初見するので、園部覚秀によるものである。以て、三冊本『声明後集　梵唄品彙』坤巻以来、「切音九条錫杖」の博士を付けた「願生偈」が存在したことから、『龍谷唄策』の『四箇法用』においても、「三条錫杖」の博士を付けた「願生偈」が挿入されたと考えられよう。

（53）　**法花ノ讃嘆**　第十八条註（4）、本条註（36）参照。

『法華経』「提婆達多品第」の意を和語讃に詠んだもので、光明皇后あるいは行基菩薩の作と伝えられる。またあるいは、真如法親王作との伝もある。『声明口伝集』には、「法花ノ讃嘆ハ光明皇后ノ御哥也」と記されている。律曲平調の和語讃である。また唱法に関して、「序曲の中に最も早き曲、破曲よりはゆるやか」との口伝がある。文言が「法華経ヲ我ガエ《得》シコトハ　タキギ《薪》コリナ《菜》ツミミズ《水》クミ　ツカエテゾエ《得》シ　ツカエテゾエ《得》シ」とあることから、「薪ノ句」「薪讃」とも称される。魚山実光院所蔵・石室静洞手沢本『六巻帖』には、「法華経ヲ」を讃頭が調声し、「我ガ」から同音となり、「コトハ」「菜ツミ」で散華を行い、さらに「ツカエテゾ得シ」で二度の散華を繰り返し、計四回の散華を行うと朱註されるも、「薪句は讃嘆するのみにて散華の儀なし」ともいわれる。

【補説】

声明曲の目録を写し取ったものである。各音曲の出拠が記されているので、知影は備忘の一助として書き記したのであろう。

ここに記される音曲は、そのほとんどが現在も依用されている。もっとも「中唄」は略されることが多く、「百石讃嘆」などは明治以降、一時途絶えていたこともあったが、中山玄雄師によって復興されている。

『法華懺法』『例時作法』所収の音曲に始まり、『四箇法要』や『胎蔵界・金剛界曼荼羅供』に用いられる音曲、そして今は廃絶している『仏名導師作法』などに依用される「御前頌」などが見える。その一方で、特定できていない音曲もいくつか含まれる。いうまでもなく魚山声明の歴史は、円仁以来千二百年におよぶ。円仁が唐から請来したと伝える音曲も含めて、中世以前に成立した音曲は膨大な数にのぼる。以て、ここに記されている音曲は、ほんのごく僅かに過ぎない。

ところで魚山には、こうした法儀や音曲の題目を記した目録として知られるものに、湛智が記した『声明目録』、喜淵が書いた『声明書目録』がある。いずれも鎌倉時代に成立したものであり、天台宗で現代も実唱されている音曲名を載せる。あるいは宗快による『魚山目録』は、各音曲の出音位を図に表して列挙した書物である。そして今は、各音曲の冒頭に示された図式そのものが「魚山目録」と呼ばれている。

第五十一条

一、「稽首天人」の偈頌ある散華を弥陀散華(1)といひ「天地此罯《ママ》(2)」の文あるを釈迦散華(3)といふ　本山御依用は弥陀散花なり元禄中(4)魚山幸雄僧都(5)より当山内の僧侶に授与せらる丶本にはみな弥陀散花を書のせらる近代稽首天人の偈をやめられ散華荘厳(6)の四句を用ひらるこの散華は広布薩式(7)と云唐招提寺(8)の蔵書にものせたり余曾《かつ》て其写を魚山宝泉院にて披覧せり　のか書(9)に

散華偈(10)

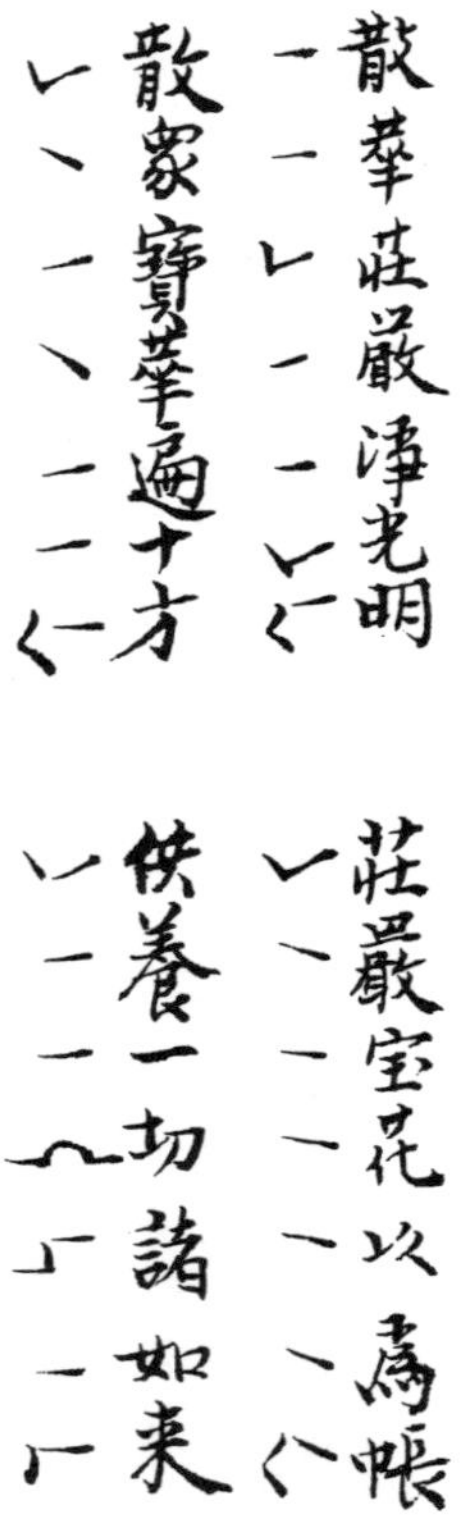

今家所用(11)と二三字相違あり墨譜は大に異なり

【註】

（1）**弥陀散華**　第五十条註（3）（19）参照。

（2）**天地此罯《ママ》**　「天地此界」の誤記。

（3）**釈迦散華**　第五十条註（3）（19）参照。

（4）**元禄中**　西本願寺所蔵の幸雄書写本『声明　呂律』には、元禄七（一六九四）年の年号が記され、興正寺に所蔵される、西本願寺御堂衆である延寿寺正空に与えられた同じく幸雄の書写本『梵唄』（乾坤二巻・「延寿寺本」）には、元禄九年の書写と記される。

（5）**幸雄僧都**　第十条註（2）参照。

（6）**散華荘厳**　第五十条註（3）参照。

（7）**広布薩式**　第四条註（1）、第五十二条参照。知観が所持していた、唐招提寺依用の『広布薩式』の写本。「布薩」とは、posadha または upavāsa の音写語で、「説戒」という。戒律に反した僧侶が、懺悔するための儀式とされる。浄土真宗以外の諸宗派で行われる儀式である。臨時に大規模な形で行われるものを、「大布薩」または「広布薩」と呼ばれる。毎月二度行われるものは、「略布薩」「黒白布薩」と呼ばれる。『台門行要抄』に見える『布薩略作法』の次第は、以下の通りである。先 鳴鐘、次「露地偈」、次「入堂偈」、次「三礼」、次「表白」、次 戒師登礼盤、次 通戒（『梵網経』「盧遮那仏説菩薩心地戒品」十善戒）、次「後唄」、次「自慶偈」、次「三帰礼」、次「回向」、次 出堂。

（8）**唐招提寺**　奈良市五条町に所在する、律宗総本山。南都七大寺、あるいは南都十五大寺の一つに数えられる。天平勝宝六（七五四）年に来日した唐僧・鑑真（六八八—七六三）は、東大寺に戒壇を設立し、聖武上皇（第四十五代・天皇在位七二四—四九）・光明皇太后や孝謙天皇（第四十六代・在位七四九—五八）をはじめ、四百五十余人に授戒した。

来日後、東大寺唐禅院に止住していた鑑真は、弟子の法進に唐禅院を譲って天平宝字三（七五九）年、新田部親王の旧宅地を朝廷から賜り別院を建立した。この別院を「唐律招提寺」と命名し、ここに鑑真が転住したことに始まる。

（9）**のか書**　澤円諦書写本には、修正した形で「かの書」と記される。

（10）**散華偈**　広略の布薩で唱えられる偈頌である。文言は、『華厳経』「賢首菩薩品」を出拠とする。唐招提寺所蔵の法儀書に『広布薩式』と称するものがあり、それの写本が宝泉院に存在したのであろう。『二巻抄』には、「散華頌」と称する同一文の音曲を載せる。

（11）**今家所用**　知影在世当時、西本願寺で依用されていた「散華」は、中段が「散華荘厳浄光明　荘厳散華以為帳　散諸雑華遍十方　供養一切諸如来」で、文言に若干の相違がある。いうまでもなく、これに付けられた博士は顕教「散華」の譜である。また「散華偈」と「散華」とでは、博士も全く異なっていた。

【補説】

散華とは、諸仏諸菩薩を道場に奉請する時、最上の恭敬の作法として花びらを散ずることである。その意を表す音曲を「散華」という。

魚山声明には顕教「散華」と密教「散華」があり、宗淵版『六巻帖』にも掲載されている。いずれも呂曲の音曲で、顕教「散華」は『四箇法要』などに用いられるものである。また呂曲とともに、律曲の「散華」も存在する。知影が実際に目にした、西本願寺に伝えられる幸雄書写本にも、呂曲と律曲の二種類の「散華」が記されている。西本願寺における律曲の「散華」は、安政本『声明品集』巻四、そして明治の『龍谷唄策』乾巻所収『報恩講』および『読経結願音用』には律曲「始段唄」とともに見え、『梵唄集』へ引き継がれている。

顕教・密教とも「散華」には、道場に奉請する教主たる本尊の名が挿入される。そして、教主に関する経論の文言を伴うのである。即ちこの音曲は、上・中・下段で構成されていて、以下の如くである。

【上段】
願我在道場
香華供養仏　（出拠『金剛頂経』とされる）

【中段】の文言は、以下の如くいくつか存在する。
天地此界多聞室
逝宮天処十方無
丈夫牛王大沙門
尋地山林遍無等　（顕教「釈迦散華」出拠『倶舎論』）

薬師瑠璃光如来
大慈大悲照光明
良与法薬救衆生
故我稽首瑠璃光　（顕教「薬師散華」出拠『薬師如来本願経』とされる）

稽首天人所恭敬
阿弥陀仙両足尊
在彼微妙安楽国
無量仏子衆囲繞　（密教「弥陀散華」出拠『十二礼』）

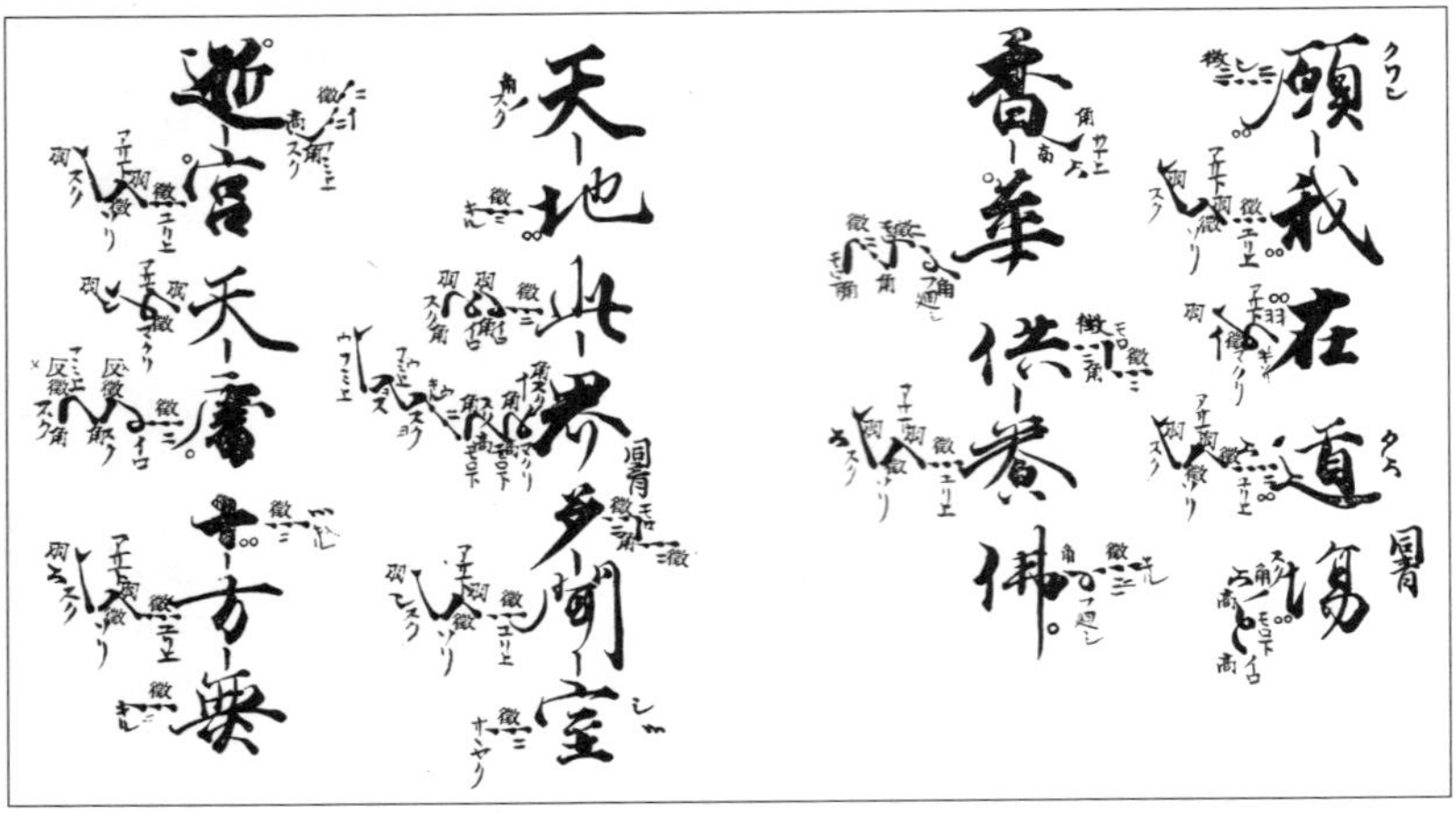

顕教「散華」(『魚山六巻帖』宗淵版)

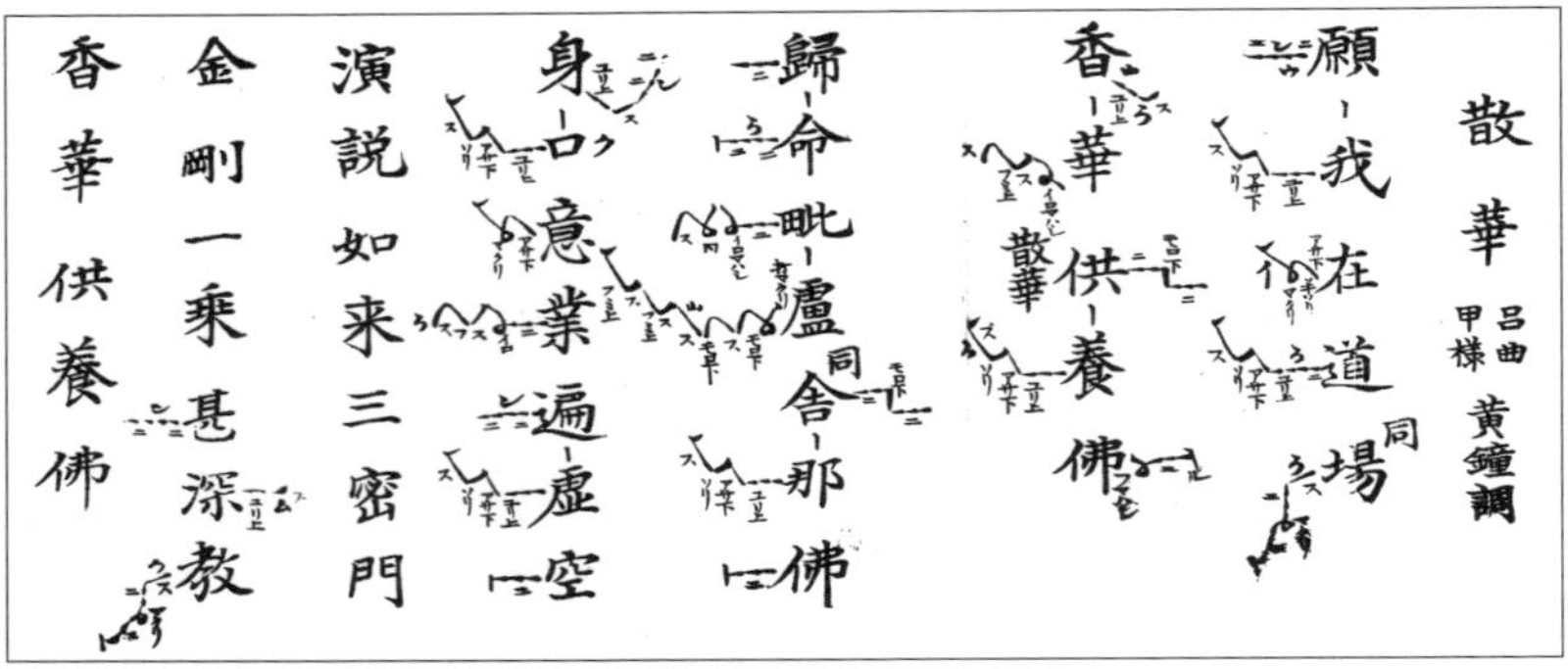

密教「散華」(『声明』多紀道忍編 妙法院蔵版)

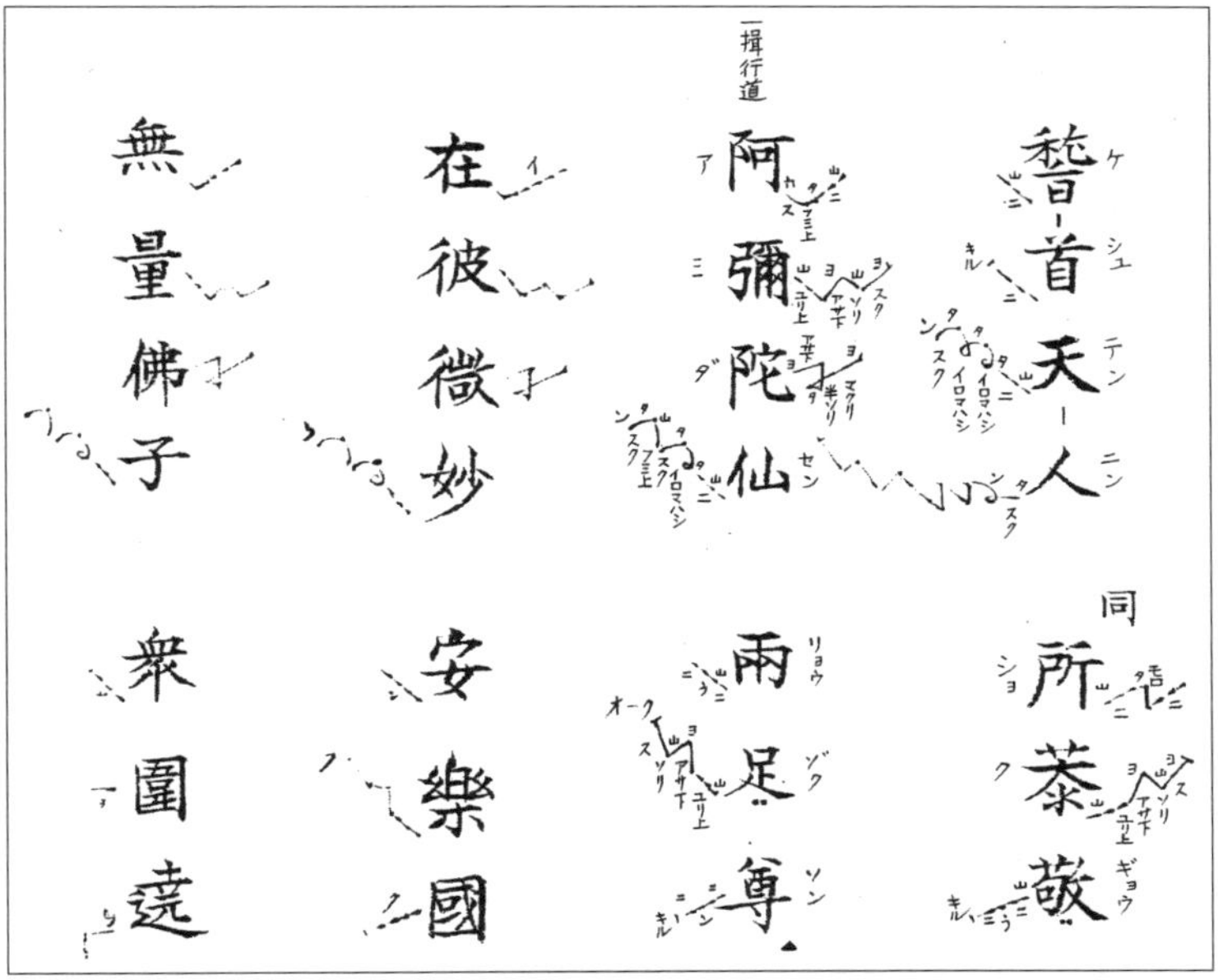

「散華」（『阿弥陀悔過』多紀道忍書写本）

帰命毘盧舎那仏
身口意業遍虚空
演説如来三密門
金剛一乗甚深教（密教「大日散華」出拠『金剛頂三摩地法』）
香華供養仏

【下段】

願以此功徳
普及於一切
我等与衆生
皆共成仏道（出拠『法華経』「化城喩品」）
香華供養仏

『六巻帖』に見える顕密「散華」の文言は以上で、その他に「観音散華」「弥勒散華」などが存在するという。これらの音曲も、それぞれ全段を実唱すると相当に長い旋律であり、法要の軽重によって【中

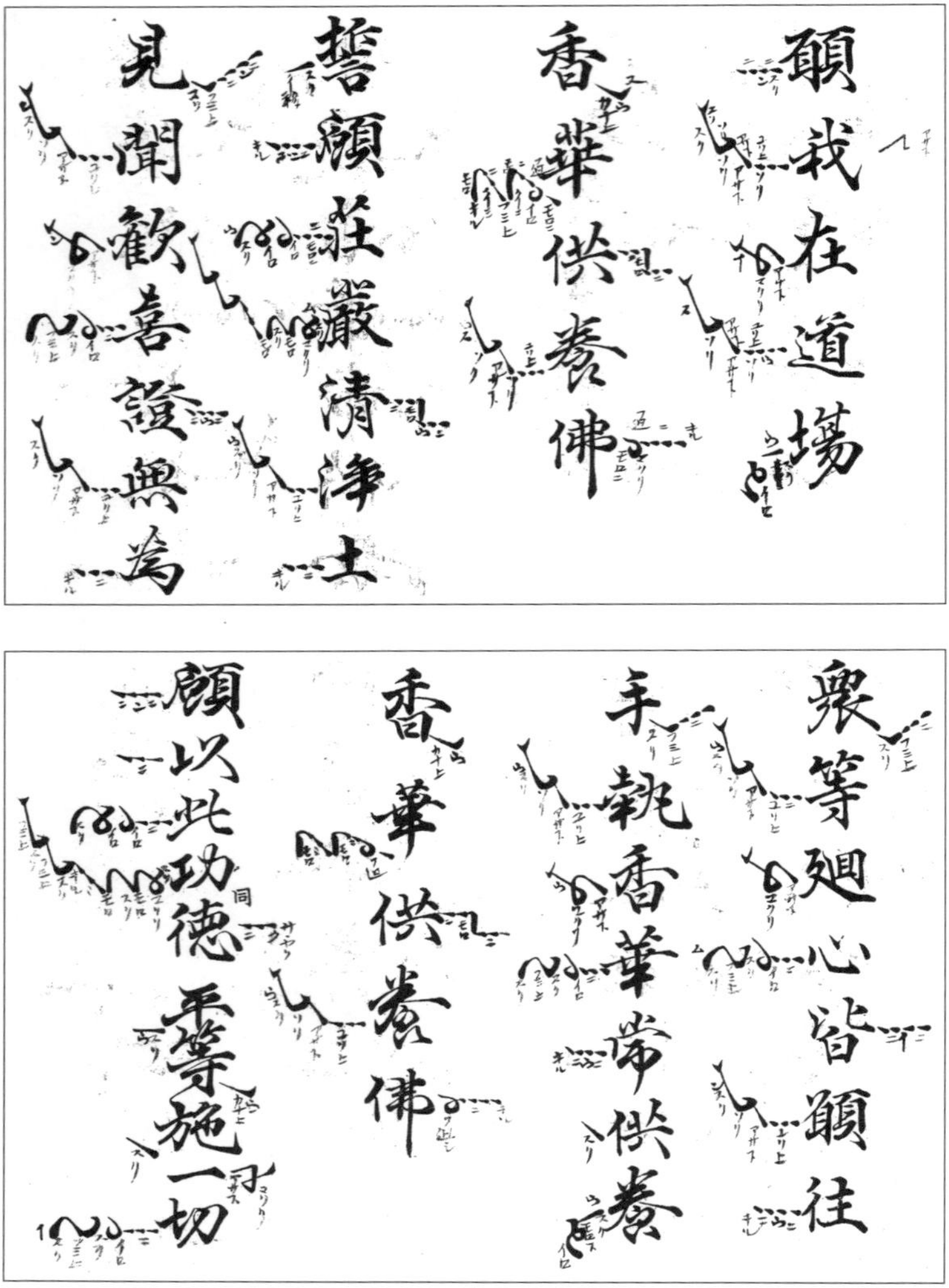

「散華」(『龍谷唄策』乾巻 「四箇法用」)

段】や【下段】を略して唱えられている。また【中段】の場合、旋律をある程度省略して唱えられる。あるいは、『阿弥陀悔過』『六時作法』にある「散華」は、上段が初めから略されている。

本条にもあるように、「散華」【中段】の「稽首天人所恭敬」以下四句の文言のものを「弥陀散華」と通称している。幸雄書写本にある「散華」もこれである。その後、知影がいう〈近代〉に至って、文言が変化した。三冊本『声明品　前集』にある「散華」は、【中段】が「散華荘厳浄光明」以下四句の文言を載せている。安政本『声明品集』にある「散華」は、【上・下段】のみが掲載されている。

そして『龍谷唄策』乾巻『四箇法用』に至っては、【中段】が『浄土法事讃』の文言に替えられている。それは第二十一世・明如の意向によって、一連の流れを作法（法儀）として定め、園部覚秀が新たに編んだ音曲であろう。あるいは『龍谷唄策』乾巻中、『光明唱礼』と称する法儀には【上・下段】を除いた「散華」と称する音曲があり、これには「散華荘厳浄光明」の文言を用いている。【上・下段】のない「散華」は、『六時作法』や『阿弥陀悔過』に見える「散華」の体裁に倣ったものと考えられる。

【下段】も三冊本『声明品　前集』までは『法華経』の文言をそのまま用いていたが、『龍谷唄策』では『観経疏』「十四行偈」にある、浄土真宗で一般的に用いられる回向の文言に替えられている。

ところで、本条に記された「散華荘厳浄光明」以下四句は、『華厳経』「賢首菩薩品」に見える文言である。布薩の法儀においては、「散華偈」と称している。唐招提寺の塔頭・蔵松院（第五十二条参照）に所蔵される『広布薩式』を原本とする写本が宝泉院にあり、その写本にこの文言を載せていると記す。知影がここに博士とともに記した「散華偈」は、それを写したものである。しかしながら、知影が記すように、当時西本願寺で唱えられていた「散華」は、『声明品　前集』にも載せられている文言に同じく、若干の相違があった。この文言はその後、『光明唱礼』の「散華」に踏襲されている。

以て、原典たる『六十華厳経』には、「放華荘厳浄光明　荘厳妙華以為帳　散諸雑華遍十方　供養一切諸如来」とある。

また、南山律宗立教開宗の書とされる、唐・道宣（五九六―六六七）による『四分律删繁補闕行事抄』には、「散華荘厳浄

光明　荘厳宝華以為帳　散衆宝華遍十方　供養一切諸如来」とある。同じく唐代の道世（?—六八三）による『諸経要集』『法苑珠林』には、「散華荘厳浄光明　荘厳妙華以為帳　散衆雑華遍十方　供養一切諸如来」と記されている。こうした同一の経典において文言や文字の相違は、テキストが書写され流伝する過程においてしばしば生じたことと考えられよう。

第五十二条

一、同記に作《さ》相《そう》の事あり

一番作相従大至小二十下二反

二番作相従大至小二十下三反

露地偈(1)作相従小至大四十下一反

三千威儀経(2)説

斎会(3)布薩臨作相

従小稀至大二十下

復大三下

。ｏｏｏｏｏｏｏｏｏ〇

右記奥書

寛政丙辰(4)春以蔵松院(5)元瑞比丘本宏観謹謄

【註】

（1）**露地偈**　第五十一条註（7）参照。

文言は道宣撰『四分律刪繁補闕行事抄』に見える、「降伏魔力怨　除結尽無余　露地撃犍稚　比丘聞当集　諸欲聞法人　度流生死海　聞此妙響音　悉当雲集此」の八句から成る。鐘を打ち鳴らす「作相」は、覚りへ導くものとして「露地偈」と対応するのであろう。

（2）**三千威儀経**　戒律経典の一つ、安世高訳『大比丘三千威儀』のこと。この経典にも、僧侶がなすべき生活規範が事細かに記されているのはいうまでもない。

（3）**斎会**　「斎食《さいじき》」ともいい、食事のこと。「斎」とは「つつしむ」という意味で、僧尼は正午を過ぎて食事を取らないという戒律を意味したが、後世になって僧尼に食事を供養する意味へと転じた。『大仏頂首楞厳経』に説かれる、忌日に斎を営むとあるのはこれに相当する。仏事を勤めて、僧尼に斎食を供養することである。

（4）**寛政丙辰**　寛政八（一七九六）年。

（5）**蔵松院**　唐招提寺境内に所在する塔頭寺院。

【補説】

第五十一条に記される「唐招提寺の蔵書」とは、同寺の塔頭・蔵松院に所蔵される「元瑞比丘本」のことである。これを寛政八年に書写したものが知観の手許にあり、知影はここに抜き書きしている。

作相とは、図に示された如く、浄土真宗では鏧などの器状の法具を打ち上げて打ち下げる所作をいう。知影は宗門で用いる作相に対する参考として、唐招提寺所伝『広布薩式』写本に書かれてあった「作相」のことも記し置いたのかも知れない。また、この写本には「作相」と表記されていることも興味深い。後述する魚山の『略布薩次第』などには「作相」という表記がない。しかし浄土真宗のみならず、浄土宗などでも「作相」という通称は汎用されている。

布薩の儀式が行われる際、鐘が打ち鳴らされる所作をここに書き留めている。「一番作相」「二番作相」にそれぞれ所作があり、最初に唱えられる「露地偈」にも作相が伴うという。「一番作相」は打ち下げる形で二十回打ち、これを二度繰り返し、「二番作相」も同様に二十回打つことを三度繰り返す。「露地偈」の時は打ち上げる形で四十回打つ。そして斎会布薩の時は、図に示されている。

融通念仏宗総本山・大念仏寺（大阪市平野区）に所蔵される、安政三年に園部覚秀によって書写された『略布薩次第』には、初め「三下四十」と称して、鐘を凝視してこれを打つとある。四十下打つ時、三十八下に至って声聞、三十九下で縁覚、四十下で菩薩をそれぞれ集め、次に「長打四十」と称して、十九下で地獄、二十下で餓鬼、二十一下で畜生、二十二下で修羅を救い、二十三下より「漸く概《おお》きく漸く小さく」打ち、三十一下に至って向きを変えて四十下に至る。次に「斂搥《れんつい》四十」と称して、三十六下に声聞、三十七下に縁覚、三十八下に菩薩を斂《おさ》むとあり、三十九・四十下を以て終わることが記されている。『略布薩次第』では計百二十打としているので、本条に記される唐招提寺所蔵の写本とは打数が異なるも、布薩の儀式において鐘を打つことの意義がここに見て取れる。

そもそも知影は、何故、作相のことをここに抜き書きしたのであろうか。単にその打ち様のみに注目しただけとは考えられない。以て、作相という所作は、現今の西本願寺では葬儀で行われるのが一般的である。知影もまた、浄土真宗の葬儀で行われる作相の源流を、布薩に見出したのではなかろうか。西本願寺では「作相」と表記するが、東本願寺（真宗大谷派）では「三匝」「左相」と表記する。西本願寺の声明家・弘中純道師は、ある地方で「サンソウ」と呼んだりするがこれは転訛であると、その著書『浄土真宗本願寺派　勤式作法の書』で言及している。恐らくは、大谷派における漢字表記が発音の由来ではないかと考えられる。

東西本願寺における葬儀の原形は、第八世・蓮如の葬儀に始まる。それまでの本願寺歴代の葬儀は、『往生礼讃偈』が依用されていたが、蓮如の葬儀から『正信偈（舌々《ぜぜ》）』に和讃三首を添えて勤められるようになった。蓮如の葬儀において、作相があったかどうかは『蓮如上人御往生記』には見えない。ただ、「葬送ノ事御中陰儀在別紙」とはある。蓮如の継室・蓮能尼（一四六四―一五一八）の葬儀（『蓮能御往生記』）に「サ、ウ」と表記され、荼毘に付した後の拾骨時の勤行に先立ち、「作相」があったようだ。

第九世・実如（一四五八―一五二五）の葬送記録である『実如上人闍維中陰録』には、比較的詳しい記述が見える。実如の葬送の時、阿弥陀堂門の前から「時念仏（路念仏）」が唱えられ、一句ごとに鈴（リン）を打ちつつ火屋（荼毘所）まで続いた。またその道行きにおいて、「サ、ウ」が行われている。文中に「サ、ウノ打様、二反打テ三反目ニ一ツ打也。」などと記され、本条の如き図も示されている。

あるいは蓮如の末子・実従（順興寺開基、一四九八―一五六四）の『順興寺実従葬礼并中陰記』にも、「サ、ウ」の記述が見える。本堂で「十四行偈」が勤められた後、実従の亡骸を収めた柩は輿に乗せられて葬所へと運ばれた。やはりその道行きには「時念仏」が唱えられ、「サ、ウ」が行われている。そして葬所、即ち火屋での葬場勤行に先立ち、調声を務めた法専坊賢勝が焼香を行い、従前の如く「サ、ウ」が行われているのである。ここにも巻末に「ササウノ打様」として、図が記されている。

とかく浄土真宗の葬儀は、他宗派にいわれる「引導を渡す儀式」という概念は皆無である。あくまで、阿弥陀仏に帰命する生涯を全うした我が身の、娑婆での最後の勤行として仏恩報謝のまことを表すことに尽きるものである。もっとも大念仏寺所蔵の『略布薩次第』には鐘を打つ所作のことを「作相」とは表記されてはいないが、作相の原形の一つを「布薩」に求めるとするならば、恐らくは声聞・縁覚・菩薩を参集させ、あるいは三悪道の救済を期するための、所謂「驚覚」を意味する所作が、浄土真宗にも採り入れられたのではなかろうかと、いささか想像をたくましくするのである。

第五十三条

一、本山往還偈(1)願生偈(2)は魚山珍雄(3)の墨譜也余宝泉院に於て其草本を見る往還偈の奥に

此本者就西本願寺御門跡三回忌(4)墨譜依懇望以光明真言(5)新記之

享保十二(6)丁未稔二月下旬

魚山大僧都珍雄

願生偈

此本は就西本願寺先御門跡三回忌墨譜依懇望以切音錫杖(7)新書之畢

享保十二丁未年二月　日

大僧都珍雄

右信解院殿御三回忌の時なり　信順院殿(8)御望に依り製せられたるなり珍雄は后に城南院(9)大僧正

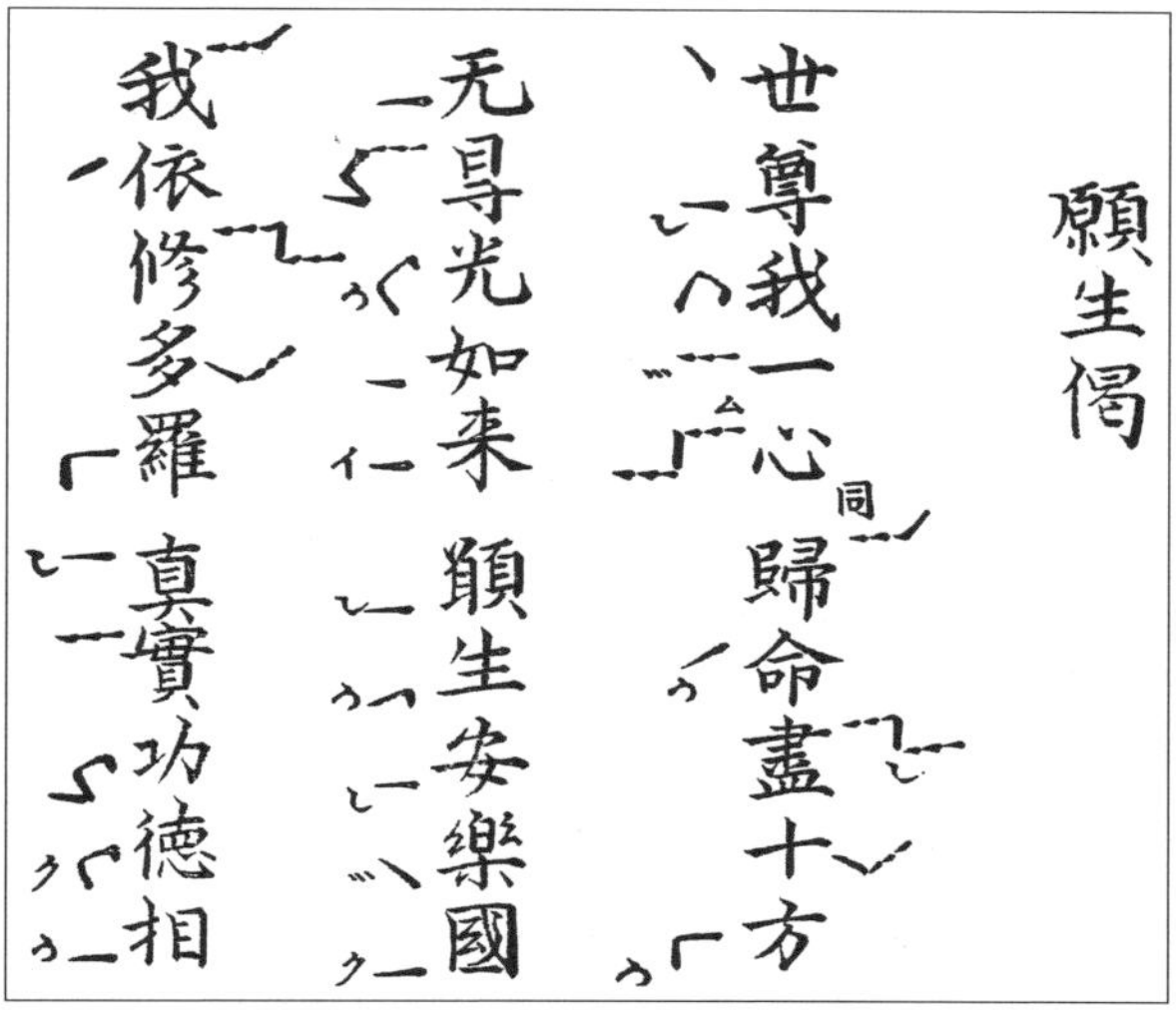

「願生偈」（安政本『声明品集』巻二）

と申す幸雄(10)の弟子なりとき、つたへたり此二本ともに墨譜妙ならずことに願生偈はをしむべきものなり后の達者思択すべし

【註】

（1）**往還偈**　第六十五条註（1）、第七十一条註（62）参照。「入出二門偈」のこと。三冊本『声明後集　梵唄品彙』坤巻所収の表題は、別称である「往還偈」と表記されている。安政本『声明品集』巻二所収の表題は、「二門偈」となっている。

（2）**願生偈**　第三十六条註（5）、第五十条註（5）、第六十条註（2）、第七十一条註（24）参照。世親撰『無量寿経優婆提舎願生偈』。音曲としてのそれは、「切音九条錫杖」の博士を転用したものである。三冊本『声明後集　梵唄品彙』坤巻に載せる。また、安政本『声明品集』巻二には、本・略二様を載せる。第六十条によれば、略様を作譜したのは第十七世・法如である。

（3）**珍雄**　第四十四条註（3）、第七十九註（11）条参照。

（4）**西本願寺御門跡三回忌**　第十条註（1）参照。

第十四世・寂如の三回忌。

(5) **光明真言** 第八十五条註(15)参照。
つぶさには『不空灌頂光明真言』と称する、大日如来の陀羅尼。土砂加持や葬儀(『光明供』)などで依用される。文言は「唵 阿謨伽 毘盧遮那摩訶母捺羅 摩抳 鉢納摩 入縛羅鉢羅韈利多野 吽」で、出拠は『不空羂索神変真言経』などとされる。水原夢江師書写本『如法念仏』の巻末にある「光明真言」は、律曲平調と註記されている。あるいは、興正寺所蔵の『例時礼懺(「日没礼讃偈」を中心に編んだ浄土系の法儀で、奥書によれば二尊院所蔵本を書写したもの)』の巻末にも、博士の付けられた「光明真言」が記されている。

(6) **享保十二** 一七二七年。

(7) **切音錫杖** 第五十条註(5)参照。
「切音九条錫杖」のこと。

(8) **信順院殿** 西本願寺第十五世・住如。諱光澄。一六七三―一七三九。左大臣・九条兼晴(一六四一―一七七)の第三子で、三歳から西本願寺で養育された。十四歳で先代寂如の後継者となり、十七歳で得度する。寂如の十六女・常君を裏方として迎えた。

(9) **城南院** 第四十五条註(5)参照。

(10) **幸雄** 第十条註(2)参照。

【補説】

この条文から以下、西本願寺で新たに用いられるようになった、いくつかの声明曲が列挙されて、それらの作成の経緯などが記されている。現代まで引き継がれている音曲もあれば、廃絶して幾久しいものもある。

「往還偈」とは、「入出二門偈」のことである。音曲としてのそれは、幕末頃まではこの表題でも呼ばれていたようだ。安政本『声明品集』からは、「二門偈」と表記されている。「願生偈」は、浄土真宗において「三経一論」といわれるが如く、宗祖親鸞が最も重要視した論釈であるが、音曲としての「願生偈」は、西本願寺ではついぞ唱えられなくなった。もっとも『往生礼讃偈』「後夜偈」が「願生偈」に依ったものなので、「願生偈」に等しきと見なされたのかも知れない。あるいは、「切音九条錫杖」の博士が付けられていたことから、相当な時間を要する音曲でもあったのが、後世には敬遠されてしまったとも考えられる。

この二曲は第十四世・寂如の三回忌法要に臨み、いずれも享保十二年二月に魚山の珍雄が博士を付けたものである。珍雄は幸雄の弟子である。元禄元（一六八八）年に得度し、明和五（一七六八）年に八十五歳で示寂していると、『両院僧坊歴代記』は伝える。珍雄の院室号を、城南院という。あるいは、仏眼院とも号した。

幸雄以来、珍雄・嶺雄・韶雄ら宝泉院住職を歴任した魚山法師が西本願寺へ声明の指南に訪れている。知影の師匠である知観は、嶺雄の兄弟弟子である理覚院の〈貞健―仙恵―知観〉と相承した法脈に連なる。また、明治に至って『龍谷唄策』を編纂した園部覚秀は、知観の弟子・秀雄（第八十五条参照）の弟子である。これらの法脈によって伝えられた西本願寺の声明は、魚山下之坊の博士を伝承しているのである。

「往還偈」は「光明真言」の博士を移したものと、珍雄の奥書に記されている。「願生偈」は、「切音九条錫杖」の博士に依っている。知影はこれら両曲の草稿本を、宝泉院で見た。しかし知影は、幸雄の弟子たる珍雄にしては、博士などの書き様が「妙ならず」と批判的である。特に「願生偈」は、残念でならないと言う。そして後世の声明を学ぶ者は、そのことに思いを致すべきだと書き留めている。

第五十四条

一、

讃仏偈(1)　文類(2)　十四行偈(3)　着座讃《呂律》(4)　敬礼勧請(5)　式間和讃(6)は幸雄(7)の墨譜なり讃仏偈は法華懺法経段呂(8)の墨譜によれり文類は五念門(9)と此間脱字あるか画(10)をあはせとると見へたり十四行偈は懺法例時両経段をあはせとれり着座讃は呂律とも四智漢語(11)の讃をとり用ゆ敬礼勧請　式間和讃はよりどころたしかならず幸雄の工夫と見へたり幸雄は近代の声明の達者なりことに声明帖を書写すること妙を得たり墨譜のすがたもとも自然の勢ありこの后これに及べる人なし魚山宝泉院には幸雄の住せられたる寺ゆへ其手筆の声明帖あまたあり吾山内にも端坊(12)仏照寺(13)西光寺(14)には幸雄のかしたる本あり江州本福寺(15)法蔵寺(16)大阪浄照坊(17)などにもこれあり余も如来唄呂律(18)幸雄手書の本を観心院僧正より授与せられ秘蔵せり

【註】

(1) **讃仏偈**　第十条註(5)、第十七条註(4)、第七十一条註(37)参照。

『声明懺法　呂』中、経段の博士を転用した音曲である。安政本『声明品集』巻一にこれを載せる。博士が付けられた「讃仏偈」はその後、変遷をたどっている。幸雄が作譜した当時は経題が付いていなかったが、『龍谷唄策』に至って本文に先立ち「仏説無量寿経」の六文字が加えられ、若干の修正が加えられている。そして、柱本瑞雲や澤円諦によって編纂された『梵唄集』では、律曲「重誓偈」の博士に変更されて現代に至る。

（2）**文類**　第十条註（3）、第六十四条註（7）、第七十一条註（9）参照。

「文類偈」。本譜「五念門」の博士に準じて作譜されていると考えられるが、独得の旋律が随所に現れる。幸雄書写本以来、三冊本『声明品　前集』、安政本『声明品集』巻一、『龍谷唄策』乾巻所収『大師影供』の各刊本に引き継がれるも、園部覚秀は博士の音位に修正を加えている。『龍谷唄策』には、律曲壱越調と記されている。これら諸本に付けられた博士を見ると、本条にも記される如く、本譜「五念門」をベースにしながらも、『天台大師御影供』の「画讃」や『伝教大師御影供』の「廟讃」などに付けられた博士も見られる。

（3）**十四行偈**　第十条註（4）、第六十六条註（1）、第七十一条註（46）参照。

「文類偈」に同じく、三冊本『声明後集　梵唄品彙』乾巻、安政本『声明品集』巻二に載せられている。本条にも記されるように、『声明懺法　律』と『声明例時』の経段をアレンジして博士が付けられている。いずれも、一字四拍（一拍子）で唱えられる（終結部は序曲なので、この音曲は倶曲である）。安政本『声明品集』巻二には、幸雄書写本と同じ博士が付けられたものが掲載されているが、『龍谷唄策』に至って、同じく『声明懺法　律』に依るも、博士が一新されている。

（4）**着座讃**《呂律》　第十条註（7）、第五十条註（17）、第七十一条註（50）参照。

幸雄書写本および安政本『声明品集』巻三には、呂律二様を掲載している。

（5）**敬礼勧請**　第十条註（8）、第三十七条註（1）、第六十一条註（4）（6）参照。

幸雄書写本には、「諸仏勧請」「敬礼勧請」と、『二巻抄』中『勧請　講演』にある音曲の文言に準じた曲の、計三曲が記されている。講演とは論義法要のことで、これに依用された音曲である。「敬礼勧請」はその後、付けられた博士も

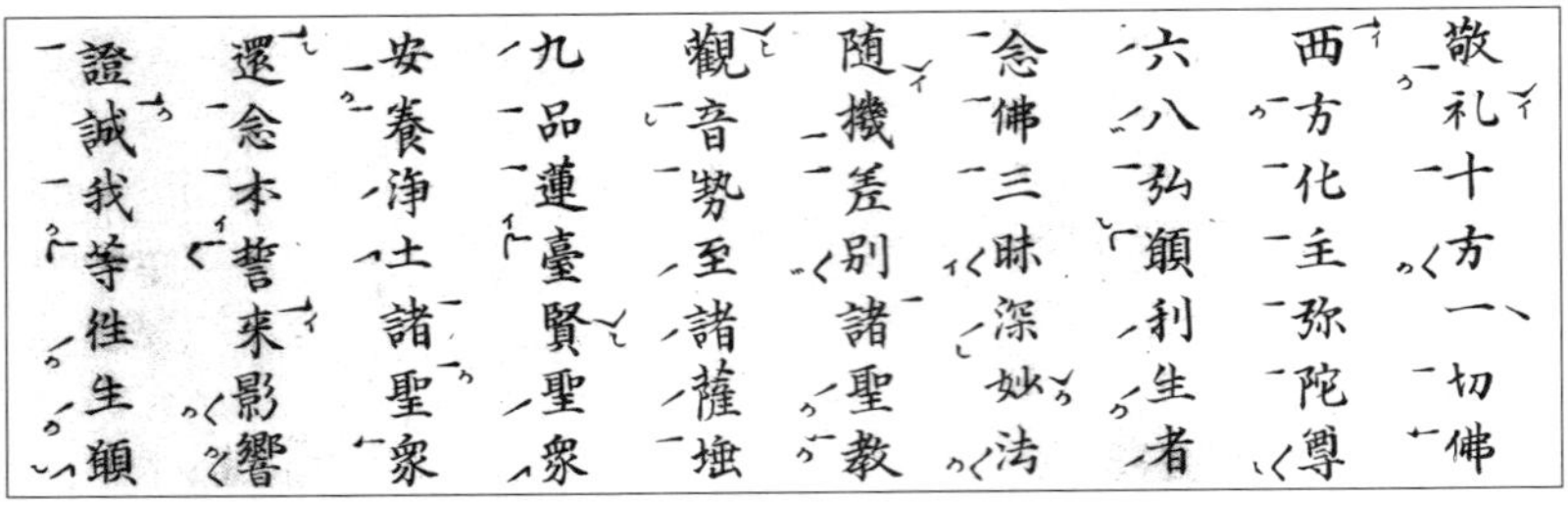
敬礼十方一切佛
西方化主弥陀尊
六八弘願利生者
念佛三昧深妙法
随機差別諸聖教
觀音勢至諸薩埵
九品蓮臺賢聖衆
安養浄土諸聖衆
還念本誓来影響
證誠我等往生願

「敬礼勧請」（安政本『声明品集』巻二）

そのままに安政本『声明品集』巻三へ引き継がれている。以てこの音曲は、『二巻抄』にある三曲から成る『二十五三昧勧請』（第二十七条註（1）参照）の一つを起源として考えられよう。即ち文言は『二巻抄』に同じく、「敬礼十方一切仏　西方化主弥陀尊　六八弘願利生者　念仏三昧深妙法　随機差別諸聖教　観音勢至諸薩埵　九品蓮台賢聖衆　安養浄土諸聖衆　還念本誓来影向　証誠我等往生願」である。安政本『声明品集』巻三に載せるも、それに付けられた博士は『二巻抄』の『二十五三昧勧請』に付けられた古博士とは対応しない。この文言の「勧請」は、『龍谷唄策』坤巻の『讃仏会』にそのまま引き継がれている。果たして、『讃仏会』中の「勧請」に付けられた博士は、恐らくは園部覚秀が『二巻抄』の古博士で記された同曲を、只博士に書き換えた音曲とも考えられよう。これには、中曲壱越調と指定されている。同文の「勧請」は、『梵唄集』において『讃仏会』に引き継がれるも、こちらは「揚勧請」に準ずる博士に改められている。

龍谷大学大宮図書館に所蔵される永正十五（一五一八）年に慶澄なる人物が書写した声明写本にも、『二十五三昧伽陀』という表題の音曲がある。この写本には、五音博士の一種と考えられる博士が付けられた「三条錫杖」「八句念仏」「大懺悔」「五念門」などの音曲が書写され、巻末に『二十五三昧伽陀』と題して、「礼仏頌」から始まる音曲の章がある。これらには博士が付けられておらず、その曲調をうかがい知ることはできない。冒頭に「取次第」と所作の指示が書き込まれているが、これは「礼仏頌」に対する指示である（続く「勧請」にも適用されよう）。「礼仏頌」に続いて、『六道講式』に同じ「勧請（「安政本」巻三にもある「三世仏勧請」と同文、〈敬礼十方三世仏……還念本誓来影向〉〉」と、それに続く文言が記される。即ち、「百界衆生誓願度　五住煩悩誓願断　四門道品誓願知　三菩提果誓願証　堅持莫犯薫一切」である。そして、同講式各段の式間に用いる「伽陀」などが記されている。また、近年発見された三井寺法明院本『二十五三昧式』にも、「敬礼十方三世仏……堅持莫犯薫一切」の全文を記す。以て、「勧請」以降の音曲は、『二巻抄』のそれらとは文言も異なる。「伽陀」もまた、魚山浄蓮華院所蔵『六道講式』書写本などに見える「伽陀」の文言とは異なる箇所が多い。『二十五三昧勧請』と『二十五三昧伽陀』は、ともに『二十五三昧式（六道講式）』に付随する遵式であるのは最早論を俟たないが、それぞれ別に用いられたのか、もしくは系統を異にするものかも知れない。『二十五三昧式』は異本が多く、原典を特定し難いとされる所以でもあろう。なお、龍大本『二十五三昧伽陀』と同じ表題を持つものが、高野山の金剛三昧院にも所蔵されているという。

ところで「勧請」と呼ばれる音曲は、いくつも存在する。西本願寺にあっては、三冊本『声明後集　梵唄品彙』乾巻には「諸仏勧請」と同じ文言のものが一曲、「安政本」巻三に至っては九曲におよぶ「勧請」が収録されている。即ち、「三世仏勧請（本・略）」「我弟子勧請」（以上、第六十一条参照）「随喜勧請」「我比丘勧請」「敬礼勧請」「我今勧請」（第六十一条参照）「諸仏勧請（本・略）」である。三冊本には博士が記されていないものの、博士が手書きされた同書を見るに安政本にある「諸仏勧請」と同じく、「諸天漢語讃」（第五十条註（31）参照）の博士である。安政本に至っては、さまざまに違った文言で構成された曲が加わる。こうして「勧請」に関しては、複雑な増広があった。真宗興正派では現在も「敬礼勧請」が用いられているが、付けられている博士は安政本の博士に近似するも、西本願寺からの分離後、変遷を遂げたのであろう。

（6）**式間和讃**　第十条註（6）参照。
（7）**幸雄**　第十条註（2）参照。
（8）**法華懺法経段呂**　第一条註（6）、第十六条註（2）参照。
（9）**五念門**　第三十六条註（4）、第五十条註（42）、第七十一条註（44）参照。

(10)**画**　第五十条註(43)、第五十六条註(1)参照。
「画讃」のこと。「讃」が脱字となっている。

(11)**四智漢語**　第五十条註(17)参照。

(12)**端坊**　第十二条註(11)参照。

(13)**仏照寺**　第十二条註(12)参照。

(14)**西光寺**　第十二条註(5)参照。

(15)**本福寺**　第八条註(2)参照。
滋賀県大津市本堅田に所在する寺院。正和年間(一三一二—一七)に御上《みかみ》神社(滋賀県野洲市)の神官であった善道が、本願寺第三世・覚如に帰依して開創したことに始まる。本福寺第二世・覚念は「仏心宗(禅宗のこと)」に転ずるも、同寺第三世・法住の代には佛光寺に一時参じた後、本願寺に帰参した。「寛正の法難」によって大谷本願寺が破却された際、本願寺第八世・蓮如を親鸞影像とともに匿ったことで知られる。その折、法住が比叡山に登り、根本中堂の傍らに掲げて本願寺の安堵を乞うた、「登山名号」と呼ばれる光明本尊が同寺に現存する。

(16)**法蔵寺**　滋賀県彦根市南川瀬町に所在する寺院。延元二(一三三七)年、覚如の弟子・愚咄が開いた、近江国犬上郡石畑の弘誓寺(近江七弘誓寺の一つ)を起源とする。文明四(一四七二)年に寺号を法蔵寺と改めて佐目(同・多賀町佐目)に分立した。さらに天正二(一五七四)年、現在地に移転して今に至る。

(17)**浄照坊**　大阪市天王寺区真田山町に所在する寺院。本願寺第十世・証如の『天文日記』にも見える、蓮如の弟子である八尾・慈願寺法円が、大坂の通坊として明応六(一四九七)年に創建した寺院である。

(18)**如来唄呂律**　第四条註(2)、第五十条註(1)(2)参照。
広義には「始段唄」のことであるが、幸雄書写本『声明　呂律』に、呂律二様の「始段唄」が収められているのはいうまでもない。もっとも、魚山実光院所蔵の石室静洞手沢本・宗淵版『六巻帖』中、「対馬三礼」(呂曲)には「三礼如

来唄　律曲二様　具在広本」との入記があり、引き続いて「如来唄」にも「呂曲甲乙　律曲商羽」とある。

【補説】

本条に挙げられている各音曲は、西本願寺が本格的に魚山声明を採り入れるに当たって、魚山の幸雄が書写した『声明呂律』に収録されている。本条は第十条の記述を、さらに詳述した内容である。

幸雄の筆跡は大変見事で、知影も舌を巻くほどである。音曲に付けられた博士、即ち墨譜は、その描かれた線の太さや細さ、曲線や筆勢も全てが音曲のありようを表現しているといわれる。見事な筆跡の墨譜を見れば、その音曲の姿が自然にイメージされていくような気がする。従って墨譜を書くには、筆勢の力の入れ具合に注意を払わねばならないという。

魚山宝泉院は、かつて幸雄が住持した寺であり、幸雄自筆の声明写本が多く残されていた。知影はこうした写本を、知観の好意もあって親しく見ていたに相違ない。あるいは宗門内においては、端坊・仏照寺・西光寺・本福寺・法蔵寺・浄照坊などにも、幸雄自筆の声明本が所蔵されていたようだ。特に端坊や西光寺は、ともに西六条寺内に所在した本山御堂衆を務めた寺院である。また知影自身も、知観より「如来唄」の幸雄自筆本を譲り受けて所持していた。

「讃仏偈」に付けられている博士は、『声明懺法　呂』の経段から移したものである。この博士は、『龍谷唄策』乾巻所収の『知恩講』を経て、現行の『円光大師会作法』にある「三選章」に付けられて現在に至っている。

「文類」は、「念仏正信偈（文類偈）」のことである。現行法儀『大師影供作法』で唱えられる「念仏正信偈」の譜面は、切音『例時作法』巻末にある「五念門」の博士を転用している。『梵唄集』から、今見る切音の博士となっている。『龍谷唄策』の時代までは、知影が記すように『声明例時』の「五念門」と、『御影供』の「画讃」に付けられた博士をアレンジしたものを用いていた。「五念門」にほぼ対応する譜面であるが、実際に唱えてみると、「五念門」のような唱えやすさに欠ける。あるいは「五念門」にはない、ややもすれば違和感のある旋律が出てきたりする。

「着座讃」は所謂、密教声明である。『曼荼羅供』などの密教立法要において、初めの「四智讃梵語」に引き続いて唱えられるのが「四智讃漢語」で、これを「着座讃」と通称する。幸雄は西本願寺へこれを伝授するに当たり、『浄土法事讃』にある文言を転用して博士を付けた。「四智讃梵語」も「同漢語」も、ともに呂曲と律曲の二様が存在する。幸雄は呂律双方の博士を付けて作成している。

ところで現在の魚山では、律曲の「四智讃梵語」「同漢語」が唱えられるのは稀である。いずれも律曲の方は、「スク」と「小由」の旋律型が多い。ここに現れる「ユリ」も、恐らくは「律ユリ」で唱えられていたであろうことは想像に難くない。以て、律曲「四智讃梵語」は今、『涅槃会作法』で依用されている。

「十四行偈」は蓮如の時代から、葬場勤行に先立つ出棺勤行に依用されてきたことで知られる偈頌である。『実如上人闍維中陰録』を見ると、実如の葬儀に際して、御影堂で「正信偈セ《(舌々)》、短念仏百反回向」を勤め、阿弥陀堂へ移動して「十四行偈・短念仏五十反・回向」が勤められて出棺したとある。以て、現在でも出棺勤行に勤めるよう定められている。そうした定着感がある「十四行偈」だが、幸雄が博士を付けて以来、昭和八年の法式改正まで、さまざまな法要で依用されている。

「十四行偈」もまた、『声明懺法　呂』の経段の博士を「あはせとる」とある。これはアレンジするような意味合いと考えて差し支えなかろうが、『声明懺法　呂』を見る限りでは、むしろ「六根段」の博士に近しい印象がある。その後、「十四行偈」は『龍谷唄策』に至って、『声明懺法　律』の経段に対応する博士に書き改められている。

そして知影も首をかしげているのは、「敬礼勧請」「式間和讃」の原曲がはっきりしないということである。しかしながら幸雄は、声明の蘊奥を極めた達者であるから、見事な音曲として仕上げた。幸雄が書き記す博士の筆致は見事で、後世までこれにおよぶ者などいないと知影は絶賛するのである。

第五十五条

一、重誓偈(1)は大懺悔(2)による十方念仏《しほうねんぶつ》(3)は早《はや》懺法(4)の十方念仏による余宝泉院に於て其草本を見る作者の名はしれず

【註】

(1) **重誓偈**　第十七条註（3）、第五十条註（7）、第六十条註（4）、第七十一条註（28）参照。

(2) **大懺悔**　『声明例時』などにある、「大懺悔」の博士を移した音曲である。安政本『声明品集』巻一には、原曲の「大懺悔」とともに載せる。『龍谷唄策』に至って「讃仏偈」同様、『声明懺法　呂』経段の博士に改められたものが収められる。その後、『梵唄集』では再び「大懺悔」の博士に戻されている。

(3) **十方念仏**　第十四条註（1）、第七十一条註（30）参照。

原曲としてのそれは、『声明懺法（法華懺法）』呂律両様中、経段の前後にある念仏曲である。両様とも、漢音で唱える律曲壱越調の序曲である。文言は、「南無十方仏《なもしほうふ》　南無十方法《なもしほうはう》　南無十方僧《なもしほうそう》　南無釈迦牟尼仏《せきゃぼじふ》　南無多宝仏《たほうふ》　南無十方分身《ふんじん》釈迦牟尼仏　南無妙法蓮華経《べうはうれんぐわけい》　南無文殊師利菩薩《ぶんしゅしりほさ》　南無普賢菩薩《ほけんほさ》　南無普賢菩薩」である。この音曲も西本願寺に伝えられて以来、さまざまに変遷が見られる。三冊本『声明後集　梵唄品彙』乾巻には「南无十方仏　南无十方法　南无十方僧　南无阿閦鞞仏　南无日月燈仏　南无无量寿如来　南无焔肩仏　南无師子仏　南无梵音仏　南无釈迦牟尼

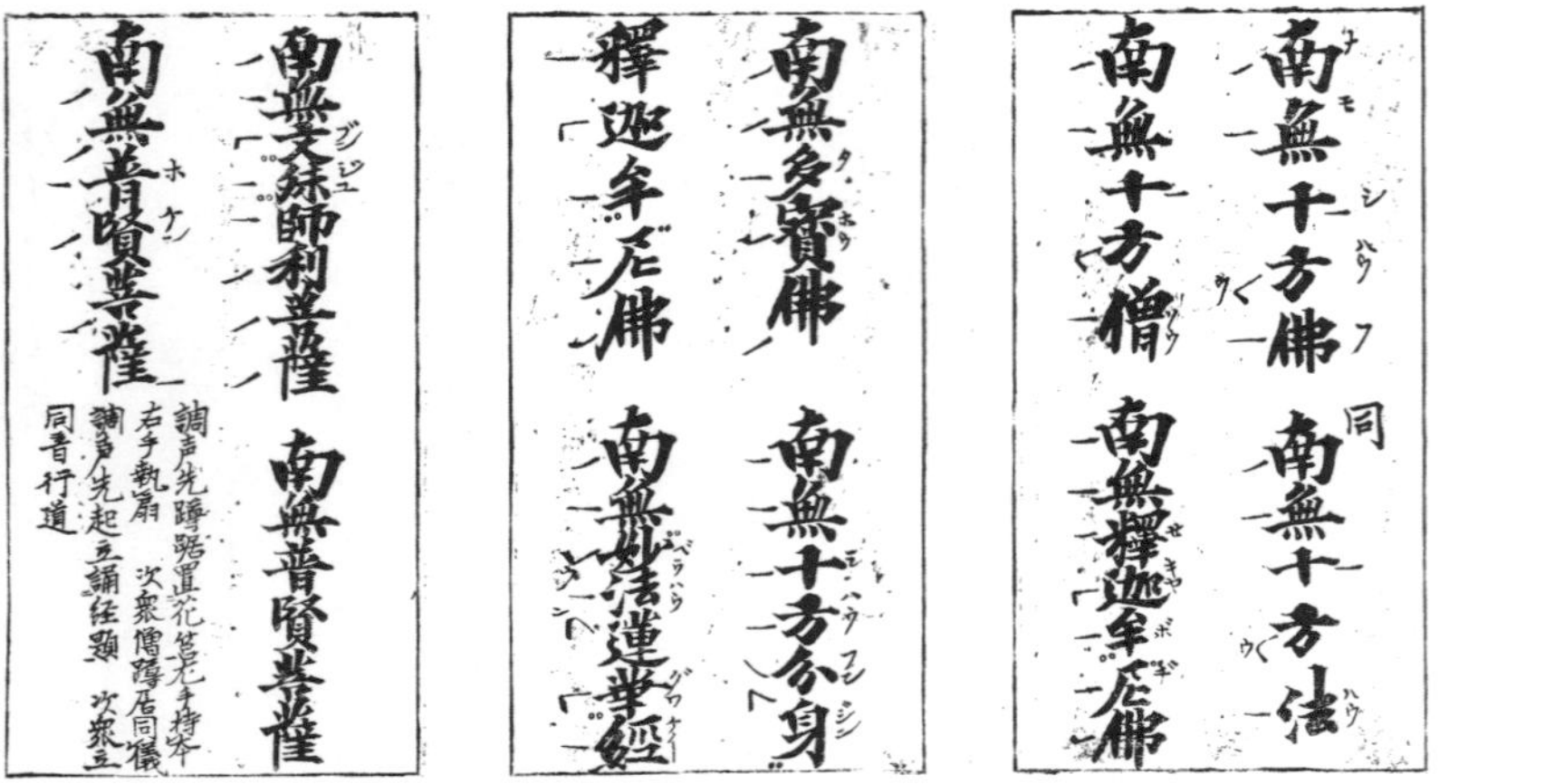

「十方念仏」（『法華懺法（例懺本）』比叡山南谷蔵版）

仏」を載せ、安政本『声明品集』巻四には、これと同じ「十方念仏」とともに「十方念仏　懺法中」の二曲を載せる。「懺法中」の文言は、「南无十方仏　南无十方法　南无十方僧　南无釈迦牟尼仏　南无世自在王仏　南无阿弥陀仏　南无観世音菩薩　南无大勢至菩薩　南无文殊師利菩薩　南无普賢菩薩　南无清浄大海衆菩薩」である。これらは、いずれも切音の音曲である。「懺法中」とあるものは、『阿弥陀懺法』にある音曲なのでそう記されている。この「十方念仏　懺法中」は、明治十一（一八七八）年および同十三年に発刊された『阿弥陀懺法』本（呂律）・略二様に載せる。本譜の博士は、『声明懺法』に同じである。そして、『梵唄集』所収の『阿弥陀懺法』へと引き継がれている。

また、同じく『梵唄集』に初出する、『無量寿経作法』にも「十方念仏」がある。『無量寿経作法』は、これまで西本願寺に『阿弥陀懺法（観無量寿経）』『例時作法（阿弥陀経）』はあったものの、『無量寿経』を中心とした法儀がなかったことから、新たにこれを制定して『梵唄集』の筆頭とした。『例時作法』を手本として、『無量寿経』の「四十八願文」「流通文」を中心に編まれたとされるも、「供養文」の博士を移した「発起序」、経段前の「十方念仏」、経段後の「四句念仏」などの配置を見る時、『法華懺法』ないし『阿弥陀懺法』の次第にも通ずるものがある。以て、経段「四十八願」の前に「十方念仏」が置かれていて、「南无十方仏　南无十方法　南无十方僧　南无釈迦

牟尼仏　南无世自在王仏　南无阿弥陀仏　南无観世音菩薩　南无大勢至菩薩　南无文殊師利菩薩　南无普賢菩薩　南无弥勒菩薩　南无清浄大海衆菩薩摩訶薩」とある。「流通文」がある関係から、弥勒菩薩の尊号が加えられている。本来「十方念仏」は、漢音で唱えられる音曲であるが、『無量寿経作法』は全曲呉音で唱えられる法儀なので、呉音で唱えるのは例外的といえよう。なお『無量寿経作法』は、昭和八年の法式改正によって縮小改変された。それに伴い、「十方念仏」を廃して「合殺」に替えられ、「流通文」も停廃されている。経段の前に「合殺」が配置されるのは、法儀の配列上違和感がある。西本願寺で行われるさまざまな現行法儀においても、「合殺」が前に置かれるのは『無量寿経作法』のみである。

（4）**早懺法**　第十四条註（3）参照。

【補説】

「重誓偈」と「十方念仏」について記されている。「重誓偈」は『声明例時』にある、「大懺悔」の博士を移したものである。先にも記した如く、「讃仏偈」は『声明懺法　呂』にある音曲から博士を移していて、「重誓偈」の旋律とは異なっていた。しかし、澤円諦編纂（明治四十三〈一九一〇〉年刊、柱本瑞雲他編纂本は明治四十二年刊）の『梵唄集』からは旋律が統一され、「讃仏偈」も「重誓偈」と同じく「大懺悔」の博士が用いられるようになったのである。「大懺悔」は律曲で、それの博士を採っていることから、現今の西本願寺では旋律を付けずに唱える場合と区別するために、「讃律」「重律」と呼び習わしている。この声明改訂は、第二十二世・鏡如（大谷光瑞）の指示によって、明治三十九（一九〇六）年から澤円諦が行ったものである。

「大懺悔」が西本願寺で用いられるようになったのは、知影が第十一条にも記しているように、恐らくは文化年中からだとも考えられるが、『例時作法』が伝えられたのは寂如の時代であり、実唱の是非はともかくとして、音曲そのものは伝わっていたと考えるのが自然である。三冊本『声明品前集』『声明後集　梵唄品彙』乾坤には「大懺悔」は掲載されていないが、安政本『声明品集』には「例時弥陀経」とともに掲載されている。安政本にいう「例時弥陀経」とは、『声明例時』の経段のことである。

「十方念仏」は、「十方」を「しほう」と漢音で発音する。この音曲は「早懺法」、即ち切音『法華懺法』の博士を移したものである。十方とは東・西・南・北の四方、北東・南東・南西・北西の四隅と上・下を一般的に指す言葉で、要するにあらゆる方向におわす仏菩薩を礼拝恭敬する意味がある。大乗仏教の仏陀観を表す念仏といっても、あながち差し支えはなかろう。

この念仏曲が名称もそのままに、西本願寺へ伝えられたのであるが、文言が『阿弥陀経』に説かれる六方諸仏の名号に替えられている。また、安政本『声明品集』には「懺法中」と記されたものと計二曲が掲載されている。「懺法中」とは、『阿弥陀懺法』のことを指す。『阿弥陀懺法』において、経段に入る前に唱えられる「十方念仏」がこれである。両曲とも旋律は、切音の博士が付けられている。「十方念仏」そのものは昭和八年の法式改正で停廃されたものの、その旋律は現在も引き継がれている。旧『阿弥陀懺法』の改作である、『観無量寿経作法』にある十句の「念仏」がそれである。

知影はこれらの草稿と思しき写本も宝泉院で実見しているようだが、奥書などがなかったのであろう、誰が草したのかは分からないという。恐らくは宝泉院に住した、珍雄・嶺雄・韶雄らの歴代がしたためたものなのだろうか。

第五十六条

一、善導画讃(1)は台家(2)の画讃によれり何人の墨譜をつけられたるやしりがたし専修寺(3)所蔵の本の奥書云

右善導画讃以吾山之古本対校相違稍《やや》々《ママ》多(4)今旦依六条寺内用来本点之一二私加潤色后賢宜訂正

焉宝暦六年両《ママ》子(5)六月十日

魚山大僧都法印嶺雄(6)

【註】

(1) **善導画讃**　第五十条註(43)参照。

唐・善導大師の画讃。魚山勝林院所蔵の喜淵(第四条註(1)、第五十条註(37)参照)に成る『声明書目録』には、第二櫃に「善導和尚讃」、第四櫃に「善導和尚画讃」の音曲名が見え、これらが本条に記される「善導画讃」に相当すると考えられる。あるいは玄智撰『浄土真宗教典志』巻三にも、「善導和尚画讃　一巻」と記される。また、勝林院には園部覚秀による、「勧請」「教化」「仏名」などの音曲も記された『御影供』の体裁による写本、天台宗明徳院にも同様の写本が存在する。

「天台大師画讃」「伝教大師廟讃」「慈覚大師徳行讃」「慈慧大師徳行讃」と比較するに、讃頭部分はいずれの博士にも

該当せず、若干ながらも他の「讃」にはない独自の旋律型の配置を持つ音曲といってもよかろう。同音部分からは、他の「讃」と同様の博士が付けられている。宗祖親鸞の四百五十回大遠忌法要において、「善導画讃」が唱えられたと伝えられる。また、第五十七条にも記されているように、知影在世の頃には唱えられなくなっていた。

文言は、上段「浄土真宗第三祖師大唐善導和尚画讃　銀青光禄大夫行兵部尚書平基親文　善導和尚其宗真　俗姓朱氏泗州人　大唐高宗崇之頻　四明曇省讃彼新　化仏随念出従脣　教主愍衆仮降神　済度苦海洗煩塵　周遊寰宇求道津　欣恵遠躅訪遺弟　取安養教為冥契　寒天至誠汗混涕　浄土披蒙霧始霽　護持戒品唯守制　集在礼讃早補偈　聞晋陽不遠千計　遁終南発得三昧　作観自然忘身疲　入定須臾決師疑　池水八功宛在茲　蓮華七日猶未衰　余行迂僻無心思　数日称念聞空辞　三衣一鉢已斎持　金台宝国期栖遅　往復間毎自孤独　洗浴外不脱衣服　写弥陀経十万軸　画極楽変三百幅一切名利絶永伏　四事供養施無蓄　不敢乳味生与熟　若救頭燃勤大篤」。下段「制観経疏夢金仙　依聖僧告編瓊篇　名号附属及遐年　光明摂取載近縁　二河譬喩禄亦甄　三心義理詳復専　専修専念於此伝　百即百生其必然　挙目更無視婦女　盛徳独有超等侶　三千余歳忘寝処　数千万人導宝所　相海功徳観念語　径路修行勧化著　毎見破壊営堂宇　弘令激発悟屠沽　永隆二年余命彊　暮春三月合掌亡　早辞南浮往西方　忽従柳樹復花王　身体柔軟如尋常　音楽髣髴送異香埋骨京師竭哀傷　寺額天子賜光明　感師遂謁聞其義　念仏得証覩彼瑞　洛陽遺文放光累　長安真像現化示　少康因茲大歓喜　末弟随之悉出離　（已下二反）恰袷皆莫不奇異　古採一端聊記事」である。

（2）**台家**　天台宗のこと。

（3）**専修寺**　第十二条註（6）、第七十七条註（6）、第八十一条註（26）参照。

（4）**稍々多**《ママ》　興正寺所蔵の写本奥書には、「稍多」と記されている。

（5）**宝暦六年両子**《ママ》　一七五六年。「丙子」の誤記。

（6）**嶺雄**　第四十四条註（3）、第四十五条註（7）参照。

?―一七五九。珍雄の弟子。『両院僧坊歴代記』中、「宝泉坊」の項には「珍雄法脈」と記されている。珍雄に引き続いて、西本願寺に魚山声明を伝授した魚山法師。『魚山声曲相承血脈譜』には、「宝泉坊」と註記されている。享保二（一七一七）年に得度、元文四（一七三九）年に権大僧都に任じられ、寛保三（一七四三）年、「出世御預号二仏眼院一」。同四年、大僧都に任じられ、法印に叙された。享保十七（一七三二）年、宝泉院の住職となった。享保十六年から宝暦九（一七五九）年まで、江文社別当職も務めた（『両院僧坊歴代記』中、「宝泉坊」の項による）。

【補説】

西本願寺に伝えられていた「善導画讃」に関して、いささか管見も交えて述べておきたいと思う。

興正寺には、知影が書き写した奥書と全く同一の跋文を持つ、「善導画讃」の写本が存在する。この写本は、興正寺第二十七世・本寂（華園摂信、一八〇八―七七）が所蔵していたものであろう。いうまでもなく本寂は、知影と面識があったことは彼の日記からも明らかである。そして本寂もまた、魚山声明に造詣が深く、西本願寺の明如（大谷光尊）と並んで、『魚山声曲相承血脈譜』にその名が入記されている。西本願寺において親しく魚山声明を指南した園部覚秀は、興正寺へも指南に訪れていて、興正寺にも覚秀直筆の声明書写本が多く所蔵されている。

さて、「善導画讃」は前文と七言六十四行におよぶ長行の讃文である。その体裁はいうまでもなく、西本願寺に今ある『大師影供作法』などに見える「画讃」のそれではない。ちなみにいう。『大師影供作法』のそれは、園部覚秀が『魚山六巻帖』に収められる、「授地偈」の博士から採譜した比較的短い音曲である。「善導画讃」は、『天台大師御影供《みえく》』など諸『御影供』にある「讃」、即ち「画讃」「廟讃」「徳行讃」などの体裁に同じである。

『御影供』は長行の「讃」を中心に編まれた法儀で、その名が示す通り、祖師の御影を讃歎供養するものである。「讃」の冒頭部分には、讃歎する祖師の尊名とともに、「讃」によっては誰がこの讃を詠んだかが示され、この部分は序曲の旋律が付けられている。「讃」の本文に至って、急曲の旋律に転ずるのが特徴である。それは付けられた博士を見れば、「善導画讃」も例外ではない。

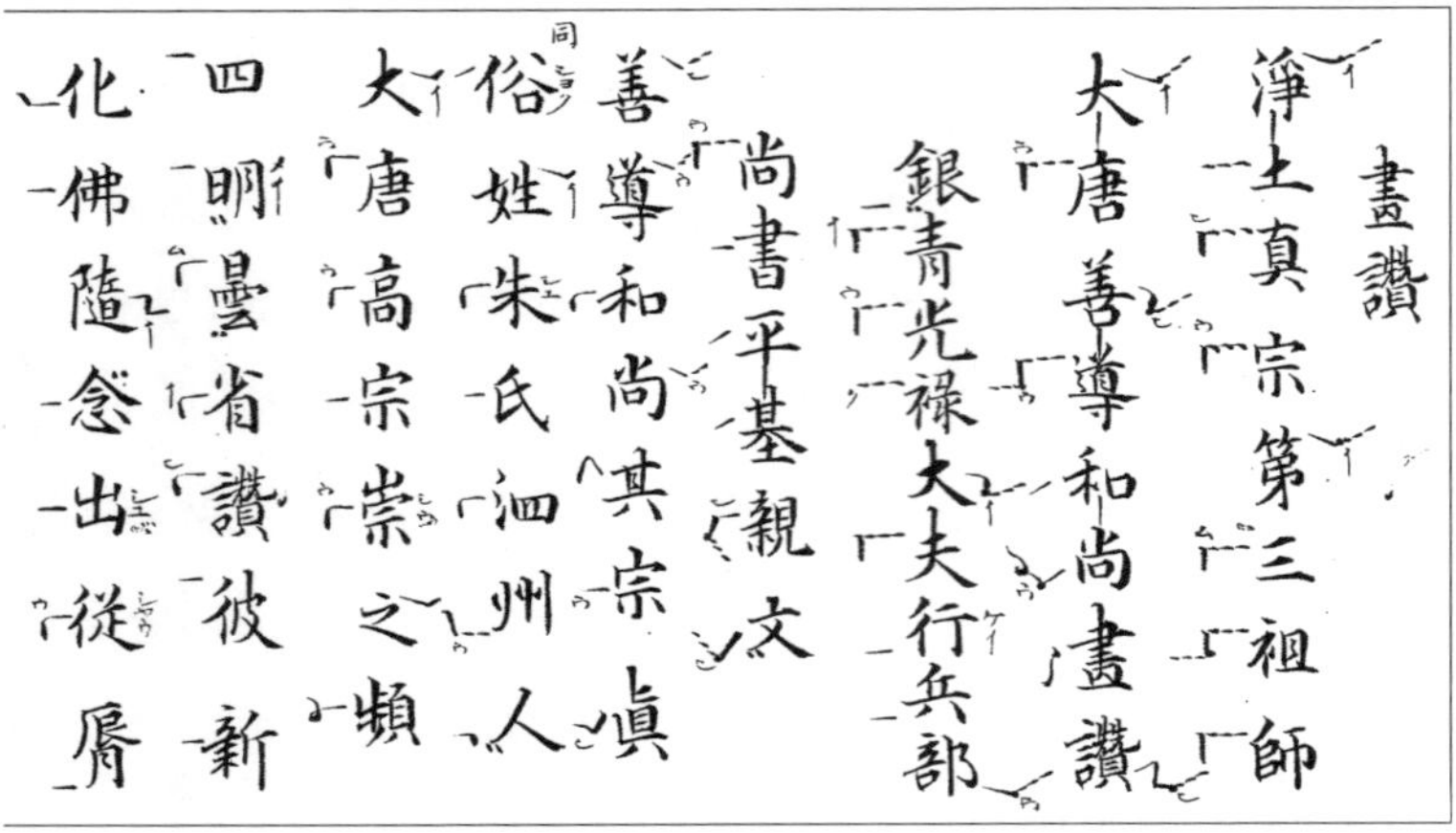
畫讃
淨土眞宗第三祖師
大唐善導和尚畫讃
銀青光祿大夫行兵部
尚書平基親文
善導和尚其宗眞
俗姓朱氏泗州人
大唐高宗崇之頻
四明曇省讃彼新
化佛隨念出從脣

「善導画讃」（興正寺所蔵写本）

「善導画讃」を詠んだ人物は平基親（一一五一―?）で、出家して法然に師事したといわれる。また、法然真筆とされる『選択本願念仏集』の序文を筆記したのも平基親であるという。

「善導画讃」には、平基親のことを〈銀青光禄大夫〉〈兵部〉〈尚書〉と冠している。いずれも、官吏の唐名である。最初に冠されている〈銀青光禄大夫〉の起源は中国古代の官職名で、「銀印青綬（銀璽青綬、銀章青綬）」を指す名称という。官吏の象徴の一つである官爵用の印綬（印鑑とそれを下げる紐）で、〈銀印青綬〉の〈光禄大夫〉を意味する。平基親は従三位・兵部卿まで昇進するも、建永元（一二〇六）年に出家した。時あたかも、南都興福寺から念仏停止の奏上がなされた時期であり、法然と親鸞が流罪に処せられた承元の法難の前年のことである。出世街道を歩んできた平基親としては、不可解さを禁じ得ない行動ともいえる。恐らくは法然との関係が、何らかの影響をおよぼしたのかも知れない。

そのような人物が詠んだのが「善導画讃」である。平基親が作者とするならば、恐らくは法然も親鸞も目にしたことのある讃なのかも知れない。そして、ほぼ同じ時代に成立した『声明書目録』に、「善導和尚画讃」など善導に関する音曲が二曲見える。この目録が著された当時、最新の音曲として魚山に蔵された可能性がある。

その音曲が約五百年後の、第十三世・良如（一六一二―六六二）、十四世・寂如の時代に至って、西本願寺で依用されることとなったのである。「善導画讃」は、経谷芳隆著『本願寺風物誌』によれば、西本願寺には「祖師讃」と題して、その書写本が秘蔵されてあり、以下のような奥書がある。

右明暦四著闍雍茂祀修景下旬之書訖　魚山末流憲真

明暦四（一六五八）年に、憲真（第一条註（5）参照）が書写したという。憲真は西本願寺へ魚山声明を伝えた幸雄よりも、やや遡る世代の魚山法師である。『両院僧坊歴代記』には、天和三（一六八三）年十一月に示寂したとある。西本願寺に魚山声明が本格的に伝えられたのは寂如からであるが、その先代門主・良如の時代には、「四智讃梵語」が伝えられている。「善導画讃」の書写年代は、良如晩年の存命中と重なる。

敎主愍衆假降神
濟度苦海洗煩塵
周遊寰宇求道津
攸德遠躅訪遺第
取安養敎爲冥契
寒天至誠汗混涕

経谷師は、宗祖親鸞の四百回大遠忌で依用する目的で用意されたと考察する。それは次代の寂如によって、西本願寺へ魚山声明が本格的に導入される四半世紀以上前のことである。そのように考える時、「善導画讃」は「四智讃梵語」と並ぶ、西本願寺における最も古伝の魚山声明といえよう。

ところで「善導画讃」の冒頭は、「浄土真宗第三祖師」という文言から始まる。浄土真宗の「七高僧」という概念からすれば「第五祖」と考えがちであるが、これは法然の撰述とされる『類聚浄土五祖伝』によるものという。従ってここに記される「浄土真宗」という名称も、我々が認識する宗派名としての「浄土真宗」ではなく、元祖である法然が顕かにした「浄土真実の宗」たる「浄土真宗」のことである。

正徳元（一七一一）年三月に勤められた宗祖四百五十回大遠忌の記録によれば、三月二十一日の逮夜法要に「善導画讃」が唱えられたという。知影の時代より、一世紀ほど前のことである。

「善導画讃」が最初に書写された明暦四年から百年を経て、知影が本条に抜き書きした如く、宝暦六年に至って魚山の嶺雄によって、「善導画讃」が改写された。嶺雄は魚山に所蔵される古本と対校するに、西六条寺内で用いられているものとはやや相違が多いので、加筆修正した旨を書き記している。これは西本願寺に秘蔵される書写本以来、転写がなされる中で、博士の表記や旋律などに誤謬や乱れが生じていたのかも知れない。その一方で、この記述をして当時はまだ、魚山でも「善導画讃」の写本を常時披見できる状況にあったのであろう。

果たして、嶺雄の奥書を持つ写本が西六条寺内の専修寺に秘蔵されていて、知影が発見してここに書き写したのである。「善導画讃」は、知影の時代には既に唱えられなくなって歳月が流れていた。「善導画讃」に替わって、「仏徳頌」が汎用されていたのだった。

第五十七条

一、仏徳頌（1）は画讃（2）によれり何人の墨譜なることをしらず善導画讃四五十年ばかり前までは依用したまふとなり仏徳頌の墨譜なりてより画讃をやめたまふとき丶つたへたり

【註】

（1）**仏徳頌**　第五十条註（43）、第五十六条註（1）、第七十一条註（35）参照。

「善導画讃」の博士を転用した音曲である。安政本『声明品集』巻一に載せられている。文言は『大宝積経』「無量寿如来会」巻上に依る。即ち、「如来無量無辺光　挙世無光可能喩　一切日月摩尼宝　仏之光威皆映蔽　世尊能演一音声　有情各各随類解　又能現一妙色身　普使衆生随類見　戒定慧進及多聞　一切有情無与等　心流覚慧如大海　善能了知甚深法　惑尽過亡応受供　如是聖徳惟世尊　仏有殊勝大威光　普照十方無量刹　我今称讃諸功徳　冀希福慧等如来　能救一切諸世間　生老病死衆苦悩　願当安住三摩地　演説施戒諸法門　忍辱精勤及定慧　庶当成仏済群生　為求無上大菩提　供養十方諸妙覚　百千倶胝那由他　極彼恒沙之数量　又願当獲大神光　倍照恒沙億仏刹　及以無辺勝進力　感得殊勝広浄居　如是無等仏刹中　安処群生当利益　十方最勝之大士　彼皆当往生喜心　唯仏聖智能証知　我今希求堅固力　縦沈無間諸地獄　如是願心終不退　一切世間無礙智　応当了知如是心」である。一句目を序曲で唱え、二句目より急曲となる。三句目から同音となる。「仏徳頌」は、現在も真宗興正派で用いられている。同派では、呂曲壱越調の倶曲としている。この「無量寿如来会」の文言は、昭和八年の法式改正によって、部分的に西本願寺の現行法儀『修正会作法』の

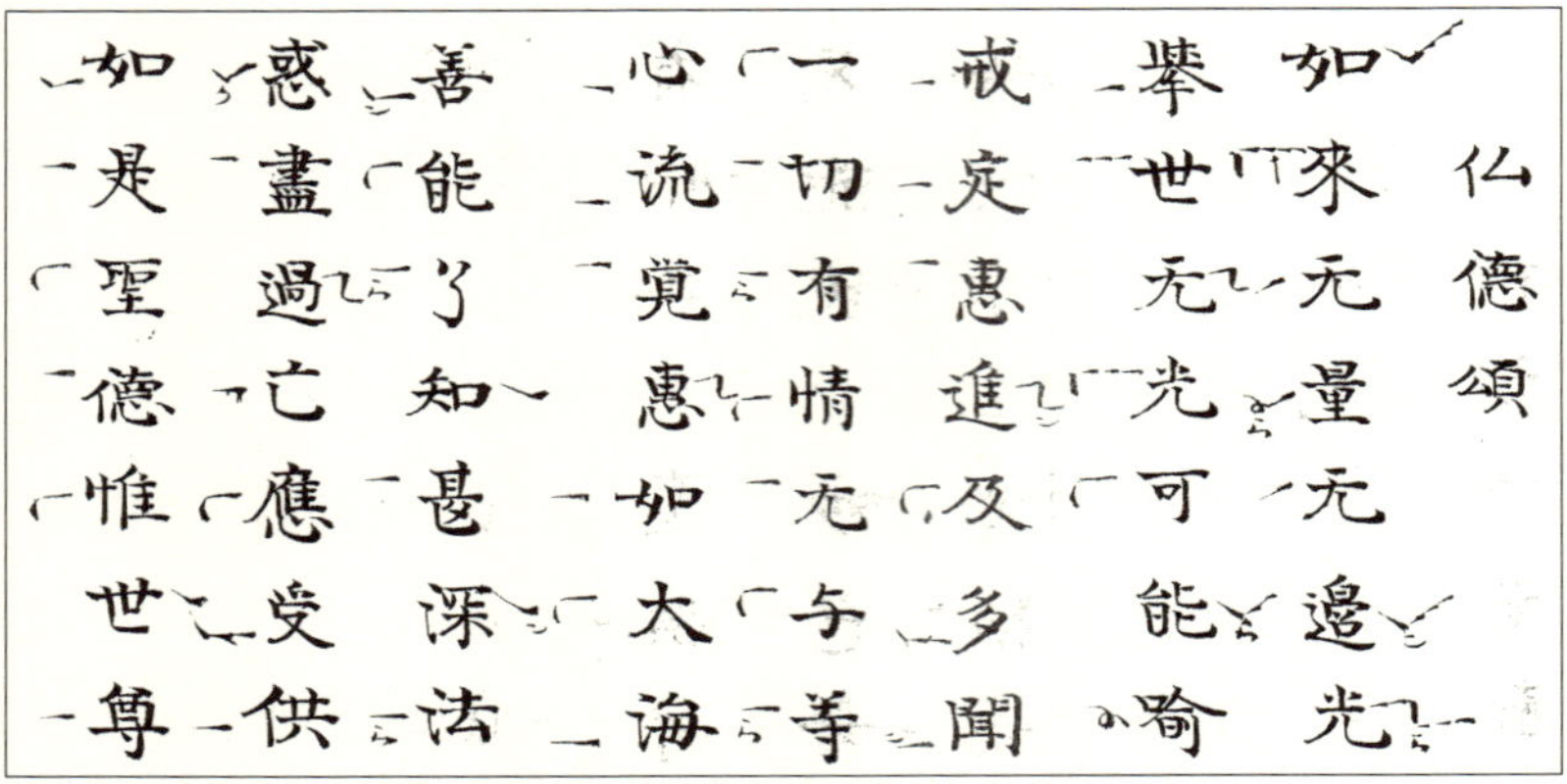
仏徳頌
如来无量无邊光
挙世无光可能喩
戒定恵進及多聞
一切有情无与等
心流覚恵如大海
善能了知甚深法
惑盡過亡應受供
如是聖徳惟世尊

「仏徳頌」（写本）

「頌讃」、即ち「三十二相」を改作した音曲に依用されている。

（2）**画讃**　第五十条註（43）、第五十六条註（1）参照。
ここでは「善導画讃」のこと。

【補説】

「仏徳頌」は第五十六条に記される、「善導画讃」の博士を転用したものである。知影はこれも、誰が博士を付けたのかが分からないと記す。

「仏徳頌」は、現在も興正寺で依用されている。平成十三（二〇〇一）年に刊行された、『真宗興正派　常用声明集』にこれを載せる。同書によれば、「仏徳頌」の原曲は「慈覚慈恵徳行讃」と記されている。即ち、『慈覚大師影供』並びに『慈恵大師御影供』の「徳行讃」のことである。以て、諸『御影供』にある「讃」の博士は、総じて大同小異であるのはいうまでもない。

ただ、現行の『慈覚大師影供』にある「徳行讃」を見ると、文久二（一八六二）年に魚山蔵版として発刊された、園部覚秀章譜の『慈覚大師影供』の「徳行讃」とは異なるところが見られる。天台宗で依用されている現行の『慈覚大師影供』は、中山玄雄師の校合によるものである。「徳行讃」急曲部分に見える〈徵〉の音位の博士は「スク」であるが、覚秀のものは「ユリ」の博士が付けられている。

しかし「仏徳頌」の博士は、「スク」となっている。これは、知影がいう「仏徳頌」の原曲たる「善導画讃」も同様である。また、「ソリ・ユリ」から始まる冒頭の序曲部分も、「善導画讃」に同じである。「仏徳頌」に博士を転用するに当たって、相応に書き換えられている部分は当然ある訳だが、『慈覚大師影供』などの「徳行讃」よりも、知影が記すように「仏徳頌」は「善導画讃」の体裁に近しいと見るのが自然である。

ところで、令和五（二〇二三）年春に厳修された「親鸞聖人御誕生八百五十年・立教開宗八百年慶讃法要」は、我々の記憶に新しい。この法要に向けて、『新制　御本典作法』という新たな法儀がその前年に制定された。長きにわたって廃絶していた、魚山由来の音曲の旋律が復興され、あるいは「正信念仏偈」に、天台宗の「五念門（十二礼）」に付された和讃節（御詠歌のルーツともいうべき旋律）が転用されるなど、まことに声明興隆の好機となったと思う。

そんな中で、宗門から発せられたこの法儀の解説に、誤認と思しき記述が見受けられる。『御影供』の「讃」から採譜された、「大信讃」という新しい音曲の解説には、「元は大原「伝教大師御影供・讃」の譜で、本願寺では「報恩講作法・式間和讃」に用いられ、この度はここから採譜されました」とある。これは宗門内において、ややもすれば混乱を生じさせかねない説明といわねばなるまい。ここにいわれる「讃」とは、『伝教大師御影供』の中心をなす「廟讃」のことである。『御影供』の「画讃（『天台大師御影供』）」や「廟讃」、「徳行讃」などの博士は、一見、部分的には「式間和讃」に付けられている博士に、さも似たるようにも見えなくもない。しかし、個々の博士を部分的に抽出して同じだといってしまえば、どれもが同じ音曲ということになろう。ある音曲からの転用ないし採譜する場合、それは音曲に付けられた博士と博士との組み合わせはいうにおよばず、音曲の全体的な旋律型同士の連続性を俯瞰せねばなるまい。そのように見た時、「廟讃」と「式間和讃」とは、全く似ても似つかぬ音曲なのは明白である。ことに「式間和讃」に関しては、第五十四条にもある如く、今のところ原曲が不明なのである。

思うに、「大信讃」を往古の西本願寺で依用されていた音曲に通ずると解説したいのであれば、むしろ「廟讃」などと同じ系統である、「善導画讃」を原曲とする「仏徳頌」に付けられた博士に範を求めたと解説する方が、至って合理的なのではなかろうか。

第五十八条

一、弥陀懺法(1)は四明遵式(2)の撰といひつたへたり墨譜は何人の作なるや古代の製と見へたり全早《すべて》懺法の体にならへり殊勝なるものなり吾山内にて五十年ばかり前まで例年十一月廿一日逮夜(3)に依用したまふよし近年はこれをやめられ十二光礼(4)を依用したまふ去年文化八年辛未(5)四月前住信入院殿(6)十三回忌御法会第七日逮夜に弥陀懺法を依用したまふ奉請段(7)などはのぞきて唱ふ尤《もつとも》の御事なり

【註】

(1) **弥陀懺法**　第十四条註（1）、第五十九条註（1）、第七十一条註（63）（78）参照。

(2) **四明遵式**　第十四条註（1）参照。

四明とは、中国宋代における天台宗の学派を意味する。分けてみれば義通（九二七―八八）門下の四明知礼（九六〇―一〇二八）と、同門である慈雲遵式（九六四―一〇三二）のことであるが、知礼の学派を特に「四明天台」と称した。知礼とは同門であることから、「四明遵式」と表記しているのであろう。遵式は諡を法宝大師と称し、慈雲尊者あるいは懺主禅慧法師とも称する。初め禅を学び、その後、義通に師事して天台を学んだ。遵式の浄土教は、善導の影響を受けていることも指摘されている。遵式は王族から庶民に至るまで幅広く法を説いたので、易行道としての口称念仏も勧めている。知礼とともに、「二哲二連枝」とも称された。

（3）**十一月廿一日逮夜**　旧暦における、御正忌報恩講の初逮夜法要。

（4）**十二光礼**　第七十一条註（19）参照。

安政本『声明品集』巻二に載せる。この「十二光礼」は、切音に近しき単純な旋律の博士で、漢音の仮名が付けられている。「南无至心帰命礼　西方阿弥陀仏」の文言から始まり、四句ごとに「願共諸衆生　往生安楽国」「南无至心帰命礼　西方阿弥陀仏」の定型句が入る。『龍谷唄策』坤巻には、『十二光礼』という法儀を載せ、この法儀にある「十二光礼」には本譜「五念門」の博士が付けられている。そして後半部分の「哀愍覆護我」の後、「南无至心帰命礼　西方極楽世界　大勢至菩薩……諸菩薩清浄大海衆」からはさまざまな音曲の博士が付けられている。この「南无至心帰命礼……」は、「観世音菩薩」「大勢至菩薩」「諸菩薩清浄大海衆」と三度繰り返され、現行法儀『円光大師会作法』および『上宮太子会作法』にある「頂礼文」の原曲である。特に各句「界」に付けられた博士だけを見るならば、「三力偈」などに見える博士が付けられるも（石室静洞手沢本『六巻帖』にある「三力偈」には〈ユリ二・当リ・イロ・落音二似〉と朱註される）、その解読に三様がある。即ち、「三力偈」の如くと、「錫杖下（ユリ二・当リ・イロ・本下）」、「教化下（ユリ二・早下・スク）」のそれぞれに解読することができる博士である。これに続く「懺悔文」以降は「用否随時」と註記されている。前半の序曲部分は、園部覚秀の作譜と考えられるが、同音からは「九方便」の博士が配列されているのが特徴的である。以下は「十二光礼」の後半部分の文言であるが、『龍谷唄策』では「故我稽首无等等」に続く「南无至心帰命礼　西方阿弥陀仏　又観世音大勢至　於諸聖衆最第一　慈光照曜大千界　侍仏左右顕神儀　度諸有縁不暫息　如大海潮不失時　如是大悲大勢至　一心稽首頭面礼　願共諸衆生　往生安楽国」の文言が省略され、「南无至心帰命礼　西方阿弥陀仏　哀愍覆護我　令法種増長　此世及後生　願仏常摂受　願共諸衆生　往生安楽国」へ飛ぶ。そして、「哀愍覆護我……南无至心帰命礼　西方極楽世界　観世音菩薩（願共諸衆生　往生安楽国）南无至心帰命礼　西方極楽世界　大勢至菩薩（願共諸衆生　往生安楽国）南无至心帰命礼　西方極楽世界　諸菩薩清浄大海衆（願共諸衆生　往生安楽国）普為師僧父母及善知識法界衆生断除三障同得往生阿弥陀仏国帰命懺　悔我説彼尊功徳事　衆善無辺如海水

所獲善根清浄者　回施衆生生彼国（以上（　）内の文言は安政本のみ）」とあり、『往生礼讃偈』の懺悔文や「五念門」などに見える文言も加えられている。以て、現行法儀『讃弥陀偈作法』の「十二光讃」の原曲に相当する音曲である。切音「五念門」の博士が付けられた現行の「十二光讃」は、「故我稽首无等等」で終わっている。

（5）**文化八年辛未**　一八一一年。

（6）**前住信入院殿**　第十八条註（3）参照。
文如のこと。

（7）**奉請段**　第十四条註（1）参照。
「一心奉請南無本師釈迦牟尼仏」から始まり、「一心奉請」が十四回繰り返される。概して現在過去未来と十方の諸仏、一切の諸経と法宝、諸菩薩並びに極楽の諸菩薩、声聞と縁覚、諸天らの尊号を唱える。「奉請段」に引き続き、「敬礼段」へと推移する。「敬礼段」は「奉請段」で唱えられた尊号を、ここでは「一心敬礼」を冠して唱えられる音曲であるが、「奉請段」はしばしば略して「敬礼段」を唱えていたようである。『梵唄集』に載せる『阿弥陀懺法』には、「奉請段」が省略されている所以であろう。

【補説】

『阿弥陀懺法』は、中国宋代の慈雲遵式によって、その原形が成立した法儀である。
宋の太祖建隆元（九六〇）年、呉越王・銭弘俶は義寂（遵式の師匠である義通の師、九一九—八七）の奨めにより日本へ使者を遣わし、日本天台宗の佚書を求めた。これは会昌の廃仏（八四五年、円仁の在唐中）などのため、典籍が散逸してしまったからだという。義寂は日本の他、高麗へも派遣して蒐集に努めた。日本からは源信が著したばかりの『往生要集』などが送られ、比叡山と宋の四明学派が交流している。
また、日本天台宗からは寂昭が、同じく源信の『天台宗疑問二十七条』を携えて入宋し、知礼がこの疑問に回答している。

あるいは寂昭がもたらした『南嶽禅師止観』や『方等三昧行法』に、遵式が序文をしたためたりしているという。遵式は日本に伝来している天台宗関連の典籍に対して、非常に関心を寄せていたといわれている。

遵式は浄土教に精通し、特に懺悔法の行儀に深く通じていた。そして遵式には多くの著作があり、『請観音伏毒害三昧儀』『往生浄土懺願儀』は日本でも広く流布した。『阿弥陀懺法』は、『往生浄土懺願儀』に依拠した法儀である。そうした天台僧による日宋交流の過程で『阿弥陀懺法』も日本へ伝来し、浄土系の法儀として定着したのであろう。

『魚山余響』には、『阿弥陀懺法』に関する記述がところどころに見られる。知影は本条において、『阿弥陀懺法』は遵式が撰述したものと記すも、誰が博士を付けたのかは分からないという。西本願寺に伝えられていた『阿弥陀懺法』は、「早懺法」即ち切音の音曲に準じて博士が付けられていて、知影はいにしえに作られたもので非常に素晴らしい音曲であると絶賛する。そして知影の時代から半世紀ほど前までは、御正忌報恩講の初逮夜法要で『阿弥陀懺法』が依用されていたのだという。『祖門旧事紀』中、「御本山両御堂年中行事」にもそのことが記されている。しかしいつの頃からか、『阿弥陀懺法』に替わって「十二光礼」が用いられるようになっていた。

そんな状況ではあったが、文化八年四月に勤められた第十八世・文如の十三回忌法要では、第七日目の逮夜法要において久しく『阿弥陀懺法』が依用された。その時の『阿弥陀懺法』は、「奉請段」などいくつかの音曲を略して唱えられたようだ。

ところで『阿弥陀懺法』の次第は、以下の如くである（園部覚秀章譜。永田調兵衛・明治十一年刊による）。

先、総礼伽陀（「瓔珞経中説漸教」。切音の同法儀は「我此道場如帝珠」）

次、三宝礼

次、供養文

次、奉請段

次、敬礼段

次、五悔（懺悔・勧請・随喜・回向・発願）
次、十方念仏
次、経段（『観無量寿経』真身観）
次、四句念仏
次、三礼
次、如来偈（白衆回向）
次、回向伽陀（「願以此功徳……往生安楽国」）

次第は、『声明懺法』にほぼ準ずるものである。明治に至って園部覚秀が『声明懺法』に倣い、呂律二様と切音の音用を再編して、改めて西本願寺の法儀に加えた。

第五十九条

一、弥陀懺法(1)に法華懺法(2)の墨譜をつけたる本西光寺(3)にありこれかの寺の先住賢従(4)の作なるべし余賢従に声明をならふときこの本あることしらずこのごろかの庫中にあるを見る往年知観僧正真身観の墨譜(5)をくだされたるときもこの本あることをしらず今これを観僧正の作にくらぶるに経題の墨譜などはいづれ是非しがたし各ふかく意を用ゆるのところあり此事余別論ありこの弥陀懺法今一往校正を加て本山にも依用したまふやうにありたきことなり賢従没后こゝに二十五年を経たり賢従在世のころは吾山内に六冊(6)の名をもきかず法華懺法の墨譜など見聞したる人なし吾山内に魚山流義の中絶せるころなり故に賢従の声明に精《くわ》しきことをも賞する人なし余此が為に惜む今賢従あらば此等の作は已《すで》に本山の依用となるべし

【註】

（1）**弥陀懺法**　第十四条註（1）、第五十八条註（1）、第七十一条註（78）参照。

（2）**法華懺法**　第一条註（6）参照。

（3）　**西光寺**　第六条註（1）、第十二条註（5）参照。

（4）　**賢従**　第六条註（1）、第十二条註（5）、第十三条註（4）、第六十六条註（5）参照。

（5）　**知観僧正真身観の墨譜**　第十四条参照。

（6）　**六冊**　第一条註（5）参照。
『六巻帖』のこと。

【補説】

知影が知観に師事する前に声明の手ほどきを受けていた賢従の自坊・西光寺には、賢従自身が作成したという、『法華懺法』の博士による『阿弥陀懺法』が秘蔵されていた。しかし知影は、その存在を全く知らなかったそうだ。

かつて、知観が『観無量寿経』「真身観」に博士を付けた時も、賢従に成る『阿弥陀懺法』の存在に気付くことはなかった。知影は知観と賢従による、双方の墨譜を見比べてみた時、経段部分などはどちらも甲乙付け難い出来映えだった。賢従が付けた博士に若干の補正を加えたならば、充分依用できる法儀であると記している。

ところで興正寺には、「西光寺侍従節譜」と記す押紙が巻末に貼り付けられた『阿弥陀懺法』の書写本が所蔵されている。これは賢従書写による『阿弥陀懺法』である可能性は十分に考えられる。この書写本を見ると、前条にある如く、初めから「奉請段」が略されて書写されている。そして博士は、『声明懺法（法華懺法）律』を参照して入記されていることが見て取れる。

知影が件の『阿弥陀懺法』を見たのは、賢従が亡くなってから、既に四半世紀が経過していた。知影が思い起こすに、賢従在世当時の西本願寺は、魚山声明の集成たる『六巻帖』の存在も知らない者ばかりだった。ましてや、『法華懺法』の声明本などを見聞する者もいなかった。いわんや、賢従が声明に通じた達者であると称讃する者も見当たらなかったという。そのことはまさに、西本願寺で魚山声明が断絶していたことにも等しいと知影は述懐する。もし賢従が存命ならば、ここに発見した『阿弥陀懺法』は西本願寺で必ず用いられたはずだと、知影は確信して疑わなかった。

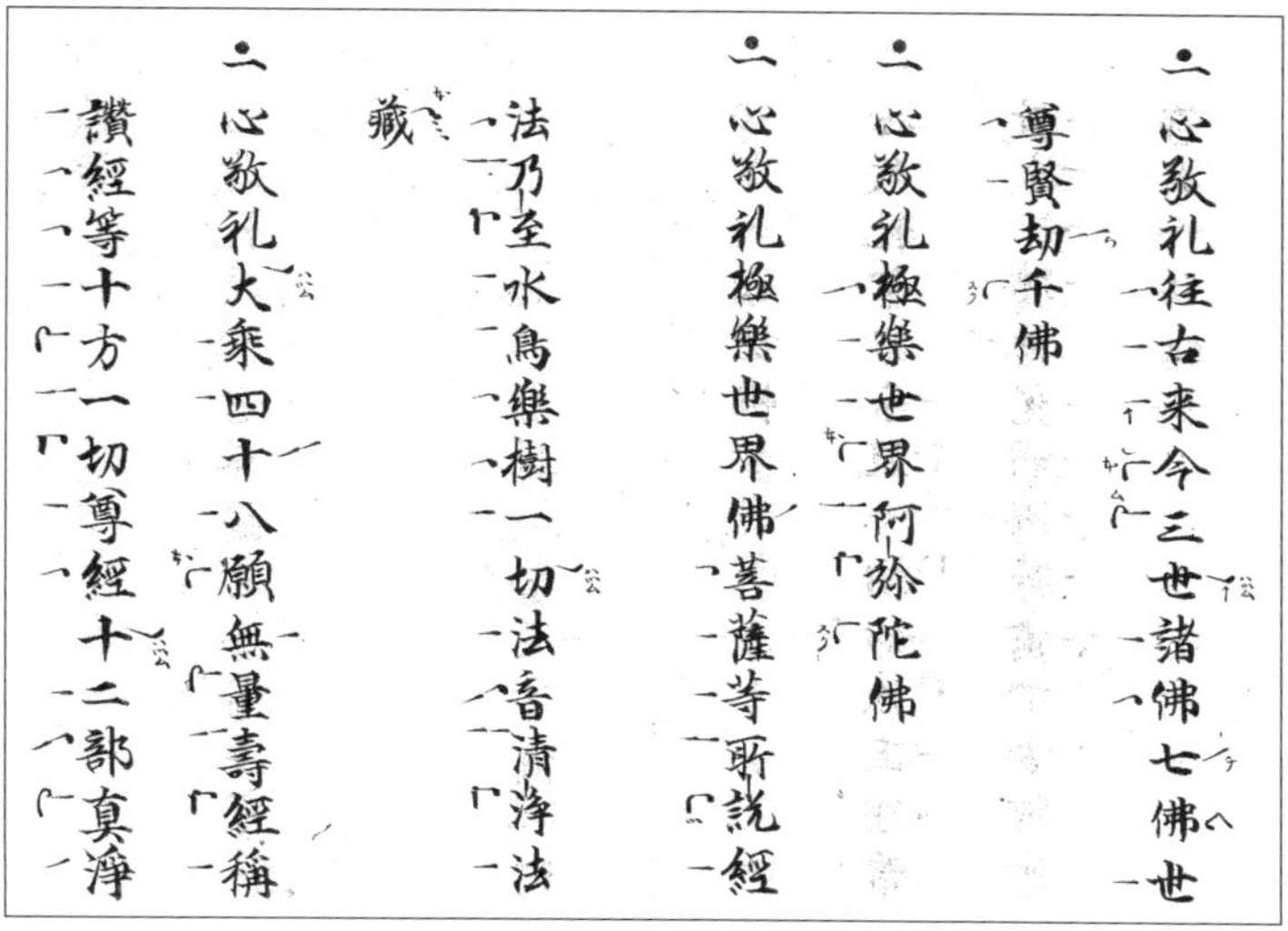
一心敬礼往古来今三世諸佛七佛世
尊賢劫千佛
一心敬礼極樂世界阿弥陀佛
一心敬礼極樂世界佛菩薩等所説經
法乃至水鳥樂樹一切法音清浄法
藏
一心敬礼大乘四十八願無量壽經稱
讃經等十方一切尊經十二部眞淨

「敬礼段」（『阿弥陀懺法』西光寺書写本　興正寺蔵）

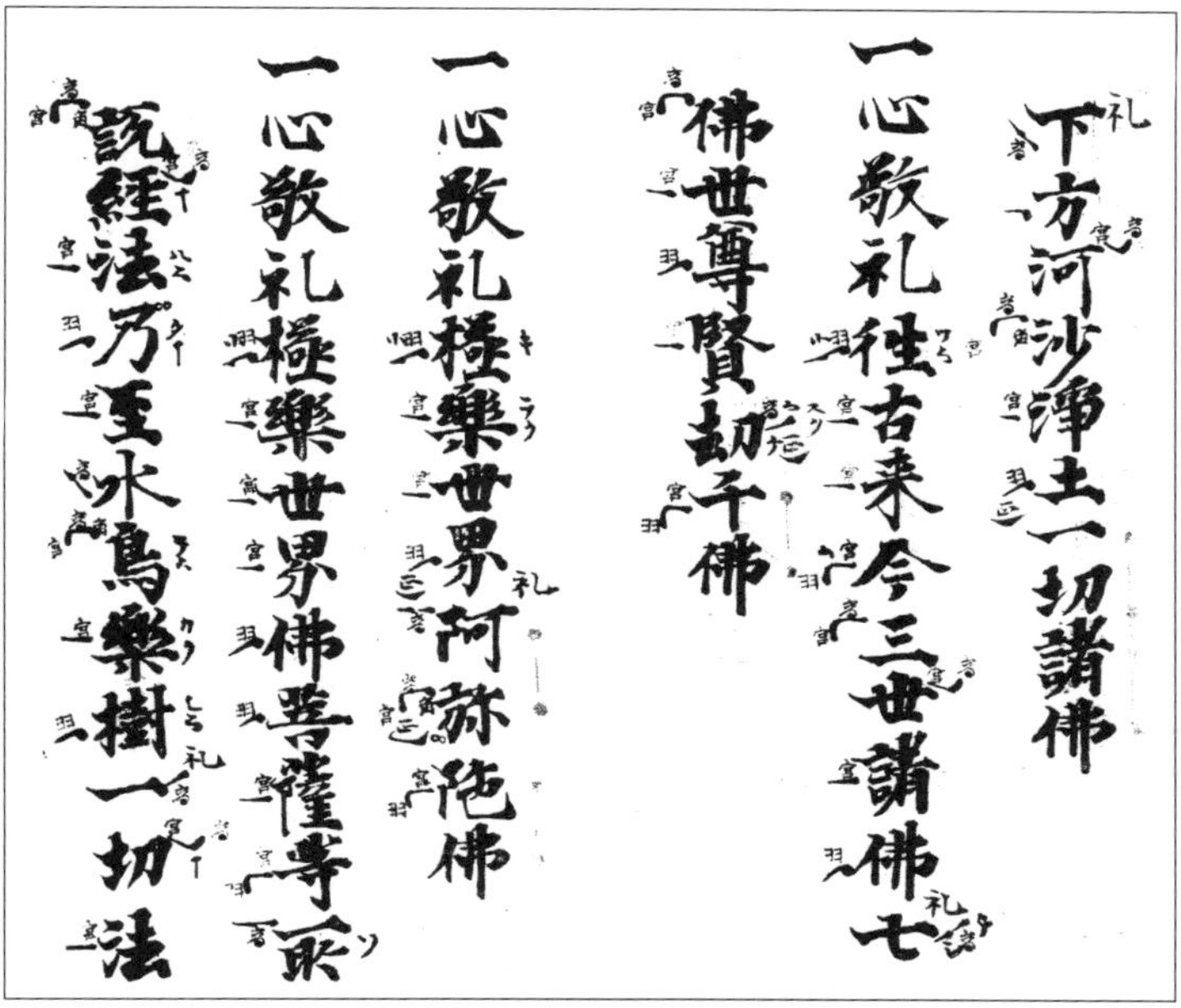
下方河沙淨土一切諸佛
一心敬礼往古来今三世諸佛七
佛世尊賢劫千佛
一心敬礼極樂世界阿弥陀佛
一心敬礼極樂世界佛菩薩等所
説經法乃至水鳥樂樹一切法

「敬礼段」（『阿弥陀懺法　呂』園部覚秀編　永田調兵衛刊）

第六十条

一、嘆仏文(1)願生偈略譜(2)　信慧院(3)殿の御作と申つたへたり二偈ともに重誓偈(4)の躰なり

【註】

（1）**嘆仏文**　第七十一条註（42）参照。

法照撰『五会法事讃』を出拠とする。安政本『声明品集』巻二に載せる。『龍谷唄策』乾巻中、『妙相讃嘆会』にも載せるが、この「嘆仏文」は『声明懺法・呂』の経段（あるいは同「供養文」にも通ずる）に準ずる博士に替えられている。また、『龍谷唄策』坤巻にある『五会念仏略法事讃（旧五会念仏作法）』にも「嘆仏讃」としてこれを載せる。こちらは同法儀にある、「極楽荘厳讃」の博士に準じて作譜されている。文言は、「巍巍阿弥陀　顔容紫金形　身相三十二
爪足下安平　姿好八十種　光曜常照明　梵音超三千　妙響哀鸞声　巍巍阿弥陀　国土甚清明　悉純黄金色　無四悪女名
池水流相注　宝樹五音声　歌嘆無常苦　聞者得無生　巍巍阿弥陀　衆善王中美　国土妙安楽　無不願往生　仏与菩薩衆
翻飛倶往迎　忽然七宝池　蓮華中長成　巍巍阿弥陀　威徳妙無侶　軀体真金色　光曜十方土　其聞得覩遇　永抜生死苦
我今稽首礼　無上衆生文」である。

（2）**願生偈略譜**　第三十六条註（5）、第五十条註（5）、第五十三条註（2）、第七十一条註（24）参照。

同じく、安政本『声明品集』巻二に載せる。本・略二様があり、本譜は「切音九条錫杖」の博士を転用している。略譜は、第十七世・法如が作譜したのだった。

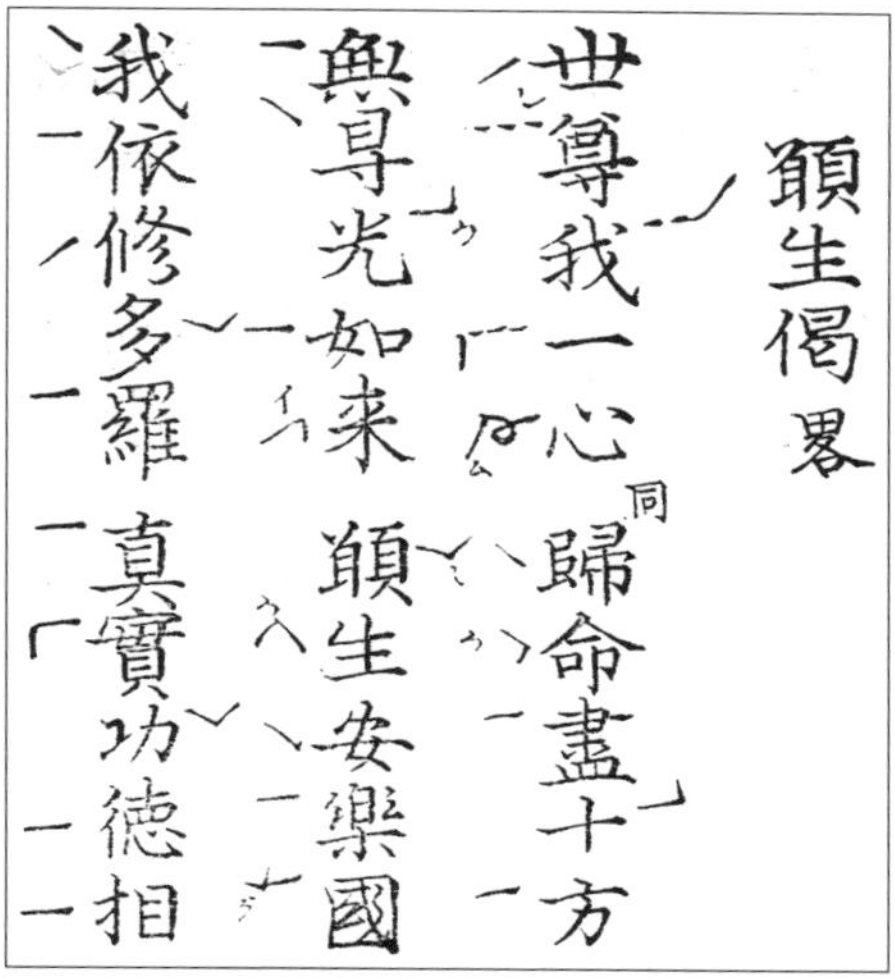

「願生偈略」（安政本『声明品集』巻二）

（3）**信慧院殿**　西本願寺第十七世・法如。諱光闡。一七〇七―八九。第十三世・良如の第十子である亀山御坊・本徳寺寂円の次男。当初、河内久宝寺御坊・顕証寺の法嗣となるも、寛保三（一七四三）年に西本願寺門主を継承した。

（4）**重誓偈**　第十七条註（3）、第五十条註（7）、第五十五条註（1）、第七十一条註（28）参照。

【補説】

西本願寺第十七世・法如は、本山阿弥陀堂を再建した門主である。また、魚山声明由来の音曲が、浄土真宗所依の経論の文言に変更されたのも法如の時代なのだった。法如の時代には、引き続き魚山から珍雄門下の嶺雄・韶雄が声明の伝授に来訪している。

法如は、芸術的才能にも秀でた門主だった。自ら音曲に博士を付けることのみならず、画業もよくした人なのだった。今、西本願寺南東角、飛雲閣が所在する滴翠園の一角に、「乾亭主人毫冢」と刻まれた小さな石碑が建てられている。「乾亭」とは法如の号で、法如が愛用していた筆や墨を納めた塚である。

第六十一条

一、勧請(1)は我弟子(2)　我今(3)　三世(4)　諸天讃(5)を学ぶべし勧請の品あまたあれどもこの四箇の墨譜を出ざるなりこの四品ともみな古代の墨譜なればふかく意をつけてならふべし敬礼勧請(6)も一種の体あれどもしひてならふべきほどのこともなきか

【註】

（1）**勧請**　第十条註（8）、第五十四条註（5）参照。

（2）**我弟子**　第五十四条註（5）参照。
安政本『声明品集』巻三に、これを載せる。文言は、「我弟子某至心勧請　十方応化法界无量仏　唯心願久住転法輪含霊抱識還本浄　然後如来帰常住　勧請已礼三宝」。『声明懺法』中、「四悔」にある「勧請段」の博士・文言（呂様・律様とも博士は同一）をそのまま転用し、「勧請」として依用している。

（3）**我今**　第五十四条註（5）参照。
同じく、安政本『声明品集』巻三に載せる。『大日経』巻第七を出拠とする。文言は、「我今勧請諸如来　菩提大心救世者　唯願普於十方界　恒以大雲降法雨」で、「九方便」の博士が付けられている。

（4）**三世**　第五十四条註（5）参照。
同じく、安政本『声明品集』巻三に載せる。「安政本」には本・略の二様を載せ、表題は「三世仏勧請」とある。文

言は、「敬礼十方三世仏　釈迦弥陀両足尊　八万十二諸聖教　恒沙塵数諸聖衆　還念本誓来影響」である。『龍谷唄策』乾巻所収『修正会』に、本譜によるものが掲載されている。中曲壱越調で、終句は「還念本誓来影嚮」と記される。その後、『梵唄集』の『浄土三昧法』へ引き継がれている。『二巻抄』には、「三十二相」を中心に編まれた『大導師音用』において、「揚勧請」と題してこれが記される。『台門行要抄』に載せる『修正大導師作法』の次第にあるこの音曲の文言は、「釈迦医王両足尊」「還念本誓来影向」となっている。水原夢江師校合の書写本『修正大導師作法』には、「釈迦弥陀《医王》両足尊」と記されている。各句五字目から、取次第で唱える。また、「還念本誓来影向於無」と書写され、『二巻抄』にも同様の記述がある。「於《お》無《む》」とは、夢江師書写本には「音《コハ》ツクロヒヲスル由ト云々　気色也」と註記され、唱え終わった後、微音にて「於無」と唱える。

（5）**諸天讃**　第五十条註（31）参照。

（6）**敬礼勧請**　第十条註（8）、第五十四条註（5）参照。

【補説】

「勧請」とは、法要を修するに際して、本尊や諸仏諸菩薩諸天の来臨を請い、目的の達成を願う（所願成就）ための音曲である。西本願寺においては昭和八年の法式改正によって、「勧請」という名称そのものが停廃されている。果たして「勧請」は「頌讃」と改称され、辛うじて魚山声明の「揚勧請」に準じた博士が付けられている。しかしながら「頌讃」という音曲は、「勧請」由来の音曲のみならず、『修正大導師作法』にある「三十二相」由来の音曲も「頌讃」と改称されていることは注意しておきたい。何故ならば同じ「頌讃」でも、原曲とその由来を全く異にするからである。

さて「勧請」は、魚山声明が西本願寺に伝えられた当初から存在する音曲である。幸雄書写本を見れば、「諸仏勧請」など三曲の「勧請」が西本願寺に伝えられている。時代は下って安政本『声明品集』には、「諸仏勧請（本・略）」「三世仏勧請（本・略）」など、文言中の語句を冠した多くの「勧請」が収録されている。

知影はさまざまな「勧請」の音曲を会得するには、「我弟子勧請」「我今勧請」「三世仏勧請」「諸天讃」を先ず学ぶべきであると言う。いずれも古い時代に成立した旋律を持つ音曲だから、心して習得すべきであると記す。これは「安政本」を見るに、「諸仏勧請」に付けられた博士が「諸天讃」、「我今勧請」が「九方便」のものであることを意識しているのであろう。あるいは「三世仏勧請」は「古代の墨譜」といわれる如く、古くから存在している。『二巻抄』にも見える所以である。『二巻抄』のそれは古博士で記されるも、只博士に対応する譜面と考えて差しつかえなかろう。

もっとも「諸仏勧請」に関しては、幸雄書写本のそれは「勧請」本来の博士なのであるが、知影の時代には「諸天讃」の博士に替えられていた。「敬礼勧請」は、幸雄書写本と「安政本」はほぼ同一の博士である。「敬礼勧請」に関して知影は、特別に意識して学ぶべきほどの譜面ではないと言う。

第六十二条

一、五眼讃(1) 仏吼讃(2) 諸智讃(3)は宝暦中五百回御忌(4)前に新譜なるよし五眼讃は四智梵語の讃(5) 仏吼讃は僧讃(6) 諸智讃は心略讃(7)によれり何人の作と云ことをしらずいづれ面白からぬものなり五眼讃などは尤滞るところ多し

【註】

（1）**五眼讃**　第五十条註（16）、第七十一条註（45）参照。

三冊本『声明後集　梵唄品彙』乾巻、安政本『声明品集』巻三にこれを載せる。そして『龍谷唄策』以来、現在も『大師影供作法』に収められている音曲である。『無量寿経』巻下を出拠とする。文言は、「肉眼清徹靡不分了　天眼通達無量無限　法眼観察究竟諸道　慧眼見真能度彼岸　仏眼具足覚了法性」である。「五眼讃」は『龍谷唄策』以来、呂曲盤渉調で実唱されているが、原曲の「四智讃梵語」は、黄鐘調で作曲された音曲といわれる。水原夢江師によれば、徴音の「ユリ」を中心に構成された音曲であり、盤渉調だと徴音が下無となり不安定であるが、黄鐘調ならば平調となり安定した音であると解説されている。また、「四智讃梵語」の出拠である『摂大儀軌』には「清音に発し慇懃に之を唱すべし」とあり、最も慎重に扱うべき音曲であるから、「ユリ」に用いる下無は本来塩梅の音であり不安定な音と指摘されている。

（2）**仏吼讃**　第七十一条註（4）参照。

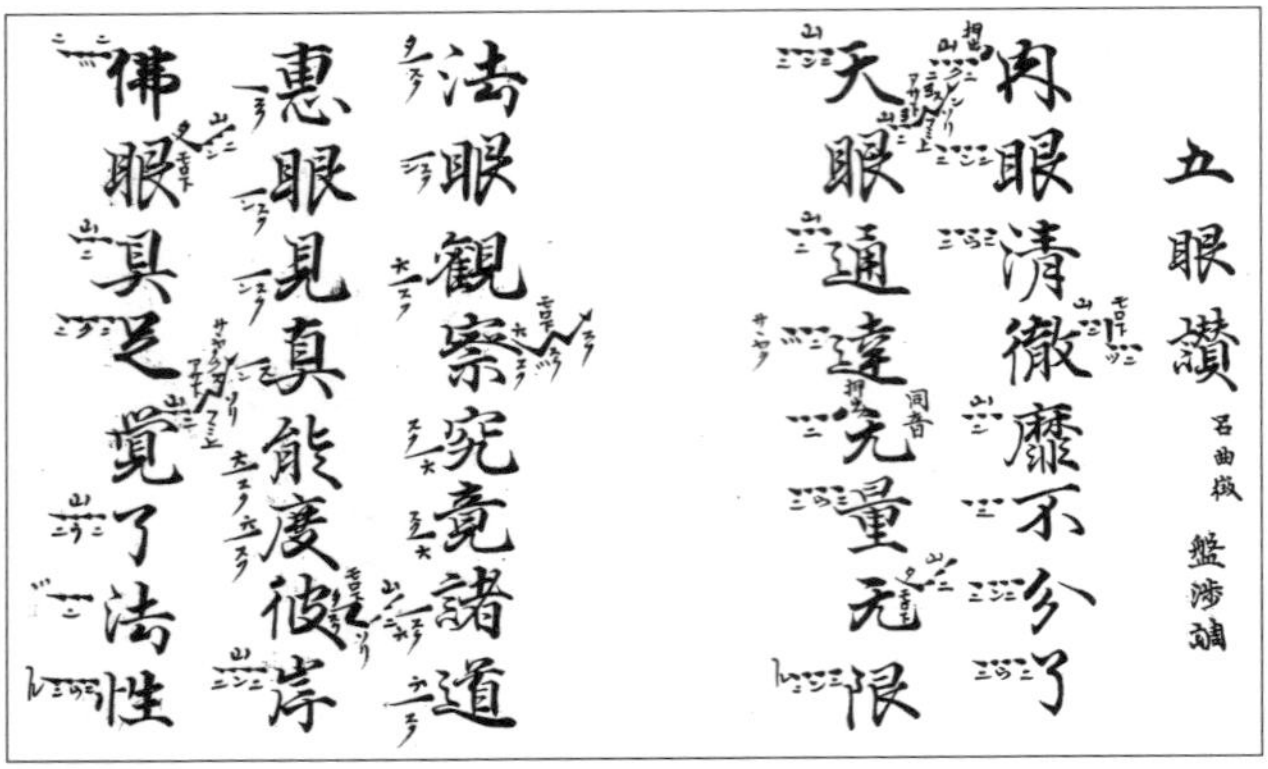

「五眼讃」（『龍谷唄策』乾巻『大師影供』）

『大宝積経』「無量寿如来会」巻下を出拠とする。文言は、「仏音震吼撃法鼓吹法螺　建大法幢然正法炬　摂受正法及諸禅定　雨大法雨沢潤含生　震大法雷開悟一切」。同じく、三冊本『声明後集　梵唄品彙』乾巻および安政本『声明品集』巻三にこれを載せる。

（3）**諸智讃**　第七十一条註（43）参照。

『大宝積経』「無量寿如来会」巻上を出拠とする。文言は、「仏智　普遍智　不思議智　無等智　威徳智　広大智　彼因広力故受彼化生　於蓮華中結跏趺座」である。同じく三冊本『声明後集　梵唄品彙』乾巻および、安政本『声明品集』巻三に載せる。安政本には呂律両様を載せるも、呂様が現在まで受け継がれている。「五眼讃」と同様に、大谷本廟の報恩講である「龍谷会」に用いられている。

（4）**五百回御忌**　宝暦十一（一七六一）年三月に厳修された、宗祖親鸞の五百回大遠忌法要のこと。

（5）**四智梵語の讃**　第五十条註（16）参照。

（6）**僧讃**　第五十条註（45）参照。

（7）**心略讃**　「大日小讃」とも呼ばれる梵語讃で、『六巻帖』には呂曲黄鐘調の序曲を載せる。「大日大讃」（第五十条註（24）参照）の心要を略出しているという意味である。『広大軌』を出拠とする。文言は、「薩縛尾也比婆縛訖羅訖哩也　素蘖多地鉢帝爾囊　怛頼駄覩迦　摩訶擺佐　尾嚕左曩曩謨娑覩帝」。

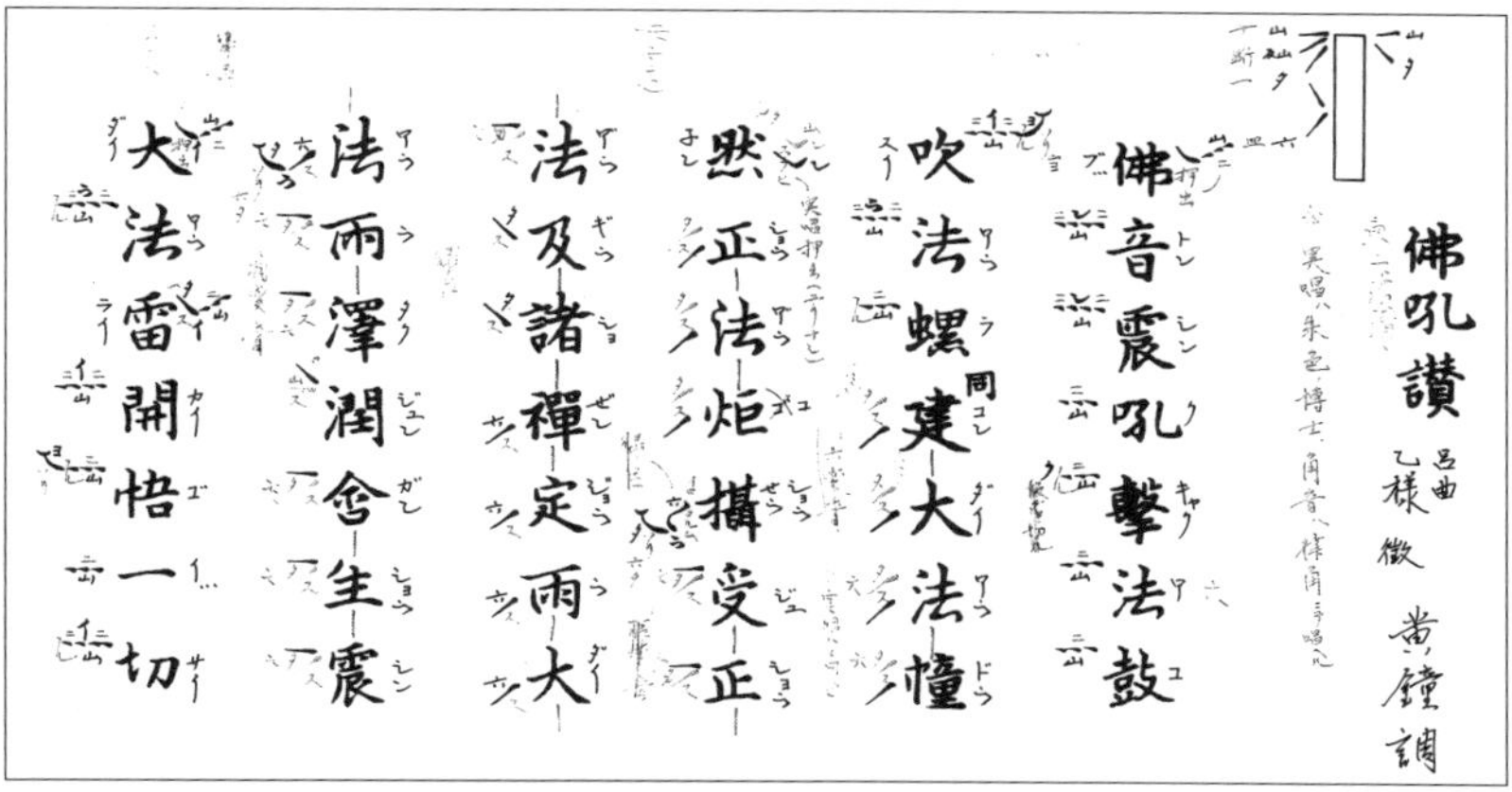

「仏吼讃」（安政本『声明品集』巻三）

【補説】

慶証寺玄智撰『考信録』によれば、

本山ノ声明、特改事アリテ、新旧合数フレバ、ソノ品甚多シ。就中宝暦十一年辛巳三月、宗祖五百年忌ノ法事以来ハ、四智賛・仏賛・法賛等ノ聖道家ノ声明ヲ停廃シテ、新タニ正依経籍ノ文ニ依テ、諸智賛・五眼賛・仏吼賛・勧帰賛等ノ声明ヲ製シテ、真宗ノ所用トセラレタリ。卓識ト云ツベシ。

とある。

玄智は本山に参仕していた、西六条寺内の御堂衆寺院・慶証寺第七世である。僧樸に師事し、『考信録』五巻をはじめ『大谷本願寺通紀』十五巻などを著した学僧でもある。我々が今日読誦する「浄土三部経」の唱読音も定め、「正信偈和讃」の読誦法を解説した『唱読指南』も著している。声明にも通じていたのであろう。

西本願寺では、宗祖親鸞の五百回大遠忌を控えて声明の改正が行われた。この改正によって、魚山声明そのままの文言で用いていた音曲が、浄土真宗所依の文言に改められたのである。玄智は『考信録』で、改正後の声明を絶賛している。これと真反対の記述が本条であり、知影は新しく制定された音曲を辛辣に批判する。

「五眼讃」は「四智讃梵語」から、「仏吼讃」は「僧讃」から、「諸智讃」は「心略讃」からそれぞれ博士を転用して作成されたのである。これら密

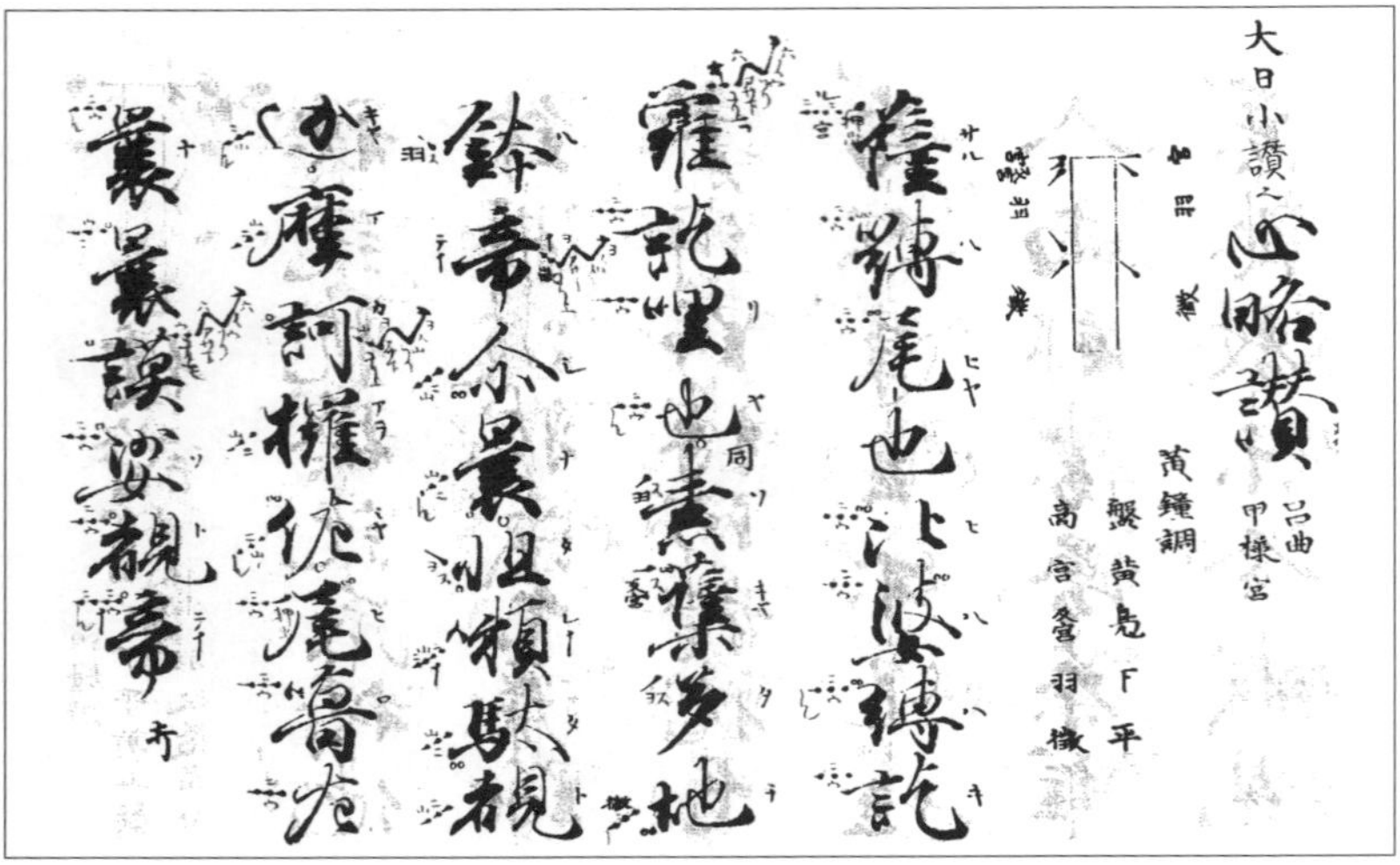

「心略讃」（『魚山六巻帖』 宗淵版）

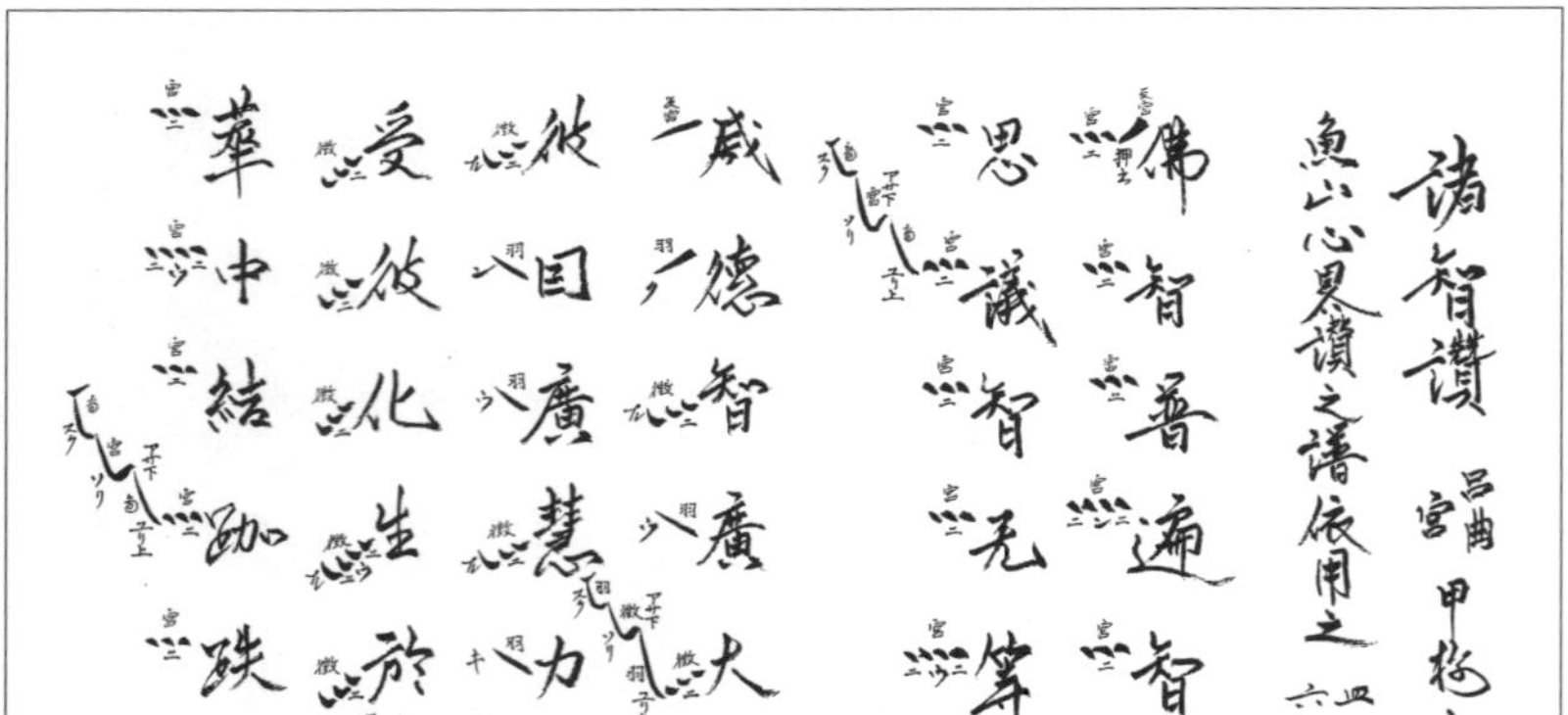

「諸智讃」（著者書写）

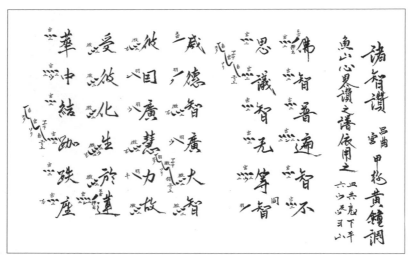

教声明を基に編まれた「諸智讃」と「仏吼讃」は、『大宝積経』「無量寿如来会」にある文言で、「五眼讃」は『無量寿経』から採られている。

果たして知影は、「いづれ面白からぬものなり」と断ずる。「五眼讃」に関しては「尤滞るところ多し」と、重ねて批判的である。「五眼讃」は、原曲の「四智讃梵語」よりも二文字多く、字数は四十である。従って博士の付けどころも「五眼讃」は、原曲に忠実さを欠くのであろうか。あるいは、梵語讃の博士を漢語にあてがうことも、違和感を持ったのかも知れない。そもそも、「五眼讃」等に付けられた博士による旋律の流れは、梵語讃に見られるものである。魚山声明を学び続けた知影にとって、原曲が持つ妙味を欠いて聞こえたのであろう。

知影没後に出版された、安政本『声明品集』を見る時、いくつか気付かされることがある。件の「五眼讃」に関してもそうであるが、原曲の博士とは趣を異にする筆致の博士を散見するのである。そのことはある種の形骸化を感じさせられるものがあり、転写が重ねられた結果によるのであろうか、あるいは、やや粗雑とも見えなくもない箇所がいくつか見受けられる。何故ならば、宗淵版『六巻帖』や幸雄書写本、園部覚秀が監修した『龍谷唄策』などと比較した時、「安政本」所収の音曲に付けられた博士とが合致しない場合がある。それは知影が第十三条に、「当代の声明全く魚山流を伝ふといへども三伝四伝往々其の源を失し取るべきところなし」と記すこととも通底するのではなかろうか。

第六十三条

一、自帰讃(1)は哭仏讃《こくぶつさん》(2)による勧帰讃(3)は仏讃(4)によれり

【註】

(1) **自帰讃**　第七十一条註（41）参照。
龍樹撰『十住毘婆沙論』「易行品」を出拠とする。安政本『声明品集』巻三に載せる。文言は、「阿弥陀仏本願如是　若人念我称名自帰　即入必定得阿耨多羅三藐三菩提　是故常応憶念」である。

(2) **哭仏讃**　『涅槃講式』を中心に編まれた法儀（『涅槃会作法』所収）にある音曲である。ここにいう『涅槃講式』とは、真言宗などで用いられる、明恵高弁が著した『四座講式』中の『涅槃講式』ではない。天台宗で用いられるそれは、源信撰述と伝えられる講式である。「哭仏讃」はその名が示す通り、釈尊の入滅を嘆き悲しむ内容の音曲である。「哭仏讃」は『二巻抄』に見えるものの、『六巻帖』には収録されなかった音曲である。律曲盤渉調の序曲で、文言は「説夢以不祥婆離　忽来悲傷報言我　仏化身亡慈母落　金床痛聞物語断　悲腸涙垂天上衣　裳物皆垂涙下天　堂哭我法中王」である。

(3) **勧帰讃**　第七十一条註（7）参照。
善導撰『観経疏』「定善義」を出拠とする。三冊本『声明後集　梵唄品彙』乾巻、安政本『声明品集』巻三に載せる。文言は、「帰去来　魔郷不可停　曠劫来流転　六道尽皆経　到処無余楽　唯聞愁歎声　畢此生平後　入彼涅槃城」であ

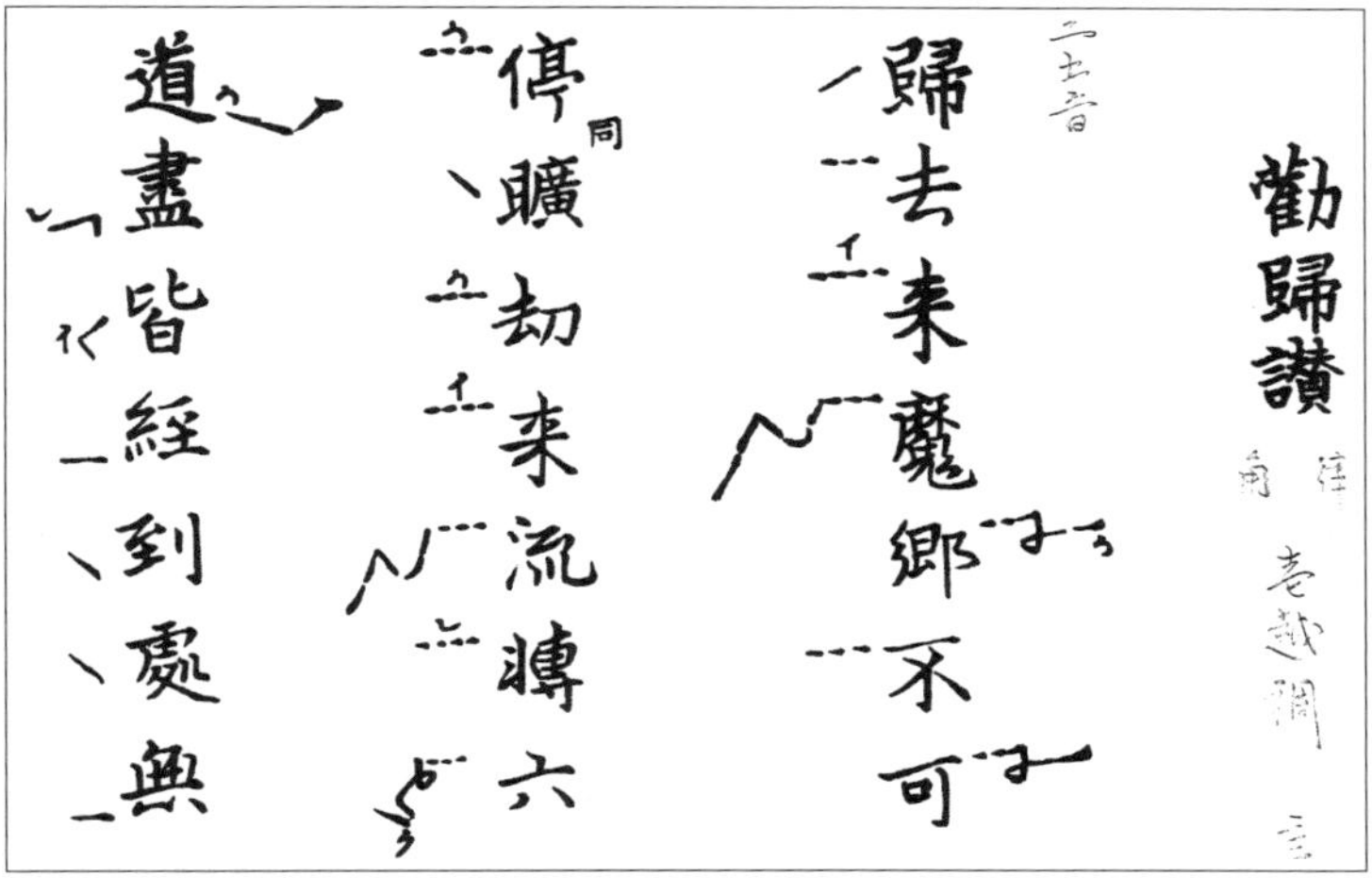

「勧帰讃」（安政本『声明品集』巻三）

る。

（4）**仏讃**　第五十条註（25）、第六十八条註（1）参照。

【補説】

前項から引き続く条文である。「自帰讃」は「哭仏讃」の博士を転用し、「勧帰讃」は「仏讃」から博士を移した音曲である。

ところで、最初に西本願寺へ伝えられた魚山声明が、「四智讃梵語」であったことは周知の通りであるが、知影以後に発刊された「安政本」を通覧する時、原曲を密教声明に求めるものが多いことに気付かされる。あるいは三冊本『声明品　前集』を見ても、密教声明そのものや、それを原曲とするものが七曲を占める。そして、浄土真宗所依の経論に改められたとはいえ、依然、「安政本」には「諸天讃」など密教声明は残されていたのである。

もっとも真宗佛光寺派や興正派において、現在もこうした密教声明が実唱されていることを思う時、伝承されてきた音曲を改正と称して、いたずらに停廃してしまうことに一抹の無念さを禁じ得ない。法儀や音曲が一度断絶してしまうと、それを再び甦らせることは非常に困難であるからだ。以てこの両派には、浄土真宗へ伝えられた、それら貴重な音曲をいつまでも伝承していただきたいと切に願うばかりである。

第六十四条

一、文讃(1)は九方便(2)による九方便は一拍子(3)にても半拍子(4)にても唱ふるなり吾山内にて文讃を半拍子にて唱ふることをしりたる人なし半拍子の方殊勝なり毎歳九月廿七日(5)大谷十一月廿四日(6)本山右両度の逮夜文讃を依用したまふ近年はこれをやめられ文類(7)を依用したまふ

【註】

（1）**文讃**　第八十二条註（3）参照。

『浄土法事讃』の偈頌に旋律を付けて唱える音曲を、古くから「文讃」と称していた。即ち、『法然上人行状絵図（四十八巻伝）』第四十八巻には、空阿弥陀仏が念仏と偈頌を交互に交えながら諷誦し、それを「文讃」と称していたことが記されている。これが浄土真宗における、念仏と和讃を交互に称える勤行形式の原形ともいわれている。西本願寺には、応永八（一四〇一）年に書写された、『礼讃文（往生礼讃偈）』とともに、『文讃』との表題を持つ写本が所蔵される。『文讃』には、簡単な博士が書き入れられている。本条における、「九方便」の博士が付けられた「文讃」は、三冊本『声明後集　梵唄品彙』坤巻および、安政本『声明品集』巻一に載せる。文言は『浄土法事讃』巻上にある、①「道場荘厳極清浄　天上人間無比量　過現諸仏等霊等　人天龍鬼中法蔵　全身砕身真舎利　大衆持華散其上　瞻仰尊顔繞七匝　梵響声等皆供養　願我身浄如香炉」、②「願我心如智慧火　念念焚焼戒定香　供養十方三世仏　慚愧釈迦大悲主　十方恒沙諸世尊　不捨慈悲巧方便　共讃弥陀弘誓門」、③「弘誓多門四十八　偏標念仏最為親　人能念仏仏還念　専心

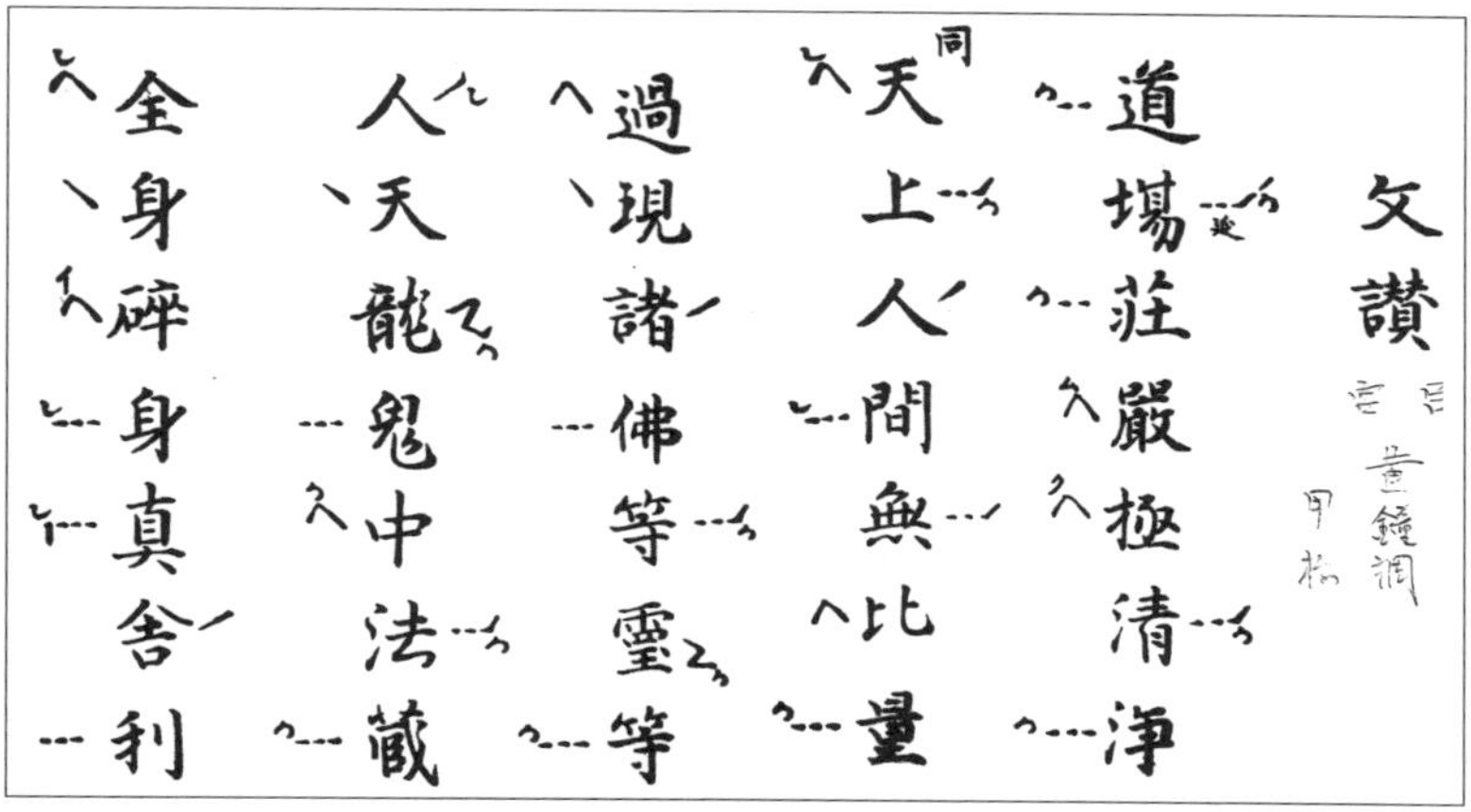

「文讃」（安政本『声明品集』巻一）

想仏仏知人　一切廻心向安楽　即見真金功徳身　浄土荘厳諸聖衆籠籠常在行人前」、④「行者見已心歓喜　終時従仏坐金蓮　一念乗華到仏会　即証不退入三賢　曠劫已来居生死　三塗常没苦皆逕　始服人身聞正法　由如渇者得清泉」、⑤「念念思聞浄土教　文文句句誓当勤　憶想長時流浪苦　専心聴法入真門　浄土無生亦無別　究竟解脱金剛身　以是因縁請高座　報仏慈恩転法輪」、⑥「諸仏大悲心無二　方便化門等無殊　捨彼荘厳無勝土　八相示現出閻浮　或現真形而利物　或同雑類化凡愚　分身六道無停息　変現随宜度有流」、⑦「有流見解心非一　故有八万四千門　門門不同亦非別　別別之門還是同　同故即是如来致　別故復是慈悲心　悲心念念縁三界　人天四趣罪根深」、⑧「過現諸仏皆来化　無明業障不相逢　慚愧釈迦弘誓重　不捨娑婆十悪叢　希遇道場聞浄土　騰神永逝出煩籠　衆等傷心共悲嘆　手執香華常供養」で、以上八章から成る。

（2）**九方便**　第五十条註（23）参照。

（3）**一拍子**　本曲拍子（四分三二重）・四分全拍子（楽拍子）・中音拍子・切音拍子の四種類の拍子があり、これらを総称して「四箇拍子」という。それぞれに一拍子の拍数が異なる。

（4）**半拍子**　一拍子の半分の拍数の拍子。

（5）**毎歳九月二十七日**　大谷本廟の報恩講である、龍谷会の逮夜法要。

（6）**十一月二十四日**　旧暦における御正忌報恩講の中逮夜法要。

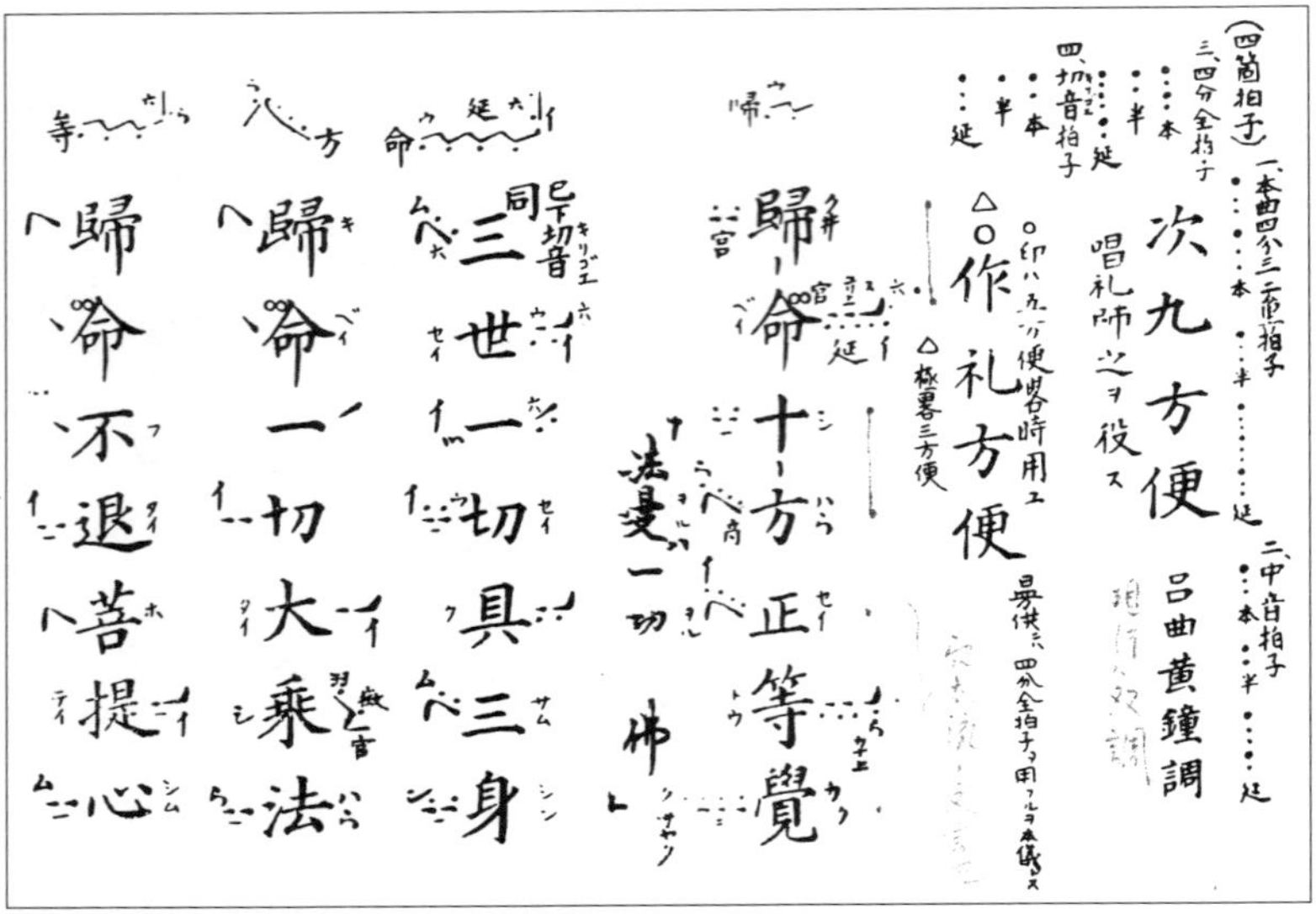

「九方便」（『曼荼羅供音用』）

（7）**文類**　第十条註（3）、第五十四条註（2）、第七十一条註（9）参照。

【補説】

「文讃」という表題は、古くから見ることができる。西本願寺には、応永八年の奥書を持つ、『礼讃文（往生礼讃偈）』と『文讃』が伝えられている。ことに『礼讃文』は、博士が付けられた礼讃本としては現存最古の写本である。これと全く同じ体裁の写本が『文讃』であり、こちらにも部分的に博士が付けられている。『文讃』には、『浄土法事讃』『般舟讃』『帰三宝偈』などの偈頌が収められている。こうした善導大師に成る『往生礼讃』以外の偈頌を別出して唱える讃を、法然門下の浄土門では古くから『文讃』と呼び習わしていたと考えられようか（本書第一部「『魚山余響』について」附論「西本願寺における法儀声明の変遷」参照）。

本条に記される「文讃」もまた、全文が『浄土法事讃』の文言による音曲で、「九方便」の博士が付けられている。この「文讃」は、三冊本『声明後集　梵唄品彙』坤巻および、安政本『声明品集』巻一に掲載されている。「文讃」は明治以降、『龍谷唄策』にも収録されることなく消えている。

原曲である「九方便」は漢音で発音するが、「文讃」は呉音で発音するところに音曲の趣を異にしている。この音曲は、急曲と序曲を併せ持つ倶曲である。比叡山延暦寺法儀音律研究所で編まれた『天台声明大成』には、「九方便」は四種類の拍子を以て唱え分けていることが説明されている。

即ち、

■本曲拍子（四分三二重）

一拍子　●・・●・・

半拍子　●・・

延拍子　●・・●・・●・・

■四分全拍子（楽拍子）

一拍子　●・・・

半拍子　●・

延拍子　●・・・●・

■中音拍子

一拍子　●・・

半拍子　●・

延拍子　●・・●・

■切音拍子

一拍子　●・

半拍子　●

延拍子　●・・

※　●・は、拍を打つ数を表す。

これらを総称して、「四箇拍子」という。

「九方便」は元来、これら「四箇拍子」を以て唱えられていた音曲とされる。現今においてこの音曲は、独吟部分は四分全拍子で唱え、同音から切音拍子となる。しかしながら、魚山声明の大家として知られた坊城道澄師（一九二八―八七）による「九方便」の解説には、「この中の切音拍子とは後の廻向方便の時と五悔の発願のみに用うる拍子であったものが、現在では九方便全体を切音で唱えることになったが、これは非常な乱れで先覚の遺憾とされたところである」と指摘されている（『坊城道澄師・声明関係遺稿論文・雑話集』による）。

あるいは、水原夢江師が所持されていた『六巻帖』には、自筆で「於二九方便及五悔一其拍子切音ナル時ハ凡テ切リハ不レ可レ有レ之也　但シ仮名移リ無キ時ハ切ル可シ乃テ単ニ延ベ也」「九方便五悔ニ於テ切リハ有之　即チ四分全（楽拍子）ノ拍子ノ調子也」「各拍子ノ一拍子ヲ本曲ト云フコト古来ノ例也」などと書き込まれている。また、「九方便」の同音部分には、延《のべ》の「ユリ」の後に「キル」が付く旋律の形がしばしば現れる。坊城師の解説によれば切音拍子で唱える時は、たとえ延があっても仮名や「スク」がある場合は「キル」を付けてはならないとされる。中山玄雄師編纂の『魚山声明全集』にある「九方便」を一例に挙げるならば、「出罪方便」中、延のある「罪（サイ）」字には「キル」はなく、同じく延のある「所（ソ）」字と「仏（フ）」字は二字仮名ではないので「キル」が付くのである。以て、切音拍子の延と中音拍子の一拍子は同じ拍数である。

知影が記す「一拍子にても半拍子にても唱ふるなり」とは、原曲「九方便」が「四箇拍子」で唱えられていたことを前提として、「文讃」も「九方便」と同様に、半拍子でも唱えられることを当時の西本願寺には知る者はなかったようだ。以て、半拍子の旋律もまた素晴らしいと言っている。

「文讃」は、大谷本廟報恩講（龍谷会）・九月二十七日逮夜と、御正忌報恩講中の十一月二十四日逮夜に唱えていたが、これを取り止めて「文類偈」に替えられてしまったと記している。

第六十五条

一、入出二門偈(1)は法華懺法六根段(2)の墨譜を用ゆあながち滞るところなしといへども六根段を唱ふるおもむきなし

右等の数品何人の製することをきかず

【註】

(1) **入出二門偈**　第五十三条註(1)、第七十一条註(62)参照。

第五十三条には、「入出二門偈」こと「往還偈」は、享保十二(一七二七)年に魚山の珍雄(第四十四条註(3)参照)によって、「光明真言」の博士が付けられたと記される。しかし第十七世・法如から次代の文如にかけての声明の改訂が行われていた過渡期において、第六十七条にある如く、改めて珍雄の孫弟子・韶雄(「宝泉院嶺雄附弟」、第六十七条註(5)参照)が、「入出二門偈」に『声明懺法』「六根段」の博士を付けたのであろう。この「入出二門偈」は、安政本『声明品集』巻二に載せる。また、真宗興正派では現在も用いられている。

(2) **法華懺法六根段**　第八十一条註(18)参照。

『声明懺法』呂律両様にある音曲で、六根(眼耳鼻舌身意)を至心に懺悔する。両様とも同一の博士が付けられていて、黄鐘調で同音より一字八拍(四分全拍子二拍子)、そして四拍(同じく一拍子)へと推移する倶曲である。同音中、式衆上臈が独唱する箇所は序曲となる部分がある。現行は双調で唱えられることが多いという。また現行では、「六根

段」全段が読誦されることはなく、「眼根段」のみが唱えられている。魚山実光院所蔵の石室静洞手沢本『声明懺法』には、「六根段」中、「眼根段」と「意根段」のみに朱註が入れられている。これは魚山浄蓮華院所蔵本も同様である。以て「眼根段」の文言は、「至心懺悔弟子某甲与一切法界衆生　従無量世来　眼根因縁　貪著諸色　以著色故　貪愛諸塵　以愛塵故　受女人身　世世生処　惑著諸色　色壊我眼　為恩愛奴　故色使使我　経歴三界　為此弊使　盲無所見眼根不善　傷害我多　十方諸仏　常住不滅　我濁悪眼　障故不見　今誦大乗　方等経典　帰向普賢菩薩　一切世尊　焼香散華　説眼過罪　発露懺悔　不敢覆蔵　諸仏菩薩　恵明法水　願以洗除　以是因縁　令我与法界衆生　眼根一切　重罪畢竟　清浄懺悔　已礼三宝　第二第三亦如是」である。第八十一条の記述によれば、文化十二年十月に厳修された盛化門院三十三回御忌「御懺法講」において、大僧正に任じられた知観が式衆上臈として、「六根段」の序曲部分を独唱している。

【補説】

「入出二門偈」は、『声明懺法』中「六根段」の博士を転用している。知影は「五眼讃」などのように酷評こそしていないが、やはり原曲に比べると趣に欠けるのだという。もっとも、原曲である「六根段」と「入出二門偈」とでは、そもそも文章の体裁が異なる。「入出二門偈」はあくまで〈偈頌〉であるが、「六根段」はそうではない。

果たして「入出二門偈」は、『龍谷唄策』編纂に際して、園部覚秀によって本譜「五念門」の博士に変更された所以でもあろうか。その後、澤円諦が同じく切音「五念門」の博士を付けて（『梵唄集』所収）、それが現在に至っている。

そう考える時、前条に記される「九方便」と、その博士を転用した「文讃」の両者が思い浮かぶ。「九方便」は漢音で唱える音曲だが、「文讃」は呉音で唱えるのである。旋律は同じであっても、文言と唱読音の相違は音曲の趣も異なって聞こえよう。漢音と呉音との相違は、その趣の違いをいよいよ際立たせてしまうようにも思える。そして知影は、「入出二門偈」もまた「五眼讃」などと同様に、「何人の製することをきかず」と記すのである。

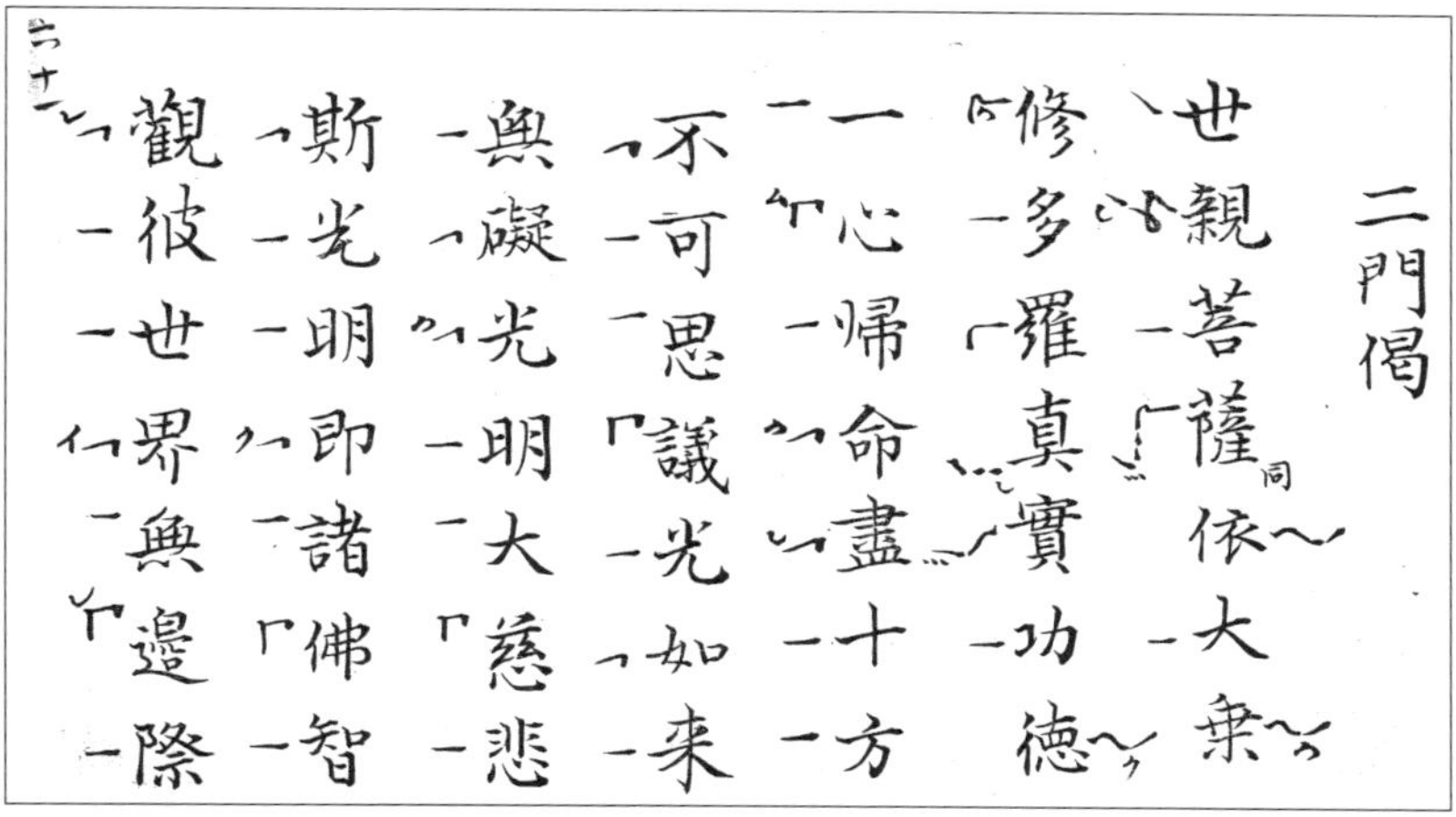

『二門偈』（安政本『声明品集』巻二）

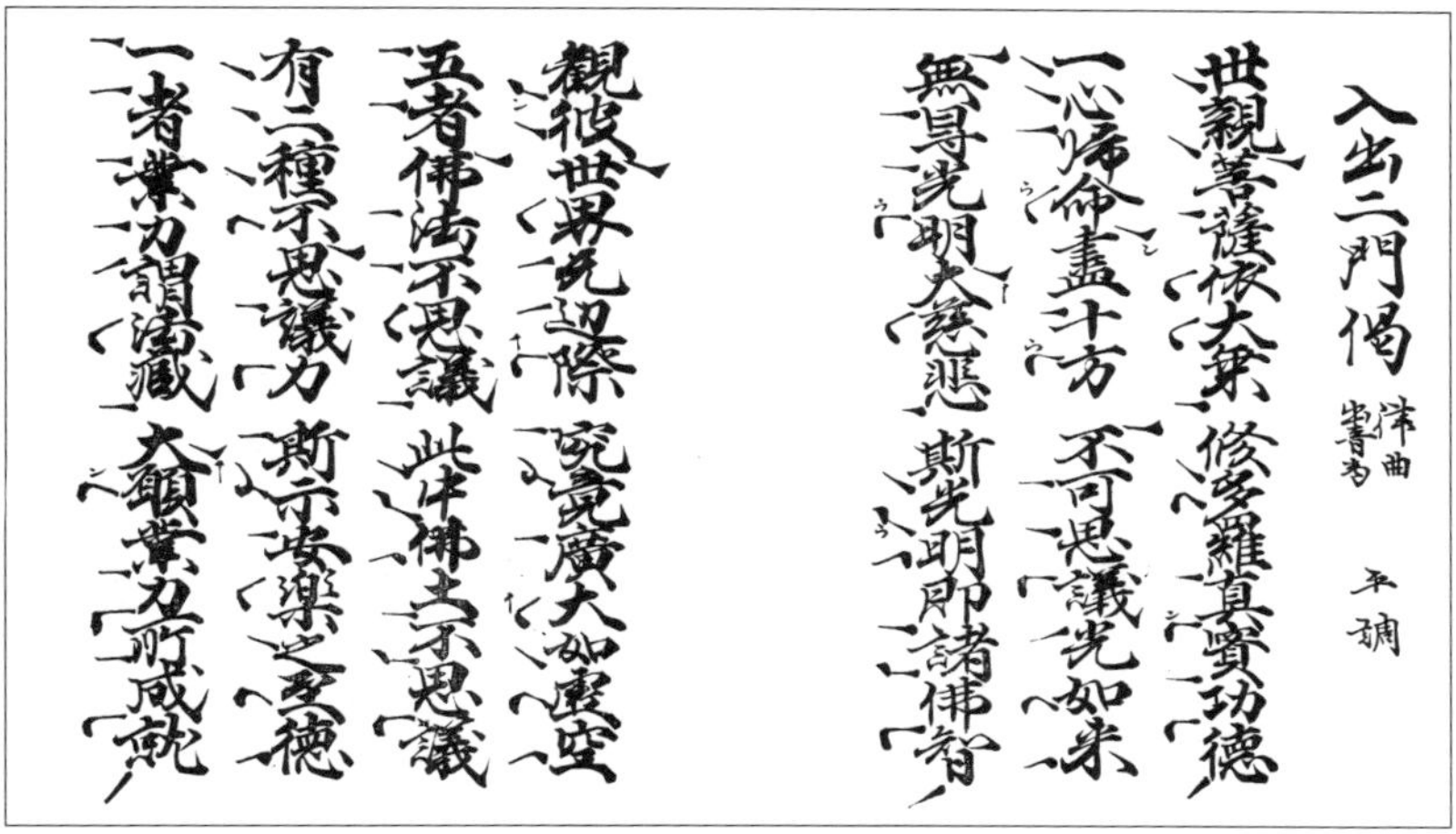

「入出二門偈」（『龍谷唄策』坤巻）

第六十六条

一、十四行偈(1)上に記す如く幸雄僧都(2)の墨譜にして懺法例時両経段(3)の墨譜を以てつくれり然れ共幸雄の意初心の目安の為めに墨譜のすがたをかへおかれたるところありよりて両経段の体をあはせたるものとはしりがたし故に唱ふるものも二伝三伝(4)して終《つい》に諷詠のおもむきを失へり余往年西光寺賢従(5)に此偈をさづかる賢従の諷詠するところ大に他の僧侶に異なり余かつてこれをあやしむこれ賢従の意両経段の躰を合したることをしれるなりしかれども余が初心なるを以て其由《そのよし》をかたらずたゞ如レ此唱べきよしをさづけられたり賢従没後余魚山に入て法華懺法をまなび又例時作法を習ふこゝに於て此偈の両経段をあはせとることを解す故を以ていよ〳〵賢従のさづくるところを吟味すたま〳〵余にこれをまなぶものには其趣を伝ふしかれども吾闔山《こうざん》(6)の僧侶の唱ふるところに違ふが故に和するもの寡《すくな》しこゝに文化五年(7)九月大谷に於て五百五十年御忌(8)を修せしめたまふとき御門主(9)その諷詠の躰を失なへることを遺憾に思召めしはかせ拍子をたゞし唱ふべき命をくださるすなはち余かねて諷誦するところをもて魚山僧正(10)にたゞし其体をさだむ賢従の遺勲(11)なり賢従の口授なくしてたゞ幸雄の草本をしるのみにては魚山の長老といへ共其よるところをしりがたし余此時に当て幸雄手書の本を模写して旁に其墨譜の本拠を朱書して廃忘に備ふかねて後賢のこれをたゞさんことをまつ

【註】

（1）**十四行偈**　第十条註（4）、第五十四条註（3）、第七十一条註（46）参照。
（2）**幸雄僧都**　第十条註（2）参照。
（3）**懺法例時両経段**　『声明懺法　律』並びに『声明例時』の経段。
（4）**二伝三伝**　第十三条註（5）参照。
（5）**西光寺賢従**　第六条註（1）、第十二条註（5）、第十三条註（4）、第五十九条註（4）参照。
（6）**闔山**　西六条寺内全体の意。
（7）**文化五年**　一八〇八年。
（8）**五百五十年御忌**　第十一条参照。
（9）**御門主**　第十四条註（4）参照。第十九世・本如のこと。
（10）**魚山僧正**　第一条註（4）参照。知観のこと。
（11）**遺勲**　後世まで知られる功労。

【補説】

「十四行偈」のことは第十条および五十四条にもあるように、魚山の幸雄によって博士が付けられた。その譜面は、『声明懺法　律』および『声明例時』の経段に付けられた博士を参考に作成されたという。「十四行偈」に付けられた博士は、声明を学ぶ初心者のために幸雄による工夫がなされてあり、原曲とは少し趣が異なるというものだった。

もっとも「十四行偈」の博士が、『声明懺法』『声明例時』から採られたということなど知る者はなかった。果たして知影は、「十四行偈」がそうした事情を理解されないまま「二伝三伝」していったために、この音曲が持つ本来の趣が失われてしまっていたと嘆くのである。

知影は知観に師事する以前、西光寺賢従より「十四行偈」の手ほどきを受けた。既に本来の曲調と趣が異なる「十四行偈」に聞き慣れていた知影は、賢従の唱えぶりの違いを疑問に感じたという。それは賢従が、『声明懺法』『声明例時』の両経段から採られた音曲であることを、よく理解していたからこその唱えぶりだったのである。若かりし頃の知影は、まだ「十四行偈」作譜の背景を知る由もなく、賢従も両経段のことなどは特に語らず、知影には賢従自身の唱えぶりをただ教授するだけだった。

その後、知影は魚山に参じて知観から『声明懺法』『声明例時』の指南を受け、改めて「十四行偈」がこれらの経段の博士を合わせたものと理解した。そして、かつて賢従から教わった唱法を改めて吟味したという。知影は後進たちに、この音曲が持ちうる趣を教え伝えた。しかしながら、そもそも西六条寺内で流布している唱えぶりが異なっているので、知影が教授した唱法と調和する道理はなかったというのである。声明が伝承されていく上での危うさを、知影はここに書き記したのだった。

知影の時代は、幸雄以来魚山法師が西本願寺依用の音曲に博士を付け、指南に訪れていたことをして、西本願寺の声明は魚山声明の末流であるとの認識が根強かったのは想像に難くない。文化五年九月、大谷本廟で勤められた宗祖五百五十回大遠忌法要の折、本如門主は「十四行偈」の唱えぶりが変質してしまっていることを憂慮した。本如門主はただちに、博士拍子を正しくして唱えるよう、命を下したのである。それは知観の監修のもと、知影によって賢従口伝の唱法に戻すことに他ならなかった。知影は、賢従が自分に正しき唱法を口訣しておいてくれたのは、まことに賢従が遺した手柄であると称讃している。

恐らくは知影のいささか大袈裟な表現なのかも知れないが、賢従の口訣なくして幸雄の書写本を見るだけでは、たとえ魚山の長老とて唱えぶりの趣を知るところではないと言及する。知影は幸雄本を書写し、そこに付けられた博士の出拠を朱書して備忘録とした。そして後世、これを見た者が誤謬を発見したならば、改めて修正してほしいと記している。

ところで魚山には、さまざまな写本が遺されている。現在天台宗で流布している声明本には、いくつもの転写を経て来たことを示す奥書が記載されている。末流に浴する我々もその奥書を見て、音曲が伝承されてきた歴史の重さを知るのである。

第六十七条

一、流通章(1)　仏誓頌(2)　八十種好(3)　三宝礼(4)の四品魚山権大僧都韶雄(5)の墨譜なり其草本に云く流通章は五念門(6)の如し仏誓頌は九方便(7)の如し八十種好は大懺悔(8)の如し三宝礼は唱礼(9)の如し

奥書に

此本者西本願寺新御門跡依懇望新墨譜之畢

明和二年酉(10)十一月　権大僧都韶雄

右新御門跡者　信入院殿(11)の御事なり

【註】

（1）**流通章**　第七十一条註（75）参照。

『大乗無量寿荘厳経』巻下を出拠とする。安政本『声明品集』巻二に、これを載せる。この音曲は『龍谷唄策』坤巻中、『除夜会』に引き継がれている。文言は、「若不往昔修福慧　於此正法不能聞　已曾供養諸如来　是故汝等聞斯義　已受持及書写　読誦讃演幷供養　如是一心求浄方　決定往生極楽国　仮使大火満三千　及彼荘厳諸牢獄　如是諸難悉能超　皆是如来威徳力　彼仏利楽諸功徳　唯仏与仏乃能知　仮長寿諸有情　命住無数倶胝劫　称讃如来功徳身　尽其形寿

讃無尽　大聖法王所説法　利益一切諸群生　若有受持恭敬者　仏説此人真善友」である。

（2）**仏誓頌**　第七十一条註（16）参照。

『大乗無量寿荘厳経』巻中を出処とする。安政本『声明品集』巻一に、これを載せる。文言は、「我今対仏前　而発誠実願　獲仏十力身　威徳無等等　復為大国王　富豪而自在　広以諸財宝　普施於貧苦　令彼諸群生　長夜無憂悩　出生衆善根　成就菩提果　我若成正覚　立名無量寿　衆生聞此号　倶来我刹中　如仏金色身　妙相悉円満　亦以大慈心　利益諸群品　願我智慧光　広照十方刹　除滅諸有情　貪瞋煩悩闇　地獄鬼畜生　悉捨三塗苦　亦生我刹中　修習清浄行　獲彼光明身　如仏普照曜　日月珠宝光　其明不可比　願我未来世　常作天人師　百億世界中　而作師子吼　如彼過去仏　所行慈愍行　広無量無辺　倶胝諸有情　円満昔所願　一切皆成仏　発是大願時　三千大千界　震動徧十方　天人空界中　散雨一切花　梅檀及沈水　称讃大苾芻　願力甚希有　決定当作仏　広利衆生界」。

（3）**八十種好**　如来の身体的特徴を列挙した「三十二相」を、さらに詳述したものを「八十種好相」という。この音曲のみは、安政本『声明品集』など、その後の声明本に見ることができず、つまびらかではない。ただ、「大懺悔」（第五十条註（7）参照）の博士を基にして作譜されたということが、ここにうかがい知れるのみである。

（4）**三宝礼**　第五十条註（22）、第七十一条註（69）参照。

三冊本『声明後集　梵唄品彙』坤巻、安政本『声明品集』巻四にこれを載せる。「安政本」には、本・略二様を載せる。安政本にある本譜の博士は、『胎蔵界曼荼羅供』にある「唱礼」による。文言は「南無無勝荘厳界教主釈迦牟尼仏　南無六八願王阿弥陀仏　南無浄土真宗曩祖聖人　南無大慈救世聖徳皇　南無和朝念仏元祖恵成大師　南無三朝浄土大師等　南無浄土三部妙典真浄法宝」、略譜は博士も異なり「南无六八願王阿弥陀仏　南无浄土三部妙典真浄法宝　南无浄土真宗曩祖聖人　南无三朝浄土大師等」であり、一句目の「南」に付けられた博士が略用では異なる（略様では「無」が「无」となっている）。また、『龍谷唄策』乾巻所収『三宝唱礼』にも載せる。こちらは「南无无勝荘厳界教主釈迦牟尼仏　南无六八願王阿弥陀仏　南无浄土真宗曩祖大師　南无大慈救世聖徳皇　南无和朝念仏元祖慈教大師　南无三朝浄

土大師等　南无本廟伝灯善知識　南无浄土三部妙典真浄法宝」となっている。ちなみに、同じく『龍谷唄策』乾巻にある『光明唱礼』には、「唱礼」と題して「南无極楽世界阿弥陀仏　南无観世音菩薩摩訶薩　南无大勢至菩薩摩訶薩　南无諸菩薩清浄大海衆」の四句から成る音曲を載せる。

(5) **魚山権大僧都韶雄**　第二十条註（6）、第四十四条註（3）参照。

一七三六―一八〇一。嶺雄の弟子（「嶺雄法脈」「宝泉院嶺雄附弟」）。はじめ、魚山上之坊・蓮成院に住し、宝暦十（一七六〇）年に宝泉院に転住した。宝暦十二年に権少僧都、明和元（一七六四）年に権大僧都に任じられる。翌年、法印に叙せられた。寛政元（一七八九）年、「出世御預号二仏眼院一」。翌年隠居し、安住院と号した。安永九（一七八〇）年から寛政二年まで、江文社別当も務める。以上、『両院僧坊歴代記』中、「宝泉坊」による。

(6) **五念門**　第五十条註（42）参照。

(7) **九方便**　第五十条註（23）、第六十四条註（2）参照。

(8) **大懺悔**　第五十条註（4）参照。

(9) **唱礼**　第五十条註（22）参照。

(10) **明和二年酉**　一七六五年。

(11) **信入院殿**　第十八条註（3）参照。

第十八世・文如のこと。

【補説】

「流通章」「仏誓頌」「八十種好」「三宝礼」の四曲は、第十七世・法如の時代に、法統継承前の文如新門の要請により、いずれも魚山の韶雄が作譜したことを記している。これらの音曲の中で「八十種好」ばかりは、その後に開板された形跡を見ない。安政本『声明品集』にも収録されなかった音曲である。

一般に八十種好とは、玄奘訳『大般若波羅蜜多経』巻第三百八十一に詳説されている事柄である。『観無量寿経』には、「是心即是 三十二相 八十随形好 是心作仏 是心是仏 諸仏正徧知海 従心想生」なる一節を見る。音曲としてのそれは、この一節がある章を抄出し、「大懺悔」の博士を付けて「八十種好」と題したのか、この音曲が日の目を見ない限りは確認できない。

第六十八条

一、仏讃(1)の漢語は見あたらぬものなり知観僧正このごろこれを得て余にしめさる

仏讃 蘇悉地経供養品(2)

大悲救世尊 善導一切衆
福持功徳海 我今稽首礼(3)
大悲護世尊 導師備衆芸
無辺功徳海 我今頭面礼(4)

【註】

(1) **仏讃** 第五十条註(25)、第六十三条註(4)参照。
(2) **蘇悉地経供養品** 善無畏訳『蘇悉地羯羅経』。
(3) **大悲救世尊……我今稽首礼** 『蘇悉地経』「供養品第二十」にある偈頌であるが、「大慈救世尊」となっている。
(4) **大悲護世尊……我今頭面礼** 『蘇悉地羯羅供養法』巻第一にある偈頌である。善無畏訳とされるが、善無畏による自撰と考えられている。

【補説】

梵語讃である「仏讃」の漢訳文を知観から教わり、それを書き留めたものである。「大悲救世尊」以下四句は、『蘇悉地経』にある偈頌で、「大悲護世尊」以下四句は、この経典に説かれるところの仏部・蓮華部・金剛部の三部諸尊の供養法を説く『蘇悉地羯羅供養法』にある偈頌である。

三冊本『声明品　前集』には、「仏讃」「法讃」「僧讃」が載せられている。これらは「三宝讃」と総称する梵語讃で、主として密教立の法要に用いられる音曲である。もっとも「僧讃」は、『御影供』の最初に唱えられる音曲でもある。あるいは「五箇大曲」の一つに数えられる、『羅漢勧請（羅漢供式）』（水原夢江師考究に成る書写本による）の冒頭でもこれが用いられている。

西本願寺には、『例時作法』や『阿弥陀懺法』などの浄土系声明曲のみにこだわらず、さまざまな密教系声明も伝えられていたことは興味深い。あるいは、西本願寺で用いられた密教由来の音曲が、浄土真宗所依の経論の文言に変更された後も、完全に廃された訳ではなかった。そして密教系声明のみならず、『法華懺法』などに由来を持つ顕教系の音曲も引き続き用いられた。そうした史実を鑑みる時、儀礼と教学が必ずしも完全に一致しなくてはならないという、確定的な思考とは趣が異なっていたことをうかがい知られよう。以て「仏讃」は「四智讃梵語」などとともに、現在も真宗佛光寺派で依用されている。

第六十九条

一、慈覚大師(1)の諱日(2)は正月十四日なりことし文化十年癸酉(3)九百五十年の正当なり正月十四日山門(4)にて法会あり勅会(5)なりこれまでは伝教大師は年忌勅会なれども慈覚大師はこのたび始めて勅会におこなはるよし知観僧正の物語なり梶井宮(6)にて当年三月十四日に法事を修せしめ玉ふよし当日は宮承真法親王(7)御導師あそばさる迨夜は知観僧正導師のよし

【註】

(1) **慈覚大師** 第四十六条註(1)参照。
(2) **諱日** 忌日のこと。
(3) **文化十年癸酉** 一八一三年。
(4) **山門** 比叡山延暦寺のこと。三井寺を「寺門」と呼ぶのに対して、延暦寺を「山門」と呼ぶ。
(5) **勅会** 勅命によって行われる法会。明治維新まで雅楽や舞楽は、勅会でなければ法要に用いることができなかったとされる。即ち、楽人などは宮中から拝借するという体裁が採られていた。
(6) **梶井宮** 第二十条註(5)参照。
(7) **承真法親王** 第二十条註(6)参照。

【補説】

円仁は貞観六（八六四）年一月十四日に遷化した。そして文化十年が、ちょうど九百五十回遠忌の正当だった。祥月命日である一月十四日、比叡山延暦寺において遠忌の正当法要が勅会として厳修された。これまで勅会による遠忌は、日本天台宗の宗祖である最澄の遠忌法要のみだったが、円仁の遠忌法要もこの度初めて勅会として勤められることになったと、知影は知観から伝え聞いた。そして同年三月十四日、梶井門跡でも遠忌法要が厳修された。前日の逮夜を知観が導師を務め、十四日は門主である承真法親王が導師を務めた。

ところで往古、雅楽や舞楽を用いる法要は、勅会でなければならなかったとされる。以て雅楽を奏でる本願寺の法要も、勅会という位置付けで勤められていたのである。これは本願寺が、門跡格（准門跡）を有する勅願寺だったことに由来するからであろう。従って楽人や鼉太鼓なども、宮中から借り受ける形で行われたのである。しかしながら東西本願寺は、財力もあったことから大がかりな鼉太鼓は自前で調達していた。明治維新以降、宮中の機能とともに楽人も東京へ遷り、勅会という位置付けも有名無実となった。雅楽の用否も自由となったのである。

第七十条

一、主上(1)崩御の後御中陰の御法事は御葬送の夕方より始めらる般舟院(2)に於て修し玉ふ僧衆五十口なり山門(3)より廿口魚山より五口四ヶ寺より（四ヶ寺とは般舟院泉湧《ママ》寺(4)盧《ママ》山寺(5)遣迎院(6)なり）廿五口也山門魚山はみな官僧(7)なれども四ヶ寺より出る僧はみな賤陋《せんろう》(8)なりこれによりて左方右方とわかれて座す後夜日中初夜と日々三座なり七日七日は日をたゝまれて三日四日に日をとり玉ふ七日七日の御当日には右三座の外山門探題(9)僧正十口の僧衆を引て一座の法事あり寺門(10)よりも学頭僧正僧衆十口を引て法事あり山門は四ヶ度寺門は三ヶ度也

五十口の僧衆は始終般舟院に寄宿なり仮屋をしつらひ一つの部屋に五人づゝとさだめたり斎をたまはる一度は一汁五菜一度は一汁三菜なり七日七日御当日は二汁七菜にて濃茶薄茶もたまはる夜食は銘々部屋にて勝手にとりまうくるなり装束はみな律衣(11)なり御当日は九条(12)其外は七条(13)なり法衣は不残あらたにたまはる御施物は大僧都は長老と称

五十口の内には僧正は出ず大僧都已下斗なり

して銀二十枚づゝたまはり権大僧都已下は西堂《せいどう》(14)と称して銀十枚づゝ黒衣の輩は銀五枚づゝ給はる御中陰御法事の被物は僧正へは大臣これを引かる殿上人手《て》長《なが》(15)なり僧都已下は公卿これを引かる常例とは一段御崇敬の体なり右

文化十年癸酉閏十一月三日

院(16)崩御　先帝後桃園院崩御の時と同事と云云このとき知観僧正の物語にて承る

【註】

（1）**主上**　第二十八条註（2）参照。

後桜町上皇のこと。

（2）**般舟院**　第四十二条註（2）参照。

つぶさには、般舟三昧院と号する。京都市上京区今出川通千本東入ルに所在した、天台宗の寺院である。宮中の仏事を専門的に勤めた、「黒戸《くろど》四箇院」の一つである。応仁の乱後、第百三代・後土御門天皇（在位一四六四―一五〇〇）の発願により、浄土宗西山義の善空（三鈷寺第十四世）を開基として、洛南伏見に創建されたのを起源とする。その後、豊臣秀吉の伏見城築城に伴い、西陣に移転した。禁裏道場として、天台・真言・律・浄土の四宗兼学の寺院として栄えた。般舟院は泉涌寺とともに、陵墓に香を焚き華を供える、皇室の「香華院」であった。後土御門天皇の分骨等を収めた般舟院陵が、京都市立嘉楽中学校の運動場を隔てて西側に所在する。明治以前まで陵墓は、般舟院境内地の一部だった。陵域内には、法然に帰依した式子内親王（一一四九？―一二〇一、後白河天皇の第三皇女）の墓もあるが、この墓は般舟院とともに般舟院陵が移転してくる以前から存在していたという。般舟院には尊牌が安置されていたが、明治四

（一八七一）年に泉涌寺霊明殿に移された。また、天明三（一七八三）年建立の門と講堂は、神奈川県鎌倉市の建長寺に移築されている。近年、般舟院は廃寺となるも、伽藍は現存する。

（3）**山門**　第六十九条註（4）参照。
延暦寺のこと。

（4）**泉湧《ママ》寺**　泉涌寺のこと。京都市東山区泉涌寺山内町に所在する、真言宗泉涌寺派の総本山である。空海が草庵を結んだことに始まるとも、藤原緒嗣（七七三―八四三）によって建立された法輪寺とも伝えられるが、開基は月輪大師俊《しゅん》芿《じょう》（一一六六―一二二七）とされる、天台・真言・律・禅の四宗兼学の寺院である。境内の奥に歴代天皇の尊牌を安置する霊明殿があり、さらにその奥には第八十六代・後堀河天皇（在位一二二一―三二）をはじめ、江戸時代の第百八代・後水尾天皇（在位一六一一―二九）以降、第百二十一代・孝明天皇（在位一八四六―六六）に至る歴代天皇・皇族の陵墓が所在する。般舟三昧院と同様「香華院」にして、特に泉涌寺は「御寺《みてら》」と呼ばれている。

（5）**盧《ママ》山寺**　盧山寺のこと。京都市上京区寺町通広小路上ルに所在する「黒戸四箇院」の一つで、四宗兼学の寺である。つぶさには盧山天台講寺と称し、天台圓浄宗の本山である。天慶年中（九三八―四七）、良源によって船岡山の南麓に与願金剛院が創建された。寛元三（一二四五）年、法然の弟子・住心房覚瑜（一一五八―一二三三）が再興したとも、出雲路に寺を創建したとも伝え、宋の盧山に倣い盧山天台講寺と号した。応安元（一三六八）年、与願金剛院と盧山寺を兼務していた明導房照源（一二九八―一三六八）によって、与願金剛院が盧山寺を合併したとされる。天正年間（一五七三―九二）、豊臣秀吉によって現在地に移された。戦後、天台宗から独立し、天台圓浄宗を公称した。草稿本『選択本願念仏集』を所蔵することでも知られる。

（6）**遣迎院**　京都市北区鷹峯に所在する、「黒戸四箇院」の一つで、四宗兼学の寺である。浄土真宗遣迎院派の本山である。宗名を「浄土真宗」と名乗るも、親鸞を流祖とする宗派を意味するものではない。正治三（一二〇一）年、九条道家を願主に、善慧房証空（西山国師、一一七七―一二四七）を開山として、現在の東福寺近辺に創建されたのを起源とする。天正十三（一五八五）年、豊臣秀吉による方広寺大仏殿の建設計画の一環として、移転が決められた。しかし結局、大仏殿は遺迎院より北方に建設されることとなるも遺迎院は分立し、一つは「慈眼院」と改号して旧地に存続した。この寺は明治維新に廃寺となったが、大正時代に浄土宗西山禅林寺派・南遺迎院として復興された。一方、旧地から京都御所の東側、廬山寺の南隣に移転したのがここにいう遺迎院である。その後、昭和三十（一九五五）年に現在地へ移転し、天台宗から独立した。

（7）**官僧**　特に延暦寺の僧侶は、近世においても官僧という位置付けで認識されていたのであろう。ところで官僧とは、往古には『養老律令』「僧尼令」等に規定された、国家公務員的な地位に在ったのはいうまでもない。氏寺（私寺）に住していても、国立戒壇で正式に戒を授かり、僧位僧官に列せられて勅会に出仕していた僧侶のことを官僧と称した。中世以降、法然や親鸞など所謂、官僧身分を離れて遁世した僧侶が現れる。「遁世」とは本来、出家と同義語であるが、「官僧」と区別して「遁世僧」と呼ばれた。

（8）**賤陋**　延暦寺などの「官僧」よりも、低い身分という意味合いで用いられているのであろう。もっともここに記される四ヶ寺の内、泉涌寺は「御寺《みてら》」と称され、それ以外の寺院も「黒戸四箇院」に数えられる寺院である。しかして「黒戸四箇院」中、二尊院が記されていない。

（9）**探題**　天台宗における最高の僧位で、探題職の最古参者が天台座主に任じられる。その名の由来は、論義法要における論題を選定する役からきている。即ち、広学竪義において出題者であり、また精義者でもある職分が探題である。延暦寺で四年に一度行われる法華大会において、五巻日（『法華経』第五巻が講じられる日）に一人が探題に就任する。

（10）**寺門**　第九条註（1）参照。
三井寺のこと。

（11）**律衣**　戒律に則って作られた法衣で、偏衫裙《へんざんくん》のこと。偏衫という僧祇支《そうぎし》と覆肩衣《ふくけんね》から成る上衣と、裙という下衣で構成される、麻で織られた木蘭色《もくらんじき》の単衣である。僧祇支は左袖、覆肩衣は右袖に相当する。袈裟も麻で織られた如法衣を着ける。

(12) **九条**　大衣と称する、木蘭色の麻または木綿で織られた九条袈裟。現在の天台宗では、授戒布薩の戒師、説法説戒の師が着ける袈裟とされる。往古は、高僧が宮中へ参内する時に用いられたという。

(13) **七条**　同じく、木蘭色の麻または木綿で織られた大衣に準じた七条袈裟で、これを如法衣という。現在の天台宗では、絹で織られたものは、葬儀・年忌などの化儀の法要に用いるとされる。

(14) **西堂**　本来、禅宗で用いられた用語である。禅宗寺院において、他の寺院の住職を務め引退した僧侶を指す。その僧侶が来訪した時、西の客位に迎えることから「西堂」と呼ばれるようになった。訪問先の寺院の前住職を「東堂」と呼ぶのと対になっている。

(15) **手長**　元は祭祀などに際して、神饌を運ぶ神官を意味した。宮中や貴族の家で、宴会の際に、配膳の取り次ぎをする人。

(16) **院**　第二十八条註（2）、本条註（1）参照。後桜町上皇のこと。

【補説】

知観から伝聞した話を書き記している。文化十年閏十一月、後桜町上皇が崩御した。後桜町上皇は第百十七代の天皇で、数少ない女帝の一人である。この時代は、後桜町上皇が後桃園天皇に譲位するも、後桃園天皇が早世し、閑院宮家から迎えられた光格天皇の治世だった。

後桜町上皇崩御の後、葬儀当日の夕刻から中陰の仏事が般舟院（般舟三昧院）で始まった。これに出仕した僧侶は五十人で、知観も魚山法師の上臈として出仕したと考えられる。その内訳は延暦寺より二十人、魚山より五人、四ヶ寺より二十五人だった。四ヶ寺とは般舟院・泉涌寺・廬山寺・遺迎院のことであるが、泉涌寺は「御寺」と尊称され、それ以外の寺は

「黒戸四箇院」に数えられる寺院である。「黒戸四箇院」とは、宮中の持仏堂である「御黒戸」での仏事を専門的に行ってきた寺院である。恐らく書き漏れとも考えられなくもないが、「黒戸四箇院」中、嵯峨野に所在する二尊院の出仕がないのは不自然である。二尊院もまた、四宗兼学の寺である。今は天台宗に属し、法然の寿像と伝える「足曳御影」を所蔵する古刹としても知られる。

知影は、山門と魚山は「官僧」身分であるが、それ以外の出仕僧は身分が低いと記す。それによって、尊前の左右に分かれて着座の位置が定められていたというのである。しかし、こと泉涌寺と般舟院は、「香華院」として歴代天皇の陵墓を護持する寺院である。

中陰法要は後夜・日中・初夜の、一日三座にわたって勤められた。出仕の僧侶が着用する装束も、新調して与えられた。装束は律衣と定め、中陰当日は九条袈裟、それ以外の日は七条袈裟を用いたという。いずれも如法衣である。また、七日ごとの法要を四日から二日おきに縮めて勤められたと見え、中陰当日には三座の法要とは別に、延暦寺から探題僧正が僧侶十名を率いて修した法要は、四度におよんだという。あるいは、三井寺からも学頭僧正以下、寺門の僧侶十名による法要が、三度にわたって修されたのだった。

中陰中、五十人の出仕僧たちは道場である般舟院に寄宿し、彼らを収容するための仮設宿舎も建てられたのだった。知観は、中陰法要が般舟院で勤められたことのみならず、食事や法礼に関することども語ったのであろう。興味深く耳を傾けた知影は、ここに書き記し置いたのである。

第七十一条

一、文化十一年甲戌(1)五月　当御門主本如聲明帖の改写を命じ玉ふ芙蓉の間(2)に於て御側御用人松川幾馬を以て仰わたさる同十二年乙亥三月信入院殿(3)十七回忌御法事前写し了る

元旦

阿弥陀堂

仏吼讃(4)　登壇　○漢音小経　九聲念仏(5)

（此印は御本に不書入たゞ差定にある斗也下准知すべし）

略回向(6) 平等

御影堂　観《ママ》帰讃(7)　登壇　対馬　三礼(8)　文類(9)

回向句(10)　七箇法会(11)

伽陀　登壇　呪願(12)　○読経　和順章(13)　万歳呪(14)

略回向 平等

十四日迨夜　御門主御登壇の時を除て御本に差定かきいれず下准知

普勧讃(15)　仏誓頌(16)　万歳呪　略回向世尊

十五日日中(17)

清浄讃(18)　十二光礼(19)　略回向平等

右修正会２巻

知恩講(20)　太子講(21)　迨夜

三選章(22)　大悲段(23)　願生偈略譜(24)　四句念仏(25)　発願文(26)

日中

供養文(27)　重誓偈(28)　早引(29)元祖太子　奉讃　十方念仏(30)

略回向自信

右一巻

讃仏講(31)

開闢　日中

結願　日中

伽陀 瓔珞　勧請(32)　○小経　九聲念仏　後唄(33)

回向伽陀(34) 平等

第一日逮夜

普勧請《ママ》　仏徳頌(35)　光明唱礼(36)　略回向 平等

第二日逮夜

仏吼讃　讃仏偈(37)　光明唱礼　略回向 自信

第三日逮夜

勧帰讃　往覲偈(38)　光明唱礼　略回向 世尊

中日日中

伽陀　登壇　対馬三礼　○式(39)　六種回向(40)　回向伽陀

同逮夜

自帰讃(41)　歎仏文(42)　光明唱礼　略回向 願共

第五日逮夜

諸智讃(43)　十二礼文(44)　光明唱礼　略回向衆罪

第六日逮夜

五眼讃(45)　十四行偈(46)　光明唱礼　略回向其仏

右二巻

盂《ママ》蘭盆会

逮夜

仏吼讃　三選章　嘆仏文　十方念仏　悲喜文《ママ》偈(47)

日中

伽陀　小本念仏(48)略譜　回向伽陀自信

右一巻

龍谷報恩講(49)

逮夜

仏殿　○乱聲

拝堂　○音取　○参向音楽　着座讃[50]　○鐃　○鈸

○音楽　登壇　仏名[51]　○音楽　○勧請（勧請数は別巻にあり）

○音楽　文類　回向句　○音楽　回向伽陀世尊

○退出音楽

日中

仏殿　○乱聲　諸智讃　○鐃鈸　○音取

○退出音楽　拝堂　○参向音楽　伽陀　○音取

登壇　礼文[52]　○音楽　○勧請　○音楽　○式[53]

八句念仏[54]　○嘆徳文　○下高座文[55]　○音楽　遶堂[56]

十四行偈　甲念仏[57]　○合殺[58]　○音楽　回向伽陀

○退出音楽

右一巻

西山 山科 報恩講[59]

逮夜

伽陀　登壇　対馬三礼　○式　○念仏　○嘆徳文

下高座文　回向伽陀

日中

伽陀　登壇　○勧請　○上巻　九聲念仏　後唄

回向伽陀平等

右一巻

報恩講

廿一日逮夜

○乱聲　○音取　○音楽　登壇　十二光礼

○退出音楽

廿二日日中

○乱聲　諸智讃呂　○鐃鈸　○音取　伽陀

○音楽　登壇　○勧請　○音楽　○上巻

○音楽　九聲念仏　自慶偈(60)　○音楽　回向伽陀平等

○退出音楽

右一巻

廿二日逮夜

三敬礼(61)　三選章　十四行偈

廿三日日中

伽陀　九聲念仏　回向伽陀平等

同　逮夜

普勧讃　二門偈(62)　十方念仏　回向白衆等(63)

廿四日日中

伽陀瓔珞　九聲念仏　回向伽陀　平等

右一巻

廿四日逮夜

○乱聲　勧帰讃　○音取　梵音(64)　○音楽

登壇　○勧請　文類　通戒偈(65)　○音楽

回向伽陀平等　退出音楽

廿五日日中

○乱聲　五眼讃　○鐃鈸　○音取　伽陀先請

○音楽　登壇　○勧請　○音楽　○上巻

○音楽　九聲念仏　還来段(66)　○音楽　回向伽陀平等

○退出音楽

右一巻

廿五日逮夜

三十二相(67)　具足讃(68)は書きいれぬ

廿六日日中

伽陀　二　九聲念仏　回向伽陀平等

同　逮夜

三宝礼(69)　往観偈　十方念仏　懺法中

廿七日日中

伽陀瓔珞　九聲念仏　回向伽陀平等

右一巻

廿七日逮夜

○乱聲　○音取　伽陀　○音楽　登壇　礼文

○音楽　○式　伽陀　八句念仏甲乙　和讃

○嘆徳文　下高座文　○音楽　回向伽陀　○退出音楽

廿八日日中

○乱聲　諸智讃　○鐃鈸　○音取　伽陀

○音楽　登壇　○勧請　○音楽　○上巻

○音楽　九聲念仏　恩徳讃(70)　六種回向

○音楽　回向伽陀平等　○退出音楽

右一巻　七昼夜法用合五巻

例月御忌日

逮夜

着座讃　文類　九聲念仏　回向伽陀世尊

日中

対馬三礼　式間伽陀

右一巻

前住上人　御祥月

逮夜

○乱聲　本住讃(71)　○音取　○音楽　対揚(72)

○音楽　大懺悔(73)　八句念仏　○音楽　回向伽陀願共

○退出音楽

日中

○乱聲　諸智讃呂　○鐃鈸　○音取　○音楽

登壇　○勧請終磬一丁　○漢音小経始磬一声 終一声　甲念仏

合殺毎句磬一声(74)　○音楽　回向句　○音楽

回向伽陀平等　○退出音楽

右一巻

前々住上人御祥月

逮夜

着座讃　十四行偈　甲念仏　略回向世尊

日中

伽陀　小経　九聲念仏　略回向平等

右一巻

除夜

着座讃　流通章(75)　九聲念仏　略回向自信

右一巻

登壇首唱一巻　勧請類

降壇偈頌下高座文の類(76)　一巻

唄匿　散華(77)　一巻

阿弥陀懺法(78)　一巻

光明摂取章(79)　一巻此一巻は先年新譜を命ぜらるゝとき書写す

国忌

逮夜

清浄讃　登壇　三奉請(80)　願生偈略譜

略回向自信

日中

勧《ママ》喜伽陀（81）　登壇　○勧請　○小経　瓔珞章（82）

通戒偈呂　回向伽陀平等

逮夜

回帰讃（83）　登壇　極楽荘厳讃（84）　悲喜交偈

略回向世尊

日中

快楽伽陀（85）　登壇　○勧請　○小経　瓔珞章

後唄　略回向平等

九条殿御法事

逮夜

即生讃（86）　登壇　三選章　六八賛《ママ》（87）　深法呪（88）

聞名回向（89）

日中

伽陀瓔珞　登壇　○勧請　○小経　九聲念仏

送仏頌(90)　略回向平等

　右三ヶ法用合巻

右御聲明帖外題したゝめ方かんがへ可申旨御沙汰につき考のおもむきうかゞひのうへ書申候

修正会

　他山に正月法事を修正会と申すとはもとよりの事なり御家にて古は修正会と申たること法要に見ゆ

智《ママ》恩講

　元祖御祥月なり

太子講

彼岸会

盂《ママ》蘭盆会

西山山科報恩講

龍谷報恩講

報恩講

除夜法用

三箇法用(91)
　朝庭《ママ》。公儀。九条家。御法事也。国忌。柳営。九条殿。と外題の下に書可申歟うかゞひ候
　へども。それには不及の御沙汰なり
前住上人御祥月法用
前々住上人御祥月法用
　右は外に考もこれなく候旨申上候ところこの通りにて可然御沙汰なり
御忌日法用
　例月廿七日八日の法用なり
登壇首唱
　勧請類の事なり
降壇偈頌
　下高座文の類なり
右のこらず紫金鑭《ママ》の御表紙にて四五冊づゝ帙入に仰つけられ帙は萠黄鈍子《ママ》なり嶋桐の御箱な
り
　御箱の蓋表に
　唄策(92)
同裏に

箱中所蔵唄策若干巻奉
鈞命書写
文化十二年乙亥春　弟子　知影

執筆の年月并名字を記すべきよし命ぜられしよしゆへ右の通り書申候そも〳〵文化十一年の五月より筆をとり今年三月に功を畢へ唄散華は今三月前住信入院殿上人十七回御忌中俄に命を蒙り書写す弥陀懺法は当御法会に御依用につき御法事前に書写し奉献す

【註】

（1）**文化十一年甲戌**　一八一四年。

（2）**芙蓉の間**　本山執政の場であった、長御殿に所在した部屋。側用人は門主の政務担当の側近で、常時、晟章殿に詰めていたとされる。

（3）**信入院殿**　第十八条註（3）三参照。第十八世・文如のこと。

（4）**仏吼讃**　第六十二条註（2）参照。

（5）**九聲念仏**　『例時作法』にある音曲である。「阿弥陀仏」を九回繰り返して、漢音で唱える。盤渉調の音曲で、『声明例時』の版本には「律羽」と印刷されているが、魚山実光院所蔵の石室静洞手沢本には「呂反徴」と書き入れられている。また、水原夢江師手沢本も同様に朱註され、この音曲の回数のことを、「亦九品往生ノ義」と書き入れられてある。同じ博士で、呂律両様の唱え分けがなされていた。三冊本『声明品　前集』、安政本『声明品集』巻四にこれを載せる。

真宗興正派および誠照寺派では、現在も用いられている。

（6）**略回向**　本譜の「回向伽陀」に対する略様である。「ユリ」の旋律が多い音曲で、『声明懺法　呂』経段の終結部分に「略回向」に近しき博士を散見する。「願以此功徳……往生安楽国」「世尊我一心……願生安楽国」「願共諸衆生　往生安楽国　願共諸衆生　値遇弥陀尊」「其仏本願力……自致不退転」「衆罪如霜露　恵日能消除　是故応至心　懺悔六情根（『普賢観経』文、「衆罪伽陀」と同文）」「自信教人信……真成報仏恩」の六種類がある。いずれも、安政本『声明品集』巻四に載せる。三冊本『声明品　前集』には、「願以此功徳……往生安楽国」と「願以此功徳　普及於一切　我等与衆生　皆共成仏道」の二曲を載せるも、後者は安政本からは外されている。「平等」と註記されてあるのは、同じ文言から始まる『法華経』出拠の「……普及於一切」と識別するためであろう。真宗興正派では「願以（平等）」「世尊」「自信」の三曲を現在も用いる。

（7）**観帰《ママ》讃**　第六十三条註（3）参照。

「勧帰讃」の誤記。

（8）**対馬　三礼**　第五十条註（1）参照。

（9）**文類**　第十条註（3）、第五十四条註（2）、第六十四条註（7）参照。

（10）**回向句**　第十一条註（12）参照。

『声明例時』にある「回向」を、ほぼ転用した音曲である。安政本『声明品集』巻四に、「回向句」という名称でこれを載せ、語句もかなり略された形で、それぞれ読誦する上の句の四字のみが記されている。即ち、「我等所修　哀愍摂受　天衆神祇　曩祖聖人　今席尊霊　聖朝安穏　十方施主　命終決定　菩提行願　同一性故証菩提」となっている。また、『龍谷唄策』乾巻『修正会』にも「回向句」を載せるが、こちらは冒頭の目品（目次）には「和順章」との表題で、『無量寿経』下巻の文言となっている。

（11）**七箇法会**　元旦から正月七日までの、七日間にわたって厳修される修正会のこと。玄智撰『祖門旧事紀』巻二「御本山両御堂年中行事」には、「凡七箇日　両御堂総灯　毎朝蠟燭立　精進潔斎　啓龕三箇日　諸宗主前。諸牌前。総飯供」「辰刻　伽陀　御登高座　三礼　上巻　六種回向　略回向　一七日読経。乃為㆓勅願所㆒勤修云」とある。『祖門旧事紀』の記述で注意すべきは、本願寺は勅願所であるから、修正会を七日間勤める旨が記されている。そして、それに記される次第（差定）と、知影が本条に記す次第とは異なっている。知影の時代に至って、本条に記される次第へと変遷している。

(12) **呪願**　第五十条註（6）、第八十条補説参照。

安政本『声明品集』巻四に載せる「呪願」には、『声明懺法　律』中、「六根段」に準ずる博士が付けられている。文言は、「願以此功徳資益今上皇帝福基永固聖化无窮又願　皇后慈心平等哀愍六宮又願　皇太子承恩厚地同山岳之莫移福命唐唐類滄波而无尽」である。西本願寺において、呪願の作法が明確に理解できるのは、『龍谷唄策』所収のものが挙げられよう。乾巻所収の『光明唱礼』および『三宝唱礼』に、「乞　呪願詞」「歎仏呪願詞」がある。『光明唱礼』の「乞　呪願詞」は天台宗に同じであるが、「歎仏呪願詞」の前半は「和順章」の文言を依用している。後半部は微音で唱える、玉体安穏を願う文言が続く。

(13) **和順章**　第三十五条註（2）、本条註（10）参照。

『無量寿経』下巻にある、「天下和順　日月清明　風雨以時　災厲不起　国豊民安　兵戈無用」に、「皇帝万歳　伽藍栄久　仏子安穏　紹隆正法　帰命頂礼　無量寿尊」の文言を合わせた音曲で、取次第で唱える。安政本『声明品集』巻四および、『龍谷唄策』乾巻中、『修正会』にこれを載せる。双方の博士は若干の違いがあり、『龍谷唄策』が編まれる過程において、園部覚秀による博士の修正がなされたことがうかがえる。この音曲は、現行法儀『修正会作法』へも引き継がれて、「皇帝万歳」以下は同経本来の文言である「崇徳興仁　務修礼譲」に改められている。現行は、呂曲壱越調と指定されている。

(14) **万歳呪**　安政本『声明品集』巻四にある、「略回向」に類似した博士が付けられている。文言は、「以此念仏　不思議

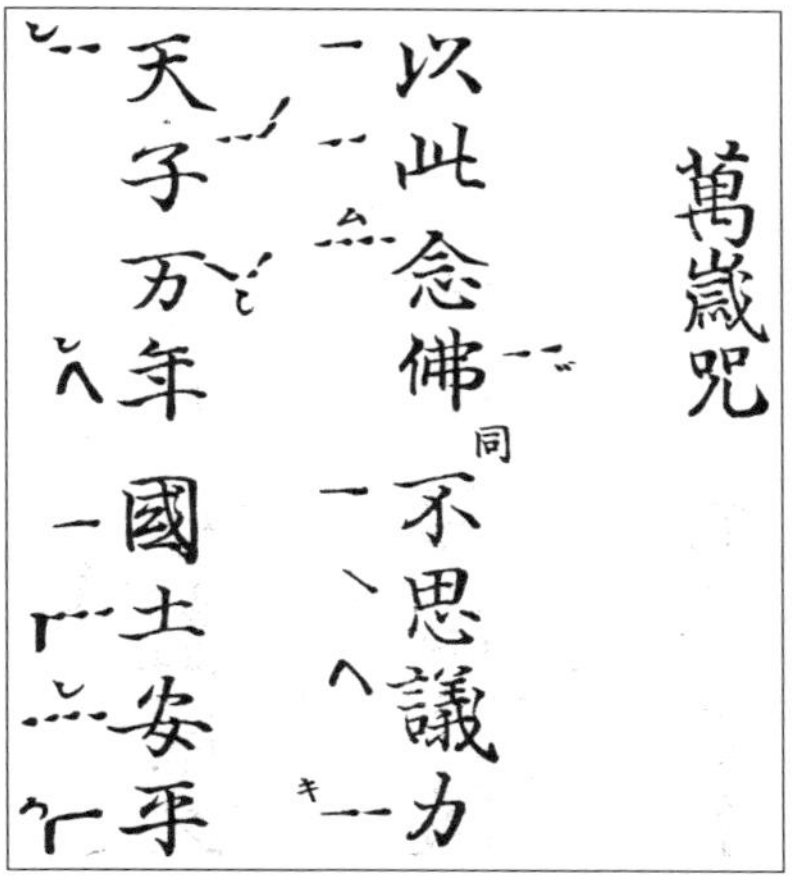

「万歳呪」（安政本『声明品集』巻四）

力　天子万年　国土安平」。「和順章」「呪願」ともども、勅願寺で厳修されるべき修正会を意識した音曲といえよう。「安政本」巻四にこれを載せる。「万歳呪」の文言はその後、『龍谷唄策』乾巻中、『光明唱礼』に本譜伽陀の博士を付けた、「頌文讃嘆」として載せられている。

(15) **普勧讃**　第五十条註（17）参照。
「四智讃漢語（着座讃）」の博士が付けられた音曲である。法照撰『五会法事讃』を出拠とする。文言は、「普勧道場同行者　努力回心帰去来　借問家郷何処在　極楽池中七宝台」である。

(16) **仏誓頌**　第六十七条註（2）参照。

(17) **十五日**　旧暦一月十五日は、三元の一つ「上元」で、前日の逮夜法要とともに日中法要が勤められたようである。『祖門旧事紀』巻二「御本山両御堂年中行事」には、一月十三日に「御末寺等賀正謁見」とあり、翌日の晨朝に「昨日御礼の輩」は、謁見の時に着用した衣体で出仕することとなっていた。玄智がこれを執筆した当時の法要次第は、十四日逮夜は「仏吼讃・登高座・讃仏偈・略回向」、十五日日中は「着座讃・登高座・東方偈・略回向」であった。

(18) **清浄讃**　第五十条註（17）参照。
「四智讃漢語（着座讃）」の博士が付けられた音曲である。善導撰『浄土法事讃』下巻を出拠とする。文言は、「道場清浄希難見　弥陀浄土甚難聞　難聞難見今得会　如説修行専意専」。安政本『声明品集』巻三に、これを載せる。

(19) **十二光礼**　第五十八条註（4）参照。

(20) **知恩講**　法然の祥月法要。『実悟記』によれば、往古は本願寺第八世・蓮如の時代まで、毎月二十五日の晨朝では

『知恩講式』が諷誦されていた。蓮如入滅後は、「早引」に変遷していたようである。次代の実如以降、講式は依用されなくなったが、法要名のみ継承されていたともいえよう。ところで『知恩講式』は、隆寛（一一四八―一二二七）撰述とともに、第三世・覚如の長男・存覚（一二九〇―一三七三）撰述がある。双方とも、文言などに相違が見受けられるのはいうまでもない。『浄典目録』等にその名は見られないが、真宗大谷派の学者・慧琳（一七一五―八九）撰『真宗帯佩記』には、『知恩講式』を存覚撰と記されている。

(21) **太子講**　聖徳太子の祥月法要。同じく『実悟記』によれば、往古は『知恩講式』同様、毎月二十二日には『聖徳太子講式』が諷誦されていた。

(22) **三選章**　知恩講で唱えられた音曲である。法然撰『選択本願念仏集』を出拠とする。三冊本『声明後集　梵唄品彙』坤巻および、安政本『声明品集』巻四にこれを載せる。「安政本」所収の「三選章」に付けられた博士は、「敬礼勧請」の博士などに相通ずるものも見受けられるが、全体的な構成は独自性が高く、この音曲にしか見られないものである。「三選章」はその後、『龍谷唄策』坤巻所収の『知恩講』に引き継がれるも、『声明懺法　呂』の経段に依る博士（呂曲平調）に改められている。以てこの音曲は、現行法儀『円光大師会作法』へと引き継がれている。

(23) **大悲段**　太子講で唱えられた音曲である。安政本『声明品集』巻四、『龍谷唄策』乾巻『太子講』に載せる。「安政本」のそれは、『声明懺法』の「六根段」の同音部分の譜に近しい博士が付けられている。また、『龍谷唄策』乾巻『太子講』には、「九方便」の博士に改められてこれを載せる。出拠は『上宮太子御記』中、「聖徳太子廟窟偈」にある一節から採られている。文言は、「大慈大悲本誓願　愍念衆生如一子　是故方便従西方　誕生片州興正法　我身救世観世音　定慧契女大勢至　生育我身大悲母　西方教主弥陀尊　真如真実本一体　一体現三同一身　片域化縁亦已盡　還帰西方我浄土　州域化縁度脱了　平等一子衆生界　能除一切重業障　兆載永劫成菩提　済度群生同教体　恒願本師如来国　口称誓願報持功　豈是固持不護念」である。『龍谷唄策』所収の「大悲段」は、「兆載永劫成菩提」の一行が略されている。もっとも、「州域化縁度脱了」以下八行は、「聖徳太子廟窟偈」にはない。『法然上人行状絵図（四十八巻伝）』を著したことで知られる舜昌（一二五五—一三三五）に成る、『述懐抄』に見える文言なのである。これには、聖徳太子と善光寺一光三尊阿弥陀如来が手紙を遣り取りしたという内容が記され、件の八行は、聖徳太子が善光寺如来に宛てた返信の部分とされている。

(24) **願生偈略譜**　第三十六条註（5）、第五十三条註（2）、第六十条註（2）参照。

(25) **四句念仏**　切音の博士が付けられた、「南无阿弥陀仏　南无観世音菩薩　南无大勢至菩薩　南无清浄大海衆菩薩摩訶薩」の四句から成る音曲である。安政本『声明品集』巻四に、これを載せる。現行法儀『円光大師会作法』や『上宮太子会作法』などに汎用される音曲である。もっとも、『龍谷唄策』乾巻『太子講』にある「四句念仏」には、『声明懺法』にある「十方念仏」の博士が付けられている。

(26) **発願文**　『往生礼讃偈』にある、「願弟子等臨命終時……至心帰命阿弥陀仏」の文。安政本『声明品集』巻四にこれを載せる。「安政本」にあるこの音曲に付けられた博士と、安永四（一七七五）年刊『浄土真宗礼讃偈』にある「発願文」部分の博士とは同じである。『礼讃偈』が「至心帰命」で終わるのに対し、この音曲は「阿弥陀仏」まで唱える。「安政本」所収の音曲としては、浄土宗西山深草派の『蓮門課誦』を底本とする『往生礼讃偈』の博士をそのまま用いるのは、魚山直伝の音曲からすれば、系統を異にするという意味において特殊といえよう。「発願文」は『龍谷唄策』乾巻の『太子講』『知恩講』へと引き継がれるも、『声明懺法』（呂律両様とも同じ博士で黄鐘調）にある「四悔」の博士に改められている。以て、「四悔」の博士は、『浄土礼讃儀』（明治二十四〈一八九一〉年制定）の「香華文」、旧『正信念仏偈作法』（大正十二〈一九二三〉年制定）の「総序」を経て、現行法儀『広文類作法』の「総序」へと引き継がれている。

(27) **供養文**　第四条註（1）、第五十条註（21）参照。
安政本『声明品集』巻四に掲載されている「供養文」は、切音の博士が付けられている。即ち、切音『法華懺法』の「供養文」に同じである。文言は、「是諸衆等　人各胡跪　厳持香華　如法供養　願此香華雲　遍満十方界　供養一切仏経法幷菩薩　声聞縁覚衆　及一切天僊　受此香花雲　以為光明台　広於無辺界　受用作仏事　供養已来三宝」である。

現行法儀『無量寿経作法』にある、「発起序」の原曲に相当する。

(28) **重誓偈**　第十七条註(3)、第五十条註(7)、第五十五条註(1)、第六十条註(4)参照。

(29) **早引**　安政本『声明品集』巻四に収められてあるのは、『高僧和讃』中、「曇鸞讃」十三首、「道綽讃」七首、「善導讃」十首、「源信讃」十首、「源空讃」二十首、『正像末和讃』中、「太子奉讃」十一首である。

その後、立教開宗七百年記念法要に際して制定された旧『正信念仏偈作法』には、『浄土和讃』の「冠頭讃」「諸経讃」「現世利益讃」を除く全てに「早引」の博士を付けて収められている。現行法儀『奉讃早引作法』には、「安政本」所収の音曲の他に、『高僧和讃』の「龍樹讃」十首、「天親讃」十首が加えられている。ちなみに「早引」の旋律に関しては、さまざまな考察がなされている。真言宗や南都薬師寺で用いられる和讃などの旋律に似ているとも指摘されている。また法隆寺の「聖霊会」において附楽とともに唱えられる和讃も、その旋律は西本願寺の「早引」に近しきものが感じられる。以て和讃の「早引」そのものは、本願寺の東西分立以前の、かなり古い時代から存在した法儀であるのはいうまでもない。また、真宗大谷派で依用される「御早引」や、真宗古来の法儀を伝えると考えられる佛光寺派にも「早引」が存在する。

(30) **十方念仏**　第五十五条註(3)参照。

(31) **讃仏講**　第三十六条註(1)参照。

春秋両彼岸会のこと。西本願寺では、特に讃仏会と称する。

(32) **勧請**　第十条註(8)、第五十四条註(5)、第六十一条註(6)参照。

(33) **後唄**　第四条註(2)、第三十五条註(3)、第五十条註(49)参照。

(34) **回向伽陀**　第三十五条註(6)、第三十六条、第五十条註(51)参照。

法要の終結部に唱えられる伽陀である。三冊本『声明品　前集』に「世尊我一心」「願以此功徳(平等)」の二首を載せ、安政本『声明品集』巻四には、「願以此功徳(平等)」「世尊我一心」「願共諸衆生」「其仏本願力」の四首を載せる。

いずれも本譜の伽陀である。真宗佛光寺派では、「願以此功徳」「世尊我一心」が現在も用いられている。

(35) **仏徳頌**　第五十七条註（1）参照。

(36) **光明唱礼**　第五十五条註（3）参照。切音の「十方念仏」に同じ博士が付けられた、阿弥陀仏の十二光名を唱える念仏曲である。安政本『声明品集』巻四にこれを載せる。文言は、「南无無量光仏　南无無辺光仏　南无無碍光仏　南无無対光仏　南无焰王光仏　南无清浄光仏　南无歓喜光仏　南无智恵光仏　南无不断光仏　南无難思光仏　南无无称光仏　南无超日月光仏」である。ところで『龍谷唄策』乾巻所収の、法儀としての『光明唱礼』とは別物であることは注意しておかねばならない。

(37) **讃仏偈**　第十条註（5）、第十七条註（4）、第五十四条註（1）参照。

(38) **往覲偈**　第十七条註（5）参照。三冊本『声明後集　梵唄品彙』乾巻および、安政本『声明品集』巻二に載せる。『大経』の異訳、宋・法賢訳『大乗無量寿荘厳経』巻下にある、七言の偈文である。『荘厳経』における「往覲偈」は、巻下の前半部と後半部に分かれて説かれているが、前半部にある偈文を音曲として用いている。博士は「五念門（十二礼）」本譜に準ずるものであるが、「安政本」にある博士は細部に相違があり、「五念門」からの完全な転用ではない。

(39) **式**　第三十六条註（1）参照。第十四世・寂如撰『讃仏講式』のこと。「讃荘厳浄土」「嘆仏身相好」「明修行相貌」「論菩提妙果」「揚弘通之功」の五段で構成された、阿弥陀如来を讃歎する講式である。

(40) **六種回向**　「六種」とは、仏祖への塗香・華・焼香・仏飯・灯明・閼伽の供養を指し、『仏名導師作法』『御影供』『読経音用』など、天台宗では主に顕教立法要の終結部で用いられる音曲である。また、講式などの終結部でも用いられる。覚如撰『報恩講式』の巻末に、「次六種回向等」とあるのがそれである。中曲壱越調とされるも、『六巻帖』では平調と記される。水原夢江師によれば、古来、平調・壱越調・盤渉調の三調子を、法会中に用いた音曲の相違によって反音して唱えられていたという。天台宗においては、現在は黄鐘調で唱えられている。序曲ではあるが「最も速き序曲」で、破曲には属さないとされる。『六巻帖』には、「供養浄陀羅尼一切誦　敬礼常住三宝　敬礼一切三宝　我今帰依　釈迦弥陀　今日所献　香華灯明　百味餚饍　恭敬供養　哀愍納受　願於生生　以一切種　浄妙供具　供養恭敬　無辺三宝　自他同証　無上菩提」とある。石室静洞手沢本『六巻帖』には、冒頭の「供養浄陀羅尼一切誦」を唱えた後、微音にて大虚空蔵菩薩の陀羅尼「十八道真言」を誦することが書き込まれている。即ち、「𑖌𑖼《オン》𑖐《ギャ》𑖐《ギャ》𑖡《ナ》𑖭𑖽《サン》𑖥《バン》𑖪《バ》・𑖪《バ》𑖕𑖿𑖨《ザラ》・𑖮𑖺𑖾《コク》」である。また、『御影供』のものは「供養浄陀羅尼一切誦　敬礼常住三宝　敬礼一切三宝　我今帰依　慈覚大師（各祖師名を入れ換える）　諸大師等　今日所献　香華茶薬　種々餚饍　三業礼拝　錫杖願文　大慈大悲　哀愍接受　願於生生　以一切種　浄妙供具　供養無量　無辺三宝　自他同証　無上菩提」となっている。あるいは、句頭が「供養浄真言一切誦」となっているものもある（水原夢江師書写本『羅漢供式』による）。この場合、四字目の「真」には、「ソリ・ユリ一」の博士が付けられている。西本願寺では延宝五（一六七七）年、経蔵の落慶法要でこれを依用したのが最初であるという。幸雄書写本『声明　呂律』以来、各時代の声明本にこれを載せる。以て、文言には大同小違がある。そして、「百味餚饍　恭敬供養」の部分が諸本によって相違が見られ、西本願寺に伝えられた幸雄書写本には、「百味餚饍　種種庄《ママ》厳」と記される。三冊本『声明後集　梵唄品彙』乾巻では、「今日所献　香華灯明　百味餚饍　恭敬供養　哀愍納受」が略されている。安政本『声明品集』巻三には、『六巻帖』に同じものが掲載されるも、「百味肴饌　饌饌荘厳」とある。この部分には博士が付けられていないことが多いが、石室静洞手沢本『六巻帖』には青色で博士が書き込まれている。また、安政本には二種類が載せられ、一方に浄土真宗所依の文言が加えられた音曲を載せる。即ち、「供養浄陀羅尼一切誦　敬礼常住一切三宝　我今帰依　仏陀聖衆　曩祖聖人　伝灯諸師　三部妙典　願於生生　以一切種　上妙資具　供養无量　无辺法界　自他同証　無上菩提」とある。明治に至り、『龍谷唄策』並びに『梵唄集』には「供養浄陀羅尼一切誦　敬礼常住三宝　敬礼一切三宝　我今帰依　釈迦弥陀　見真大師　伝灯諸師　三部妙典　願於生生　以一切衆　浄妙供具　供養恭敬　無辺三宝　自他同証　無上菩提」と推移している。祖師名を配した「六種回向」は、『御影供』のも

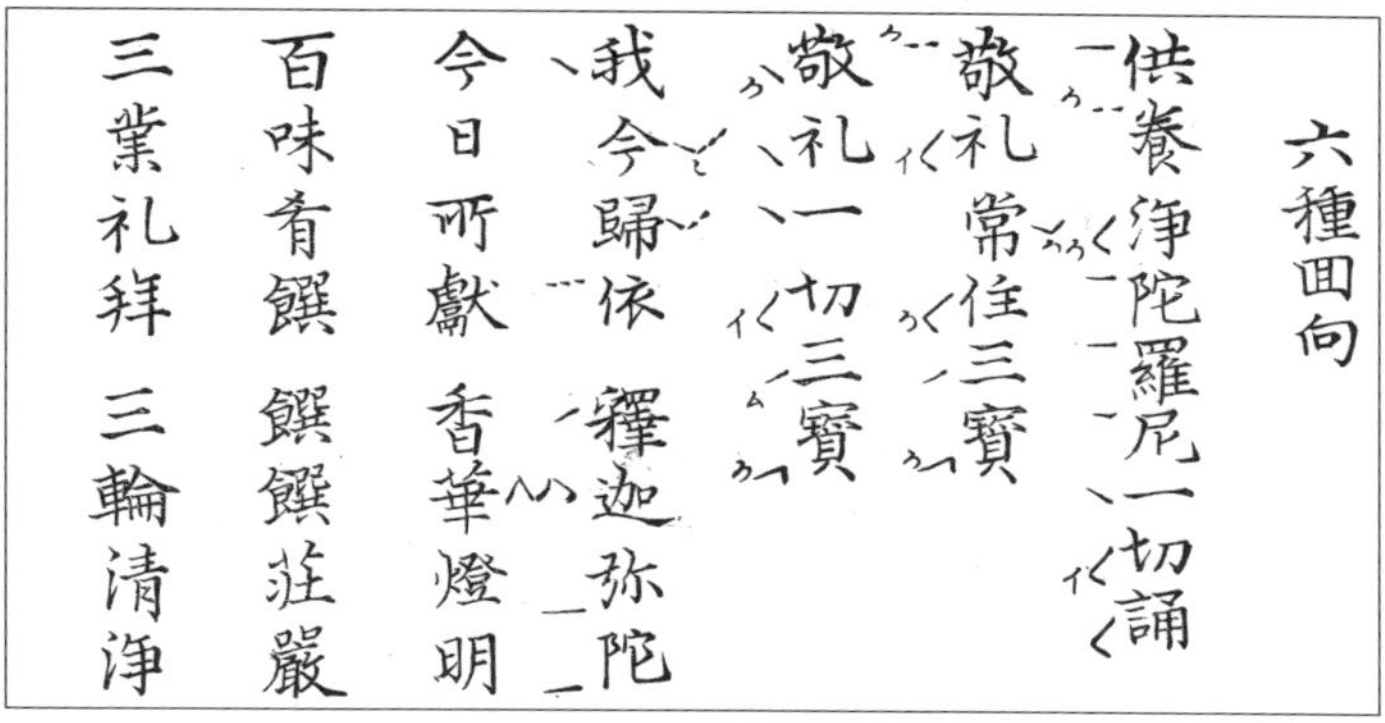

六種回向
供養浄陀羅尼一切誦
敬礼常住三寶
敬礼一切三寶
我今歸依釋迦弥陀
今日所献香華燈明
百味肴饌饌饌莊嚴
三業礼拝三輪清浄

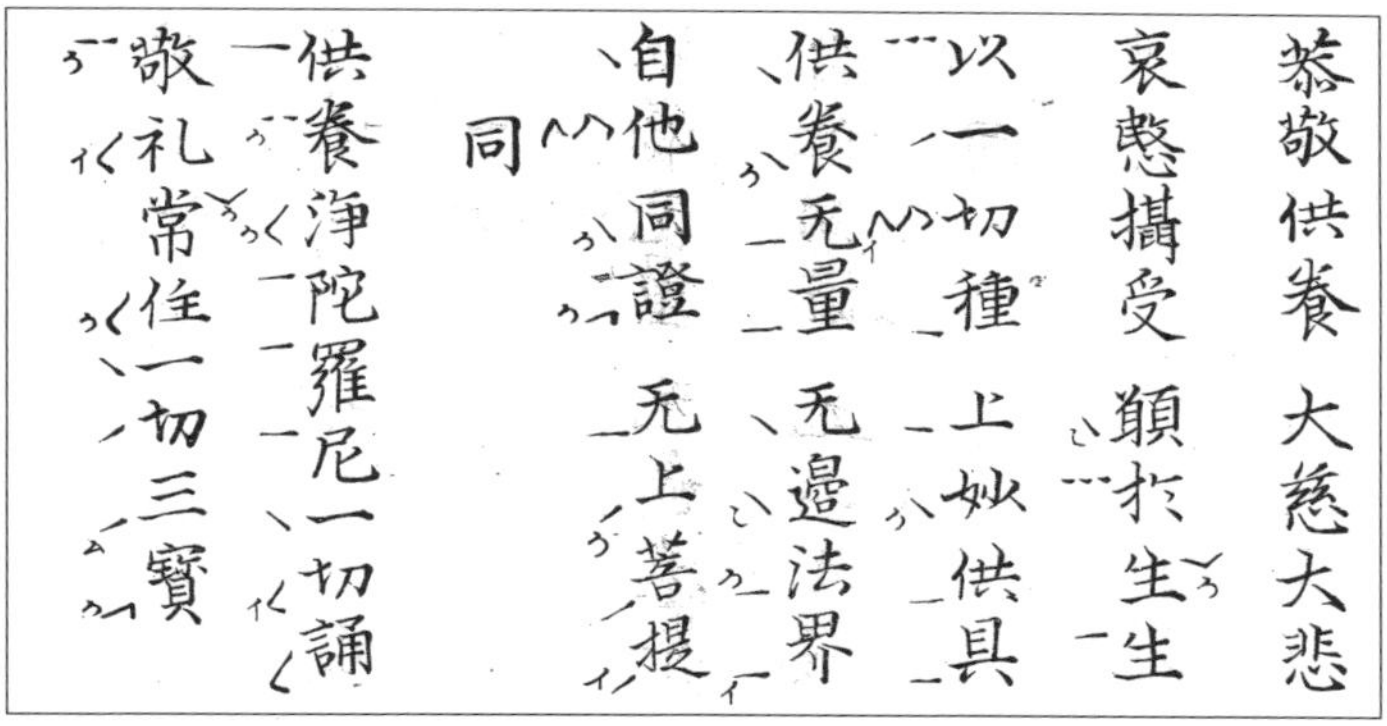

恭敬供養大慈大悲
哀愍攝受願於生生
以一切種上妙供具
供養无量无邊法界
自他同證无上菩提
同
供養浄陀羅尼一切誦
敬礼常住一切三寶

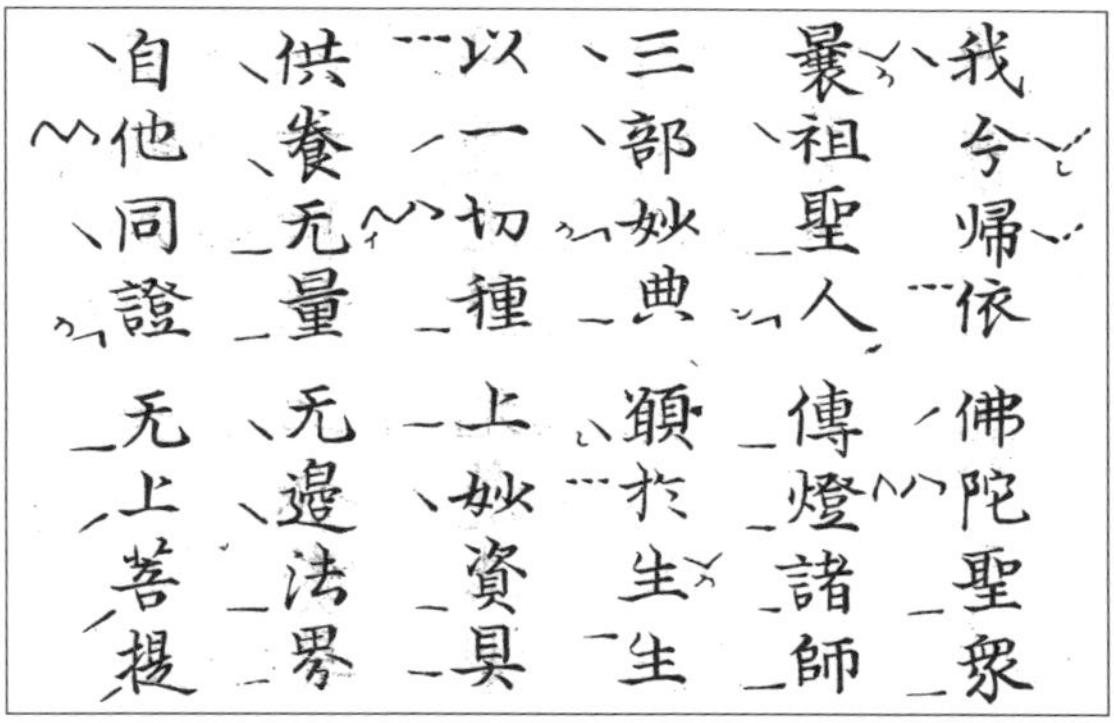

我今帰依佛陀聖衆
曩祖聖人傳燈諸師
三部妙典願於生生
以一切種上妙資具
供養无量无邊法界
自他同證无上菩提

「六種回向」（安政本『声明品集』巻三）

のをルーツとすると考えられる。水原夢江師によれば、特に祖師名の部分は「カナ上」の旋律を以て、慇懃丁寧に唱えるべしとされている。

(41) **自帰讃** 第六十三条註（1）（2）参照。

(42) **歎仏文** 第六十条註（1）参照。
「嘆仏文」に同じ。

(43) **諸智讃** 第六十二条註（3）（7）参照。

(44) **十二礼文** 第三十六条註（4）、第五十条註（42）、第五十四条註（9）参照。

(45) **五眼讃** 第五十条註（16）、第六十二条註（1）参照。

(46) **十四行偈** 第十条註（4）、第五十四条註（3）、第六十六条註（1）参照。

(47) **悲喜文《ママ》偈** 「悲喜交偈」の誤記。『浄土法事讃』の偈頌を中心に編まれた法儀『如法念仏』中、「散華讃」にある偈頌である。水原夢江師書写本『如法念仏』には、律曲黄鐘調と註記される。同法儀「召請讃」などとともに、現行の「三経伽陀」（本条註（82）参照）の原形ともいえる博士が付けられている。文言は、『浄土法事讃』下巻の「悲喜交流深自慶　不因釈迦仏開悟　弥陀名願何時聞　荷仏慈恩実難報」である。安政本『声明品集』巻四に、これを載せる。『如法念仏』は『例時作法』などとともに、第十四世・寂如の時代に伝えられた法儀である。『龍谷唄策』坤巻に『如法念仏作法』として載せ、『梵唄集』へ引き継がれている。昭和八年の法式改正によって、『浄土礼讃儀』と合して大幅な縮小がなされ、『浄土法事讃作法』に改められた。

(48) **小本念仏** 第四十六条註（12）参照。
三冊本『声明後集　梵唄品彙』坤巻および、安政本『声明品集』巻四にこれを載せる。「安政本」には、本・略二様を載せる。『声明懺法』中、「十方念仏」（呂律とも同様）の博士に依る音曲で、同巻所収の「引声念仏」に付けられた博士と非常に似通っているのが特徴的である。略様には、切音の博士が付けられている。文言は、「南无阿弥陀仏　南

无観世音菩薩　南无大勢至菩薩　南无釈迦牟尼仏　南无六方証誠仏　南无文殊師利菩薩　南无阿逸多菩薩　南无乾陀訶提菩薩　南无常精進菩薩　南无同聞衆菩薩摩訶薩」である。興正寺に所蔵される五冊本『龍谷唄策』中、『讃仏三昧法』の巻末の余白に「小本念仏」が書写されていて、「漢音」と註記されている。『阿弥陀経（小経）』に見える仏菩薩の尊号が列記されていることから、「小本念仏」と命名されたのであろう。

(49) **龍谷報恩講**　大谷本廟における報恩講「龍谷会」のこと。

(50) **着座讃**　第十条註（7）、第五十条註（17）、第五十四条註（4）、第八十五条註（17）参照。

(51) **仏名**　中曲平調の破曲である。安政本『声明品集』巻四には、本・略二様を載せ、略様に付けられた博士は、『如法念仏』にある「三礼詞」に近しい。略様は、西本願寺で新たに依用するために作譜された音曲と考えられる。文言は、「南无帰命頂礼三部妙典　生生世世値遇頂戴」である。「礼」から取次第で唱えるも、「安政本」には他の取次第を用いる音曲同様、その指示が示されていない。しかし略様には、「生」から同音と指示されている。「仏名」は、「南无帰命頂礼」より以下は「三部妙典」などの他、仏菩薩や祖師の尊名をそれぞれ入れ換えて唱えられる。これに付けられた博士には、徴音の「ユリ三」の後に、角音で当たって垂れる「仏名下《おり》」と呼ばれる、この音曲特有の旋律型がある。また、『龍谷唄策』においては、乾巻所収の『大師影供』にある「仏名」は、「南無帰命頂礼見真大師　還念本誓来影向」となっている。「安政本」所収の「仏名」は、

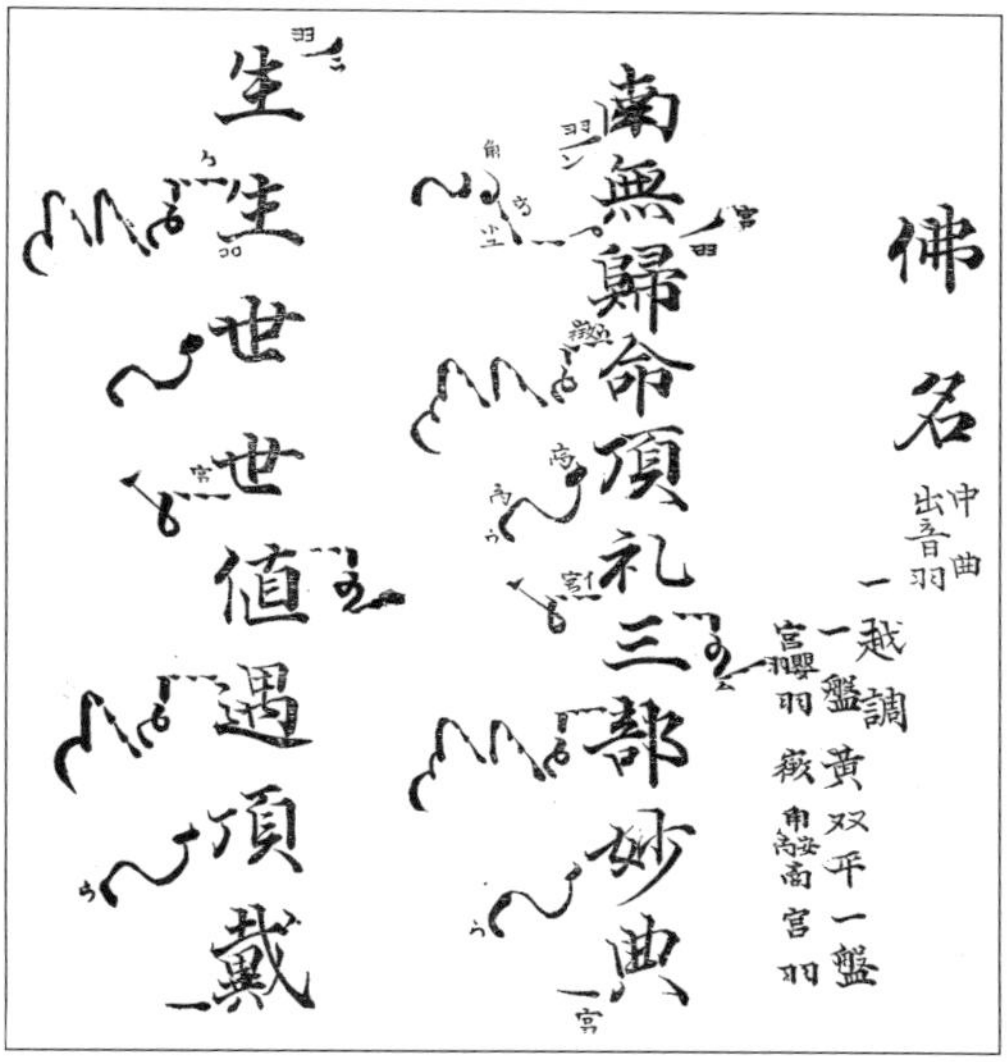

「仏名」（『梵唄集』澤円諦編『読経作法』）

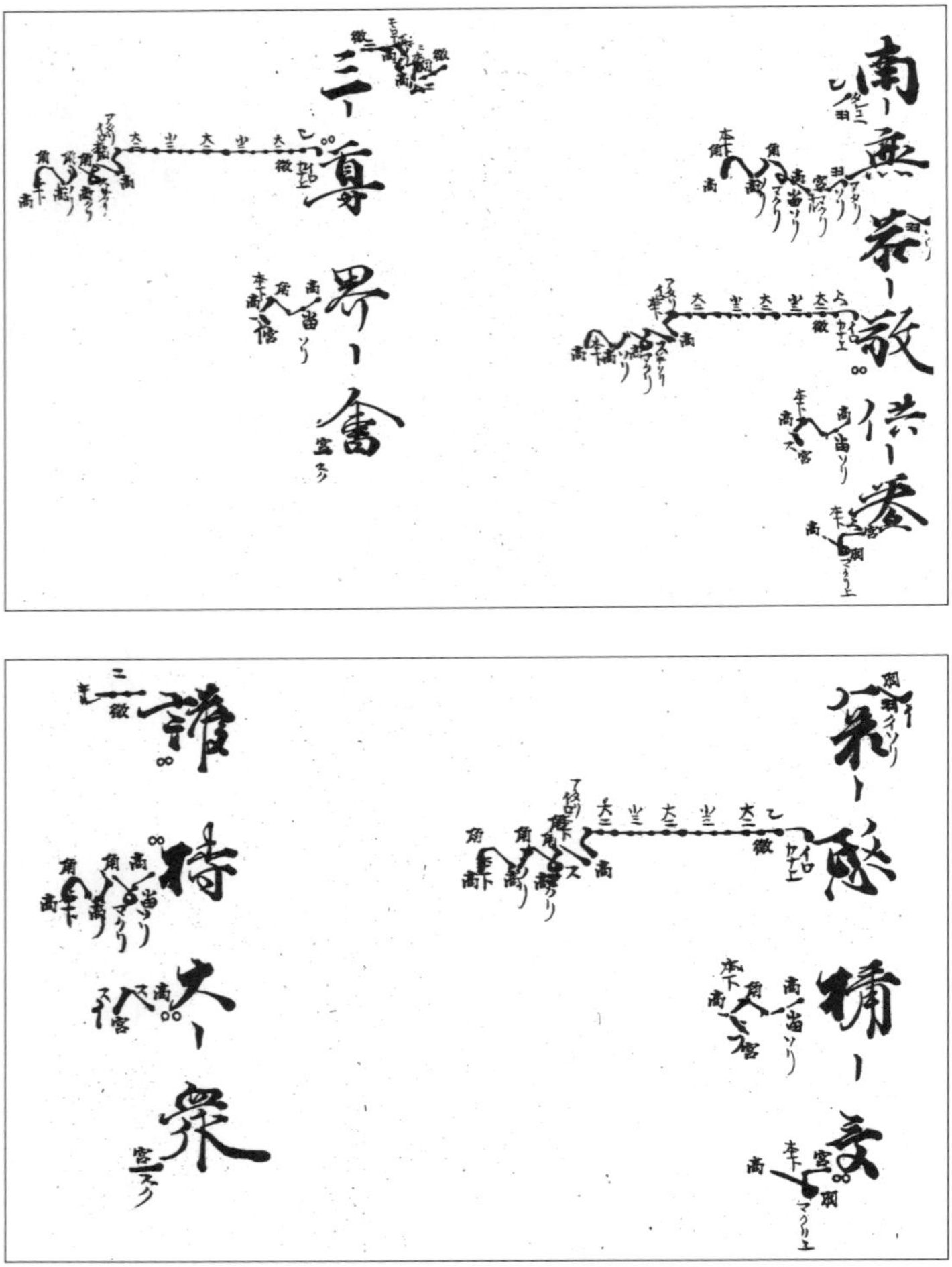

「仏名」（『四箇法用』宗淵版『六巻帖』）

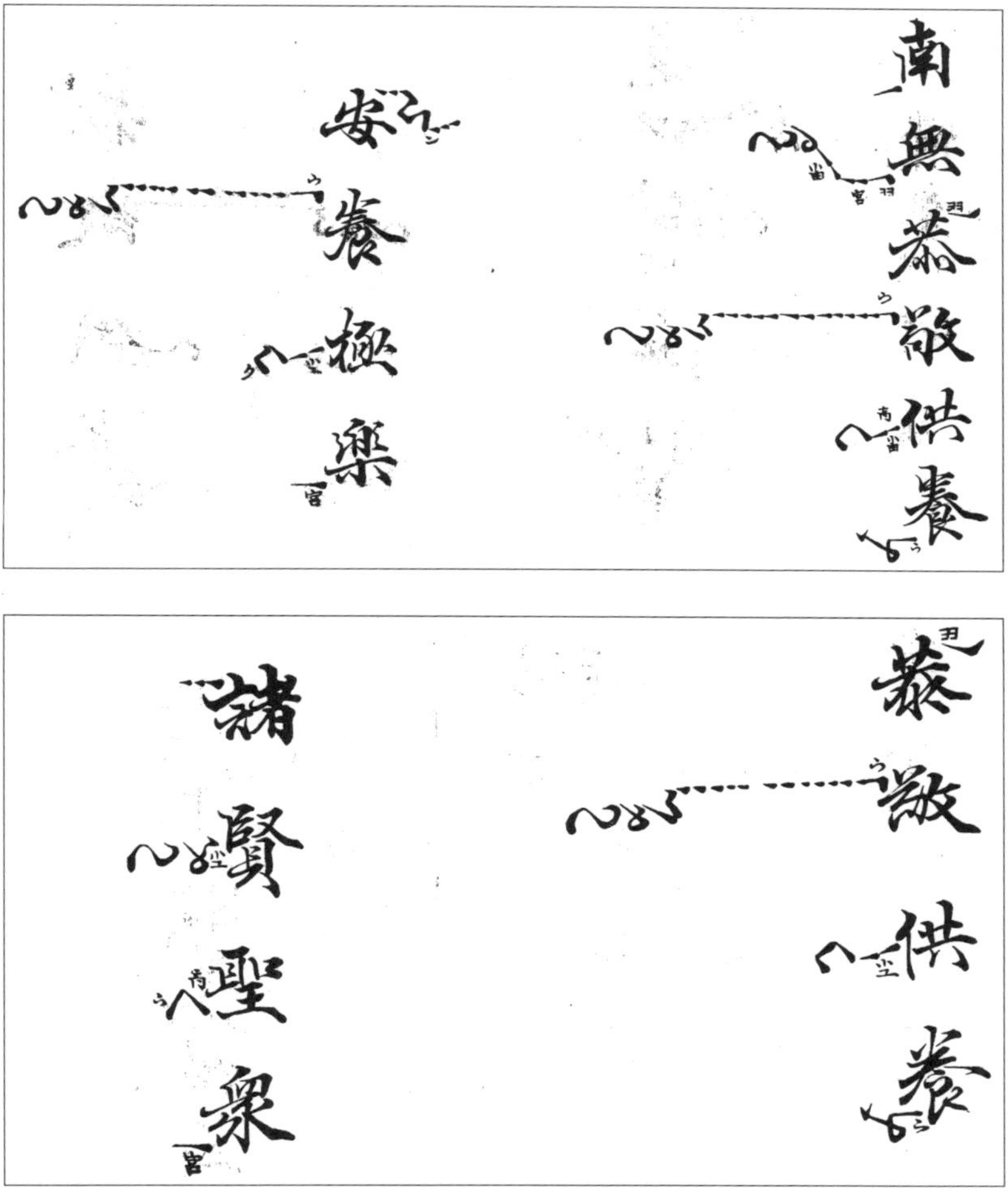

「仏名」（『四箇法用』『龍谷唄策』乾巻）

同じく乾巻にある『読経開闢音用』『読経結願音用』に引き継がれていて、『読経結願音用』には「南無恭敬供養三部妙典　哀愍摂受護持大衆」とある。ところで魚山声明において「仏名」は、水原夢江師所蔵の手沢本『六巻帖』には、「仏名ノ博士ハ四条大納言公任卿ニ始マルト云フ」「如来唄ノ三段ニ於テ第三段即チ後段唄ニ当タル」「仏名教化共ニ取如意唱ヘ出ス」と註記されてある。「仏名」は総じて、「教化」と対をなす音曲である。「仏名」は、昭和五十年代まで真宗興正派でも用いられていたが、現在では廃絶しているようである。佛光寺派では現在も用いられている。また、『四箇法要』にある「仏名」は律曲平調の序曲で、「大二小三（大ユリと小ユリが連続する旋律型）」など、「始段唄」に準ずる長大な旋律の博士が付けられている。この「仏名」は、『声明目録』によれば、「梵音」と「三条錫杖」を唱えるごとに、続いて唱えられていたという。

(52) **礼文**　第五十条註（44）参照。

『御影供』などに見える、「総礼詞」を転用した音曲である。安政本『声明品集』巻三に、これを載せる。文言は、「大衆諸共奉拝曩祖尊影」である。

(53) **式**　第三十七条、第三十八条参照。

『報恩講式』のこと。

(54) **八句念仏**　「南无阿弥陀仏」を、八回繰り返す念仏曲である。律曲平調の破曲で、甲乙二様がある。室町期の『実隆公記』（三条西実隆の日記）中、文明十六（一四八四）年十月七日の項に、「八句念仏」の名が見える。魚山においては、憲真版『六巻帖』に収められる。その後に発刊された、宗淵版『六巻帖』には収められなかった。魚山浄蓮華院所蔵の滝本深達書写の『六巻帖』には、一句のみ梵字で記されている。

幸雄書写本『声明　呂律』に収められ、三冊本『声明品　前集』および、安政本『声明品集』巻三にこれを載せる。寂如の時代に伝えられた音曲であり、それまで唱えられていた『坂東曲』念仏を停廃して式間念仏とした音曲である。『龍谷唄策』乾巻中『報恩講』に甲乙両方を載せ、同坤巻には『願生偈』『帰三宝偈』『入出二門偈』『如法念仏作法』にそれぞれ甲様を用いるよう指定されている。同じく坤巻所収の、『五会念仏略法事讃』中にある「五会念仏」は、園部覚秀が新たに博士を付ける過程において、「八句念仏」から転用したものと考えられる。その後、「八句念仏」は『梵唄集』の『入出二門偈作法』に甲様、『如法念仏作法』には「甲念仏（『声明例時』音用の曲）」とともに甲乙二様とも載せる。そして昭和八年の法式改正を経て、甲様のみが現代に受け継がれている。また「八句念仏」は真宗佛光寺派において、二句が略された形の「六句念仏」として甲乙二様が用いられている。

(55) **下高座文**　安政本『声明品集』巻三に載せる。これは、幸雄書写本『声明　呂律』にある「下高座文」を、博士もそのまま用いている。『浄土法事讃』巻上を出拠とする。文言は「大衆同心厭三界　三塗永絶願無名　念報慈恩常頂戴　乗仏願力往西方」であるが、原文とは配列が異なっている。同様の音曲に「降壇句」というのがあり、『浄土法事讃』巻下の「直為弥陀弘誓重　致使凡夫念即生　衆等回心皆願往　手執香華常供養」の文言に、「下高座文」と同一の博士が付けられている。また、この「下高座文」は、真宗興正派で現在も用いられている。同派では原曲を、『大乗広布薩式』にある「慶賀偈（自慶偈とも称する。ただし、本条目録中にある「自慶偈」とは別物である）」としている。『二巻抄』所収の古博士による同曲と、それに対応する叡山文庫蔵（般舟三昧院旧蔵）の滝本深達書写になる『略布薩次第』および江戸時代の写本『広布薩』（京都市左京区・浄土宗西願寺所蔵）ほか諸本に記される只博士と類似するも、「下高座文」の博士とは完全に一致しない。

(56) **遶堂**　第七十二条註（1）参照。
行道のことを、当時の西本願寺では「遶堂」と呼称していた。

(57) **甲念仏**　第十一条註（10）、第五十条註（40）参照。
三冊本『声明後集　梵唄品彙』乾巻および、安政本『声明品集』巻四にこれを載せる。「安政本」所収の「甲念仏」は、呂律二様とも載せる。

(58) **合殺**　第十一条註（11）参照。

(59) **西山山科　報恩講**　西山別院および山科別院の報恩講。西山別院は久遠寺と号し、京都市西京区川島に所在する。覚如が創建し、後醍醐天皇より勅願所の綸旨を蒙ったと伝える。境内に覚如の廟所が所在する。一方、山科別院は舞楽寺と号して、京都市山科区東野に所在する山科本願寺の旧跡である。西別院と東別院（真宗大谷派）との中間に、蓮如の廟所（荼毘所）がある。また、廟所の北側には本願寺寺内町の土塁が現存する。

(60) **自慶偈**　『般舟讃』を出拠とする。文言は、「自慶今身聞浄土　不惜身命往西方　西方快楽無為処　天上人間無比量」である。「下高座文」に近しい博士が付けられている。安政本『声明品集』巻三にこれを載せ、「下高座文」をはじめ、「降壇句」などと並んで「自慶偈」が収録されていて、「下高座文」と同様の用いられ方をしていた音曲なのであろう。以て、御正忌報恩講・廿二日日中の次第を見れば、法儀の後半部に用いられていることが分かる。

(61) **三敬礼**　安政本『声明品集』巻四には、「呂律」と表記されて二様を載せる。切音『法華懺法』と『声明懺法』（呂律とも同様）にある「三敬礼（総礼三宝）」をそのまま載せている。文言は、「一心敬礼十方一切常住仏（法・僧）」である。「安政本」では、切音の音用を呂曲としている。知影は本条の目録には、曲調の別を記していない。水原夢江師は、切音の博士が付けられた方も律曲と位置付けている。この音曲は現行法儀では文言を改めて、「至心礼」として用いられている。

(62) **二門偈**　第五十三条註（1）、第六十五条註（1）参照。

(63) **回向白衆**　第十四条註（1）、第五十八条補説参照。
切音『法華懺法』にある、「後夜偈」「晨朝偈」などに準ずる博士が付けられた音曲である。『無量寿経』下巻を出拠とし、文言は慈雲遵式撰『往生浄土懺願儀』による。即ち、『阿弥陀懺法』にある音曲である。文言は、「白衆等聴説経中如来偈　何不力為善　念道之自然　宜各勤精進　努力自求之　必得超絶去　往生安養国　横截五悪趣　悪趣自然閉升道無窮極　易往而無人　何不棄世事　勤行求道徳　各得及長生　寿楽無窮極」である。安政本『声明品集』巻四に、これを載せる。また、園部覚秀によって編まれた『阿弥陀懺法』には、「如来偈」という曲名で収められる。「如来偈」

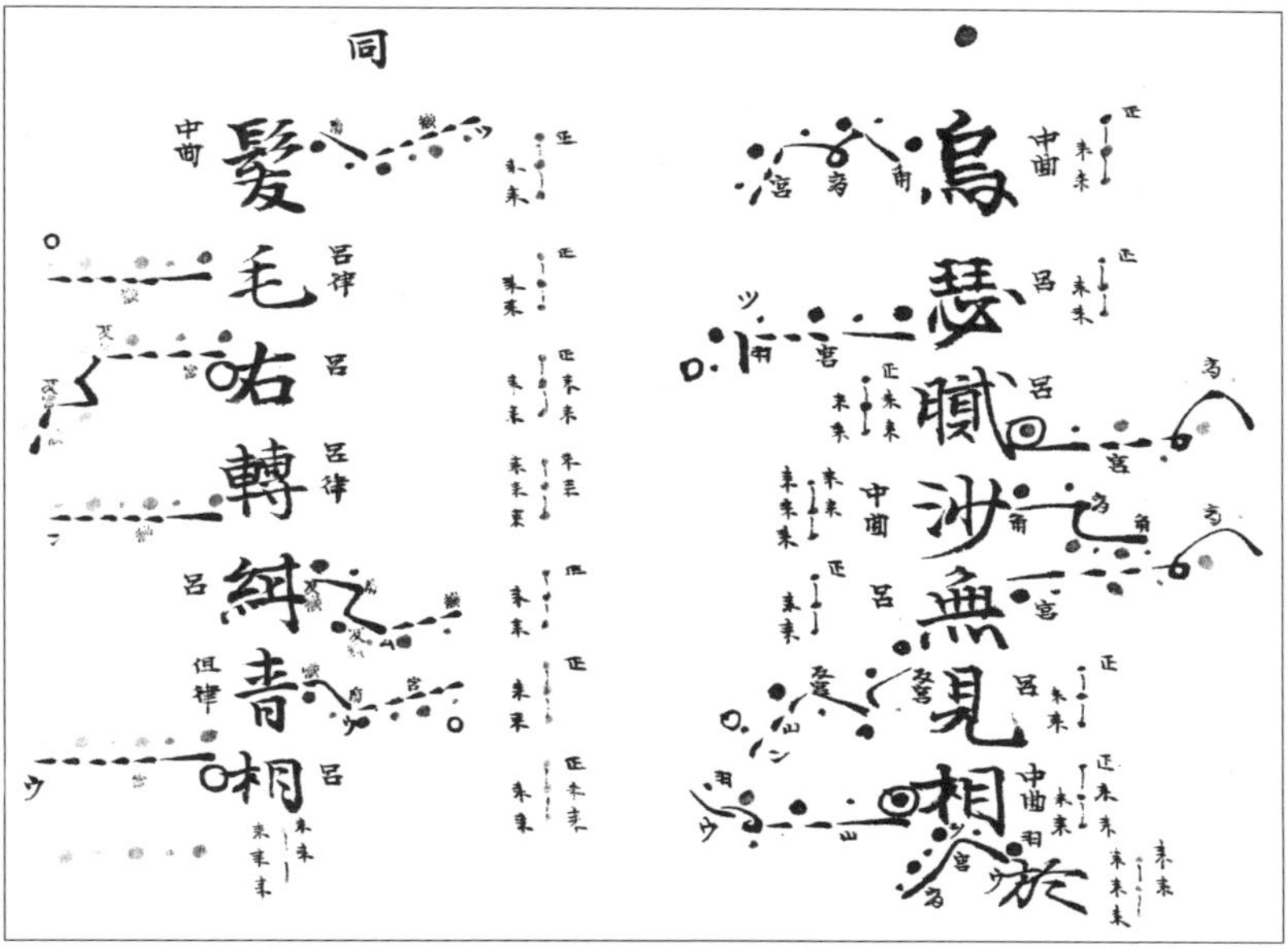

「三十二相」（『妙相讃嘆会』写本）

は、『梵唄集』の『阿弥陀懺法』へも引き継がれている。

(64) **梵音**　第五十条註（4）参照。
安政本『声明品集』巻四には、本・略二様を載せている。本譜は『四箇法要』の音用に同じであるが、略譜には『如法念仏』の「召請讃（「安政本」の表題では召請偈）」や、『五会念仏略法事讃』の「誦讃偈」にある甲乙両様の博士が付けられている。

(65) **通戒偈**　第五十条註（15）参照。
安政本『声明品集』巻三に、呂律二様を載せる。

(66) **還来段**　安政本『声明品集』巻三に、これを載せる。「下高座文」や「送仏頌」に近しき切音の博士が付けられているが、直接的な原曲は見受けられない。博士には、漢音の仮名が付けられている。『浄土法事讃』巻下を出拠とする。文言は、「誓到弥陀安養界　還来穢国度人天　願我慈悲無際限　長時長劫報慈恩」である。

(67) **三十二相**　第四条註（1）参照。
魚山声明『修正大導師作法』において中心をなす、如来が具する三十二の身体的特徴を讃歎する音曲である。この音曲には合曲「延只拍子」と呂曲「急」があり（いずれも黄鐘調）、雅楽の伴奏を伴いながら唱えるのが特徴である。特に「延只拍子」は、曲中の各字に付けられた博士の旋律ごとに、律・中・呂の三様の違いがある。そして「延只拍子」には「散吟打毬楽」を、「急」には「鳥急」が伴奏される。また、各時代に刊行された西本願寺で用いた声明本のそれぞれに、文言の取捨選択による相違が見られる。

即ち、三冊本『声明後集　梵唄品彙』乾巻には「延只拍子」「急」の両曲を載せ、文言は「延只拍子」が「烏瑟膩沙無見相於　髪毛右転紺青相　面輪端正満月相　眉間毫相右旋相　眼睫紺青不乱相　眼精紺色分明相　四十歯斉逾雪相　四牙鮮白鋒利相　舌相広長覆面相　常得上味適悦相　梵音和雅等聞相　常光面各一尋相　千輻輪文円満相於　足下平満等触相」とあり、「急」は「我今略讃仏功徳　於徳海中唯一渧　迴此福聚施群生　皆願速証菩提果（以上二回繰り返し）初一智断諸智断　智中不生不思議　仏及仏之捨功徳　正教菩提証妙果」となっている。一方、安政本『声明品集』巻二に載せる文言は、「延只拍子」が「烏瑟膩沙無見相於　髪毛右転紺青相　面輪端正満月相　眉間毫相右旋相　眼睫紺青不乱相　眼精紺色分明相　千輻輪文円満相於　足下平満等触相」、「急」が「我今略讃仏功徳　於徳海中唯一渧　迴此福聚施群生　皆願速証菩提果　初一智断諸智断　智中不生不思議」となっている。『龍谷唄策』乾巻『修正会』には、「延只拍子」が「烏瑟膩沙無見相於　髪毛右転紺青相　面輪端正満月相　眉間毫相右旋相　眼睫紺青不乱相　眼精紺色分明相　千輻輪文円満相於　足下平満等触相　我今略讃仏功徳　於徳海中唯一渧　迴此福聚施群生　皆願速証菩提果」、「急」が「我今略讃仏功徳　於徳海中唯一渧ヤ　迴此福聚施群生　皆願速証菩提果　初一智断諸智断　智中不生不思議ヤ　仏及仏之捨功徳　正教菩提証妙果」となっていて、変遷が見られる。『二巻抄』中、『大導師音用』にこれを載せ、三十二項目全てが列挙されている。従って、西本願寺に伝えられた「三十二相」は、時代により文言が取捨選択されて編まれたのであろう。以て「三十二相」は、昭和八年の法式改正によって「頌讃」とその名も改められて、文言は「仏徳頌」に見える『大宝積経』「無量寿如来会」巻上のものに変更されている。

（68）**具足讃**　三冊本『声明後集　梵唄品彙』坤巻および、安政本『声明品集』巻三にこれを載せる。切音「後唄」に準ずる博士が付けられている。『大経』の異訳である、支婁迦讖訳『無量清浄平等覚経』巻二を出拠とする。文言は、「吾所願皆具足　従衆国来生者　皆悉来到此間　一生得不退転」である。

(69) **三宝礼**　第五十条註(22)、第六十七条註(4)、第七十三条参照。

(70) **恩徳讃**　第十八条、第十九条参照。

(71) **本住讃**　三冊本『声明後集　梵唄品彙』坤巻および、安政本『声明品集』巻三にこれを載せる。「着座讃」の博士が付けられている。『般舟讃』を出拠とする。文言は「本住他方化生衆　慶得難遭希有法　得免娑婆長劫難　特蒙知識釈迦恩」である。

(72) **対揚**　第五十条註(20)参照。

三冊本『声明品　前集』および、安政本『声明品集』巻四にこれを載せる。文言は、三冊本には「南无法界道場真宗教主釈迦尊　令法久住利有情　聖朝安穏増長宝寿　天下安穏万民豊楽　護持仏子除業障　伽藍安穏興正法　所願成弁弥陀尊」とある。「安政本」以降、冒頭が「南无入大寂定真宗教主釈迦尊」となっている。また、『龍谷唄策』乾巻中『読経結願音用』に、『梵唄集』には『読経結願作法』『読経一座作法』にこれを載せる。「対揚」は西本願寺の現行法儀における、『讃弥陀偈作法』の「頂礼文」や、『読経一座作法』にある「回向句」の原曲である。『読経一座作法』の「回向句」は、「対揚」の体裁をそのまま踏襲している音曲である。

(73) **大懺悔**　第五十条註(7)参照。

(74) **合殺毎句磬一声**　第十一条註(11)参照。

この法儀の「合殺」において、一句ごとに磬一声が入れられていたのは特殊な所作で、以降の『龍谷唄策』などにも、そのような所作の指示は見られない。

(75) **流通章**　第六十七条註(1)参照。

(76) **唄匿**　第四条註(2)、第五十条註(18)(38)(47)(48)参照。

(77) **散華**　第五十条註（3）(19)、第五十一条参照。

(78) **阿弥陀懺法**　第十四条註（1）、第五十八条、第五十九条参照。

(79) **光明摂取章**　第十四条註（2）、第十六条註（1）参照。

(80) **三奉請**　第十一条註（9）参照。

現在、浄土真宗本願寺派で汎用される音曲である。三冊本『声明後集　梵唄品彙』坤巻所収のものと、安政本『声明品集』巻四所収のものとでは、文言に相違が見られる。即ち、前者は『如法念仏』由来の現行に同じ「奉請弥陀如来入道場　散華楽」「奉請釈迦如来入道場　散華楽」「奉請十方如来入道場　散華楽」の文言であるが、後者は「奉請弥陀如来入道場　散華楽」を三度繰り返す文言となっている。そして「安政本」の「三奉請」は、旋律の流れ方も異なる。即ち、一句目では「弥」に「上ル」、「陀」に「受下」の博士が付くのは現行と同様であるが、二句目では「陀」に「上ル」、「如」が「受下」となり、三句目は「如」に「上ル」、「来」に「受下」の博士が付けられているのが特徴的である。以て「入道場」は、「入」が「(羽)スク・(宮)ウツリ」ではなく、宮「スク」が二字続き、「場」が「片下・カナ上」の博士となっている。

(81) **勧喜伽陀**《ママ》　第三十五条註（6）、第三十六条参照。

「歓喜伽陀」の誤記。本譜伽陀（伽陀節）の博士が付けられている。安政本『声明品集』巻三に、これを載せる。善導撰『往生礼讃偈』「初夜偈」を出拠とする。文言は、「其有得聞彼　弥陀仏名号　歓喜至一念　皆当得生彼」である。

(82) **瓔珞章**　安政本『声明品集』巻三に収められている、「三経章」のことである。即ち、『如法念仏』の「召請讃」あるいは「誦讃偈」などに通じる博士が付けられた、現行の「三経伽陀」に相当し、その中の「瓔珞伽陀」である。いうなれば「三経章」は略譜の伽陀の一種であろうが、この音曲が依用される次第を見れば、経段（「小経」）が終わってこれが続いているので、法儀の中ほどで唱えられていたことが分かる。以て、「安政本」には別に「三経伽陀」という表題で、伽陀節による同じ文言の伽陀三曲を載せている。

(83) **回帰讃**　安政本『声明品集』巻三に、これを載せる。「着座讃」の博士が付けられている。『五会法事讃』を出拠とする。文言は、「曠劫已来流浪久　随縁六道受輪廻　不遇往生善知識　誰能相勧得廻帰」である。

(84) **極楽荘厳讃**　安政本『声明品集』巻二に、これを載せる。江戸時代中期以降に西本願寺へ伝えられたであろう、『五会念仏略法事讃』と称する法儀の中心をなす音曲である（本書第一部「『魚山余響』について」参照）。西本願寺で新たに作譜されたとする見解が主流ではあるが、むしろ謎の多い音曲といえる。『龍谷唄策』坤巻に至り、一連の法儀として園部覚秀が再編した『五会念仏略法事讃』を載せるが、これに収められる音曲は『如法念仏』の博士に依ったものであり、この時に「極楽荘厳讃」の博士にも手が加えられている。『龍谷唄策』以前の同法儀は、「安政本」各巻に収められる「出愛河讃（巻三）」「云何偈（巻四）」「讃請文（第一偈のみ、巻四）」「極楽荘厳讃（巻二）」「五会念仏（巻四）」「普願回向（巻四）」の各曲を以て一俱をなすのである。

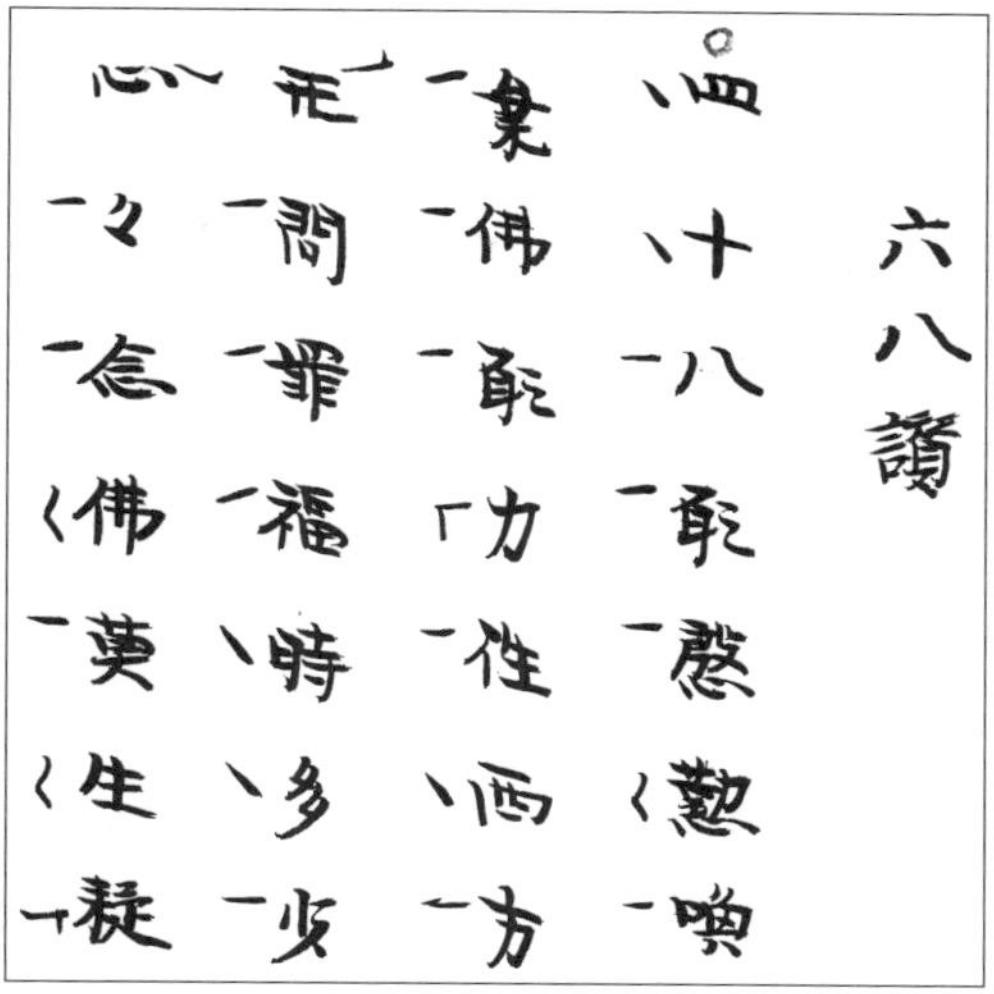

「六八讃」（写本）

(85) **快楽伽陀**　第三十五条註（6）、第三十六条参照。伽陀節の博士が付けられている。安政本『声明品集』巻三に、これを載せる。『浄土法事讃』巻下を出拠とする。文言は、「一念逍遙快楽国　畢竟常安無退動　衆等回心願生彼手執香華常供養」である。

(86) **即生讃**　「着座讃」の博士が付けられている。安政本『声明品集』巻三に、これを載せる。『浄土法事讃』巻下を出拠とする。文言は、「上尽一形至十念　三念五念仏来迎　直為弥陀弘誓重　致使凡夫念即生」である。

(87) **六八賛**《ママ》　本条註（60）参照。

「六八讃」のこと。三冊本『声明品 前集』『声明後集 梵唄品彙』乾坤二巻、安政本『声明品集』の、いずれの刊本にも掲載されていない音曲である。文言は『如法念仏』中、「散華讃」にある偈頌「四十八願慇懃喚 乗仏願力往西方 無問罪福時多少 心心念仏莫生疑」（『浄土法事讃』巻下）に同じである。「下高座文」や「自慶偈」に近しい博士が付けられており、これらに類する音曲と考えられる。

(88) **深法呪** 「南无阿弥陀仏」を八回繰り返す念仏曲である。一句目の「无」に、「散華」などの音曲に見える、「ユリ上・アサ下・ソリ・スク」の博士が付けられているのが特徴的である。安政本『声明品集』巻四に、これを載せる。幸雄書写本『声明 呂律』所収「文類」中、「善導独明仏正意」以下に付けられた博士に同じである。「深法呪」は現在も真宗興正派で用いられていて、律曲壱越調で一句目のみ序曲、同音からは急曲となる倶曲とされている。しかしながら、興正派の「深法呪」に付けられている博士と「安政本」のそれとでは、その表記や仮名の付け所に相違点が見られる。ところで、念仏曲の表題に「呪」を冠する音曲は、他に「甘露呪」がある。いずれも、安政本『声明品集』巻四に載せる。念仏を「呪」の範疇と解する概念が、往古の浄土真宗にも存在していたのであろう。

(89) **聞名回向** 本条註（6）参照。
「略回向」の一つであるが、安政本『声明品集』巻四には、「聞名回向」という表題で載せられている。『大宝積経』「無量寿如来会」巻下を出拠とする。文言は、「若求遍清浄 殊勝無辺刹 聞仏聖徳名 願生安楽国」である。

(90) **送仏頌** 本条註（60）参照。
三冊本『声明後集 梵唄品彙』坤巻には、「送仏讃」という表題で載せる。安政本『声明品集』巻三にもこれを載せる。「下高座文」などに類する博士が付けられている。『浄土法事讃』巻下を出拠とする。文言は、「諸仏随縁還本国 普散香華心送仏 願仏慈心遙護念 同生相勧尽須来」である。

(91) **三箇法用** 「法用」は「法要」に同義。歴代天皇の祥月法要（国忌）、江戸幕府・歴代将軍（「柳営」とは幕府の意）の祥月法要、九条兼実（一一四九―一二〇七）の祥月法要のことである。知影は、「三箇法用」の表題の下に「朝庭

（朝廷に同じ）・公儀・九条家」「国忌・柳営・九条殿」のどちらかを別記すべきかと指示を仰いだが、「不及」との回答だったとのことである。『考信録』には、「本山御堂ニ於テ国忌ノ法事執行ニハ、皇帝ノ神主《じんしゅ》（尊牌のこと）ヲ本尊ノ上卓ノ上ニ安置シ、将軍忌ノ時ハ神主ヲ前卓ノ前ニ安ズ、宗主ノ畳席ヲ薄クシテ、敷居ト長ヲ均フシ、内陣ノ上草履ヲ著ケズ。」とある。また、「九条家御法事」とは、第二十一世・明如の伝記である『楳窓余芳』には、「月輪禅閤の法事は内山春秋の外、九条家宸殿代本山法要も内道場に於て毎年不欠に厳修あり。九条公滞洛あらざる時は令弟松園男爵代拝ありて、有職の装束にて論議聴聞あり。」と記されている。明治の頃までは、西本願寺において九条兼実の忌日法要が欠かさず勤められていたのである。以て、この法要に「三選章」が依用されたのは、九条兼実が法然に深く帰依したことにもちなむのであろう。

(92)　**唄策**　第七十四条参照。

知影が清書した、これら声明の書写本の表紙は紫の金襴で表装した。書写本を覆う帙は萌黄の緞子で表装し、「嶋桐」で拵えた箱に収めた。そして箱の蓋には、『唄策』としたためた。

【補説】

文化十一年五月、知影は西本願寺の家臣・松川幾馬なる人物を通じて、本如門主より声明改写の命を受けた。早速、書写作業に取り掛かった知影は、翌年三月に全二十二巻におよぶ声明帖を完成させた。それは同年六月に勤められた、前門主・文如の十七回忌が目前に迫っていた時のことである。知影は書写し終えた声明帖の目録を、ここに書き留めている。

この目録に目を通すと、『祖門旧事紀』にある「御本山両御堂年中行事」の項に記された法要次第からは、かなり変更がなされていることが分かる。また当時、西本願寺に伝えられていた音曲は、そのほとんどが特定の「作法」を構成する音曲の一つとしてではなく、それぞれが単体として存在し、ランダムに組み合わされて法儀が形成されていたことがうかがわれる。『例時作法』『阿弥陀懺法』や『如法念仏』『五会念仏略法事讃』などといった特定の表題を持つ法儀は、むしろ特殊だったといえよう。

もっとも、「正信偈和讃」や『報恩講式』など、浄土真宗古来の次第が確定的な法儀はあるものの、このことは魚山由来の音曲を以て、確定的な「作法」として一連の法儀を編む概念が、西本願寺ではそれほど定着していなかったと考えられよう。例えば、『修正大導師作法』の中心をなす「三十二相」も、御正忌報恩講中、十一月二十五日の逮夜法要に「具足讃」とともに用いている。あるいは、『例時作法』や『如法念仏』中にある音曲を別出して、単独で他の音曲と組み合わせて用いられている。そのことは安政本『声明品集』の編集方法を見ても明らかである。「作法」として伝わった一連の音曲が、分散して収められている。以て、こうした依用の在り方を是正して、確定的な法儀として編纂し直したのが、園部覚秀監修に成る『龍谷唄策』である。

そして、本条の目録に記される音曲のほとんどが、「安政本」所収のものでもある。「安政本」には、総数百九十四曲が収められていて、ここに記された目録に挙げられている音曲は、ほんの一部にしか過ぎない。そのように考える時、知影が没して三十二年後に発刊された「安政本」は、近世の西本願寺に伝えられていた声明曲の集大成として、唯一無二の存在なのである。

第七十二条

一、行道の事当家には何のころよりや遶堂(1)と云て何の謂なるをしらず愚案ずるに遶堂の字出拠をしらず又堂を遶《めぐ》ると云事不当《あたらず》堂外をめぐる大行道などは大遶堂とも云ふべきか堂内にての儀にはいひがたし其うへ　禁裡仙洞の御法事(2)。山門(3)。三井(4)。東寺(5)。いづれにても行道(6)と云へり宜く其名目に随ふべきかこの度御聲明帖を書写する中に龍谷会廿八日の次第に遶堂とかくこと今一往うかがひたき事と存じながら御法会にもさしかゝりその儀を得ず残念なりしかし龍谷は祖壇(7)を遶るゆへ遶堂ともいふべきか何れの行道の名にはしかざるべし弥陀懺法書写の時は内々申上行道と書中候

【註】

(1) **遶堂**　第二十一条註(3)、第七十一条註(56)参照。「行道」と同義語である。遶堂・遶仏・遶塔といわれる如く、インド仏教においてストゥーパなどの周りを右遶する所作で、中国を経て日本へ伝えられた仏教儀礼の一つである。

(2) **禁裡仙洞の御法事**　「御懺法講」など、宮中で勤められた仏事。

（3）**山門**　第六十九条註（4）参照。
比叡山延暦寺のこと。
（4）**三井**　第九条註（1）参照。
三井寺のこと。
（5）**東寺**　つぶさには、教王護国寺と称する。京都市南区に所在する、東寺真言宗の総本山。平安遷都とともに創建された、王城鎮護の官寺である。第五十二代・嵯峨天皇（在位八〇九—二三）によって空海に下賜され、真言密教の根本道場となった。
（6）**行道**　第二十一条註（3）参照。
（7）**祖壇**　第十一条註（5）参照。
大谷本廟に所在する、宗祖親鸞の遺骨を納める廟所。第十三世・良如の時代に造営が始められ，次代の寂如によって建立された、宝形造の堂舎である。堂内に安置される親鸞の肖像画「虎石御影」は、曼殊院門主・竹内良尚入道親王（一六二三—九三、八条宮智仁親王の皇子にして寂如の叔父）が描き，寂如が讃（『大師影供作法』「画讃」の原文）をしたためたものである。

【補説】

声明帖たる『唄策』の改写を終えてから、知影は自ら思うところをいくつか書き留めている。西本願寺では当時、行道のことを「遶堂」と通称していたようだ。もっとも行道も遶堂も、同義語なのはいうまでもない。
しかし知影は、この呼称に違和感を抱いていた。知影はどうやら「堂舎の周囲を巡ること」と理解していたようで、堂内である内陣を巡る所作を指す言葉としては、不適切な用語と考えていたのである。
知影にしてみれば宮中の仏事をはじめ、諸大寺でも「行道」と言い習わしているのに、何故、西本願寺のみは「遶堂」と呼ぶのか不可解極まりなかったようだ。それこそ庭儀の如く御堂の外を「行道」する時は「大遶堂とでも呼ぶのか」と、やや斜に構えたものの言いようである。

あるいは当時、大谷本廟明著堂の奥にある祖壇の周りを行道する所作が実際にあったのであろうか、それが故に「遶堂」という呼称があるのかと、さまざまに思いを巡らせている。知影はそのことを質したいと考えてはいたが、文如の十七回忌法要など諸事に忙殺され、その機会を逸してしまった。ただ、声明帖書写に際して、「龍谷会廿八日の次第」には便宜上「遶堂」とは書いたけれども、『阿弥陀懺法』に関しては天台宗に倣い、「行道」と表記することで内諾を得たと記す。

ところで、正徳元（一七一一）年に厳修された宗祖親鸞の四百五十回大遠忌法要の満日中において、「唄」「散華」とともに「大繞堂」（『本願寺史』第二巻）が行われたという。これは、まさに御影堂の縁と後堂を巡る大規模な行道だったようだ。本条の文面から察するに、知影はそうした記録を見ていなかったのだろうか。

第七十三条

一、三宝礼[1]中の恵成大師[2]の事去る未年[3]元祖六百年御忌[4]弘覚大師[5]と賜り候うへはあらため可申やうかゞひ申候処恵成大師にて宜しき由仰らる是は御先代[6]に御作あそばされ候まゝを御用ひ遊ばさるの思召にてもあるや微意はかりがたし

【註】

(1) **三宝礼** 第五十条註(22)、第六十七条註(4)、第七十一条註(69)参照。

(2) **恵成大師** 「慧成大師」と表記する。法然の大師号の一つ。宝暦十一(一七六一)年、法然の五百五十回遠忌に際して、第百十六代・桃園天皇(在位一七四七―六二)から加諡された。

(3) **未年** 文化八(一八一一)年。

(4) **元祖六百年御忌** 法然の六百回遠忌。

(5) **弘覚大師** 法然の六百回遠忌に際して、光格天皇より加諡された大師号。

(6) **御先代** 第十八世・文如のこと。

【補説】

元祖法然こそは日本仏教史上において、最多数の大師号が贈られている祖師である。そして、複数の大師号が贈られてい

るのは、天台宗と真言宗の高僧以外では法然が最初である。即ち元禄十（一六九七）年、「円光」の大師号が贈られたことに始まり、以後「東漸」（五百回遠忌）・「慧成」（五百五十回遠忌）・「弘覚」（六百回遠忌）・「慈教」（六百五十回遠忌）・「明照」（七百回遠忌）・「和順」（七百五十回遠忌）に続き、去る平成二十三年の八百回遠忌には「法爾大師」が贈られた。西本願寺の現行法儀『円光大師会作法』は、最初に贈られた大師号を冠しているのである。

果たして知影は、法然の遠忌ごとに幕府を通じて朝廷から加諡される大師号をして、「三宝礼」中にある法然の大師号もその都度、最新の大師号に変更すべきではないかと上申するも、前門主・文如の治山時代に魚山の韶雄が作成した音曲のまま用いるという判断が下った。知影はここでも「微意はかりがたし」と、腑に落ちない思いを書き記している。

そもそも考え得るに、法然の遠忌を迎えるたびに贈られる大師号は浄土宗から申請されたものであり、幕府は「勝手次第」とし、浄土宗の意向を容認して朝廷から加諡されていたのである。時あたかも江戸時代は、親鸞の門流が正式な宗派名としての「浄土真宗」公称を幕府に願い出るも、ことごとく浄土宗の奏上によって却下されていた時代である。浄土宗が反対する根拠は、黒谷金戒光明寺を「浄土真宗最初門」と号し、既に浄土宗で用いている名称だったからだとされる。そうした諍論も背景にあったからか、元祖法然の大師号に関して西本願寺は、敢えて歩調を合わせる意思がなかったのかも知れない。

第七十四条

一、唄策[1]は聲明帖の事なり元享《ママ》釈書[2]良忍[3]の伝に見ゆ漢土に聲明帖の名あるや未だ考へず広弘明集[4]僧伝　法苑珠林[5]等にも見へず唄策の名は釈書に始るなるべししかし雅馴なる名ゆへ用ゆべきに足れりこれを世上に用ざるは残念なりこの度に申上しにつき御箱[6]のふたにかくべきやうの命を蒙りしたゝめ申候

【註】

（1）**唄策**　第七十一条註（92）参照。
『元亨釈書』第二十九「声明」に、良忍の事績として別伝されていた声明曲を相伝して統一し、それら音曲を墨譜に表した「唄策」のことが記されている。

（2）**元享《ママ》釈書**　『元亨釈書』の誤記。第四十六条註（2）参照。

（3）**良忍**　第四十七条註（2）参照。

（4）**広弘明集**　全三十巻。唐・麟徳元（六六四）年に成立。道宣（南山律宗の祖、五九六―六六七）の編纂による、仏教護法論の文集である。梁・僧祐（四四五―五一八）の『弘明集』に漏れた文章や、その後に書かれた詔勅・書簡・論書・詩賦の類などの集成。「帰正」「弁惑」「仏徳」「法義」「僧行」「慈済」「戒功」「啓福」「悔罪」「統帰」の各篇から成

る。こと、道教を批判する「弁惑」篇が三十巻中十巻を占める。

（5）**法苑珠林**　第三条註（3）参照。

（6）**御箱**　第七十一条註（92）参照。

【補説】

『唄策』と命名したことの理由を記している。『元亨釈書』第二十九「声明」の項に、「唄策」という言葉があり、これに依ったのである。知影は、『元亨釈書』よりも古い、大陸で成立した文献にこの言葉があるのか調べてみたが見当たらなかった。

『元亨釈書』以来、よく練られた素晴しい言葉にも関わらず、あまり汎用されていないのは残念だと述べている。知影はこの言葉を表題にしたい旨を上申し、本如門主の許諾を得られたので、声明帖を収める桐箱の蓋に「唄策」としたためたのだった。

第七十五条

一、六道講式(1)の墨譜は妙絶いひがたし何れの式もこの墨譜より出るものなるべしこのたび御聲明帖書写畢《おわり》て後この一巻を書写し献上す式御拝読あそばさるゝには先此六道講式を熟し玉ひたるうへは御こゝろ安ずるべしと存ずるに附て新御門主(2)あらせらるゝとき御稽古もあそばさるゝ御便りになるべき寸志を表するなり行書大字にしたゝめ紙は鳥の子銀絲《ケイ》(3)闌表紙は雲紙泥にて蝶鳥(4)をかく竹帙にてまき奉書にてつゝみ台にて上る竹帙は勧《ママ》心院僧正の好みすなはち僧正よりをくらるこれは南都興福寺(5)などにもあるものにて古きかたなり巻物のたけにてはゞ一尺余り翠簾のやうにあみさなだひも(6)をつけたり裏は白絹をはる絹に泥にて蝶鳥をかくこの蝶鳥は好古小録(7)の中にて見あたりし古きかたの蝶鳥をかゝしむすべて巻物類は松の折枝などにかけて献上するものなるよし僧正物語承り候へども御当室にて未だ見当らず事々しきやうに思ふ人もあるべし仍て其儀を用ひず台にて献上す

【註】

（1）**六道講式**　第三十七条註（1）参照。

（2）**新御門主**　西本願寺第二十世・広如。諱光沢。一七九八―一八七一。

（3）**銀絲闌《ケイ》**　「ケイ」とルビが記されてあるので、鳥の子紙に細い銀泥で引かれた罫線のことであろう。

（4）**蝶鳥**　舞う蝶と飛ぶ鳥があしらわれた図柄。『好古小録』の姉妹編である、『好古日録』にこれを載せる。

（5）**興福寺**　奈良市登大路町に所在する、法相宗大本山。その起源は、藤原鎌足の妻・鏡女王の発願によって山城国宇治郡山科（京都市山科区）に創建された、中臣氏の氏寺・山階寺に始まると伝えられる。壬申の乱後、大津京から再び藤原京へ遷都された時、山階寺も移されて厩坂寺となった。さらに平城遷都に伴い、厩坂寺が移転して興福寺となる。ちなみに本願寺第三世・覚如は、弘安九（一二八六）年に興福寺一乗院で得度している。

（6）**さなだひも**　真田紐。

（7）**好古小録**　寛政七（一七九五）年刊。国学者・藤貞幹（一七三二―九七）が著した、書画骨董から考古学的資料に至るまで、全国各地を歩いて文物を見聞した集成。藤貞幹は、佛光寺六院（佛光寺旧寺内、京都市下京区）の一つ、久遠院に生まれた。日本の文献学・目録学の祖と仰がれている。著書に、『好古小録』『好古日録』『国朝書目』などがある。

【補説】

『六道講式』に付けられた博士は、ことのほか「妙絶」であると知影は絶賛する。このことは、第三十七条にも記していることである。そしてどの講式の唱法も、この『六道講式』に付けられた博士によるものなので、講式を正しく諷誦するには『六道講式』に習熟しなければならないという。

知影は『唄策』を書き終えてから、改めて広如新門が将来『報恩講式』『讃仏講式』を滞りなく諷誦する時に備えての参考とすべく、『六道講式』を書写して献上した。献上するに当たり、鳥の子紙に銀の罫線を入れて大きめの行書でしたためた。巻物の表紙は雲紙に蝶鳥の文様を描いた。この文様は『好古日録』に紹介されている古様の図柄を用いた。本条では『好古小録』と記しているが、件の図柄は続編である『好古日録』の方に掲載されている。そして竹製の帙に収めて、奉書紙でこれを包んだ。竹製の帙は簾状のもので、師匠・知観の好みなのだという。

『好古小録』は『好古日録』の続編であるが、いずれもいうなれば百科事典的な書物である。知影は、往古から伝承されてきた魚山声明への敬慕のみならず、こうした故実にも忠実であるべしとの思いも強かったのであろう。典籍も駆使して、往古の例に倣い趣向を凝らしたのだと思われる。

第七十六条

一、六道講式(1)に詩一首を添てさし上り

大法主台下命弟子知影書　唄策若干巻以

蔵焉詩以奉祝盛挙伏乞　釆目

魚山仙唄有師承　伝到吾門道益興

海内叢林薄聲徳　更無人説六朝僧(2)

弟子　知影再拝書

右献上取次御側用人上原数馬　御満足に思召の由命を賜ふ

【註】

（1）**六道講式**　第三十七条註（1）参照。

（2）**魚山仙唄有師承……更無人説六朝僧**　知影が自ら詠んだ、七言絶句の漢詩。知影の漢詩集『独寉詩抄』には、この詩は収められていない。

【補説】

知影は献上した『六道講式』に、自ら詠んだ漢詩を添えた。知影が単なる声明家のみにとどまらない、文人としての才を垣間見る。

案ずるに、以下のように読むことができないだろうか。

魚山の仙唄師承有り
伝は吾門に到り道益興る
海内の叢林声徳薄く
更に人六朝の僧と説くこと無し

円仁によって唐土からもたらされた声明は、魚山の先師たちによって相伝され、西本願寺までその伝統が到り、宗門の声明道はいよいよ興隆した。しかし門流の内に在って自ら唱える梵唄の音声《おんじょう》は徳に薄く、いわんや自身のことを「六朝の僧（六朝以来の正統な伝承者）」と世の人から称されるに至ってはいない…と、謙遜の意を込めて詠んだのであろう。もっとも知影が自ら詠んだ漢詩の集成である、『独寉詩抄』にこの詩は見当たらない。ただ、この漢詩集の中に「梵唄」と題する一首があるので、参考までに記しておきたい。

梵唄

神-製魚山ノ唄
相承千百年
正声雖二口授一
妙処以レ心伝
如シ作ハ二拙工説ノ一

恐応二名利ニ牽一
六朝ノ諸長老
所レ貴在二天然ニ一

※返点は刊本『独鶴詩集』による。

第七十七条

一、四月四日命に依て参殿去年来御聲明帖(1)書写の儀大儀に思召すこれによりて御会釈を賜るよし

御画　一幅

白銀　十枚

御画　添文

右広蓋にて賜はる取次家司(2)上田織部

端書無之

今般

御画　鶴に岩霊芝

御讃附

御染筆被成下候間難有御頂戴可在之候也

文化十二乙亥年

四月四日

下間大進法橋(3)
仲之判

山城国愛宕郡京七条
光隆寺知影殿

御　画

玉羽凝白雪丹頂帯紫烟和鳴緩舞四能双
双啄芝田

碧　山(4)　如本　摂光

右頂戴即日御礼参殿次に下間大進　池永摂津介
上田織部へ礼に行く
当(5)代御画たまはる事一々あれども御讃あそばされことに御法号御諱に御印をなしくださるゝ事は至てまれなり右拝領の後専修寺(6)内々物語候は御画あそばしくださるゝ思召につき床のやうす見来るべしと仰られ専修寺当院の床のやうす申上げれば御かんがへあそばされ絹の寸法(7)仰つけられしとぞ御心にこめくだされたる御画別して畏り入る事子孫へ伝てしらしむべきことなり当院の床一間一小間奥行三尺余なり此後普請あらたむとも床はこの寸法の通にすべし一度高聴に

入り寸法を考がへ御画を賜ふことなればこの規則にしたがふべし

【註】

（1）**御聲明帖**　第七十一条参照。

（2）**家司**　宮家や摂関家、三位以上の公卿、あるいは将軍家に置かれた家政を掌る職分。本願寺の門主宗家にも置かれていた。

（3）**下間大進法橋**　西本願寺の坊官は、下間刑部卿家・下間少進家・下間宮内卿家であった。下間一族は宗祖親鸞以来、本願寺に仕える家系である。ここに記される下間仲之は、少進家の分家筋に連なる。「大進」とは本来、四位・五位の「大夫」の下に置かれた官位であるが、後世には自称する仮名号となった。「法橋」は「法橋上人位」という僧位の略称で、坊官は僧位で朝廷より叙任された。

（4）**碧山**　本如の雅号。

（5）**当代**　本如のこと。

（6）**専修寺**　第十二条註（6）、第五十六条註（3）、第八十一条註（26）参照。

（7）**絹の寸法**　絵絹《えぎぬ》。即ち絹本による、軸の本紙の寸法。

【補説】

文化十二（一八一五）年四月四日、知影は声明帖改写大儀につき会釈を受けることとなり、本山へ参上した。褒美に本如門主直筆の絵画などを賜ったのであるが、絵画に捺された落款は「本如」「光摂」とあり、門主の法名と諱を刻した印章が用いられるのは、極めて珍しいという。

それは本如門主が、知影の功績を大いに称讃していることの表れに相違ない。本如門主は前門・文如に劣らず、芸術に秀でた人物で、書画、雅楽、茶の湯に通じていたという。

本如門主は知影に自作の絵画を下賜するに当たり、同じ御堂衆寺院である専修寺に知影の自坊座敷の床の間の大まかな寸法を調べさせた。そして、床の間に合う寸法の軸に表装した絵画を授けたのだった。

本如門主のそんな心憎い気遣いがあったことを、後日、専修寺がこっそりと聞かせてくれた。知影はさぞや感激したに違いない。賜った絵画を床の間に飾り、末代へ伝えるべき寺宝たらんと思いを新たにした。そして、屋敷を建て替えるにしても、この絵軸を掛ける床の間は「床一間一小間奥行三尺余」という寸法は変更せずに踏襲すべしと書き記す。

第七十八条

一、九月魚山観心院僧正転大(1)の事を告来る

来る十月十二日就

盛化門院尊儀三十三回御忌(2)於

宮中三ヶ日(3)の間懺法執行に付知観事参勤御請申上候所去る十七日大僧正蒙

宣下冥加之至謹而奉候任御懇意御吹聴申入候也

観心院大僧正

九月二十四日　知観

光隆寺

御房

右到来即刻賀儀に参る旅館梶井宮南の方天神社御供所也

呈方　金百疋

絹　一反

宣旨写
口　宣案
上卿　庭田　源中納言　重能《ヨシ》卿
文化十二年九月十七日　宣旨
僧正知観
宣《ママ（よろしく）》　転任大僧正
蔵人右中弁兼右衛門　春宮
大進　藤原経則
十月廿五日転任御礼参内
禁裏　十帖一本(4)　さげ札　観《大原》心院大僧正
中宮御所(5)　同断　同
関白殿(6)　同断　同
上卿《しょうけい》職事(7)(8)　方金百疋宛
同日談山竹林房僧正(9)　智積院(10)権僧正　山門仏頂院(11)権僧正参内　智積院はおびたゞしき供廻りにて

乗輿にて参らる竹林房仏頂院も乗輿の用意にて候ところ大僧正徒歩の存志を聞て両人は乗輿をやめらる丶となりしかし七八人の供廻のよし大僧正は布衣《ほい》(12)二人沓持《くつもち》(13)のみにて参られ候よし梶井(14)宮坊官なども大僧正乗輿にて参られ候やうにす丶められ候よし大僧正は決して無用の事と思はれ右体にて参向せらる丶おもむき也面白きことなり

【註】

(1) **魚山観心院僧正転大**　第一条註（4）、第四十四条参照。知観が大僧正に任じられたことの知らせ。

(2) **盛化門院尊儀三十三回御忌**　第二十条註（3）参照。

(3) **宮中三ヶ日**　第八十条参照。「盛化門院尊儀三十三回御忌」は、三日間の法要であった。古来、「御懺法講」の法要日程は、七箇日・五箇日・三箇日などの変遷がある。室町から戦国期は三箇日が多くなるも、江戸時代以降は天皇の「聖忌」法要は五日間、皇后・皇太后の「御忌」は三日間が通例となった。

(4) **十帖一本**　「一束一本」ともいう。室町から江戸時代にかけて行われていた献上品の形式で、鬼杉原紙（播磨国産とされる杉原紙の一つ）一束（十帖）に扇一本を添えたもの。この献上品には「下げ札」が付けられていて、それには「大原　観心院大僧正」としたためられていた。こうした「下げ札」に関する記録は、『妙法院日次記』などにも見える。

(5) **中宮御所**　皇后の御所。

(6) **関白殿**　第三十三条註（9）参照。関白職とは、天皇を補佐し、百官を統括して万機の政治を執行する役職である。五摂家に連なる各家（近衛・鷹司・

九条・一条・二条）が就いた。文化十二年当時は、一条忠良が関白に就任していた（在任一八一四―二三）。

（7）**上卿**　「上《しょう》」の一字で表されることもある。古くは荘園を管理し、審査記録する役所における、納言以上の公卿に任じられた職名である。記録所筆頭の者を指す。転じて、上卿になれる資格を持った公卿そのものの別称として用いられたという。

（8）**職事**　蔵人頭《くろうどのとう》、五位・六位の蔵人を職事と称した。職務のある者を職事官といい、それが転じた呼称といわれる。天皇の側用人的な職務であった。

（9）**談山竹林房**　第四条註（1）参照。

「談山」とは、多武峰寺（妙楽寺）のこと。天武天皇七（六七八）年、藤原鎌足の長男・定恵（六四三―六六、『元亨釈書』には七一四年没と記す）が摂津国安威（大阪府茨木市）に在った鎌足の墓を多武峰に移して開創したのが、この寺の起源と伝える。平安時代に実性が多武峰寺の座主に就任してより、天台宗の寺院となった。青蓮院門跡が統括する建前となっていたが、実際は多武峰寺塔頭である学頭竹林坊の支配にあった。明治の廃仏毀釈によって、妙楽寺は談山神社に改められた。

（10）**智積院**　京都市東山区に所在する、真言宗智山派（新義真言宗）の総本山である。つぶさには五百仏山《いおぶさん》根来寺と号し、興教大師覚鑁（一〇九五―一一四三）が高野山に開いた大伝法院を起源とする。覚鑁と高野山との間で教義上の問題が生じ、覚鑁は高野山を下りて保延六（一一四〇）年に大伝法院を根来山に移した。智積院は南北朝時代に大伝法院内の塔頭として創建された学問寺であるが、根来山の伽藍は豊臣秀吉の根来攻めによって焼失するも、当時の智積院住職・玄宥（一五二九―一六〇五）は徳川家康から安堵を得て、五百仏山根来寺として現在地に復興させた。

（11）**山門仏頂院**　第八十一条註（4）参照。

山門（延暦寺）住僧の院室号である。「仏頂院権僧正」なる人物は詳細不詳。第八十一条に記される、盛化門院三十三回御忌「御懺法講」習礼において、山門からの出仕者である知観の次席「仏頂院権僧正実融」のことであろう。

(12)　**布衣**　平安時代以後は狩衣一般、特に無文の狩衣のことを布衣と称した。また、六位以下の身分の者を「布衣」と呼称していた。江戸時代には、武士が着用する大紋に次ぐ四番目の礼服で、それを着用する御目見《おめみえ》以上の身分のことをいう。

(13)　**沓持**　主人の沓を持って、その供をする者。

(14)　**梶井宮**　第二十条註（5）参照。

【補説】

知観が大僧正に昇進した時の記録である。文化十二年十月十日から三日間、宮中において盛化門院三十三回御忌の「御懺法講」が厳修された。この法要に先立つこと九月十七日、知観は大僧正に任じられたのである。そのことを二十四日付の書状で、知観から知影へ知らされたのだった。

大僧正昇進を祝う儀式には、知影も馳せ参じた。その時の宿は梶井門跡の南側に所在する、天神社の御供所だった。梶井門跡は御所の東側に所在したが、現在のこの辺りは当時とは様子が一変している。幕末の古地図を見てみると、南北に梶井門跡と日光宮御里坊が並んで所在し、梶井門跡と御里坊に取り囲まれるように小さな神社が在ったことが分かる。

本条には宣旨の内容を書き写した後に、知観が慣例に基づいて「御懺法講」が済んだ十月二十五日に公卿への挨拶回りを行っていることと、宮中参内にまつわるエピソードが記されている。宮中へ参内するのに、智積院の僧正はおびただしい供回りを伴い輿に乗って参内し、多武峰と比叡山の僧正も輿に乗って参内しようとしたが、知観は梶井門跡の坊官が輿に乗るよう奨めるもこれを断ったので、多武峰と比叡山の僧正もやむなく乗輿を見合わせたという。そして知観は供回りも最低限にとどめて、徒歩で参内したのだった。知影のこの記述をして、何某か知観という人となりが垣間見える。

第七十九条

一、龍顔拝謁（1）の事未僧正は御縁（2）僧正は御間（3）の内横畳二帖目にて黙礼御上壇主人御《ママ》次横座に関白殿御縁に上卿伝奏（4）職事のみなり申次ぎとて一人一人の先きに職事御縁にて平伏あり職事しりぞかれたるあとへ出て御まのうちへすみ平伏す大正権（5）とも席の差別なし伺候の間は虎の間也（6）観心院僧正転大の事余四五年以前に僧正へ毎々すゝめけれどもとりあへ申されず余申候は転正よりは四五年も過ぎ候　宮中参勤も度々の功労あらるゝ事転大もかたからざることゝ存じ候転大もこれあり候はゞ門人にても光輝になり候事

早々小折紙（7）さしあげらるまじきやのおもむき時々すゝめ申候ところ後には不興の躰にて見え候あひだ口を閉ぢ候ことなり然るにこのたび転大の事まことに徒弟までも面目のことなり魚山にて大僧正は応永年中良応（8）こ《ママ》れ（9）初例なりその後幸雄（10）弟子城南院珍雄（11）僧正梶井宮御名代つとめられ転大ありその次観心院（12）なり正院家衆にては近来持明院（13）大僧正に任ぜられたれども地下《じげ》（14）にて転大は当山にて古来たゞ三人誠に慶幸といひつべし

【註】

(1)　**龍顔拝謁**　第二十一条註（2）参照。天皇に謁見すること。ここでの「龍顔」とは、光格天皇を指す。

(2)　**御縁**　小御所の「上段の間」「中段の間」「下段の間」と並行して設えられている板の間（東廂）と考えられる。

(3)　**御間**　御殿内の様子の記述から、小御所と考えられる。

(4)　**上卿伝奏**　武家から朝廷への願い出を伝達奏聞する役職。また、寺社にも伝奏が置かれていた。

(5)　**大正権**　大僧正・正僧正（僧正のこと）・権僧正。

(6)　**虎の間**　清涼殿の西側に位置する「諸大夫の間」の一室で、参内者の控室。それぞれの名にちなんだ障壁画で飾られている。参内する者の上位の順に、「虎の間」「鶴の間」「桜の間」と並ぶ。

(7)　**小折紙**　叙位を望む者がその理由を簡単に記して、上卿へ提出した文書のこと。

(8)　**応永年中**　一三九四―一四二八。

(9)　**良応**《ママ》　第四十一条註（9）、第四十二条註（1）参照。「良雄」の誤記。『魚山声曲相承血脈譜』には、「寺務大僧正」と註記されている。また、『両院僧坊歴代記』中「南之坊」の項に「大僧正良雄」と表記され、「応永十三年正月二十九日。後光厳院尊儀三十三回聖忌御懺法講参勤。于時大原寺務大僧正」と記されている。

(10)　**幸雄**　第十条註（2）参照。

(11)　**城南院珍雄**　第四十四条註（3）、第四十五条註（5）、第五十三条註（3）参照。

(12)　**観心院**　第一条註（4）、第二条註（7）参照。知観のこと。

(13)　**持明院**　『両院僧坊歴代記』中、魚山一臈の住房「南之坊」（第四十一条註（9）参照）の項を見ると、「持明院」の号を持ち、大僧正に任じられた魚山法師は、良胤（第四十四条註（4）参照）と盛観（？—一七〇一）の両名を見出すことができる。知影在世時代より近しい良胤は、『魚山声曲相承血脈譜』に「南之坊。大僧正」と註記され、純永（南之坊権僧正）の弟子に連なり、即ち、珍雄の孫弟子に位置付けられる。「南之坊」の項によれば、「号二持明院一。官位昇進次第年月日不レ詳明和五年住職」「安永三年七月二十一日。桃園院尊儀十三回聖忌御懺法講参勤。于時僧正」「同七年七月二十一日。同尊儀十七回聖忌御懺法講参勤。七月三日転二任大僧正一」「天明元年十一月九日後桃園院尊儀三回聖忌御懺法講参勤。于時前大僧正」と記されている。一方、良胤より遡る盛観は、『魚山声曲相承血脈譜』を見ると憲真（第一条註（5）、第五十六条補説参照）の弟子に連なる。「南之坊」の項には、「始号二三昧院一。後号二持明院一。（延宝六戊午三。二十四。得度。戒師霊覚王。仮名厳浄院。元禄三。正。二十六。三昧院改号二四王院一）」とある。「元禄三年十月八日権僧正。」「同十二年閏九月二十八。大僧正」と記されている。『魚山声曲相承血脈譜』にも、「南之坊。大僧正」と註記されている。

（14）**地下**　清涼殿・殿上の間への昇殿を許されていない、六位以下の官人の総称である。あるいはその家柄を称した。

【補説】

知観が大僧正に任じられ、時の帝・光格天皇に謁見した時の様子を聞き書きしている。拝謁した場所は記述される御殿の様子から、恐らくは小御所と考えられる。拝謁に際して、天皇は上段の間に着座した。その次の中段の間の横畳一畳目に関白が着座し、僧正以上は二畳目に着座して黙礼した。大僧正・僧正・権僧正は、ともに拝謁の席順は特に差別がなかった。僧正に任じられていない僧侶や、その他の公卿は、東廂と呼ばれる縁側に着座した。

ところで知影は、我が師匠・知観が大僧正に任じられることを心待ちにしていた。知観が僧正に任じられて以来、既に数年の歳月が流れているので、知影は大僧正昇進への申請をなさってはどうかと、折にふれて進言していた。しかし知観は、なかなか応じなかったようだ。そしてようやく知観が大僧正に任じられ、門弟にとっても面目躍如この上ないことだと、その喜びの思いを記している。

魚山法師が大僧正にまで登り詰めたのは、足利義満に声明を指南した寺務大僧正・良雄が最初であり、また地下の身分で大僧正に任じられたのは、近年では珍雄と持明院しかおらず、知観で三人目であると記す。知影がここに記す「持明院」とは、知影在世時代から察するに、恐らく良胤のことを指しているのであろう。

第八十条

一、十月十日より十二日に至る

盛化門院三十三回御忌(1)於　宮中懺法講

初日盤渉調(2)

調子(3)　宗明楽(4)　輪台(5)　白柱(6)　残楽三反

蘇魚《ママ》者破(7)　越天楽(8)

中日黄鐘調

調子　蘇合急(9)　拾翠楽急(10)　西王楽(11)　残楽三反

青海破《ママ》(12)　千秋楽(13)

結日壱越調

調子　十天楽(14)　春鶯囀颯沓《ママ》(15)　胡飲酒破(16)

壱団嬌(17)　武徳楽(18)

御懺法講

共行(19)公卿

鷹司右大臣　政通公

花山院春宮権大夫　家厚卿

冷泉民部卿　為則卿

伶倫

笙　外山三位光施《ハル》卿　笛　広幡中宮権大夫経豊卿

琵琶　花園侍従公燕《ナル》卿　箏　四辻大納言公萬《カズ》卿

散華殿上人(20)

野宮中将　定静《キヨ》朝臣　庭田少将　重基朝臣

富小路左兵衛佐　貞随朝臣　柳原侍従　隆光

日野西勘解由次官　光暉　裏松左兵衛権佐　恭《ユキ》光

御導師脂燭殿上人(21)

初日

竹内弾正大弼　惟徳朝臣　慈光寺左馬権頭　実仲朝臣

中日

七条備中権介　信元《ハル》朝臣　富小路民部大輔　政直

結日

風早越前権介　公元朝臣　錦織修理権大輔　久雄《ヲ》

初日音頭残楽伽陀附物(22)

笙　広猶宿弥《ママ》　篳篥　季慶朝臣

笛　高美朝臣　羯鼓　季政朝臣

大《ママ》鼓　景和朝臣　鉦鼓　近敦

中日音頭残楽伽陀附物

笙　近敦　篳篥　季政朝臣

笛　景和朝臣　羯鼓　景芳朝臣

大《ママ》鼓　忠堅朝臣　鉦鼓　近義

結日音頭残楽伽陀附物

笙　忠堅朝臣　篳篥　近義

笛　昌芳宿弥《ママ》　羯鼓　季慶朝臣

大《ママ》鼓　広猶宿弥《ママ》　鉦鼓　近敦

御懺法講参勤之輩(23)

笙　岡　甲斐守昌芳宿弥《ママ》

篳篥　東儀　西市正季政朝臣

同　安部　信濃守季慶朝臣

笙　林　日向守広猶宿弥《ママ》

笛　辻　駿河守高美宿弥《ママ》

笙　多　近江守忠堅朝臣

笛　山井　伊予守昌和朝臣

篳篥　窪　陸奥守　近義

笙　辻和泉守近敦

御懺法講三ヶ日

散花六位(24)

北小路江蔵人

北小路新蔵人

御導師脂燭六位
十日　細川差次俊常
十一日　北小路江蔵人俊矩《ノリ》
十二日　北小路新蔵人常顕
伝奏　庭田中納言重能卿
奉行　勧修寺右中弁経則
御所作(25)
初日　琵琶
中日　箏
結日　笛
御行道(26)　結日

【註】

（1）**盛化門院三十三回御忌**　第七十八条註（3）参照。

（2）**初日盤渉調**　法要初日に奏でられる付楽は、盤渉調であった。法要は「調子」から始まり、「宗明楽」「輪台」「白柱・残楽三反」「蘇莫者破」「越天楽」の順に、法儀中の声明とともに演奏された。中日は黄鐘調で、「調子」「蘇合急」「拾翠楽急」「西王楽・残楽三反」「青海波」「千秋楽」の順であった。最終日の結日は壱越調で、「調子」「十天楽」「春鶯囀颯踏」「胡飲酒破」「壱団嬌」「武徳楽」の順に演奏された。

（3）**調子**　吹調子。

（4）**宗明楽**　唐楽。新楽。中曲・延八拍子。元は舞も存在したが、現在は絶えている。明治選定曲。日本で作曲された作物と考えられている。

（5）**輪台**　唐楽。新楽。中曲・早八拍子。舞も存在する。明治選定曲。

（6）**白柱**　唐楽。新楽。小曲・早八拍子。明治選定曲。残楽は三反（返）または五反とされ、本曲の演奏に引き続いて繰り返して残響の如く演奏される。盛化門院三十三回御忌「御懺法講」では、残楽三反が付けられた。

（7）**蘇魚《ママ》者破**　「蘇莫者破」の誤記。胡楽ないし天竺楽に位置付けられる。古楽。中曲・早只八拍子。明治選定曲。

（8）**越天楽**　越殿楽に同じ。唐楽。新楽。小曲・早四拍子。明治選定曲。

（9）**蘇合急**　胡楽ないし天竺楽に位置付けられる。新楽。大曲に相当。延四拍子。明治選定曲（明治二十一年追加選定曲）。

（10）**拾翠楽急**　唐楽。新楽。小曲。早四拍子。明治選定曲。日本で作曲された作物と考えられている。

（11）**西王楽**　唐楽。古楽。中曲。早只八拍子。残楽三反が付けられた。明治選定曲。日本で作曲された作物と考えられている。

（12）**青海破《ママ》**　「青海波」の誤記。唐楽。新楽。中曲。早八拍子。明治選定曲（明治二十一年追加選定曲）。

（13）**千秋楽**　唐楽。新楽。小曲。早八拍子。明治選定曲（明治二十一年追加選定曲）。

（14）**十天楽**　唐楽。新楽、『楽家録』には古楽とある。中曲。延八拍子。明治選定曲（明治二十一年追加選定曲）。日本で作曲された作物と考えられている。

（15）**春鶯囀颯沓《ママ》**　春鶯囀颯踏のこと。唐楽。新楽。大曲。早八拍子。明治選定曲。

（16）**胡飲酒破**　林邑楽。古楽。小曲。早四拍子。明治選定曲。

(17) **壱団嬌**　唐楽。新楽。小曲。早四拍子。明治選定曲（明治二十一年追加選定曲）。日本で作曲された作物と考えられる。

(18) **武徳楽**　唐楽。新楽、『楽家録』には古楽とある。小曲。早四拍子。明治選定曲（明治二十一年追加選定曲）。日本で作曲された作物と考えられている。

(19) **共行**　第三十三条註（8）参照。

(20) **散華殿上人**　昇殿を許された公卿で、散華を行う者。

(21) **御導師脂燭殿上人**　脂燭は「紙燭」に同義である。つぶさには長さ一尺五寸、径三分に削った細長い松の木の尖に油を塗り、手元を紙で巻いた照明具である。これを持った六位以上の昇殿を許された蔵人が、導師を先導した。

(22) **音頭残楽伽陀附物**　音頭および残楽、そして伽陀が唱えられる時の伴奏をする伶倫。伽陀の同音よりその旋律に合わせて、三管による演奏が行われた。

(23) **御懺法講参勤之輩**　参勤する楽家。

(24) **散華六位**　昇殿を許された六位の者で、蔵人のことである。散華および御導師脂燭殿上人と同様の配役である。

(25) **御所作**　第二十六条註（1）、第三十三条註（4）（7）参照。

(26) **御行道**　第二十一条註（3）参照。

【補説】

盛化門院三十三回御忌「御懺法講」における楽目録と、これに出仕する各公卿の役配が細かく書き写されている。天納傳中師の研究によれば、『魚山叢書』懺意四に収められている『御懺法講次第』に同様の記録が残されていることが確認されている（「『魚山余響』に残された御懺法講記録」『天台声明――天納傳中著作集』所収）。

本条の冒頭には、文化十二年十月十日から十二日までの三日間における「楽目録」が記される。各日とも、それぞれに定められた調子の雅楽曲が六曲ずつ列挙されている。これは「御懺法講」で依用される『声明懺法』において、声明曲とともに演奏される楽目である。演奏された楽曲は、その時々の「御懺法講」によって異なるが、特に勤められる法儀の次第に変化はなかった。

今、その一例として第二十一条・第二十七条・第三十三条にも詳述されている「享和二年癸亥の御法事（享和三年の誤記）」である、享和三年十月五日から九日まで五日間にわたって勤められた後桃園院尊儀二十五回聖忌「御懺法講」の子細を記録した『享和三年　御懺法講記』（東京大学史料編纂所蔵）によって、どの場面で演奏されたかを見ておきたい。同書に詳しく記される、法要初日に勤められた『声明懺法』に関する記述を追って、その次第を改めて構成して列記しておく。

先、宸儀出御　御簾中　（天皇が玉座に着座）
次、公卿・式衆・伶倫着座
次、巻御簾
次、楽目録　（会奉行が伶倫に演奏曲の目録を渡す）
次、吹調子　盤渉調
次、総礼楽「宗明楽」
次、「伽陀」付物
次、昇楽　「青海波」
次、調声昇礼盤
次、「総礼三宝」
次、「供養文」
次、調声下礼盤
次、呪願師起立

次、「呪願」　（調声は「敬礼常住《けいれいしょうちゅう》三宝歎仏功徳《こうとく》」と黙誦）
次、調声散華　（調声が呪願師と対面し、先んじて散華する）
次、呪願師散華
次、呪願師復座
次、調声昇礼盤
次、「敬礼段」
次、楽「白柱　残楽三反」
次、「六根段」
次、「四悔」
次、楽「剣気褌脱《けんきこだつ》」
次、調声下礼盤
次、宸儀下行　（天皇が行道の列に加わる）
次、「十方念仏」
次、従同音、宸儀 公卿 式衆 行道散華
次、宸儀置花筥取経本
次、公卿 式衆 置花筥取経本
次、経段（「妙法蓮華経安楽行品」）
次、同音、従「爾時文殊師利法王子菩薩摩訶薩」行道
次、宸儀取花筥
次、公卿 式衆 取花筥

次、「十方念仏」
次、従同音、宸儀　公卿　式衆　行道散華
次、宸儀立御　（天皇が玉座に戻る）
次、「後唄」
次、従同音、調声昇礼盤
次、宸儀入御　（天皇の退出）
次、垂御簾
次、「三礼」
次、「七仏通誡偈」
次、楽　「千秋楽」
次、此間調声下礼盤復座
次、「伽陀」　付物
次、伶倫退出
次、式衆退出
次、公卿退出
自午下刻
次、『九条錫杖』
次、『早懺法』

概ね以上のような次第で、初日の法要が進行したと考えられよう。

「呪願」の作法は、実光院所蔵の石室静洞手沢本『声明懺法』の「呪願」部分に、「調声上臈共持花互揖　先調声散華共向

仏前調声唱　敬礼常　畢互一揖上臈散華復本座」と朱で書き込まれている。即ち、呪願師は式衆の上臈がこれを務めた。呪願師は調声降礼盤を見て、左手で華莒を二枚取り（右手には中啓を保持）、調声の降壇と同時に蹲踞で座前に出る。そして調声の起立とともに調声の横へ参進し、調声と対面する。対面して調声が尊前へ向いて一揖し散華、「敬礼常住三宝歎仏功德」の文を唱え終わった時、調声とともに尊前に一揖、呪願師は中啓を懐中に差して合掌して指先に華莒を挟み再び調声と対面する。そして呪願師が散華して復座、呪願の作法は終わる。この時の呪願師は、知観（ここでは改名前の「恵観権僧正」と記されている）が務めている。午下刻より、引き続き『九条錫杖』と『早懺法』が勤められて、一連の法儀は終了するのである。

天納師はこれら次第中にある声明曲と雅楽演奏のタイミングに関しても、例えば「次、敬礼段　次、楽」と表記されてある場合、「敬礼段」の同音より奏楽が始まると解説している。従って『享和三年　御懺法講記』に、「次出一心敬礼昇礼盤而敬礼段了次白柱残楽三反」と記されているが、それは「敬礼段」が唱えられている最中に奏楽がなされていたということと解せる。この次第は、知影在世時代も同様だった訳である。そして「敬礼段」中に演奏される楽曲には、必ず「残楽三反」を伴っていた。

ところで宮中「御懺法講」で演奏される雅楽について考えてみると、第二十六条にも記されるように、雅楽もまた声明と同等に仏菩薩への供養に他ならないのである。いうなれば、どちらが欠けても「御懺法講」は成立しないといっても過言ではなかろう。僧侶は雅楽の演奏こそ行わないが、天皇をはじめ公卿も、雅楽演奏のみならず、僧侶とともに声明を誦しつつ同じ作法を行うのである。まさに「御懺法講」は、宮中で行われた仏事の真骨頂ともいえよう。

第八十一条

一、十月八日於梶井宮懺法講習礼[1]観心院大僧正吹挙に依て参殿拝見九年前[2]同僧正の吹挙にて拝見いたし候と全くかはることなし九年前拝見の次第は別記あり
八日辰の前尅大僧正旅館へ赴きそれより参殿小玄関より昇り御広間を経て御道場簾内にて拝見

席図　南向の御殿也道場内五間に奥行四間半也

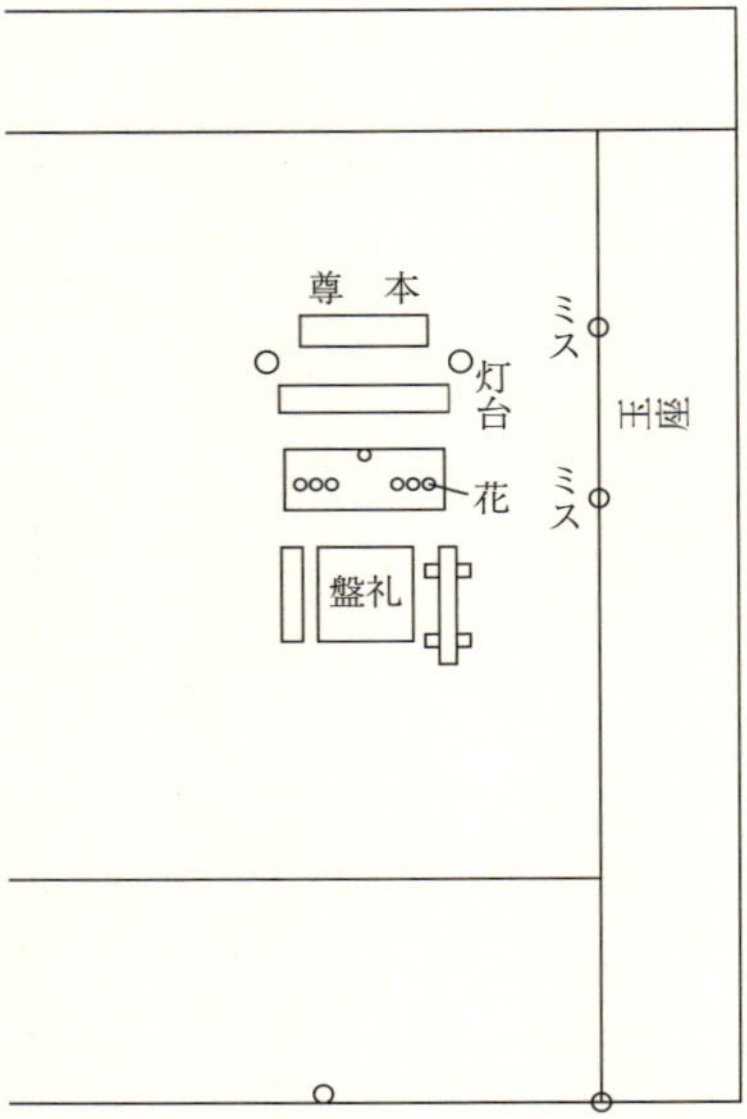

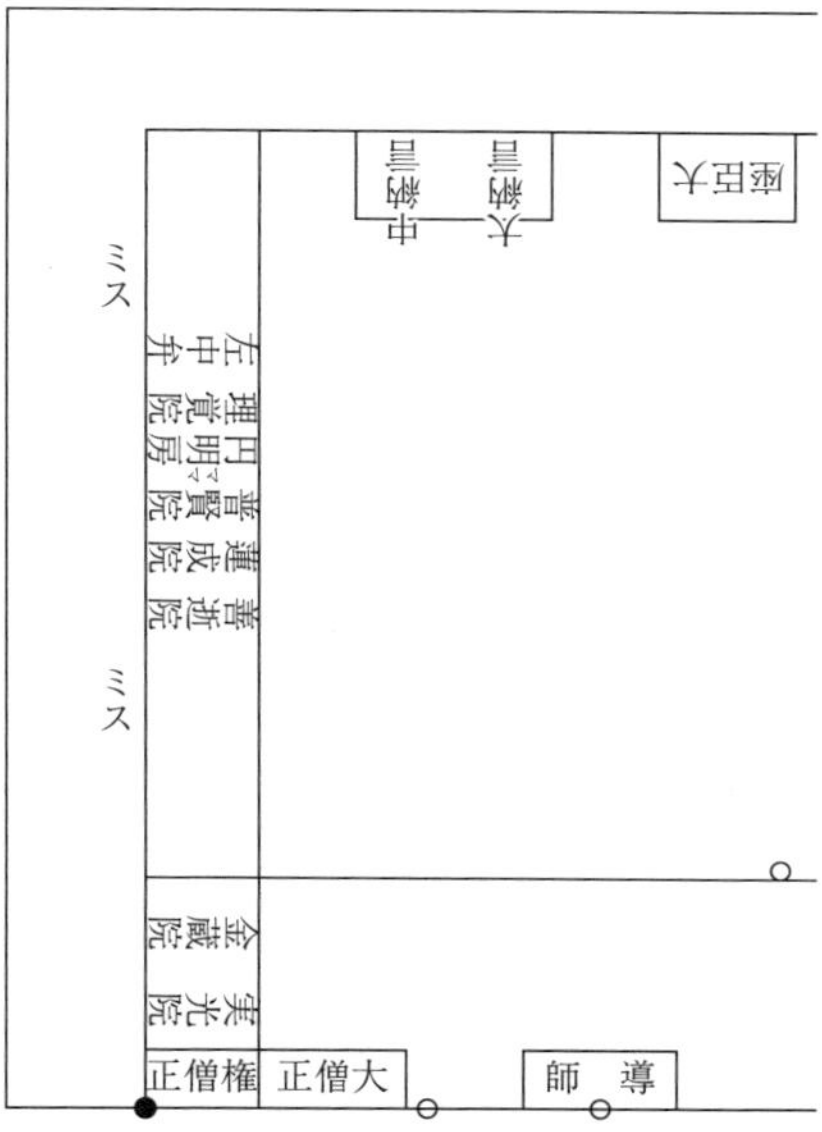

右凡そ図也委しき事はしるすことあたわず

御導師　梶井宮二品承真法親王(3)

観心院大僧正　知観

山門　仏頂院権僧正実融(4)

実光院大僧都法印(5)

山門　金蔵院大僧都法印(6)

善逝院大僧都法印(7)

普賢院法印権大僧都(8)
蓮成院弟子
円明房《ママ》権大僧都法眼(9)
理覚院権大僧都法眼(10)
善逝院弟子
左中弁権少僧《ママ》法眼(11)

宮は緋御鈍色《どんじき》紫納《ママ》衣雲立涌《ママ》御指貫(12) 大僧正は香鈍色遠山衲衣縹《はなだ》指貫(13) 権僧正緋鈍色衲衣指貫(14)同上 実光院以下赤鈍色甲袈裟紫綾無紋指貫(15) 円明房《ママ》以下白鈍色甲袈裟紫平絹指貫(16) 御導師聲明九年以前習礼の時よりいよ〳〵昇達し玉ふ大僧正はもとより無双の聲明師なれども当年夏ごろより音聲出かねこのたび達て参勤おんことはり申上られ候へども官《ママ》よりもしひて御すゝめによりて出仕いたさる今日も呪願師(17)にならる六根段(18)の独聲は実光院惣礼伽陀(19)は善逝院なり

曲折の熟未熟はあれどもいづれも音聲の出しかたはよく練磨せられたるものなり

坊官(20)は素絹五条指貫承仕(21)は鈍色五条表袴伶倫狩衣なり辰の半剋比に始 未の半剋比に終る午時北御広間に於て御斎を賜る

白木折敷

御煮物　湯婆　しめじ　御汁　豆腐

御猪口　こんにゃく　白あへ　御飯

御香の物

御煎茶別に仰付られ御菓子をぼろ饅頭二十惣中へ下さる御火鉢も炭たくさんに仰つけられ麻上下の青侍(22)々よびいめさる御丁寧の御儀なり

白衣直綴輪袈裟

拝見(23)　光隆寺　知影　雲晴寺　大瑞

奥徳寺　教乗　戒忍寺　徳阿

右拝見の事大僧正より申入らるとき四人より坊官中へ目録金二百疋《ママ》賜る

坊官(24)　鳥井川刑部卿法印

寺家法印

鳥井川治部卿法印

山本大蔵卿法印

寺家宰相法印

冨小路中将法印

習礼畢て面々大僧正宿所へ退く大僧正は御門室にて御料理を賜るよしにてをそく退出し大僧正

退出後拝見の面々へ中食を下されたる次第物語り申候所大僧正にも存じよらざることゝ申され即ち御礼参殿可然よし申され大僧正先導にて御小玄関へ四人名札持参習礼拝見ことに御料理賜りありがたく奉存旨申上る先年習礼の砌は越後瑞泉寺[25]闡瑞知影并専修寺[26]同伴にて参る知恩院寺中福寿院[28]その外官人のやうなる人一両輩拝見あり其時も銘々三人へは中食下さるべきむね午時ごろ御広間より申来り候へども御儀式見はづし候事残念奉存かつ空心[30]にも無之段申上御断に及ぶ仍て饅頭五づゝ点心にとて賜り候このたびは已に御用意ありて御広間へさし出しあるよし申来るにつき御ことはり申上るも不敬に当り候ゆへ頂戴つかまつるすべて習礼拝見は甚だ難き事なり九年前拝見の後も度々御法事もあらせられその度ごとに習礼もあらせらるゝ事ゆへ今一往拝観いたし度望これあり大僧正へ申入置候へども其節に御門室御さしつかへあり其儀にあたはざるところ此度大僧正よりとりはからはれ再往拝観せること幸甚といひつべしこのたびは山科殿[31]拝見に参らる其他は面々四人斗りなり　本山御法事の式も大方御所の礼をかたどれるものなるべし然し宮中の礼は甚くはしく御法事の式も俗礼にをちず本山の式も今一重くわしくいたしたきことなり会奉行[32]をつとむる人々にもし拝見いたしこゝろへをかれば上へ申上かたもあるべきことなり

此度勤番(33)中もさそひ申し候ところみな〳〵参られたき存志のところ臨期さしつかへいづれも参り申されず残念の事なり

【註】

（1）**於梶井宮懺法講習礼**　第二十条註（7）参照。
宮中における盛化門院三十三回御忌「御懺法講」に先駆けて、梶井門跡で行われた総習礼。

（2）**九年前**　第二十条参照。
盛化門院二十五回御忌「御懺法講」のこと。

（3）**梶井宮二品承真法親王**　第二十条註（6）参照。

（4）**山門　仏頂院権僧正実融**　第七十八条註（11）参照。

（5）**実光院大僧都法印**　第十九条註（3）参照。
良宗と考えられる。『両院僧坊歴代記』中、「実光坊」の項には「文化四年十月十日。盛化門院二十五回御忌御懺法講参勤。当月一日叙㆓法印㆒」「同八年七月二十一日。桃園院尊儀五十回聖忌御懺法講参勤。任㆓大僧都㆒」「同十二年十月十日。盛化門院三十三回御忌御懺法　講参勤。当年院室御預号㆓城南院㆒。月日不ㇾ詳」とある。

（6）**山門　金蔵院大僧都法印**　詳細不詳。比叡山東塔無動寺谷の塔頭として「金蔵院」の名が見え、山麓坂本に里坊が所在する。

（7）**善逝院大僧都法印**　第四十一条註（6）、第八十五条註（9）参照。
義照（生没年不詳）と考えられる。『両院僧坊歴代記』「向之坊」（上之坊・善逝院）の項には、「山門妙音院恵顕弟子。仮名号㆓教観房㆒。為㆓知幻法脈㆒」「同八年七月二十一日。桃園院尊儀五十回聖忌御懺法講参勤。任㆓法印㆒」「同十二年十月自㆓十日㆒至㆓十二日㆒。盛化門院三十三回御忌御懺法講参勤。当年九月十七日任㆓大僧都㆒」とある。

（8）**普賢院法印権大僧都**　第一条註（5）、第十九条註（3）、第四十一条註（3）参照。

宗淵と考えられる。『両院僧坊歴代記』「普賢院」の項には、「仮名号㆓霊妙房㆒。実光院良宗弟子」「文化九年五月住職」「文化十二年十月十二日。盛化門院三十三回御忌御懺法講参勤。当年九月十七日叙㆓法印㆒」「同十三年為㆓良胤法脈㆒。改名号㆓良淵㆒」「同十五年七月三日隠居」とある。宗淵について少しく触れておくならば、宗淵は北野社（現・北野天満宮）の社僧・光乗房能桂の子として天明六（一七八六）年に生まれ、十三歳で魚山に入った。魚山では大きな功績を残した魚山法師ではあったが、文化十五年（宗淵三十三歳）に梶井門跡大原政所から「御不審」を被り蟄居を命じられ、江州坂本の走井堂に隠居した。蟄居の理由を示す資料が発見されておらず、その真相は全く不明である。その後、文政十（一八二七）年に伊勢西来寺（三重県津市、天台真盛宗別格本山）の貫主として迎えられている。宗淵は蟄居させられるまでの間、声明業研鑽はもとより、自身が生まれた北野社の歴史研究にも成果を上げている。『北野文叢』百冊の編集、『北野藁草』などを刊行している。声明業においては、『六巻帖』の再刊に加え、蟄居中の文政八年には、融通念仏宗の宗定声明本である『大源声明集』の編纂もしている。

（9）**蓮成院弟子　円明《ママ》房権大僧都法眼**　第四十一条註（8）参照。

豪雄（?—一八一八）と考えられる。『両院僧坊歴代記』「北之坊（蓮成院）」の項には、「始豪順。実光院良宗所化。仮名号㆓円妙坊㆒。為㆓覚雄法脈㆒」「文化十二年十月十二日。盛化門院三十三回御忌御懺法講参勤。当年九月十七日任㆓権大僧都㆒」とある。

（10）**理覚院権大僧都法眼**　第二条註（6）、第四十一条註（2）、第八十五条註（3）参照。

秀雄（一七九六—?、第八十五条による）と考えられる。『両院僧坊歴代記』「理覚坊」の項には、「覚雄弟子。仮名号㆓中将㆒。為㆓知観法脈㆒」「文化十年七月住職」「文化十二年十月十二日。盛化門院三十三回御忌御懺法講参勤。当年九月十七日任㆓権大僧都㆒」「文政二年十月三日。後桜町院尊儀七回聖忌御懺法講参勤。当年九月二十一日叙㆓法印㆒」「同六

年三月十七日転二住普賢院一」とある。また、同記「普賢院」の項には、「同（文政）十一年八月二十九日転二住宝泉院一」と記されている。ところで秀雄は、西本願寺に改めて魚山声明を伝えた園部覚秀の師匠である。

（11）　**善逝院弟子　左中弁権少僧《ママ》法眼**　『両院僧坊歴代記』を見る限り、「左中弁」の仮名号を持つ人物が見出せない。平面図にも見えるように、座次の末臈は「左中弁」とあり、本条では伽陀発音を「善逝院」と記し、第八十五条でも「善逝院弟子」と記しているので、明道であろうか。明道については『両院僧坊歴代記』「向之坊」（上之坊・善逝院）の項に、「遮那院広道弟子。仮名号二行円房一。為二義照法脈一」「文政十二年十月三日。後桜町院尊儀十七回聖忌御懺法講参勤。当年九月二十日任二権少僧都一」「天保二年十二月十九日叙二法眼一」とある。「善逝院」の項は、義照に続いて明道で歴代住侶の記述が終わっている。しかし、「左中弁」なる仮名号がない他、盛化門院三十三回御忌出仕の記述も見えない。また明道は文化十二年時点では、まだ権少僧都には任じられていなかったので、「善逝院弟子左中弁」なる人物は、明道とは別人なのかも知れない。あるいは「実光坊」の項に、義寛なる人物が見える。ここには「善逝院義照弟子。仮名号二右京一」とあるも、仮名号が異なる。また、「同（文政）九年五月十六日。背二政法一蒙二退院一」とも記されている。

（12）　**緋鈍色紫納《ママ》衣雲立涌《ママ》御指貫**　第二十条註（6）、第三十三条註（12）参照。

調声を務めた承真法親王は、緋色の鈍色に紫の七条袈裟を着用し、雲立湧文様の指貫という装束だった。指貫とは長い丈の袴で、裾の内側を折り返して膝で括り着用する公家風の仕立てと、同じく裾を内側に折り返して紐で吊し上げて着用する武家風とがある。

ここに記される「雲立涌」とは、雲が立ち昇る様を図案化した文様である。親王などが穿く袴に用いられる文様である。あるいは五十歳以上の関白が着用する、袍に用いられた文様でもある。現在も東本願寺の門首用として、この文様の袴が用いられている。

（13）　**香鈍色遠山衲衣縹指貫**　第三十三条註（13）参照。

知観は香色の鈍色に遠山文様の七条袈裟を着用し、縹色の指貫を穿いていた。

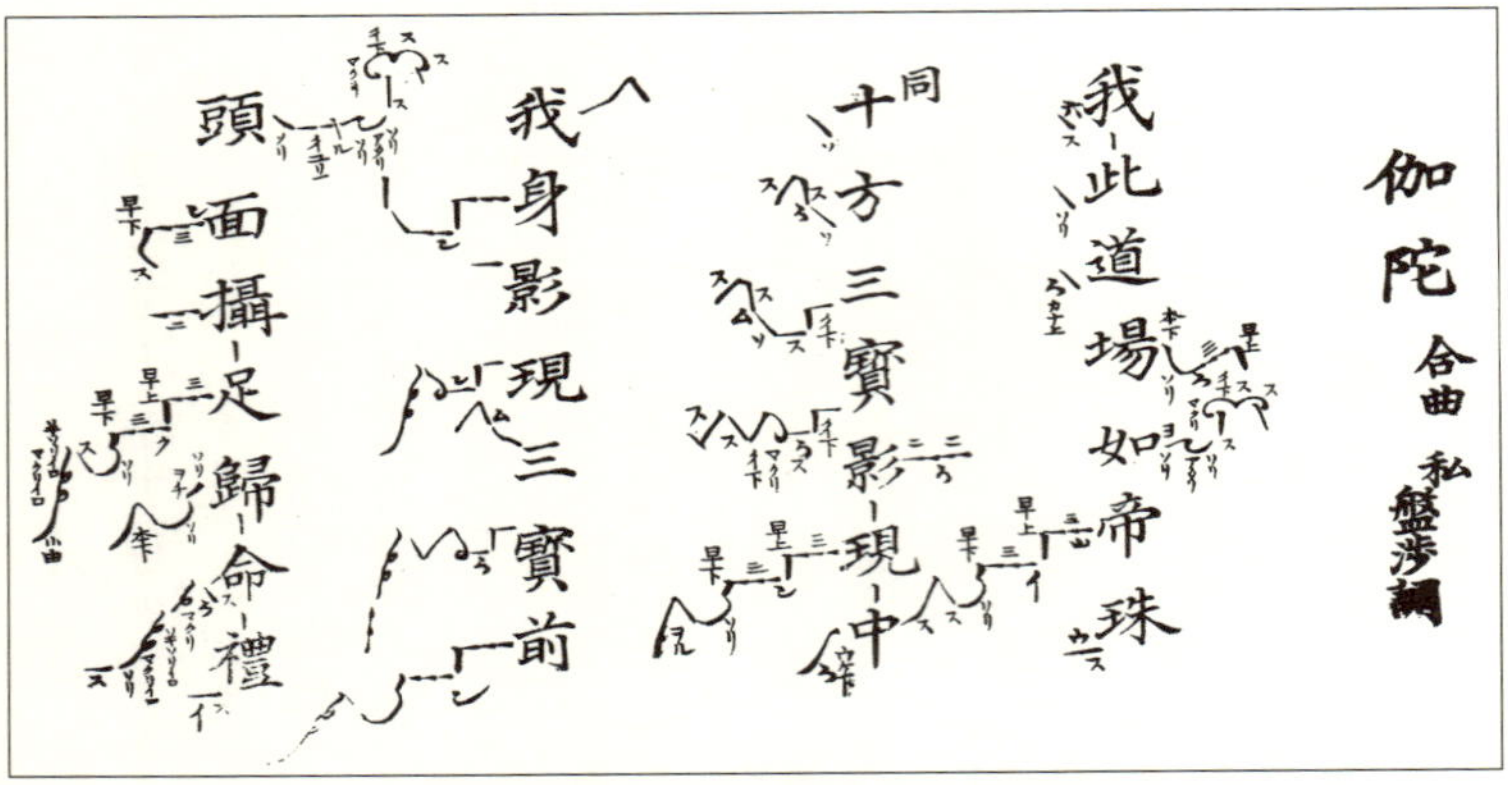

「総礼伽陀」（『声明』多紀道忍編　妙法院蔵版）

(14) **緋鈍色衲衣指貫**　第三十三条註（12）参照。

実融（仏頂院）は緋色の鈍色に遠山文様の七条袈裟、縹色の指貫だった。

(15) **実光院以下赤鈍色甲袈裟紫綾無紋指貫**　第三十三条註（12）（14）、参照。

仏頂院権僧正の次席・実光院以下、大僧都は赤色の鈍色に甲袈裟、紫綾無紋の指貫だった。

(16) **円明《ママ》房以下白鈍色甲袈裟紫平絹指貫**　第三十三条註（12）（14）参照。

円妙房・理覚院・左中弁は、白い鈍色に甲袈裟、紫平絹の指貫だった。

(17) **呪願師**　第五十条註（6）、第八十条補説参照。

(18) **六根段**　第六十五条註（2）参照。

(19) **惣礼伽陀**　第三十五条註（6）参照。

「総礼伽陀」に同じ。総じて、顕教立法要の最初に唱えられる伽陀を「総（惣）礼伽陀」と称する。『法華懺法』における「総礼伽陀」の文言は、「我此道場如帝珠　十方三宝影現中　我身影現三宝前　頭面摂足帰命礼」である。唐・妙楽大師湛然（七一一―八二、天台第六祖）撰『法華三昧行事運想補助儀』を出拠とされるも、同文ではないといわれる。『法華懺法』ほか、顕教立の法要に依用される音曲である。この伽陀は、西本願寺にも伝えられている。安政本『声明品集』など江戸時代以前の諸本には見ないが、切音『阿弥陀懺法』（園部覚秀章譜。明治十三年、永田調兵衛刊）には、そのままこれを載せる。

ちなみに、『龍谷唄策』乾巻『光明唱礼』（同じく『三宝唱礼』）および

『梵唄集』中『浄土三昧法』には、「能礼所礼性空寂　感応道交難思議　我此道場如帝珠　十方三宝影現中　我身影現三宝前　頭面摂足帰命礼」の文言で、「総礼頌」として載せる。この「総礼頌」は、『二巻抄』中『修正唱礼音用』にある古博士で表記された音曲を只博士に書き改めて、そのまま用いている。ただ、『龍谷唄策』では呂曲平調と指定され、『梵唄集』では律曲平調と変遷している。水原夢江師の研究では、律曲として扱われている。以て、現行法儀『無量寿経作法』にある「総礼頌」の原曲である。付言しておくならば、『光明唱礼』『三宝唱礼』は『修正唱礼音用』を源流に求めることができるのであろう。また、大念仏寺（融通念仏宗総本山）に所蔵される、安政三（一八五六）年に園部覚秀によって書写された『略布薩次第』は、その次第および音曲に付けられた博士が『光明唱礼』のそれらと非常に近しい。むしろ『光明唱礼』は、『略布薩次第』に依ったのではないかとさえ考えられる。

(20) **坊官は素絹五条指貫**　坊官は素絹、五条袈裟、指貫の装束だった。素絹とは、現在西本願寺において統一されている黒衣・色衣の正式名称である。東本願寺では、「裳附」と称している。天皇が着用した御斎服と、盤領・垂領の違いがある以外は、同じ形式のものである。用いる生地は白生絹・精好を本義とする。後には紫色や緋色などが出てくるが、無紋・単仕立であることを原則とした。僧綱襟がなく、裾の左右と背後に襴と呼ばれる襞が付き、腰部に石帯を締める。襴の数は若年ほど多くなり、概ね五十歳を超えた年配者は少なく仕立てた。正式には裾が長く、引き摺って着用した。これを「長素絹」と称する。現今の僧衣として普及している、臑辺りの長さに短く仕立てたものを「切素絹」「半素絹」と称する。内には指貫を穿くのを正式とし、主に年配者が略用として切袴を用いた。

(21) **承仕は鈍色五条表袴**　承仕は鈍色、五条袈裟、表袴の装束で、法要当日に同じ装束だった。

(22) **青侍**　公家に勤仕する六位の侍。麻で織られた袴を着用していた。

(23) **拝見……**　知影は西六条寺内の同じ御堂衆寺院を伴って、習礼の見学に訪れた。その時、知影らは直綴と輪袈裟を着用していた。雲晴寺は京都市右京区に移転して所在するが、奥徳寺と戒忍寺は不詳。『故実公儀書上』中、文化十一年の年号が記される、幕府に提出した公文書「五派の事」（五派とは、西本願寺・東本願寺・高田専修寺・佛光寺・錦織寺のこと）に、提出者である築地御坊輪番として戒忍寺の名を見出す。

(24) **坊官**　第七十七条註（3）参照。
梶井門跡の坊官。僧官名によって任官されたので、「法印」の官名を付した。本願寺の坊官もまた同様である。

(25) **越後瑞泉寺**　第二条註（1）、第十二条註（13）参照。
闡瑞については不詳。『故実公儀書上』中、「重立候寺院ノ分。寺山院号幷実名」の項には、「越後高田　井波園瑞泉寺　同法麟　同闡瑞」とある。即ち、法名および諱を門主（法如）から一字ずつ拝領したことを示す。

(26) **専修寺**　第十二条註（6）、第五十六条註（3）、第七十七条註（6）参照。

(27) **知恩院**　京都市東山区に所在する、浄土宗の総本山。つぶさには、華頂山知恩教院大谷寺と号する。知恩院勢至堂の辺りが、かつて法然が草庵を結んだ故地とされる。法然没後、ここに廟所が造営された。しかし嘉禄三（一二二七）年、比叡山衆徒によって破却されるも（「嘉禄の法難」）、法然の弟子・勢観房源智（一一八三―一二三九）が再興し、第八十七代・四条天皇（在位一二三二―四二）より、「華頂山知恩教院大谷寺」の勅額を蒙ったと伝える。現在見られる壮麗な伽藍は、徳川家康より第三代将軍・徳川家光の時代にかけて整えられたものである。

(28) **福寿院**　知恩院の塔頭寺院であるが、現在は廃絶している。年代的に、同院第九世・「法蓮社灌誉欽阿常楽得頂上人」（一七七〇―一八二六、『知恩院史』による）のことと考えられる。

(29) **中食**　昼食のこと。

(30) **空心**　空腹のこと。

(31) **山科殿**　山科毘沙門堂門跡のこと。毘沙門堂の門主も、習礼の見学に訪れていたのであろう。「御懺法講」の調声は梶井門跡が務めるのが慣例だったが、何らかの事由で務められない場合、毘沙門堂門跡が代わって調声を務めたようである。
毘沙門堂は、京都市山科区安朱に所在する天台宗五箇室門跡の一つ。大宝三（七〇三）年の創建と伝える。元は洛北出雲路（京都市北区）辺りに所在したことから、護法山出雲寺と号する。寛文五（一六六五）年に現在地に移転、後西天皇の第六皇子・公弁法親王（一六六九―一七一六）を住職に迎えてより、門跡寺院となった。

（32）**会奉行**　第二十三条にも見える、法要を差配する職分。

（33）**勤番**　第十二条註（7）参照。

【補説】

盛化門院三十三回御忌「御懺法講」の本法要に先立つ二日前の十月八日、御所にほど近い梶井門跡の御殿を会所に、習礼が行われた。三千院門跡の宸殿で修行される現行の「御懺法講」も、二日前に総習礼が行われる。習礼とはいえ、道場では流れを止めつつ最終チェック的なことはほとんど行われず、むしろ予修法要の様相である。導師、式衆、伶倫、奉行は全て装束を正して習礼の場に臨む。もっとも復興された現在の「御懺法講」には公卿の出仕がないので、式衆の中から大臣・大納言・中納言の役を代務する。

本条に記される平面図を見ると、道場での着座位置が通常の法要などからすれば、やや変則的といえる。本尊は普賢菩薩の絵像が懸けられ、その前に礼盤が舗設される。正面から入退出するので、その部分には席はない。本尊の右辺斜め前に調声（導師）の仮座があり、その隣に大僧正・権僧正が居並ぶ。本尊右辺真横の竪畳には、魚山と山門の式衆が着座する。そして本尊の背後に当たる位置、即ち、調声と大僧正・権僧正と対面する形で公卿が着座する。天皇の玉座は本尊左辺の真横に位置し、御簾が下ろされている。そして「宸儀行道」に至って御簾が上げられ、天皇が散華行道の列に加わる。もっとも、習礼では天皇の出御はない。第二十九条の記述を考え合わせてみるならば、調声以下、僧正が着座する畳は高麗縁のものを用いるが、大僧都以下の式衆が着座する畳は紫縁無紋のものが設えられる。「紫縁」とは称するが、茜色というべき色目である。そして公卿（殿上人）は円座であった。

知影は知観の取りなしによって、九年ぶりに習礼を拝見する栄に恵まれた。同じ御堂衆寺院である、雲晴寺・奥徳寺・戒忍寺を伴っての拝見だった。以て、この年の「御懺法講」の子細は、九年前の盛化門院二十五回御忌「御懺法講」と変わることはなかったが、師匠・知観が大僧正に任じられて初めての、記念すべき法要である。

本条には、出仕した調声以下、式衆の名が記されている。その詳細の考察は、註に記す通りである。列記されているのは十名であるが、平面見取図の座次には十一名の僧衆が示されてある。知影は一人書き漏らしていることが分かる。平面図の座次に記される「蓮成院」は、列記される「蓮成院弟子円明《ママ》房権大僧都法眼」とは考えられない。『両院僧坊歴代記』と照合してみると、書き漏らした人物とは、即ち覚雄（第八十五条註（25）参照）と考えるのが自然である。『両院僧坊歴代記』中、「宝泉坊」および「北之坊（蓮成院）」の項には、覚雄のことがその履歴とともに記されている。それによれば、「始覚元。実光院良宗弟子。仮名号二光輪房一。為二宝泉院韶雄法脈一」と記され、「同（文化）十二年十月十二日。盛化門院三十三回御忌御懺法講参勤。当年九月十七日任二大僧都一。」とある。覚雄は、初め蓮成院を住持し、その後、豪雄に譲って隠居するも豪雄が早世したため、再び蓮成院住職に就いている。そして宝泉院を経て、さらに浄蓮華院へ転住した。盛化門院三十三回御忌の時、覚雄は蓮成院の住職在任中で、豪雄を弟子として抱えていたのだった。従って、座次に示される「蓮成院」は、覚雄と考えられるのである。「蓮成院弟子」である豪雄は、法要の座次には連ならず、恐らくは承仕の役に就いていたのではなかろうか。

本文には「呪願師」は知観、「六根段」の発音を実光院、「総礼伽陀」の発音を善逝院と記している。これらの役配は、平面図の座次に適うものである。大僧正に任じられたばかりの知観ではあったが、その年の夏頃から喉の調子が芳しくなかったのであろう、出仕を辞退していたようである。しかし調声を務める承真法親王が是非にと出仕を促したこともあり、知観は「呪願師」として出仕したのだった。

また、習礼に臨む調声・式衆の装束のありように関しても興味深い。本法要では調声以下、式衆は七条袈裟を被着する。この場合、衣は法服（袍裳、第八十五条註（7）参照）を用い、表袴を穿く。しかしながら習礼における式衆たちは、鈍色と指貫を着用していることから、装束は簡略にして袈裟のみ七条を用いている。式衆として加わらない坊官と承仕のみは、本法要に準じて正式な装束を着用している。しかしながら、第三十三条に見える「享和二年九月」に勤められた「御懺法講」では、本法要でも鈍色が着用された旨の記述である。そのことと考え合わせるならば、調声・式衆もここでは正式な装束としての七条袈裟・鈍色・指貫だったといえよう。また、三千院に所蔵される、文化十二年に成立したと伝えられる『御懺法講絵巻』を見ても、式衆が着用する装束は指貫が描かれている。

知影は承真法親王の声明の上達ぶりや、「善逝院弟子」が発する伽陀の唱えぶりなどを記しつつ、こまごまとエピソードも書き記している。習礼は午前八時半頃から始まり、正午過ぎに終了した。この所要時間からも分かるように、本来『声明懺法』は全曲唱えれば、数時間におよぶ法儀なのだった。終了後、知影以下四名は北広間へ通され、用意された昼食に与ったという。知観は別室で昼食を取っていたので、知影らは食後に知観のもとへ訪ねた。知影らにも予め昼食が用意されていたことを知観は承知していなかったようで、改めて御礼言上に伺うべしと、知観は四名を伴って小玄関へ赴いたのだった。

あるいは前回の習礼には、瑞泉寺闡瑞と専修寺とともに拝見に上がった折、昼食の誘いがあったものの、一連の儀式を見落としてはならないとばかり辞退したら、代わりに饅頭を貰ったのだという。今回は既に配膳されていたこともあり、辞退するのは却って失礼なので、相伴に与ることにしたのだった。

知影はやはり、ここでも本山西本願寺で執り行われている法要儀式の現況を憂慮するかの如き記述を残している。習礼とはいえ、他宗の者が宮中の法会を拝見する機会はそうあるものではない。知観から梶井門跡への取りなしによって、特別に拝見が叶ったことを知影は強調する。宮中の儀式は非常に細やかで麗しく、形も崩れていない。西本願寺で行われている儀式の諸作法は、宮中の儀式に倣ったものであるから、今一度その麗しさを追求すべきだという。そして本山の儀式に携わる僧侶たちは、再確認のためにもこの好機を逃さず拝見すべきであったと、自身の思うところを書き綴っている。

果たして、盛化門院三十三回御忌「御懺法講」は、知観が大僧正に任じられて宮中へ出仕した法要としては、これが最初で最後の「御懺法講」となったのである。

第八十二条

一、大僧正[1]より佛光寺御門主[2]の望にて文讃[3]の墨譜あらたに施したまはり度申入られ候右墨譜かんがへ申すべきやう知影へ申されすなはち本山所用[4]の文讃の墨譜にならひてつけ申候佛光寺殿にて文讃と申すは七言四句六偈[5]あり当山依用の文讃にあらず

【註】

（1）**大僧正**　知観のこと。

（2）**佛光寺御門主**　第三十八条註（4）参照。
佛光寺第二十三世・随応のこと。号清浄勲院、諱真乗。一七七四—一八二三。佛光寺第二十二世・順如（一七三八—八八）の長男。母は有栖川宮職仁《よりひと》親王（一七一三—六九）の長女・知宮（以上、『渋谷歴世略伝』による）。知宮（諱経子、一七四六—一八一四）は、職仁親王の養女である。以て随応は、梶井門跡の門主・承真法親王（第二十条註（6）参照）とは従兄弟にあたる。

（3）**文讃**　第五十条註（23）、第六十四条註（1）参照。

（4）**本山所用**　西本願寺で依用されているもの。

（5）**七言四句六偈**　七言四句による偈頌の、全六曲で構成された音曲。

【補説】

本条には年号が記されていない。『魚山余響』終盤に至って書き記されていることを考え合わせると、文化十二年前後のことなのだろうか。佛光寺の随応門主から、知観へ「文讃」作成の依頼があり、知影が知観の代行をすることとなった。佛光寺の「文讃」もまた、西本願寺所用の「文讃」に同じく、「九方便」の博士が付けられたのである。西本願寺のものは『浄土法事讃』の偈頌八句を一曲となし、八章から成る。新たに佛光寺のために作譜された「文讃」は、四句を一曲となして六章で構成された。

果たして、真宗佛光寺派に伝えられた「文讃」は、早くに廃絶したと考えられる。昭和六（一九三一）年に発刊された『真宗佛光寺派勤行宝典』には、同派に伝承されている魚山由来の声明曲が網羅されているが、「文讃」は掲載されていない。同派内において、この「文讃」の写本が発見されることあらば、是非拝見の栄に浴したいと今は切に念願するのみ。

第八十三条

一、文化九年(1)二月十五日有栖川宮一品織仁親王(2)落飾(3)したまふ戒師梶井宮二品承真親王(4)なり承真親王は織仁親王の御息なり故に戒師の礼をうけ玉ふことを憚りたまうよし仍て先例を尋《たずね》らるゝに曼殊院宮覚如《ママ》准后(5)後奈良院皇子皇考(6)戒師とならせらるゝとき蹲踞(7)礼を受けたまうことありこのたびも其例にまかせらるゝよし観心院大僧正于時僧正唄師(8)にて出仕あり僧正このよし物語あり

【註】

（1）**文化九年**　一八一二年。

（2）**有栖川宮一品織仁親王**　一七五三—一八二〇。有栖川宮職仁親王の第七皇子。佛光寺第二十三世・随応の母である知宮は、義姉に当たる。江戸幕府第十五代将軍・徳川慶喜（一八三七—一九一三）の外祖父に当たる。

（3）**落飾**　出家得度の意。

（4）**梶井宮二品承真親王**　第二十条註（6）参照。

（5）**曼殊院宮覚如《ママ》准后**　一五二一—七四。覚恕のこと。第百五代・後奈良天皇（在位一五二六—五七）の第三皇子。親王宣下は受けていないが、「覚恕法親王」などと尊称される。准三后の宣下を受け、「金蓮院准后」と称する。大永五（一五二五）年、曼殊院門跡慈運（一四六六—一五三七）を戒師として得度した。天台座主も歴任する。『真如堂供養弥陀

表白』『金曼表白』などの作がある。青蓮院流の書によく通じ、歌にも長けた。歌集『覚恕百首』が知られる。

（6）**皇考**　先帝。在位中の天皇の亡父のこと。

（7）**蹲踞礼**　「蹲踞」の二字は、「うずくまる」という意味である。両膝を上げて。爪先でしゃがむ姿勢をいう。西本願寺の現行作法では、「同時総礼」などに見られる所作である。

（8）**唄師**　第四条註（2）、第五十条註（38）参照。

ここでは「毀形唄」を独吟する役配。

【補説】

知観が知影に語った話である。

文化九年二月、有栖川宮織仁親王の出家得度に際し、戒師（和上）を務めたのは受者である織仁親王の皇子、梶井宮承真法親王だった。子が親の師匠という逆転的な立場となるので、織仁親王からの戒師である承真法親王への礼節は憚られた。そこで同様の前例を調べたところ、後奈良天皇得度の戒師が、その皇子である曼殊院宮覚恕准后なのだった。その時、覚恕准后に対して後奈良天皇は蹲踞礼のみを行ったと伝えられていて、織仁親王の得度式もその例に倣ったのだという。

この得度式において、知観が唄師を務めた。戒師が受者に法水を灌頂し剃刀を当てた後、受者が剃髪される間、その傍らで唄師が「毀形唄」を唱えるのである。

『台門行要抄』を見ると、天台宗における現行の得度式は以下のような次第で執り行われる。

得度式次第

敬礼三宝

先　入堂
次　伽陀　唄師発音総礼伽陀
次　和上登壇
次、三礼如来唄
次、表白
剃髪着衣
先、開導
次、授塗香
次、弟子拝四恩
次、辞親偈　流転三界中　恩愛不能断　棄恩入無為　真実報恩者
次、帰依偈　帰依大世尊　能度三有苦　亦願諸衆生　普入無為楽（向仏弟子礼拝三反）
次、法水灌頂
次、剃髪　此間唄師毀形唄唱之
次、更衣
次、授与袈裟
次、誦偈　大哉解脱服　無相福田衣　被奉如戒行　広度諸衆生（和上唱之）
次、授度牒
次、授与念珠
次、自慶偈　遇哉値仏者　何人誰不喜　福願与時会　我今獲法利（向仏弟子唱之）
次、弟子礼仏三度

三帰授戒

先、勧発

次、懺悔

次、授三帰戒

次、授十善戒

発願勧修

先、発願

次、授与聖典

次、勧進

回向法楽

先、読経

次、回向文

次、後唄　　唄師発音

次、和上降壇

次、弟子礼仏礼師

次、退堂

第八十四条

一、文化十二年乙亥四月東照宮三百回御忌(1)日光山(2)にて御法事あり青蓮院宮一品尊真親王(3)梶井宮二品承真親王右御法事参向し玉ふ観心院僧正より餞別し奉るとて青蓮院宮へ金剛寿命経(4)一巻梶井宮へ般若心経一巻献ぜらる余僧正に代りて書写せり僧正の猶父綾小路前中納言俊資卿(5)も参向せらるこれも僧正より心経を贈られけり同じく余代筆せり

【註】

（1）**東照宮三百回御忌**　「東照大権現」こと、徳川家康の二百回忌法要の誤記。

（2）**日光山**　第三十六条註（3）参照。

輪王寺のこと。明治の廃仏毀釈までは、東照宮と二荒山神社も含む総称であった。輪王寺は勝道（七三五―八一七）が開いたとされ、山岳信仰の寺院を起源とする。平安時代以降、空海や円仁らが巡錫したと伝える。嘉祥元（八四八）年、円仁が訪れて以来、天台宗寺院となった。あるいはまた、親鸞の実弟・尋有が日光山へ赴任（第三十六条註（3）参照）していたともいわれる。江戸時代になると、天海（一五三六？―一六四三）が貫主に就任してより、大いに隆盛を極めた。元和三（一六一七）年には、徳川家康を「東照大権現」として祭祀する東照宮が造営された。明暦元（一六五五）年には、後水尾上皇より「輪王寺」の勅額を蒙った（旧寺号は満願寺と称した）。後水尾上皇の第六皇子・守澄

法親王（一六三四—八〇）が入寺して以来、門跡寺院となる。

（3）**青蓮院宮一品尊真親王**　第三十九条註（5）参照。

（4）**金剛寿命経**　金剛智訳『一切如来金剛寿命陀羅尼経』のこと。死怖の対治法たる「金剛寿命陀羅尼」が説かれ、衆生の寿命増長を主眼とする密教経典。

（5）**猶父綾小路前中納言俊資卿**　一七五八—一八三三。知観の猶父。正二位権大納言。猶父とは、家督相続などを伴わない養子縁組による親子関係である。近世の西本願寺歴代が、九条家の猶子となっていたのはよく知られるところである。

【補説】

盛化門院三十三回御忌「御懺法講」が勤められた同年の四月、日光山で徳川家康の二百回忌法要が営まれた。京都からは、青蓮院宮と梶井宮、そして知観の猶父・綾小路俊資が法要に参列することとなった。本条には、知影と直接関わりがあった人物しか記されていないが、他にも公卿らが幕府からの要請によって参向したのはいうまでもなかろう。

日光山参向に際して道中の安全を願うべく、知観から餞別の品として写経を贈ることとなった。本来ならば知観自ら筆を執ったのであろうが、知影がこれを代筆した。青蓮院宮には『金剛寿命陀羅尼経』を、梶井宮と綾小路俊資にはそれぞれ『般若心経』を書写し、知観からの餞別の品とした。

第八十五条

一、文化十三年丙子十二月廿九日午后観心院大僧正遷化時年六十三[1]大原山丈六堂[2]の后に葬る荼毘なり附弟理覚院秀雄[3]十八才なり晦日秀雄より赴音[4]来る巳刻斗りなり其使の者召連れ魚山へ赴く暮前に到著す素絹五条を着し遺骸に謁す初更[5]前密葬丑刻斗りに帰寺直に本山元日晨朝に出勤同十四年正月廿九日遷化の披露あり二月六日葬式あり導師は実光院大僧都[6]なり赤色袍裳[7]甲袈裟[8]なり善逝院権大僧都[9]　同弟子左中弁法眼[10]　普賢院法印[11]　同弟子知鏡房[12]各素絹五条指貫[13]也未尅斗り各宝泉院[14]（故大僧正の房）　入来あり本尊は釈迦文殊普賢の画像なり香花台赤地の打敷也導師は本尊に向ひ半畳に着座光明供[15]を修せらる同伴の衆は左右に列座初に四智讃を唱ふ梵語[16]発聲左中弁次に漢語[17]知鏡房次九条錫杖[18]普賢院次後唄[19]等也故大僧正の遺骨は手輿にのせ書院の檐[20]の角にあり香花供物あり導師その外僧衆ともに拝揖の儀なし法類[21]弟子斗り拝礼あり葬主は理覚院秀雄喪服[22]なり右の房にて修法畢り僧衆退出丈六堂前にて本尊に向ひ立列次に遺骨手輿にて丈六堂前右方に置く導師遺骨前にて焼香諷誦文[23]あり次に奏唱読経等は本尊に向ひての式なり僧衆各鼻高《はなたか》[24]を着らる法類弟子は草履なり予も会葬せり草履つくべきやと申すところ十如院[25]理覚院の戒師申さるゝは鼻高用意あらば着べきよしその意にまかす山門より法類とて入来の人あり聲導弟子自他宗にあまたあり密葬葬式両度ともに参り候ものは余斗りなり右葬式に参り候事あらかじめ御門主[26]聞召され故大僧正は聲道につき御由緒もこれあるによりて御香奠金二百疋遣さる余持参いたすべき仰にて相送り申候理覚院忌明後御礼出殿あり。終り

【註】

（1）**観心院大僧正遷化時年六十三**　知観が遷化したのは、一八一六年十二月二十九日のことだった。世寿六十三歳。

（2）**大原山丈六堂**　第四十一条註（5）参照。
ここでは、勝林院のこと。

（3）**理覚院秀雄**　第二条註（6）、第八十一条註（10）参照。
知観の密葬（荼毘葬）および本葬の喪主を務めた。

（4）**赴音**　訃報のこと。

（5）**初更**　戌刻、おおよそ午後七時頃。

（6）**実光院大僧都**　第十九条註（3）、第八十一条註（5）参照。
良宗のこと。

（7）**袍裳**　第三十三条註（12）（14）参照。

「法服」とも称する。浄土真宗本願寺派では明治期に廃止されたが、天台宗をはじめ真宗大谷派などでは現在も用いている。朝廷における礼服と仕立が同一である。僧綱襟が付いた上衣「袍」と、下衣「裳」（巻きスカート状）で構成される。表地には文様があり、「袍」「裳」ともに裏地が付いている。「裳」は場合によって、裏地が付かなかったこともあったとされる。最高格式の法衣である。また、「袍」の下には「襲」を着用する。袍裳の下には、「大口袴」を穿いた上に「表袴」を重ねて穿く。そして、指先が分かれていない足袋「襪《しとうず》」を履くのを正装とする。この装束を着用して、衲衣七条袈裟ないし甲袈裟を被着する。

(8)　**甲袈裟**　第三十三条註（14）、第八十一条註（15）（16）参照。

(9)　**善逝院権大僧都**　第四十一条註（6）、第八十一条註（7）参照。

義照のこと。

(10)　**同弟子左中弁法眼**　第八十一条註（11）参照。

『光明供』では、「列讃（四智梵語讃）」の句頭を発声したという。

(11)　**普賢院法印**　第八十一条註（8）参照。

宗淵のこと。

(12)　**同弟子知鏡房**　伝不詳。宗淵以後の普賢院歴代には、「知鏡房」の号を持つ住僧は見出せない。『両院僧坊歴代記』にある、他の住房にも見当たらないのである。『光明供』では、「漢語（着座讃）」「九条錫杖」「後唄」の句頭を発声した。

(13)　**各素絹五条指貫**　第八十一条註（20）参照。

(14)　**宝泉院**　第二条註（6）、第四十一条註（1）参照。

(15)　**光明供**　第五十条註（5）、第五十三条註（5）参照。

『光明真言供養法』のこと。「光明真言」を念誦して、滅罪・息災・除病・亡者への追善などに修する法儀である。「光明真言」は、菩提流支訳『不空羂索神変真言経』「灌頂真言成就品第六十八」・不空訳『不空羂索毘盧遮那仏大灌頂光明真言経』を出拠とする陀羅尼である。この真言を受持する者は、仏の光明に浴して諸々の罪障を除き、葬儀に在っては、この真言で加持した土砂を亡者に散じればただちに浄土へ往生し、再び悪趣に輪廻することはないとされる。『光明供』には、単修される法儀の他、「光明供錫杖」「光明供施餓鬼法」「光明供葬儀法」「光明供土砂加持法」「光明護摩供」「光明供都錫杖（口伝）」「百光明供法」がある。

(16) **梵語**　第五十条註（16）参照。
「列讃」、即ち「四智讃梵語」のこと。

(17) **漢語**　第五十条註（17）参照。
「着座讃」、即ち「四智讃漢語」のこと。

(18) **九条錫杖**　第五十条註（5）参照。

(19) **後唄**　第五十条註（49）参照。

(20) **檐**　「のき」あるいは「ひさし」。

(21) **拝揖の儀**　宝泉院の書院で勤められた葬儀では、導師および式衆による遺骨への拝礼はなく、法類と弟子だけが行った。

(22) **喪服**　色目は鈍色《にびいろ》（にぶいろ、灰色）で、素絹仕立ての麻地の衣。故人の近親者ほど、その色目が濃くなるとされる。

(23) **諷誦文**　追善のために読誦される文。いくつかの種類が『天台常用法儀集』（中山玄雄・都筑玄妙編、一九五八）にあるので、一例を示しておく。「敬白諷誦文事　弥陀本誓不レ簡二老少賢愚一。平等大悲誠深重也　爰（戒名）為二荘厳浄土一此捧二一章誦文一仍如レ件」「欽白諷誦文事　夫惟。朝紅顔如レ花夕被二荒原捨一空為二白骨一。今生仏陀不レ願二妙誓一後来無二浮期一　爰（戒名）方今詣二梵筵一祈菩提仍諷誦文如レ件」。

(24) **鼻高**　「びこう」とも読む。屋外で履く浅沓のこと。

(25) **十如院**　第八十一条補説参照。

覚雄のこと。『両院僧坊歴代記』中、「北之坊（蓮成院）」の項には、「同年（文化十二年）十一月隠居・号二十如院一」とある。

（26）　**御門主**　第十九世・本如。

【補説】

知影が二十七年間にわたって師事した、魚山声明の師匠・知観の遷化と葬儀の記録である。この記録を以て、『魚山余響』の筆は擱かれる。淡々とした記述ではあるが、知観に師事した多くの弟子たちの中で、密葬・本葬ともに参列したのは自分だけであったと記すところに、知影の並々ならぬ師匠への思いが伝わってくる。

それは知観が大僧正に任じられて、一年余りを経た時のことだった。文化十三年も押し迫った、十二月二十九日の午後に知観は遷化した。三十一日の午前十時頃であろう、知影のもとへ魚山からの使いの者によって訃報が伝えられた。知影は使いの者とともに、急ぎ魚山へ参上したのである。

知影は日暮れ前に知観の住房・宝泉院へ到着し、装束を素絹と五条袈裟に改めて、知観の亡骸と対面した。密葬は、その日の午後七時頃から執り行われた。往古の葬儀は、夜に営まれていた。知観の亡骸は、勝林院の裏手で荼毘に付されたようである。恐らくは勝林院北側の小高い尾根を隔てた、大原勝林院町の共同墓地がある辺りではないかと考えられる。知影は密葬に参列した後、午前二時頃に帰坊するも、そのまま本山で勤まる元旦の晨朝に出仕したのだった。

知観の正式な訃報は、年明けの一月二十九日に披露され、本葬は二月六日に営まれた。導師は実光院が務め、善逝院と普賢院の住侶が出仕した。喪主は知観の法嗣（弟子）である、十八歳の秀雄がこれを務めた。

葬儀では、『光明供』が修される。導師が『光明供』の修法を行う間、式衆によって「九条錫杖」が唱えられる。知観の遺骨は手輿に乗せられて、宝泉院書院の縁側近くの一角に安置されたようだ。葬場の本尊として、別に釈迦三尊の絵像が奉懸され、花や供物を載せる台には、赤い打敷が掛けられていた。

実光院には、本葬において導師を務めた良宗が読誦した「歎徳」が所蔵されていて、天納傳中師が自著『天台声明概説』に全文を紹介している。

歎徳

伏《シテ》惟《レハ》　得道同縁《ノ》　成仏要術《ハ》　偏用《ニヨッテ》二声塵《ニ》一　莫《ナシ》レ由《ルコト》二余塵《ニ》一

爰《ニ》　前大僧正法印知観大和尚者　英才超《ヘ》レ人《ニ》　美名彰《アラワル》レ世《ニ》

是《ノ》故《ニ》　隠《セトモ》二迹《ヲ》魚山《ノ》清陰《ニ》一　屢《バ》預《ニ》二王宮《ノ》御苑《ニ》一勤《メテ》　無《ニ》二厭倦《スルコト》一　誦《シ》二懺文《ヲ》一功有《ルコトハ》二　余力一吟《ス》二郢《ヲ》一

六弦《ノ》和琴《ニ》調《ベ》二六度《ノ》妙音《ヲ》一　一声《ノ》梵磬《ニ》転《ス》二一乗《ノ》法輪《ヲ》一

豈料《アニハカランヤ》　北邙《ノ》朝露《ロトエ》消　東岱《ノセキ》夕煙《ニ》登《ラントハ》　嗚呼《アア》　可《シ》レ惜《ム》可《シ》レ悲《ム》　声明《ノ》名匠管絃《ノ》達者

法侶号泣《シ》俗士霑《ウルオスナンダヲ》レ涙

於《テ》レ此《ニ》　修《シテ》二光明供《ヲ》一召請《チョウショウシ》二　弥陀《ノ》来迎《ヲ》一　鳴《シテ》二鐃銅鈸《ヲ》一奉送《ス》二幽魂《ノ》逝路《ヲ》一

観《レハ》レ夫《レ》　小野《ノ》山雪研々《トシテ》　擬《シ》二七重行樹《ノ》粧《ニ》一　呂律《ノ》河水洋々《トシテ》　伝《フ》二八功徳池《ノ》響《ヲ》一

料《リ》知《ス》　今也　遊《テ》二於楽音樹下《ノ》浄刹《ニ》一　和《セン》二乎共命衆鳥《ノ》念仏《ヲ》一

称徳《ノ》早詞　太《ハナハダ》浅《ク》　追慕《ノ》懇念　益深《シ》　惟《レ》聖　惟《レ》霊　冀《コイネガワクハ》　饗《ウケヨ》

于時文化十三年二月六日　　法印大僧都　良宗　敬白

『光明供』が修された後、勝林院へ移動し、手輿に載せた遺骨を堂前右側に安置し、導師以下式衆は本尊に向かって立列した。そして遺骨の前で導師による焼香が行われ、諷誦文が読誦された。引き続いて、本尊へ向いて読経が行われた。導師・式衆の履き物は「鼻高」であったが、知影は十如院（覚雄）に草履か鼻高かどちらを履くべきかを尋ねたところ、どちらでも良いとの返答だった。

知影が本葬に参列することは、本如門主も伝聞するところとなった。西本願寺の声明興隆に知観の功ありとて、改めて本山の名代として知影が香奠を持参した。中陰が明けて、喪主を務めた秀雄は西本願寺へ返礼に訪れたのだった。ところで知観の墓所は、園部覚秀の墓所とともに大谷本廟にも所在する。

主要参考文献一覧

■声明本・書写本および古本等

『仏生会』 実光院蔵・幸澄書写本 （元禄頃）年代不詳

『灌仏会法』 実光院蔵・筆者不明書写本 年代不詳

『報恩講式』 佛光寺蔵・筆者不明書写本（巻子本） 年代不詳

『蓮門課誦』 通西慈空筆受・専意一向墨譜 永田調兵衛 一六八六

『声明　呂律』三冊 西本願寺蔵・幸雄書写本 一六九四

『梵唄』 乾坤 延寿寺本 興正寺蔵・幸雄書写本 一六九六

『浄業課誦附録』 華頂山蔵版（知恩院） 澤田吉左衛門・山中善兵衛 一七三五

『浄土真宗礼讃偈』 永田調兵衛・丁子屋庄兵衛 一七七五

『声明類聚』 法栄書写本（真宗大谷派） 一七七九

『享和三年　御懺法講記』 中宮権大夫 東京大学史料編纂所蔵 一八〇三

『声明品　前集』『声明後集　梵唄品彙』乾坤 三冊本 小林庄兵衛 一八〇四

『往生講式』 興正寺蔵・光隆寺知影書写本 一八一一

『独寉詩抄』 知影撰 岡崎元軌書写 福井大学蔵 一八二四

『法華懺法・例時作法（例懺本）』 文亀二年書写 比叡山南谷蔵版 鴻麟堂 一八三九

『善導和尚画讃』 興正寺蔵・天保十四年書写本 一八四三

『声明品集』四冊　本願寺蔵版	西本願寺	一八五七
『慈覚大師影供』魚山蔵版　覚秀編	貝葉書院	一八六二
『仏名導師作法』覚秀編	貝葉書院	一八六三
『声明例時』魚山蔵版（水原夢江手沢本）	鴻麟堂	年代不詳
『阿弥陀懺法』興正寺蔵　西光寺書写本		年代不詳
『阿弥陀懺法』呂・律　園部覚秀編	永田調兵衛	一八七八
『阿弥陀懺法』切音　園部覚秀編	永田調兵衛	一八八〇
『龍谷唄策』乾坤	永田長左衛門・負野小左衛門	一八八八
『引声作法』浄蓮華院蔵・滝本深達書写本		年代不詳
『六時作法』浄蓮華院蔵・滝本深達書写本		年代不詳
『梵唄集』三冊　柱本瑞雲・九条賢春編	顕道書院	一九〇九
『梵唄集』三冊本・七冊本　澤円諦編	負野薫玉堂・興教書院	一九一〇
『円頓山声明集』二巻　興正寺蔵版	真宗興正派	一九一二
『知恩講式　両師講式』	西村九郎右衛門	一九一二
『四座講式』桑本真定編	六大新報社	一九一六
『声明』多紀道忍編　妙法院蔵版	妙法院	一九一八
『南山進流声明類聚　附伽陀』宮野宥智編	松本日進堂	一九三〇
『真宗佛光寺派勤行宝典』佐々木良祐編	法文館	一九三一
『声明集』二巻　近藤亮成編　本願寺蔵版	真宗本願寺派奉仕局	一九三三
『声明集』本山専用本　近藤亮成編　本願寺蔵版	真宗本願寺派奉仕局	一九三三

『大塔修正会法則』　高野山蔵版　金剛峯寺　一九三七

『舎利供養』　多紀道忍編　川端書店　一九三八

『法華八講　山王講表白　五伽陀音用』　延暦寺法儀音律研究所編　芝金聲堂　一九五八

『二十五三昧式』　比叡山延暦寺学問所編　芝金聲堂　一九五八

『融通声明集』　夏野義常編　大念寺　一九五九

『魚山声明全集』　中山玄雄編　芝金聲堂　一九六二

『天台常用声明』　中山玄雄編　芝金聲堂　一九六三

『法華懺法・例時作法（例懺本）』　中山玄雄編　芝金聲堂　一九六三

『天台宗四大師御影供集』　四冊　多紀道忍・中山玄雄編　芝金聲堂　一九六三

『阿弥陀懺法』　片岡義道編　天台眞盛宗法儀研究所　一九七二

『涅槃講式』　即眞尊靇編　芝金聲堂　一九七三

『御懺法講（声明懺法呂律・声明例時）』　三冊　御懺法講事務局編　芝金聲堂　一九八一・八二

『魚山所伝引声阿弥陀経』　普賢院宗淵書写本　天納傳中編　芝金聲堂　一九八四

『浄土宗声明集』　南忠信編　総本山知恩院　一九八七

『阿弥陀悔過』　浄蓮華院蔵・多紀道忍書写本　魚山聲明研究会　一九八八

『魚山六巻帖』　普賢院宗淵開版　実光院静洞註記　天納傳中補註　芝金聲堂　一九八九

『新訂　浄土宗法要集』　下巻　浄土宗総合研究所編　浄土宗　一九九一

『光明供』　最勝寺　一九九二

『曼荼羅供音用』　三巻　中尊寺蔵版　芝金聲堂　一九九二

『涅槃会作法』　天納傳中編　天台宗京都教区　一九九八

『修正大導師作法』 水原夢江編 私家版 二〇〇一
『真宗興正派常用声明集』 真宗興正派勤式指導研究所編 真宗興正派 二〇〇一
『如法念仏』 水原夢江編 私家版 二〇〇四
『高田勤行聖典』 生柳光寿編 真宗高田派宗務院 二〇〇五
『四箇法要音用』 七聲会 二〇〇七
『馬鳴法作法（頼吒和羅枳曲）』 水原夢江編 私家版 二〇〇八
『知恩講私記 広式』 伊藤正芳編 既成院 二〇一一
『二十五三昧式 六道釈』 浄蓮華院蔵・多紀頴忍編 魚山浄蓮華院 二〇一二
『十夜法要声明』 太田正敬編 大寶寺 二〇一二
『引声作法』 水原夢江書写本影印 跋文・大八木正雄 西六条魚山会 二〇一七
『伽陀 乱句秘曲（第十八願文）』 水原夢江 復元書写本 二〇一八
『羅漢供式』 水原夢江 復元書写本 二〇一九

■著作・大系・辞典類

『諸寺塔供養記』 近藤活版所 一八八二
『国史大系』 第十四巻 経済雑誌社 一九〇一
『史籍集覧』 第十二冊 近藤瓶城編 近藤出版部 一九〇二
『仏会紀要』 四巻 大谷光尊著 本願寺派本願寺執行所 一九〇九
『真宗全書』 第六十八巻 妻木直良編 藏經書院 一九一四
『続浄土宗全書』 九 宗書保存会 一九一五

『聖徳太子講式集』 大屋徳城編 法隆寺 一九二一

『真宗の法式及び其故実』 西光義遵著 龍谷大学出版部 一九二三

『日本仏教文化史の研究』 橋川正著 中外出版 一九二四

『明如上人伝』 明如上人伝記編纂所編 明如上人廿五回忌臨時法要事務所 一九二七

『楳窓余芳』 護持会財団編 真宗本願寺派護持会財団 一九二七

『群書類従』第二十四輯 釈家部 続群書類従完成会編 続群書類従完成会 一九二八

『天台声明の梗概』 日本宗教講座二 多紀道忍著 東方書院 一九三四

『例時作法註解』 梅田圓鈔編 比叡山専修院出版部 一九三五

『有職故実図譜』 河鰭実英著 人文書院 一九四一

『法隆寺聖霊会』 法相宗勧学院同窓会編 朝日新聞社 一九四三

『三宝絵略注』 山田孝雄著 寶文館 一九五一

『浄土真宗本願寺派勤式作法の書』 弘中純道著 永田文昌堂 一九五二

『大谷派儀式概要』 教化研究所編 法藏館 一九五三

『本願寺風物誌』 経谷芳隆著 永田文昌堂 一九五七

『天台常用法儀集』 中山玄雄・都筑玄妙著 芝金聲堂 一九五八

『群書解題』第十六巻下 武家部四釈家部三 続群書類従完成会編 続群書類従完成会 一九六二

『群書解題』第十七巻 釈家部一 続群書類従完成会編 続群書類従完成会 一九六二

『天台声明大成』 比叡山延暦寺法儀音律研究所編 芝金聲堂 一九六七

『天台宗法式作法集』 中山玄雄著 芝金聲堂 一九六九

『雅楽——王朝の宮廷芸能』 日本の古典芸能二 芸能史研究会編 平凡社 一九七〇

『叡山仏教研究――獅子王教授喜寿記念』 叡山学会編 叡山学院 一九七四
『声明関係資料年表』 岩田宗一編 平楽寺書店 一九七四
『平安浄土教信仰史の研究』 伊藤真徹著 平楽寺書店 一九七四
『東大寺修二会の構成と所作』全四巻 芸能の科学 六 芸能調査録 一
東京国立文化財研究所芸能部編 平凡社 一九七五
『新編 真宗全書』史伝編二 新編真宗全書刊行会編 思文閣 一九七五
『本願寺派声明考』 松下忠文著 祐西寺圓音会 一九七七
『叡山浄土教の研究』 佐藤哲英著 百華苑 一九七九
『小経正信偈 読み方の研究』 弘中純道著 永田文昌堂 一九七九
『慈覚大師研究』 復刊 福井康順編 早稲田大学出版部 一九八〇
『叡声論攷――仏教学・音楽学論文集』 片岡義道著 国書刊行会 一九八一
『良忍上人の研究』 佐藤哲英監修 融通念仏宗教学研究所編 百華苑 一九八一
『真言陀羅尼』 坂内龍雄著 平河出版社 一九八一
『本願寺派勤式の源流――宗祖より現代まで』 武田英昭著 本願寺出版部 一九八二
『真宗史料集成』第九巻 教団の制度化 千葉乗隆編 同朋舎 一九八三
『新訂 官職要解』 和田英松著 所功校訂 講談社学術文庫 一九八三
『声明辞典』 横道萬里雄・片岡義道監修 法藏館 一九八四
『有職故実』上下 石村貞吉著 嵐義人校訂 講談社学術文庫 一九八七
『天台声明概説』 天納傳中著 叡山学院 一九八八
『仏教音楽と声明』 大山公淳著 東方出版 一九八九

『入唐求法巡礼行記』　円仁著　深谷憲一訳　中公文庫　一九九〇
『和讃史概説』　多屋頼俊著作集第一巻　多屋頼俊著　法藏館　一九九二
『和讃の研究』　多屋頼俊著作集第二巻　多屋頼俊著　法藏館　一九九二
『坊城道澄師・声明関係遺稿論文・雑話集』　海老原廣伸編　清水印刷　一九九二
『比叡山三塔諸堂沿革史』　武覚超著　叡山学院　一九九三
『仏教音楽辞典』　天納傳中・岩田宗一・播磨照浩・飛鳥寛栗編著　法藏館　一九九五
『宋代天台浄土教の研究』　福島光哉著　文栄堂　一九九五
『有識故実図典――服装と故実』　鈴木敬三著　吉川弘文館　一九九五
『続天台宗全書』　法儀1　声明表白類聚　天台宗典編纂所編　春秋社　一九九六
『寺流声明――三井流声明集』　CD解説本　園城寺法儀音律研究所監修　園城寺　一九九六
『仏教音楽論集――華頂山松籟攷』　中西和夫著　東方出版　一九九八
『五行大義校註　増訂版』　中村璋八著　汲古書院　一九九八
『真宗の儀式――声明作法』　真宗大谷派教科書編纂委員会著　真宗大谷派宗務所出版部　一九九八
『声明の研究』　岩田宗一著　法藏館　一九九九
『円仁　唐代中国への旅　『入唐求法巡礼行記』の研究』
エドウィン・O・ライシャワー著　講談社学術文庫　一九九九
『天台声明――天納傳中著作集』　天納傳中著　法藏館　二〇〇〇
『新編　天台宗法式作法集』　法儀基準作成委員会編　天台宗務庁教学部　二〇〇一
『仏典入門事典』　大蔵経学術用語研究会編　永田文昌堂　二〇〇一
『歴代天皇総覧――皇位はどう継承されたか』　笠原英彦著　中公新書　二〇〇一

『図説　天台宗の法式』全三巻　誉田玄昭監修　斎々坊　二〇〇三
『本譜の解説』　本山佛光寺編　真宗佛光寺派　二〇〇三
『松壽山祐西寺誌』　松下雅文著　祐西寺　二〇〇四
『修補・訓読版　台門行要抄』　都筑玄澄校訂　芝金聲堂　二〇〇六
『真宗史試論――本願寺の鑰役』　日野照正著　自照社　二〇〇六
『如来妙華――魚山法師　水原夢江師を仰ぐ』　松林浄蓉著　仏教文化情報センター「コア」　二〇〇七
『天台声明――中山玄雄大僧正』　ＣＤ解説本　すねいる　二〇〇九
『高僧伝』四　慧皎著　吉川忠夫・船山徹訳　岩波文庫　二〇一〇
『融通声明要集――「融通聲明集」「融通常用聲明」そして「大源聲明集」へのいざない』　吉井良久編　逢阪西方寺　二〇一〇
『浄土真宗本願寺派声明集研究』　水原夢江編著　永田文昌堂　二〇一二
『天台――比叡に響く仏の声』　龍谷大学仏教学叢書三　道元徹心編　自照社出版　二〇一二
『千年響流　魚山大原寺寂源上人勝林院開創一千年紀』　慶讃法要紀念誌
勝林院一千年紀実行委員会編　魚山勝林院　二〇一三
『真宗聖典　史料編』　真宗佛光寺派聖典編纂委員会　真宗佛光寺派　二〇一三
『現代語訳　法然上人行状絵図』　浄土宗総合研究所編　浄土宗　二〇一三
『仏教と雅楽』　小野功龍著　法藏館　二〇一三
『浄土真宗本願寺派　法式規範』　浄土真宗本願寺派勤式指導所編　本願寺出版社　二〇一三
『浄土真宗聖典全書』五　相伝篇下　浄土真宗本願寺派総合研究所編　本願寺出版社　二〇一四
『浄土宗の声明』資料編　後藤尚孝編　天然寺　二〇一四

『浄土宗の声明』概説研究編　後藤尚孝著　天然寺　二〇一四
『本願寺史』第二巻　本願寺史料研究所編　本願寺出版社　二〇一五
『新纂浄土宗大辞典』浄土宗大辞典編纂実行委員会編　浄土宗　二〇一六
『永観『往生講式』の研究――影印・訓訳　養福寺蔵本『往生講私記』』五十嵐隆幸著　思文閣　二〇一六
『声明考』復刻版　羽塚堅子著　法藏館　二〇一六
『仏教の声の技――悟りの身体性』大内典著　法藏館　二〇一六
『浄土真宗聖典全書』四　相伝篇上　浄土真宗本願寺派総合研究所編　本願寺出版社　二〇一六
『大系真宗史料』文書記録編十三　儀式・故実　真宗史料刊行会編　法藏館　二〇一七
『京法衣商史――京法衣事業協同組合設立十周年記念誌』法衣商史編纂委員会編（本文執筆　山口昭彦・明田達哉ほか）京法衣事業協同組合　二〇一八
『改訂新版　大谷派本願寺伝統行事――裏話と風物詩』川島眞量著・川嶋正編　法藏館　二〇一八
『南都学・北嶺学の世界――法会と仏道』楠淳證編　法藏館　二〇一八
『浄土真宗聖典全書』六　補遺篇　浄土真宗本願寺派総合研究所編　本願寺出版社　二〇一九
『続天台宗全書』法儀2　常行堂声明譜法則類聚　天台宗典編纂所編　春秋社　二〇一九
『中世真宗の儀礼と空間』山田雅教著　法藏館　二〇二一

■雑誌論文等

「吉崎時代以前に於ける「正信偈」・三帖和讃諷誦の研究」赤松美秀　『大谷学報』第二十四巻第六号　一九四四
「浄土真宗に於ける天台声明の受容――「魚山余響を中心に」」播磨照浩　『印度学仏教学研究』第二十六巻第一号　一九七七

「魚山本「阿弥陀懺法」について」　奈良弘元　『印度学仏教学研究』第二十七巻第一号　一九七八

「「善導和尚画讃」について」　木村昭玄　『浄土宗学研究』第十四号　一九八一

「四明知礼と慈雲遵式」　柏倉明裕　『印度学仏教学研究』第四十巻第一号　一九九一

「法義と法儀――我が経験を通じてその現実を見る」　藤波蓮凰　『伝道』第五十五号　本願寺出版社　二〇〇一

「真宗高田派声明における博士と口伝――天台系声明の実唱について」　鷹阪龍哉　京都市立芸術大学大学院音楽研究科修士論文　二〇一四

「親鸞聖人の儀礼」　大八木正雄　『中央仏教学院紀要』第二十六号　二〇一五

「服制から見る法衣の変遷とその意義――西本願寺教団を中心に」　明田達哉　神戸大学法学部二〇一五年度後期行政法ゼミ提出論文　二〇一五

「新出の法明院本『二十五三昧式』について」　鯨井清隆・宇都宮啓吾　『大津市歴史博物館研究紀要』第二十四号　二〇一八

「親鸞と常行三昧」　田中和夫　『東アジア仏教研究』第十七号　二〇一九

あとがき

はじめに、拙き筆者へ声明を学ぶ道を開いて下さった、水原夢江先生・多紀頴忍先生・大八木正雄先生に、この場をお借りして深く御礼申し上げたい。声明の面授口訣を通して、筆者には師僧が存在することの、僧分の僧分たる所以を噛みしめている。三師との邂逅なくして、声明への学びはあり得なかったし、また、拙著が世に出ることはなかったからである。筆者は、いささかなりとも師恩に報えればという思いで、浅学も顧みずに書き進めた次第である。

筆者が特に声明に関心を持ち始めたのは、得度して数年を経た頃からだったと思う。かれこれ三十年以上前、二十歳代半ばだった筆者は、インド、パキスタンを経て、ヨーロッパへ旅したことがあった。約十ヶ月におよぶ旅の途上、スペインの古都トレドで初めて聴いたカトリック教のグレゴリオ聖歌に、筆者はいたく魅了されたのだった。石造りの聖堂内に響く、イエス・キリストに捧げるために唄われる旋律はあまりにも美しく、その声の揺らぎは、ある種、東洋的にさえ感じられた。それを聴いた時、筆者は直感的に六世紀以来変わることなくヨーロッパで伝承されてきた、この聖なる旋律に呼応し得るのは、我々日本の仏教徒が伝承する梵唄声明だと考えた。そんな体験が、筆者を声明伝習の道へといざなう原風景の一つともなったと思う。

帰国後、本山での「巡讃許可」と「式歎徳文伝授」を皮切りに、勤式指導所に学ぶ縁を得た。筆者が勤式指導所に学んだ当時、年度中二度にわたり「声明源流」という講題で、水原先生の特別講義があった。そこで初めて拝聴した講義は、「始段唄」に関する内容だった。凡そ現今の西本願寺ではついぞ耳にすることもない、長大な旋律の音曲を朗々とお唱えになるさまは、若き筆者を圧倒し、尋常ならざる感銘を受けたのだった。しかしその感動とはよそに、良き師匠に巡り会うには最低三年はかかると伝聞したことがあるけれども、声明を事とされる三師との邂逅は、その後、愚鈍な筆者は十年近い歳月を待たねばならなかった。

かくして筆者は、大八木先生のもとで『龍谷唄策』坤巻所収の『五会念仏略法事讃（旧五会念仏作法）』をはじめ、西本願寺では廃絶して幾久しい古儀の諸声明を学ぶ御縁をいただいた。大八木先生は、水原先生から学ばれた声明の蘊奥を次世代へも伝えておきたいとの御意志から、水原先生の御尊名より一字を採って京都夢学会という研究会を立ち上げられていた。この会が、今在る西六条魚山会の前身である。そして筆者は、大八木先生を通じての御縁で、改めて水原先生からも、魚山声明の一つである『如法念仏』の御指南をいただいた。当時、水原先生は毎月大八木先生の御自坊へお越しになり、件の音曲と作法を御指南下さっていた。その後、筆者は大八木先生のお供をして、播州に所在する水原先生の御自坊へ参り、先生が御遷化あそばす直前まで、『引声阿弥陀経』と『羅漢供式』を中心に御教授いただけたのだった。

京都夢学会に学ぶようになって三年ほど経った頃、これも大八木先生の御縁によって魚山浄蓮華院へ参上させていただき、多紀先生に魚山声明諸法儀の御指南を受けて、二十年近い歳月が流れている。平成二十六（二〇一四）年には、多紀先生より「唄伝」を受けて、『唄伝授章』を授かる勝縁にも恵まれた。多紀先生にはいついつまでも、御指南を仰ぎたいと思って止まない。

去る平成二十五（二〇一三）年十月には、魚山勝林院において「魚山大原寺寂源上人　勝林院開創一千年紀慶讃法要」が二週間にわたって賑々しく厳修された。この法要に先立つ前年、魚山宝泉院住職・藤井宏全先生よりお誘いを受け、筆者は天台宗外の者ながら法要実行委員会の末席に加えていただくこととなった。有縁の方々へ法要出仕を呼び掛けたところ、真宗大谷派・声明研究会（代表・菅生考純師）および浄土宗西山三派（西山浄土宗・浄土宗西山深草派・浄土宗西山禅林寺派）・西山蓮門課誦研究会（代表・森田俊尚師）の法兄法友諸賢から御賛同を得て御出仕いただけたのは、望外の喜びであった。慶讃法要の結願逮夜法要には、西六条魚山会の出仕にて、大八木先生を御導師に、結衆（式衆）三十名による『如法念仏』が厳修されたのも、筆者にとって忘れられない思い出である。『魚山余響』を意識し始めたのは、この慶讃法要がきっかけだった。『魚山余響』を第一条から読み始めたのが、法要終了の直後くらいからだったと記憶する。読み進める内にいつしかそれは、緩やかなせせらぎの中を筏で漕ぎ出すも、気が付けば大海原のただ中で、荒波に翻弄されるような感覚となった。浅学無知なる筆者は、特に水原先生からお聞きしていた口訣が「羅針盤」となったのはいうまでもない。しかし水原先生は、令和元（二〇一九）年に御遷化あそばされた。もっとお訊ねしたいことがあったにもかかわらず、今生で御教示をいただく機会を永遠に逸してしまったのは、まことに悲歎に暮れるばかりである。

しかしながら、拙著をまとめ上げることができたのは、先達同学の諸賢から多くの御助力があったからに他ならない。大八木先生は書き上げたばかりの拙稿を、全般にわたって通読下さり、さまざまに御指摘を頂戴した。また、魚山浄蓮華院住職・多紀先生から御指南いただいた口訣も、できる限り拙著に反映したつもりである。藤井宏全先生からは、御自坊宝泉院に伝わる知観にまつわる文物の拝見が許された。また、魚山実光院住職・天納玄雄師からも筆者の初歩的な質問に関して、快く見解をお聞かせ下さった。我が母校・龍谷大学でも教鞭を執られていた鶴見大学講師・万波寿子先生からは、龍谷大学大宮図書館所蔵資料の御紹介をいただいた。

筆者が愚筆を進める中で、是非実見しておきたかった資料がいくつかあった。即ち、『魚山余響』第三十八条に記される、真宗佛光寺派本山佛光寺に納められたとされる『報恩講式』と、福井大学図書館に所蔵される『独寉詩抄』の写本である。佛光寺には、文字も博士も非常に麗しい筆致の『報恩講式』が所蔵されている。佛光寺門主・渋谷真覚台下の御好意によって、その『報恩講式』を拝見することが許された。筆者はこれを、魚山の知観が依頼を受けて知影が代筆した『報恩講式』ではないかと一応の想定をしている。

また、真宗山元派本山證誠寺新門・藤原智之台下は、福井大学図書館へ同館所蔵『独寉詩抄』写本閲覧の便宜を図って下さった。真宗興正派慈光寺住職・漆間法隆師は、筆者の求めに応じて、同派所伝の声明に関する多くの資料を御提供下さった。『魚山余響』に関連する諸資料を読むに当たって、難解な崩し字などの解読は、書家・永田灌櫻氏の御教示をいただけた。

『魚山余響』の内容が、法儀や声明に関する事柄のみにとどまらないのは、本文を御覧いただだいた通りである。魚山で共に声明を学ばせていただいている浄土宗西願寺住職・八橋秀法師には、書誌学的な見地から多くの御教示を受けることができた。それから、第三十七条に記された知影自らが詠んだ漢詩を読み下すに当たり、浄土真宗本願寺派壽光寺住職・蓴慶典師より御教導を仰いだ。また蓴師は、明治期における本願寺派の著名な声明家・澤円諦の縁戚でもあり、それに連なるさまざまな声明資料も御提供いただけたのは、まことに有難かった。

有職故実や宮中の慣習などに関しては、真宗大谷派圓正寺住職・山口昭彦師および京都大学職員・明田達哉氏から、多岐にわたって御助言を受けた。両氏は衣紋道山科流に深く通じておられ、浄土真宗で用いる法衣の着付もまた、衣紋道の作法に依拠するということを、拙著執筆の過程で学ばせていただいた。我々僧分が日常的に袖を通す袈裟法衣ではあるが、如何に道理やしきたりも知らずに被着していたかということを、改めて考えさせられたものである。同じく宮中に関連する「御懺法講」で用いられた雅楽については、平安雅楽会にも所属される本願寺式務部知堂・阿満慎介師から御助言をいただいた。

それから、大谷大学名誉教授・石橋義秀先生との邂逅によって筆者は、石橋先生の恩師である多屋頼俊師の研究を知ることができた。石橋先生が御紹介下さった、多屋師に成る『和讃史概説』および『和讃の研究』（いずれも法藏館刊）は、法儀声明の歴史を研究する上でも、重要な文献であることをここに記し措く。

以て筆者は、多紀先生が主宰される大原魚山声明塾と、大八木先生が主宰される西六条魚山会に末席を汚しつつ、法儀声明を学び続けている拙き一僧分に過ぎない。そんな筆者ではあるが、宗門の特別法務員資格を有するからか、本願寺派で依用されている『往生礼讃偈（六時礼讃）』の現行音用に特化して練習する機会を得たいとの要望を受け、共に西六条魚山会で学ぶ西田通慧師が世話人となって声掛けして下さり、平成三十（二〇一八）年に「往生礼讃練習会」が発足した。爾来、我が宗門人のみにとどまらず、浄土宗、融通念仏宗、真宗佛光寺派などの僧侶方や、在家の方々も御参加いただき、『往生礼讃偈』の練習を重ねてきた。この練習会を通じて、御参集下さる方々からも、さまざまな示唆を受けたのはいうまでもない。まさに梵唄声明は、宗派の違いを超えた仏教徒の「共通言語」なのだと、深く思いを致している。

拙著執筆の目的は、『魚山余響』全文に脚註を施すことを通して、これを著した光隆寺知影という人物がどのような思考に在ったのかを迫ってみたかったのと、『魚山余響』という備忘録を手がかりに、西本願寺で依用される法儀声明の淵源を尋ねることにあった。現行法儀とその思想性だけを見ていては、源流は見えてこないし、得てして、本来的意味合いが失われている場合も少なくなかろう。虚心坦懐に源流を探究せずして、法儀声明の理や蘊奥も領解できないと、筆者なりに愚案している。それ故に筆者にとっては、師事した師僧方から学んできた口訣の延長線上に位置するのが、『魚山余響』そのものであると考えている。

加えて筆者は、変遷の一途をたどる西本願寺の声明事情の中で、『魚山余響』にスポットを当てておく必要性を痛切に感じていた。それは拙著第一部・二「『魚山余響』の位置と内容」でも触れたけれども、松下忠文師が自著『本願寺派声明考』（祐西寺圓音会刊）の巻末に、『魚山余響』の翻刻を載せられたこととも通底する。拙著のサブタイトルを、「江戸時代後期、西本願寺の声明事情を読む」と題した所以でもある。

そして執筆に当たっては、浄土真宗（西本願寺）から見た魚山声明ということも、常に意識したつもりである。果たして、拙稿を書き上げてみれば、この程度のものしか書けなかったという非力さを、今はただ痛感するばかりである。こと浄土真宗本願寺派以外の宗派に関する事柄については、いささかならず誤謬もあろうかと愚考する。あるいは、踏み込んだ見解も盛り込んでいる。よって誤りあらば、是非ともかかる諸宗派の先学諸賢はいうにおよばず、さらには後学によって正していただきたいと切に願うばかりである。

末筆になり恐縮ではあるが、脱稿した当初、専門的知識を以て拙稿の校正を引き受けて下さった、西六条魚山会で共に学んできた伊藤現師と川本唯信師には、深く御礼を申し上げる。そして何より、拙著を世に問う架け橋となって下さった、法藏館・西村明高社長並びに戸城三千代編集長には、心より感謝申し上げる次第である。最後に私事ではあるが、拙著の装幀には父・藤波晃の絵画作品を使用した。父は長らく大阪芸術大学芸術計画学科および同短期大学部デザイン美術科教授として奉職していて、ここに用いた作品は在職当時に制作したものである。今は老境に在る父だが、何某か親孝行のよすがともなればと思う。

令和六（仏暦二五六八）年　灌仏会の日に

藤波蓮凰　識す

索　引

I　法儀

あ行——

か行——

さ行——

た行——

な行——

は行——

ま行——

ら行——

Ⅱ　音曲

あ行——

か行──

さ行――

た行——

な行——

は行——

ま行——

や行――

ら行――

わ行――

藤波蓮凰（ふじなみ　れんおう）

1967年、京都市に生まれる。

1990年、龍谷大学文学部仏教学専攻卒業。

1988年10月、常楽台主今小路覚真師に師事し、浄土真宗本願寺派にて得度。

水原夢江師・多紀頴忍師に師事し、魚山声明を学ぶ。大八木正雄師に師事し、水原師相伝の魚山声明および古儀の本願寺派声明を学ぶ。浄土宗西山三派と浄土真宗本願寺派の僧侶有志とともに、『蓮門課誦（往生礼讃偈）』を考究する西山蓮門課誦研究会にも参画した。2014年3月、天台宗・魚山浄蓮華院にて、多紀頴忍師より「唄伝授」を受ける。

本願寺出版社刊『伝道』編集委員、魚山勝林院開創一千年紀実行委員会監事を務めた。真宗佛光寺派より、御進講講師（声明）を拝命。その他、勝林院開創一千年紀・紀念誌『千年響流』、大原魚山声明塾公演パンフレットなどに、法儀声明に関する解説文を執筆する。

本願寺派伝道院修了、本願寺派勤式指導所研究生課程修了。

現在、浄土真宗本願寺派布教使、本願寺派特別法務員名簿登録。

西六条魚山会会員、大原魚山声明塾塾生。

魚山余響《ぎょざんよ》略註《こうりゃくちゅう》
江戸時代後期、西本願寺の声明《しょうみょう》事情を読む

二〇二四年九月一〇日　初版第一刷発行

著　者　藤波蓮凰
発行者　西村明高
発行所　株式会社　法藏館
京都市下京区正面通烏丸東入
郵便番号　六〇〇-八一五三
電話　〇七五-三四三-〇〇三〇（編集）
〇七五-三四三-五六五六（営業）

装幀　上野かおる
印刷・製本　中村印刷株式会社

© Ren'oh Fujinami 2024 *Printed in Japan*
ISBN 978-4-8318-6288-4 C3015
乱丁・落丁の場合はお取り替え致します。

声明は音楽のふるさと　岩田宗一著　一、七六〇円

天王寺舞楽　小野真龍著　二、四〇〇円

雅楽のコスモロジー　日本宗教式楽の精神史　小野真龍著　二、二〇〇円

仏教と雅楽　小野功龍著　三、五〇〇円

仏教の声の技　悟りの身体性　大内　典著　三、五〇〇円

仏教儀礼の音曲とことば　中世の〈声〉を聴く　柴佳世乃著　九、〇〇〇円

声明辞典　聲明大系　特別付録　横道萬里雄・片岡義道監修　五、〇〇〇円

法藏館　（価格税別）